21世纪应用型本科财税系列规划教材

税务代理实务

（第二版）

董再平　孔晓莉　主编

东北财经大学出版社
Dongbei University of Finance & Economics Press
大　连

图书在版编目（CIP）数据

税务代理实务/董再平，孔晓莉主编. —2版. —大连：东北财经大学出版社，2017.8（2018.5重印）

（21世纪应用型本科财税系列规划教材）

ISBN 978-7-5654-2928-6

Ⅰ. 税… Ⅱ. ①董… ②孔… Ⅲ. 税务代理-高等学校-教材 Ⅳ. F810.423

中国版本图书馆CIP数据核字（2017）第210142号

东北财经大学出版社出版

（大连市黑石礁尖山街217号 邮政编码 116025）

网 址：http://www.dufep.cn

读者信箱：dufep@dufe.edu.cn

大连雪莲彩印有限公司印刷 东北财经大学出版社发行

幅面尺寸：185mm×260mm 字数：465千字 印张：19.5

2017年8月第2版 2018年5月第5次印刷

责任编辑：田玉海 责任校对：邱 季

封面设计：冀贵收 版式设计：钟福建

定价：42.00元

教学支持 售后服务 联系电话：（0411）84710309

如有印装质量问题，请联系营销部：（0411）84710711

第二版前言

税务代理在我国起步于1985年，至今已有30多年的历史。随着我国社会经济的不断发展和涉税活动的日趋复杂，税务代理在我国税收征纳活动中扮演的角色越来越重要，其降低税收征纳成本、规范税收征纳行为、保障国家财政收入、维护纳税人合法利益、和谐征纳双方关系的作用逐步显现并不断增强。与此同时，税务代理行业也得到了较快发展，截至2015年底，全国税务师事务所总计8 374家，从业人员102 161人。而经济社会和税务代理行业的快速发展，对税务代理专业人才的需求越来越大。

本书定位于高等院校应用型人才的培养目标，满足财政、税务及相关专业“税务代理”课程的教学需要，着重培养以就业市场为导向的具备“职业化”特征和实践能力的应用型人才，因此在编写过程中，重点突出“基础性、全面性、实用性”的特点。本书不仅突出介绍了税务代理的基础知识和基本操作技能，尽可能吸收了最新的税收政策和制度，而且通过丰富的案例、通俗的语言，增强本书的可读性，突出其实用性和可操作性，着重提高学生的业务实际操作能力。也正由此，本书还可成为企业财会人员、税务代理从业人员、财税系统职工的参考用书或培训教材。

本次再版，根据2016年5月1日“营改增”试点全面实施后最新税收法规制度，对相关内容进行了更新调整。全书共9章，第一章、第六章和第七章由董再平编写，第二章、第四章、第五章由孔晓莉编写，第三章由周清编写，第八章和第九章由肖志贤编写，全书由董再平总纂定稿。为方便教师授课，本书配有电子课件和章后思考与练习参考答案，请登录东北财经大学出版社网站（www.dufep.cn）下载。

本书的编写和出版，得到了东北财经大学出版社的大力支持和协助；同时，本书在编写过程中，参考并借鉴了国内外一些专家、学者的有关著作、教材，从中获得了许多启迪，在此一并表示衷心的感谢。

由于编者水平有限，书中难免存在错误和不足，衷心希望广大读者对本书存在的缺点和错误进行批评指正。

编　者

2017 年夏

目　录

第一章

导　论

【本章导读】

本章是税务代理课程的导入知识，涉及很多基本概念和基本制度，共分为4节。第一节简要介绍税务代理的概念、特点和原则，税务代理的产生和在我国的发展历程。第二节介绍我国注册税务师资格考试制度、注册备案制度和注册税务师的权利与义务，以及我国税务师事务所的设立条件。第三节介绍了税务代理的范围和执业规则。第四节介绍了税务代理法律关系和法律责任。通过本章的学习，学生要重点掌握税务代理的概念，我国税务代理的范围，以及我国税务代理中注册税务师的权益、义务和执业规则，税务代理法律关系和法律责任等基本知识。

第一节　税务代理概述

一、代理的含义

《辞海》对代理的解释是："以他人名义，在授权范围内进行直接对被代理人发生法律效力的法律行为。"《中华人民共和国民法通则》（以下简称《民法通则》）第六十三条规定："公民、法人可以通过代理人实施民事法律行为。代理人在代理权限内，以被代理人的名义实施民事法律行为。被代理人对代理人的代理行为承担民事责任。"综上可以看出，代理具有以下基本特点：

（1）代理人必须以被代理人的名义进行活动，即进行直接代理。由于代理人是基于被代理人的委托授权或依照法律规定，代替被代理人参加民事活动，因而活动产生的全部法律效果，直接由被代理人承受。代理的这一特征，是代理与行纪的重要区别。行纪是指非以被代理人的名义而以自己的名义代替他人实施法律行为。在行纪行为中，行纪人受委托人委托，用委托人的费用，以自己的名义为委托人从事购买、销售及其他商业活动，因其活动以自己的名义进行，故相对于第三人而言，其活动的后果只能直接由行纪人自己承受，然后再依委托合同的规定转移给委托人。

代理制度、行纪合同和委托合同存在一定的区别：代理制度中的代理人必须以“被代理人”的名义与第三人订立合同；行纪合同中的行纪人必须以“自己”的名义与第三人订立合同；委托合同中的受托人可以以“委托人”的名义，也可以以“受托人”的名义与第三人订立合同。

（2）代理人必须在被代理人的授权范围内、法律规定或指定的权限范围内进行民事活动，不得变更或超越代理权限进行代理。否则，事后如果被代理人不予承认，则代理人所进行的活动无效，被代理人对此不承担责任，由此造成的损失由代理人自己承担。

代理的这一特征，是代理人与居间人的重要区别。代理人以代理权为基础代理委托人进行民事法律行为，但居间人并不代委托人进行民事法律行为，仅为委托人报告订约机会或为订约媒介，并不参与委托人与第三人之间的关系。另外，居间通常为有偿性质的行为，而代理还包含有无偿代理。

（3）代理人是以被代理人的名义与第三人进行有法律意义的活动。其包括两层含义：首先，代理所进行的活动必须是法律活动，必须能产生法律上的权利与义务关系，产生法律后果。如果不产生法律后果，虽然在形式上是受人委托进行某项活动，但不是民法上规定的代理。如请他人代拟合同文本、询价等，只委托事务，这些事务属于事实行为，不是民事法律行为，因而不产生代理关系。其次，代理人要通过被代理人与第三人发生法律关系。如代人保管物品不会与第三人发生法律关系，就不是代理行为。

（4）代理行为的法律后果直接归属于被代理人承担。代理是被代理人经由代理人进行的民事法律行为，是为了设定本人自己的民事权利并负担民事义务。所以，代理人与第三人进行的一切民事法律行为所产生的民事权利义务，直接归属于被代理人。即使是由于代理人的过失而造成的不利后果，被代理人也必须承担，这是稳定代理关系所必需的。当然，如果代理人所进行的民事行为是无效的，请求人民法院撤销的权利也属于被代理人。

二、税务代理的含义和特点

1.税务代理的含义

目前，国际上对税务代理还没有一个统一的定义。日本《税理士法》对税务代理的表述为：“税务代理是指代理或代办根据有关方面就税务官公署的税法令或行政不服审查法所规定的申报、申请、请求或不服申诉，以及有关这些申报或税务官公署的调查或处分，向税务官供述提出主张或陈述。”

《中华人民共和国税收征收管理法》（以下简称《税收征管法》）第八十九条明确规定：“纳税人、扣缴义务人可以委托税务代理人代为办理税务事宜。”同时，为规范税务代理行为，促进税务代理业健康发展，《中华人民共和国税收征收管理法实施细则》（以下简称《税收征管法实施细则》）对本条规定作了进一步补充，实施细则第一百一十一条规定：“纳税人、扣缴义务人委托税务代理人代为办理税务事宜的办法，由国家税务总局规定。”其实，早在1994年，国家税务总局就颁布了《税务代理试行办法》，对税务代理的概念作了具体阐述：“税务代理是指在法律规定的代理范围内，受纳税人、扣缴义务人的委托，代为办理税务事项的各项行为的总称。”

2.税务代理的特点

（1）主体的特定性。税务代理双方的主体资格都是特定的。被代理方是负有纳税义务的纳税人或扣缴义务的扣缴义务人，代理方必须是经过批准且具有税务代理职业资格的注册税务师和税务师事务所。

（2）法律的约束性。税务代理是负有法律责任的契约行为。注册税务师与被代理人之间的关系是通过代理协议建立起来的，代理人在从事税务代理活动的过程中，必须站在客观、公正的立场上行使代理权限，其行为受税法及有关法律的约束。

（3）内容的确定性。注册税务师的税务代理业务范围，由国家以法律、行政法规和行政规章的形式确定，注册税务师不得超越规定的内容从事代理活动。除税务机关按照法律、行政法规规定委托其代理外，注册税务师不得代理应由税务机关行使的行政职权。

（4）税收法律责任的不可转嫁性。税务代理是一项民事活动，税务代理关系的建立并不改变纳税人、扣缴义务人对其本身所固有的税收法律责任的承担，不能因代理关系而转移税收征纳关系。在代理活动中产生的税收法律责任，无论是来自于纳税人、扣缴义务人的原因，还是来自于代理人的原因，其承担者均应当是纳税人或扣缴义务人。但是，税收法律责任的不可转嫁性并不意味着注册税务师在税务代理过程中对于由于自己的过错而导致的纳税人、扣缴义务人的损失不负有任何责任，纳税人、扣缴义务人可以就税务代理人由于自己的过错而造成的损失，根据民事诉讼法律的规定，提起违约或侵权诉讼，要求民事赔偿。

（5）代理服务的有偿性。作为一般的民事代理，可以是有偿的也可以是无偿的，但税务代理除法律有特别规定外，一般是有偿的，否则就可能造成代理机构之间的不正当竞争，进而损害国家的税收利益。

三、税务代理的原则

税务代理人即注册税务师或税务师事务所在从事税务代理活动中，必须遵循以下原则：

（1）自愿委托原则。税务代理属于委托代理的范畴，代理关系的建立要符合代理双方的共同意愿，坚持自愿委托原则。一方面，纳税人、扣缴义务人既有委托或不委托的选择权，也有选择代理人的权利；另一方面，代理人同样具有选择其所代理对象的自由，在被代理人向其寻求代理时，代理人拥有接受委托或拒绝代理的选择权。代理双方的代理关系只是依据合同的契约关系，并由契约规定双方的权利和义务。代理人不得以任何手段强迫纳税人、扣缴义务人委托其代理，被代理人也不得违背代理人意志，胁迫为其代理。只有在双方自愿和合法的基础上订立契约，双方的法律关系才能真正确立。

（2）依法代理原则。首先，从事税务代理的机构必须是依法成立的。其次，从事税务代理的专门人才必须是经全国统一考试合格，并在注册税务师管理机构注册登记的具有税务代理资格的注册税务师。再次，注册税务师承办的一切代理业务，都要在法律、法规规定的范围内进行。注册税务师制作涉税文书，须符合国家税收实体法律、法规规定的税收原则，依照税法规定正确计算被代理人应纳或应扣缴税款。税务代理人的所有执业行为还须按照有关税收征管和税务代理的程序性法律、法规的要求进行。

（3）独立、公正原则。首先，税务代理必须遵循独立原则。税务代理的独立性是指注册税务师在其代理权限内，独立行使代理权，不受税务机关或其他行政机关、社会团体和个人干预，也不受纳税人、扣缴义务人及社会团体的非法干预，而要按照税收法律、法规规定，用自己的知识和能力独立处理受托业务，帮助纳税人、扣缴义务人准确地履行纳税或扣缴义务，并维护他们的合法权益。其次，税务代理必须客观公正。税务代理人在实施税务代理过程中，必须站在公正的立场上，公正、客观地为纳税人、扣缴义务人代办税务事宜，绝不能因收取委托人的报酬而偏袒或迁就纳税人或扣缴义务人。

（4）维护国家利益和保护委托人合法权益的原则。一方面，注册税务师在税务代理活动中应督促纳税人、扣缴义务人按照国家税法规定履行纳税及扣缴义务，以促进纳税人、扣缴义务人知法、懂法、守法，从而提高其依法纳税、扣税的自觉性。另一方面，注册税务师在维护国家权益、促使纳税人、扣缴义务人依法纳税的同时，也应维护其自身的合法权益。既可引导他们正确履行纳税义务，避免因不知法而导致不必要的处罚；而且，还可通过注册税务师在合法合理的基础上进行纳税筹划，节省不必要的纳税支出，减少损失。

四、税务代理制度的产生和发展

1.税务代理制度的产生

税务代理制度起源于日本的明治时代。1896年，日本政府为扩军备战筹集财政收入，制定了《营业税法》，工商业者成为营业税的纳税人，税收负担加重。于是，一些工商业者为了合理避税，减轻税收负担，主动向退职、退休的税务官员及专门的财会人士寻求帮助，这是日本税务代理的开始。1904年，日俄战争爆发后，日本政府为了筹措战争经费，进一步增加了营业税税负，增加了纳税人计缴税款的难度和工作量，纳税人寻求税务咨询和委托代理申报的业务进一步迅速增加，使专职于这种工作的人员有了较为稳定的市场，并以税务专家的职业固定下来，并逐步形成了日本的税务代理制度（税理士制度）。此后，许多欧美国家也都相继推行了税务代理制度。

2.税务代理制度产生的必然性

税务代理制度有其产生的必然性。首先，进入20世纪，随着经济发展水平的提高和政府职能的扩大，财政收支占国家GDP比重不断升高。20世纪初，主要发达资本主义国家财政收入占GDP比重仅为10%左右，然而到20世纪中叶，这一比重已扩大到35%以上。直至今天，财政支出持续扩张已成为世界各国财政的基本特征。在这种情况下，各个国家的税收负担急剧增加。为了合理避税，减轻税收负担，寻求专业人士和税务专家的帮助就成为纳税人尤其是企业最为经济的选择。

其次，现行经济生活、企业组织形式日益复杂，跨区域、跨行业经营现象愈来愈多，致使税收制度日趋复杂，纳税人税收遵从成本愈来愈高。纳税人在履行纳税义务的过程中，可能因为对税法的错误理解，或缴纳了超过税法规定的税款，或因不缴、少缴、迟缴而受到法律的制裁，或可能与税务机关发生纳税争议等。在这种情况下，寻求专家的指导或由其代理申报纳税，就会减少纳税人的税务风险，有效保护纳税人的利益。

最后，税务代理也是推行申报纳税制度的客观要求。在世界范围内，目前税款入库方式主要有两种，一是直接征税方式，即由税务人员直接办理征税事物；二是申报纳税方式，即由纳税人自行办理纳税事务。自行办理纳税事务，既降低了征税成本，也进一步明确了国家和纳税人的相互关系，即国家在为社会提供公共产品的同时，有权力征税；纳税人则有纳税的义务，并有权利监督政府的行为。因此，纳税人自行申报纳税是现代税收管理的基本特征，而世界绝大部分国家也都采取了这一方式。自行申报纳税就意味着纳税人自行计算应纳税额、自行履行申报手续、自行办理纳税事宜，这就使得纳税人的纳税风险增大。为了减少风险，寻求税务代理就成为其重要选择。

3.我国税务代理制度的产生和发展

（1）初级阶段。20世纪80年代中期，我国进行了两步“利改税”改革，单一税制改革为复合税制。这样，无论是从纳税人纳税的角度来说，还是从税务机关征税的角度来说，其难度都增大了。因此，为了帮助纳税人准确纳税，一些地区的离退休干部组建了税务咨询机构，为纳税人提供咨询，帮助其解答税收方面的问题。1985年，新疆石河子地区最早成立了税务咨询事务所。随后，武汉市和各省市也陆续建立了专门的税务咨询机构，并逐步扩展到中小城市，其业务内容也逐渐扩大，包括代纳税人办理税务登记、纳税申报、计算缴纳税款、申请减免退税以及办理税务诉讼等。由此可以看出，这一阶段没有相关法律、法规的规定，主要以税务咨询为主，是税务代理的雏形。

（2）试点阶段。1988年，国家税务总局开始在全国进行税收征管改革，辽宁、吉林的一些地区结合征管方式的改变，进行了税务代理的试点，取得了一定的成效。随后，国家税务总局、中国税务学会发出通知，规定成立的税务机构可以受托对企事业单位进行财产评估、资产验资、查账、审查财务预决算报表，指导企业建账。同时，1988年我国成立了“七城市税务咨询联合会”，定期交流经验，这使税务代理的发展又向前推进了一步。

（3）正式实施阶段。1993年8月颁布的《中华人民共和国税收征收管理法》第五十七条明确规定：“纳税人、扣缴义务人委托税务代理人代为办理税务事宜的办法，由国家税务总局规定。”1994年1月1日，新税制改革全面实施，国家税务总局把建立健全税务代理制度纳入征管改革的战略中，从此，税务代理成为“申报-代理-稽查”之中的重要一环。

1994年9月，国家税务总局根据《中华人民共和国税收征收管理法》及其实施细则的有关规定，制定了《税务代理试行办法》，对税务师的资格认定、税务代理机构、税务代理业务范围、税务代理关系的确定和终止、税务代理管理、税务代理人的权利和义务以及税务代理责任作了详细的规定。这标志着税务代理制度在中国的正式实施。

1996年11月，国家税务总局和人事部颁发了《注册税务师资格制度暂行规定》，将税务代理人员纳入国家专业技术人员职业资格准入控制范围，明确规定实行注册税务师执业垄断代理制度。随后，国家税务总局相继制定并下发了《注册税务师职业资格考试实施办法》和《注册税务师注册管理暂行办法》，下发了组建省级注册税务师管理机构的文件，加强了对税务代理行业的管理。

2002年9月，针对税务代理业务与会计业务重叠，以及注册会计师在税务代理中占有主导地位的情况，《财政部、国家税务总局关于贯彻落实国务院关于注册税务师行业与注册会计师行业实行“统一领导、分行业管理”决定的通知》规定，按“统一领导、分行业管理、业务兼容”的原则，促进两行业的协调发展和协调规范。这一时期，随着律师业务中涉税法律事务的频繁出现，税务律师即税务律师事务所开始出现。

加入WTO后，我国税务代理行业进入成长期。2005年，国家税务总局颁发了《注册税务师管理暂行办法》，中国注册税务师协会发布了《注册税务师行业自律管理办法（试行）》，进一步规范了对注册税务师的执业管理，明确了注册税务师行业从事涉税服务和涉税鉴证的业务范围。

2009年12月，国家税务总局出台了《关于印发〈注册税务师执业基本准则〉的通知》，完善了注册税务师执业规范体系，明确了涉税服务和涉税鉴证的业务标准，保障了涉税中介服务当事人的合法权益，进一步促进了税收专业服务市场的健康发展。

为了科学规划注册税务师行业的发展蓝图，实现注册税务师行业跨越式发展，2012年国家税务总局发布了《注册税务师行业"十二五"时期发展指导意见》，对"十二五"时期我国注册税务师行业发展的指导思想、基本原则、发展目标、注册税务师行业法制体系建设、业务拓展、行业监管、人才队伍建设、行业协会建设等方面进行了全面规划，标志着注册税务师行业进入一个崭新的发展时期。

时至今天，注册税务师行业已具有一定的规模和影响。截至2015年底，全国税务师事务所总计8 374家，全年业务收入149.98亿元，从业人员102 161人。其中，执业的注册税务师41 838人。此外，自2005年起，注册税务师考试首次对我国港澳地区居民开放。

第二节　注册税务师与税务师事务所

一、注册税务师

（一）注册税务师的概念

注册税务师是指在中华人民共和国境内取得注册执业资格证书并进行注册的、在税务代理机构从事税务代理活动的专业技术人员。根据我国《注册税务师资格制度暂行规定》，从事税务代理活动的专业技术人员称为注册税务师，只有取得中华人民共和国职业资格证书并注册执业的人员，方可从事税务代理活动。一个注册税务师不能同时在两个或两个以上的税务师事务所执业。

（二）注册税务师资格考试制度

1.报名参加注册税务师资格考试的条件

凡中华人民共和国公民，遵纪守法并具备下列条件之一者，可申请参加注册税务师执业资格考试：

（1）非经济类、法学类大专毕业后从事经济、法律工作满8年。

（2）经济类、法学类大专毕业后，或非经济类、法学类大学本科毕业后，从事经济、法律工作满6年。

（3）经济类、法学类大学本科毕业后，或非经济类、法学类第二学位或研究生班毕业后，从事经济、法律工作满4年。

（4）经济类、法学类第二学位或研究生班毕业后，或获得非经济类、法学类硕士学位后，从事经济、法律工作满2年。

（5）获得经济类、法学类硕士学位后，从事经济、法律工作满1年。

（6）获得经济类、法学类博士学位。

（7）在全国实行专业技术资格考试前，按照国家有关规定已评聘了经济、会计、统计、审计和法律中级专业技术职务或参加全国统一考试，取得经济、会计、统计、审计专业中级专业技术资格者，从事税务代理业务满1年。

（8）已评聘了经济、会计、统计、审计、法律等高级专业技术职务，从事税收工作满2年的人员，可以免于部分科目考试。

（9）人事部和国家税务总局规定的其他条件。

2.注册税务师资格考试的管理

（1）注册税务师资格考试实行全国统一大纲、统一命题、统一组织的考试制度，原则上每年举行一次，具体考试办法由人事部和国家税务总局共同制定。

（2）考试科目为“税法（一）”“税法（二）”“税务代理实务”“税收相关法律”“财务与会计”5个科目。

（3）考试成绩有效期。

①考试以3年为一个周期，参加全部5个考试科目的人员必须在连续3个考试年度内通过全部5个科目的考试。

②免试“财务与会计”科目人员，须在连续的两个考试年度内通过其余4个科目的考试。

③只参加“税务代理实务”和“税收相关法律”两个科目考试的人员，须在一个考试年度内通过应试科目考试。

（三）注册税务师的注册备案制度

取得注册税务师执业资格证书，申请从事税务代理业务的人员，应在取得证书后3个月内到所在省、自治区、直辖市及计划单列市注册税务师管理机构申请办理注册登记手续。省局管理中心审核后，对在税务师事务所执业满2年的，给予执业备案，在证书备注栏加盖“执业备案”章；对在税务师事务所执业不满2年或暂不执业的，给予非执业资格，在证书备注栏加盖“非执业备案”章。

1.申请注册者，必须同时具备下列4项条件：

（1）遵纪守法，恪守职业道德；

（2）取得中华人民共和国注册税务师执业资格证书；

（3）身体健康，能坚持在注册税务师岗位上工作；

（4）经所在单位考核同意。

2.有下列情形之一的，不予执业备案：

（1）无民事行为能力或者限制民事行为能力的；

（2）受刑事处罚，自处罚执行完毕之日起未满3年的；

（3）被开除公职，自开除之日起未满2年的；

（4）在从事涉税服务和鉴证业务中有违法行为，自处罚决定之日起未满2年的；

（5）在从事涉税服务和鉴证业务中有违规行为，自处理决定之日起未满1年的；

（6）国家税务总局规定的其他情形。

3.执业备案的注册税务师有下列情形之一的，注销备案：

（1）死亡或者失踪的；

（2）同时在两个以上税务师事务所执业的；

（3）在从事涉税服务和鉴证业务中有违法行为的；

（4）年检不合格或者拒绝在规定期限内进行年检的；

（5）违反行业管理规范，连续2年有不良从业记录的；

（6）国家税务总局规定的其他情形。

（四）注册税务师的权利和义务

1.注册税务师的权利

（1）可以向税务机关查询税收法律、法规、规章和其他规范性文件。

（2）可以要求委托人提供相关会计、经营等涉税资料（包括电子数据），以及其他必要的协助。

（3）可以对税收政策存在的问题向税务机关提出意见和修改建议；可以对税务机关和税务人员的违法、违纪行为提出批评或者向上级主管部门反映。

2.注册税务师的义务

（1）注册税务师执业由税务师事务所委派，个人不得擅自承接业务。

（2）注册税务师应当在对外出具的涉税文书上签字盖章，并对其真实性、合法性负责。

（3）注册税务师执业中发现委托人有违规行为并可能影响审核报告的公正、诚信时，应当予以劝阻；劝阻无效的，应当中止执业。

（4）注册税务师对执业中知悉的委托人商业秘密，负有保密义务。

（5）注册税务师应当对业务助理人员的工作进行指导与审核，并对其工作结果负责。

（6）注册税务师与委托人有利害关系的，应当回避；委托人有权要求其回避。

（7）注册税务师应当不断更新执业所需的专业知识，提高执业技能，并按规定接受后续教育培训。

二、税务师事务所

（一）税务师事务所的设立条件

从事税务代理业务的中介服务机构为税务师事务所。我国的税务师事务所分为有限责任税务师事务所和合伙税务师事务所。有限责任税务师事务所是由发起人出资成立，承办税务代理业务并负有限责任的社会中介机构。事务所以其全部资产对其债务承担责任，投资者以其全部出资对事务所承担有限责任。合伙税务师事务所是由2名以上符合条件的合伙人以书面形式设立，承办税务代理业务，并对债务承担无限连带责任的社会中介机构。事务所的债务，应先以其全部财产进行清偿，不足清偿时，各合伙人应当承担无限连带责任。

1.申请设立有限责任税务师事务所应当具备的条件：

（1）有3名以上（含3名）取得“中华人民共和国注册税务师执业资格证书”的发起人，并已办理执业注册登记（或执业备案）手续；具有3年以上在事务所从事税务代理业务的经验和良好的职业道德记录；为事务所的出资人且不在其他单位从事获取工资等劳动报酬的工作；年龄在65周岁以下。

（2）有10名以上专职从业人员，其中有5名（含发起人）以上取得“中华人民共和国注册税务师执业资格证书”，并已办理执业注册登记（或执业备案）手续。

（3）注册资本30万元以上。

（4）有固定的办公场所和必要的设施。

（5）审批机关规定的其他条件。

2.申请设立合伙税务师事务所的条件：

（1）有2名以上（含2名）取得“中华人民共和国注册税务师执业资格证书”的合伙人，并已办理执业注册登记（或执业备案）手续，且有完全民事行为能力，并对债务承担无限连带责任；具有3年以上在事务所从事税务代理业务的经验和良好的职业道德记录；不在其他单位从事获取工资等劳动报酬的工作；年龄在65周岁以下。

（2）有一定数量的专职从业人员，其中至少有3名以上取得“中华人民共和国注册税务师执业资格证书”，并已办理执业注册登记（或执业备案）手续。

（3）有固定的办公场所和必要的办公设施。

（4）经营资金为10万元以上。

（5）审批机关规定的其他条件。

（二）税务师事务所的审批

申请设立税务师事务所，应当向省级注册税务师管理中心提交书面申请，并报送下列有关资料：

（1）税务师事务所的名称、组织机构和业务场所。

（2）税务师事务所主要负责人的姓名、简历及其他有关资料。

（3）税务师事务所的从业人员情况，包括注册税务师的姓名、简历及有关证明文件。

（4）税务师事务所章程、合同和协议。

（5）注册税务师管理中心要求的其他资料。

第三节　税务代理的范围和规则

一、税务代理的范围

税务代理的范围是指按照国家有关法律规定，允许注册税务师所从事的业务内容。我国《注册税务师管理暂行办法》规定，注册税务师可以接受委托人的委托代理以下业务：

（1）代办税务登记业务。

（2）办理纳税和退税、减免税申报业务。

（3）建账记账。

（4）增值税一般纳税人资格认定申请。

（5）利用主机共享服务系统为增值税一般纳税人代开增值税专用发票。

（6）代为制作涉税文书。

（7）开展税务咨询（顾问）、税务筹划、涉税培训等涉税服务业务。

（8）注册税务师可承办下列涉税鉴证业务：

①企业所得税汇算清缴纳税申报的鉴证。

②企业税前弥补亏损和财产损失的鉴证。

③国家税务总局和省税务局规定的其他涉税鉴证业务。

根据现行有关法律的规定，注册税务师不能违反法律、行政法规的规定行使税务机关的行政职能。同时，对税务机关规定必须由纳税人、扣缴义务人自行办理的税务事宜，注册税务师不得代办，如增值税专用发票的领购事宜必须由纳税人自行办理，注册税务师不能代理。

二、注册税务师的执业规则

1.注册税务师执业时，遇有下列情形之一的，应当拒绝出具有关报告：

（1）委托人示意其作不实报告或者不当证明的。

（2）委托人故意不提供有关资料和文件的。

（3）因委托人有其他不合理要求，致使注册税务师出具的报告不能对涉税的重要事项作出正确表述的。

2.注册税务师执业，应当按照业务规程确定的工作程序建立工作底稿、出具有关报告。注册税务师出具报告时，不得有下列行为：

（1）明知委托人对重要涉税事项的处理与国家税收法律、法规及有关规定相抵触，而不予指明。

（2）明知委托人对重要涉税事项的处理会损害报告使用人或者其他利害关系人的合法权益，而予以隐瞒或者作不实的报告。

（3）明知委托人对重要涉税事项的处理会导致报告使用人或者其他利害关系人产生重大误解，而不予指明。

（4）明知委托人对重要涉税事项的处理有其他不实内容，而不予指明。

3.注册税务师不得有下列行为：

（1）执业期间，买卖委托人的股票、债券。

（2）索取、收受委托合同约定以外的酬金或者其他财物，或者利用执业之便，谋取其他不正当的利益。

（3）允许他人以本人名义执业。

（4）向税务机关工作人员行贿或者指使、诱导委托人行贿。

（5）其他违反法律、行政法规的行为。

第四节　税务代理法律关系和法律责任

税务代理法律关系是指纳税人、扣缴义务人委托注册税务师办理纳税事宜而产生的委托方与受委托方之间的权利、义务和责任关系。注册税务师以委托方名义进行代理工作，其代理过程中所产生的法律后果直接归属委托方，税务代理法律关系的确定以委托代理协议书的签订为标志。

一、税务代理法律关系

（一）税务代理法律关系的确立

1.税务代理关系确立的前提

税务代理关系的确立，应当以双方自愿委托和自愿受理为前提，同时还要受代理人资格、代理人范围和委托事项的限制。

（1）委托事项必须符合法律规定。《注册税务师管理暂行办法》第四章明确规定，注册税务师可以接受纳税人、扣缴义务人的委托从事规定范围内的业务代理，注册税务师不得超越法律规定范围进行代理，并严禁代理逃税、骗税行为。

（2）受托代理机构及专业人员必须具有一定资格。税务代理的专业性和法律性决定了受托代理机构及从业人员必须取得一定资格。按现行规定，从事税务代理的机构只能是经国家税务总局及其授权部门确认批准的负有限责任的税务师事务所和合伙税务师事务所，其他机构不得从事税务代理业务。同时，税务代理专业人员必须经考试取得“中华人民共和国注册税务师执业资格证书”并经省、自治区、直辖市和计划单列市注册税务师管理机构备案，方可从事代理业务。

（3）注册税务师承办业务必须由所在的税务师事务所统一受理。

（4）签订委托代理协议书。税务代理关系确立必须书面签订委托代理协议书，而不得以口头或其他形式。未经签订委托代理协议书而擅自开展代理业务的，不受法律保护。委托代理协议书由注册税务师及其所在的税务代理机构与委托方签名盖章。

2.税务代理关系确立程序及形式

税务代理关系确立包括两个阶段：签约前的准备阶段和签约阶段。

（1）签约前的准备阶段。税务代理关系确立前，代理双方应就委托项目及服务标准协商，并明确双方的权利和义务。特别是应由纳税人、扣缴义务人提供的与委托税务事宜有关的数据、证件、资料等必须如期、完整、准确地提供。同时，双方应就代理费收取等事宜协商一致。在此阶段，注册税务师应向委托人阐明税务代理业务范围、税务代理责任、双方权利义务以及税务代理收费等事项。

（2）签约阶段。在委托方、受托方就协议约定内容取得一致意见后，委托方、受托方应就约定内容签订委托代理协议书。委托代理协议书应当载明委托方名称、受托方名称、代理事项、代理权限、代理期限以及其他应明确的事项，并由注册税务师及其所在的税务代理机构和委托方签名盖章。协议书经委托方、受托方签章后，正式生效。

（二）税务代理法律关系的变更

委托代理协议书签订后，注册税务师及其助理人员应按协议约定的税务代理事项进行工作，但遇有下列问题之一的，应由协议双方协商对原订协议书进行修改和补充。

（1）委托代理项目发生变化的。

这里有两种情况：第一种是原委托代理项目有了新发展，代理内容超越了原约定范围，经双方同意增加或减少代理内容的。如原来签订的是单项代理，后来改为综合代理。第二种是由于客观原因，委托代理内容发生变化，需要相应修改或补充原协议内容的。

（2）注册税务师发生变化的。

（3）由于客观原因，需要延长完成协议时间的。

在以上几种情况下，税务代理关系都将发生变化，因此必须先修订委托代理协议书，并经过委托方和受托方以及注册税务师共同签章后生效，修订后的协议书具有同等法律效力。

（三）税务代理关系的终止

税务代理委托协议约定的代理期限届满或代理事项完成，税务代理关系自然终止。

1.有下列情形之一的，委托方在代理期限内可单方终止代理行为：

（1）税务代理执业人员未按代理协议的约定提供服务。

（2）税务师事务所被注销资格。

（3）税务师事务所破产、解体或被解散。

2.有下列情形之一的，税务师事务所在代理期限内可单方终止代理行为：

（1）委托人死亡或解体、破产。

（2）委托人自行实施或授意税务代理执业人员实施违反国家法律、法规行为，经劝告仍不停止其违法活动的。

（3）委托人提供虚假的生产经营情况和财务会计资料，造成代理错误的。

委托关系存续期间，一方如遇特殊情况需要终止代理行为的，提出终止的一方应及时通知另一方，并向当地主管税务机关报告，终止的具体事项由双方协商解决。

二、税务代理的法律责任

为了维护税务代理双方的合法权益，保证税务代理活动顺利进行，使税务代理事业能够在法制的轨道上健康发展，必须明确税务代理的法律责任。规范税务代理法律责任的法律有《民法通则》和《税收征管法》及其实施细则和其他有关法律、行政法规。承担的法律责任既包括民事法律责任，也包括刑事法律责任。

（一）委托方的法律责任

根据《中华人民共和国合同法》规定，当事人一方不履行合同义务或者履行合同义务不符合约定的，应当承担继续履行、采取补救措施或者赔偿损失等违约责任。因此，如果委托方违反代理协议的规定，致使注册税务师不能履行或不能完全履行代理协议，由此而产生法律后果的法律责任应全部由委托方承担。其中，纳税人除了应按规定承担本身应承担的税收法律责任以外，还应按规定向受托方支付违约金和赔偿金。

（二）受托方的法律责任

1.《民法通则》第六十六条规定：代理人不履行职责而给被代理人造成损害的应当承担民事责任。根据这项规定，税务代理如因工作失误或未按期完成税务代理事务等未履行税务代理职责，给委托方造成不应有的损失的，应由受托方负责。

2.《税收征管法实施细则》第九十八条规定：税务代理违反税收法律、行政法规，造成纳税人未缴或者少缴税款的，除由纳税人缴纳或者补缴应纳税款、滞纳金外，对税务代理人处纳税人未缴或者少缴税款50%以上3倍以下的罚款。

3.《注册税务师管理暂行办法》规定，对注册税务师及其所在机构违反该规定的行为，分别按下列规定进行处理：

（1）注册税务师有下列行为之一的，由省税务局予以警告或者处1 000元以上5 000元以下罚款，责令其限期改正，限期改正期间不得对外行使注册税务师签字权；逾期不改正或者情节严重的，应当向社会公告，公告办法另行规定：

①执业期间买卖委托人股票、债券的；

②以个人名义承接业务或者收费的；

③泄露委托人商业秘密的；

④允许他人以本人名义执业的；

⑤利用执业之便，谋取不正当利益的；

⑥在一个会计年度内违反《注册税务师管理暂行办法》规定2次以上的。

（2）税务师事务所有下列行为之一的，由省税务局予以警告或者处1 000元以上10 000元以下罚款，责令其限期改正；逾期不改正或者情节严重的，向社会公告：

①未按照《注册税务师管理暂行办法》规定承办相关业务的；

②未按照协议规定履行义务而收费的；

③未按照财务会计制度核算，内部管理混乱的；

④利用执业之便，谋取不正当利益的；

⑤采取夸大宣传、诋毁同行、以低于成本价收费等不正当方式承接业务的；

⑥允许他人以本所名义承接相关业务的。

（3）注册税务师和税务师事务所出具虚假涉税文书，但尚未造成委托人未缴或者少缴税款的，由省税务局予以警告并处1 000元以上30 000元以下罚款，并向社会公告。

（4）注册税务师和税务师事务所违反税收法律、行政法规，造成委托人未缴或者少缴税款的，由省税务局按照《税收征管法实施细则》第九十八条的规定处以罚款；情节严重的，撤销执业备案或者收回执业证，并提请工商行政管理部门吊销税务师事务所的营业执照。出现上述规定情形的，省注册税务师管理中心应当将处罚结果向国家税务总局备案，并向社会公告。

（三）对属于共同法律责任的处理

《民法通则》第六十七条规定：代理人知道被委托代理的事项违法，仍进行代理活动的，或者被代理人知道代理人的代理行为违法，不表示反对的，被代理人和代理人负连带责任。根据这项规定，注册税务师与被代理人如果互相勾结、偷税抗税、共同违法，应按共同违法论处，双方都要承担法律责任。涉及刑事犯罪的，还要移送司法部门依法处理。

（四）案例

卓诚税务师事务所被查出以下问题，请分别指出下列行为是否合法，如果违法，应承担什么法律责任？

1.卓诚税务师事务所与委托人A签订增值税纳税申报代理合同，但由于注册税务师张某个人原因，未按时进行纳税申报，致使增值税进项税发票抵扣时间过期。

2.事务所内注册税务师林某以个人名义承接代理纳税申报业务，并将企业商业秘密泄露给委托人的竞争对手。

3.事务所声称免费承接业务，但与委托方约定，对于帮助委托方的偷逃税款，事务所分成70%。

4.事务所举办培训业务，并向学员收费。

5.注册税务师林某允许同事赵某以自己的名义执业。

6.注册税务师林某和税务师事务所出具虚假涉税文书，造成委托人少缴税款27万元。

【解析】

1.不合法。《民法通则》第六十六条规定：代理人不履行职责而给被代理人造成损害的应当承担民事责任。根据这项规定，税务师事务所未按期完成增值税纳税申报代理业务，给委托方造成不应有的损失的，应由受托方负责。本案中，注册税务师张某由于个人原因，未按时进行纳税申报，应对给委托人造成的增值税税款损失承担赔偿责任。

2.不合法。按照《注册税务师管理暂行办法》的规定，注册税务师有“以个人名义承接业务或者收费的”，或者“泄露委托人商业秘密的”，由省税务局予以警告或者处1 000元以上5 000元以下罚款，责令其限期改正，限期改正期间不得对外行使注册税务师签字权；逾期不改正或者情节严重的，应当向社会公告。因此，本案中，由省税务局对张某予以警告或者处1 000元以上5 000元以下罚款，责令其限期改正，限期改正期间不得对外行使注册税务师签字权；逾期不改正或者情节严重的，应当向社会公告。

3.不合法。按照《注册税务师管理暂行办法》的规定，税务师事务所有“采取夸大宣传、诋毁同行、以低于成本价收费等不正当方式承接业务的”，由省税务局予以警告或者处1 000元以上10 000元以下罚款，责令其限期改正；逾期不改正或者情节严重的，向社会公告。因此，本案中事务所以低于成本价收费方式承接业务，应由省税务局予以警告或者处1 000元以上10 000元以下罚款，责令其限期改正；逾期不改正或者情节严重的，向社会公告。

同时，《民法通则》第六十七条规定：“代理人知道被委托代理的事项违法，仍进行代理活动的，或者被代理人知道代理人的代理行为违法，不表示反对的，由被代理人和代理人负连带责任。”根据这项规定，注册税务师与被代理人如果相互勾结、偷税抗税、共同违法，应按共同违法论处，双方都要承担法律责任。涉及刑事犯罪的，还要移送司法部门依法处理。

4.合法。根据《注册税务师管理暂行办法》的规定，注册税务师可以接受委托人的委托，代理涉税培训等涉税服务业务。

5.不合法。按照《注册税务师管理暂行办法》的规定，注册税务师“允许他人以本人名义执业的”，由省税务局予以警告或者处1 000元以上5 000元以下罚款，责令其限期改正，限期改正期间不得对外行使注册税务师签字权；逾期不改正或者情节严重的，应当向社会公告。

6.不合法。按照《注册税务师管理暂行办法》的规定，注册税务师和税务师事务所违反税收法律、行政法规，造成委托人未缴或者少缴税款的，由省税务局按照《税收征管法实施细则》第九十八条的规定处以罚款，即税务代理违反税收法律、行政法规，造成纳税人未缴或者少缴税款的，除由纳税人缴纳或者补缴应纳税款、滞纳金外，对税务代理人处纳税人未缴或者少缴税款50%以上3倍以下的罚款；情节严重的，撤销执业备案或者收回执业证，并提请工商行政管理部门吊销税务师事务所的营业执照。出现上述规定情形的，省注册税务师管理中心应当将处罚结果向国家税务总局备案，并向社会公告。

思考与练习

1. 什么是税务代理？税务代理的原则有哪些？
2. 注册税务师有哪些权利和义务？
3. 简述我国税务代理的范围。
4. 我国税务代理中应该遵守哪些基本规则？
5. 在税务代理中，双方各自有哪些法律责任？

第二章

税务代理执业规范

【本章导读】

按注册税务师的业务性质，注册税务师税务代理范围可分为涉税鉴证类业务和涉税服务类业务。为明确涉税鉴证和涉税服务的业务标准，保障涉税中介服务当事人的合法权益，促进税收专业服务市场的健康发展，国家税务总局2009年12月发布了《注册税务师涉税鉴证业务基本准则》和《注册税务师涉税服务业务基本准则》，对涉税服务类业务和涉税鉴证类业务的执业准则做了规范。同时，为了规范税务师事务所质量控制，保证执业质量，控制执业风险，中注协根据《注册税务师管理暂行办法》（国家税务总局令第14号）及其他有关规定，于2012年11月制定了《税务师事务所质量控制指导意见（试行）》和《税务师事务所质量控制操作指南》。

本章主要对上述准则和指导意见进行简介，共分3节。第一节介绍了涉税服务业务的类型、原则和基本流程。第二节介绍了涉税鉴证业务的类型、原则和基本流程。第三节介绍了税务师事务所的质量控制规则。通过本章的学习，学生应了解涉税服务、涉税鉴证业务基本准则和税务师事务所的质量控制规则。

第一节　涉税服务业务准则

一、涉税服务业务类型

涉税服务是税务师事务所及其注册税务师，向委托人或者委托人指向的第三人，提供涉税信息、知识和相关劳务等不具有证明性的活动，包括税务咨询类服务、申报准备类服务、涉税代理类服务和其他涉税服务等4种类型。

1.税务咨询类服务，是指注册税务师通过电话、书面、晤谈等方式解答咨询人有关税收方面问题的涉税服务。税务咨询类服务是最为常见的涉税服务，涉及内容广泛，咨询形式多样，服务方式不一。其通常包括临时涉税咨询、聘请常年税务顾问、进行税务筹划、协助企业进行税务风险评估、受聘开展大企业税收管理相关项目研究等多种涉税服务方式。

2.申报准备类服务，是指注册税务师为保证委托人按照税收法律、法规和规章的要求履行纳税申报或办理涉税审批、备案等事宜，收集整理或填制纳税申报或办理涉税事项所需要的申报资料的服务。其通常包括特别纳税调整服务、企业重组服务、出口退税单证审核等服务。

3.涉税代理类服务，是指注册税务师接受委托人委托，以委托人的名义办理涉税纳税申报或其他涉税事务的服务。目前，涉税代理类服务通常包括代办税务登记、代办纳税申报、代办扣缴企业所得税申报、代办减免退税申报、代办建账记账、代办增值税一般纳税人资格认定申请、代理增值税（抵扣联）发票网上认证、利用主机共享服务系统为增值税一般纳税人开具增值税专用发票、代开货物运输发票、代开普通发票、代办制作涉税文书和代售印花税票等。

4.其他涉税服务，是指除上述服务以外的涉税服务业务。目前一般有涉税培训、受托开展资本市场相关信息披露业务、营业税改征增值税试点行业税负情况分析。

二、涉税服务的原则

注册税务师和税务师事务所提供涉税服务，应遵循以下原则：

1.合法原则。提供涉税服务的过程和结果应当符合法律规定，不得损害国家税收利益和其他相关主体的合法权益。

2.合理原则。提供涉税服务应当符合税法立法目的，合乎事理常规。不得为纳税人筹划虚假交易或其他不当行为。

3.胜任原则。承接业务和执业中，应当审慎评价委托人的业务要求和自身的专业能力，合理利用其他专家的工作，妥善处理超出自身专业能力的业务委托。

4.责任原则。执业中应当保持负责的态度，实施服务程序，控制执业风险，承担执业责任。依照法律规定和约定履行保密义务。

三、涉税服务的基本流程

涉税服务基本流程包括业务承接、业务计划、业务实施和业务报告4个环节。

（一）业务承接

1.调查评估，决定是否接受。

税务师事务所承接涉税服务业务，应对委托事项进行初步调查和了解，并从以下方面进行分析评估，决定是否接受涉税服务业务委托；委托事项是否属于涉税服务业务；本税务师事务所是否具有相应的专业实施能力；本税务师事务所是否可以承担相应的风险；其他相关因素。

2.签订业务约定书，约定双方权利与义务。

（1）涉税服务业务约定书的基本内容。

税务师事务所在调查评估、决定接受委托后，应当与委托人签订书面业务约定书。涉税服务业务约定书应当包括以下基本内容：签约双方名称、住所、通讯地址、联系方式、法定代表人（执行事务合伙人）；服务目的；客户服务的要求；服务对象、范围和项目；

服务人员；服务时间期限；服务费用总额、支付时间和方式；服务报告类型及要求；服务报告提交时间和方式；服务报告使用者和使用方式；委托方和受托方的责任与义务；违约责任和争议解决；签约时间；其他应当约定的事项。

另外，为了控制执业风险，明确双方责任，业务约定书中还应当约定下列内容：注册税务师的责任是遵守相关法律法规和注册税务师执业准则，对鉴证或服务对象在约定时限和目的下进行分析、评价并发表专业意见；委托方和相关当事人的责任是提供必要的资料和工作协助并保证所提供资料的真实性、合法性、完整性，以及恰当使用鉴证或服务报告。注册税务师在执行业务过程中受到限制，无法完整实施鉴证或服务计划、执行鉴证或服务程序，且所受限制对鉴证或服务结论构成重大影响，注册税务师可以中止鉴证或服务业务，并由所在税务师事务所以书面形式通知委托方。如果委托方在合理期限内未能排除限制，税务师事务所可以终止涉税业务，解除业务约定书。

（2）业务约定书的其他要求。

税务师事务所在承接涉税服务业务时，应当与委托人进行沟通，并对税务专业术语、服务业务范围等有关事项进行解释，避免双方对委托项目的服务性质、责任划分和风险承担的理解产生分歧。

税务师事务所决定接受涉税服务业务委托的，应当与委托人签订书面的业务约定书，并经双方签字盖章。

涉税服务业务约定书生效后，税务师事务所应按照有关规定向税务机关备案，并将业务约定书存档。

（3）涉税服务业务约定书的违约责任和争议解决。

①签约双方任何一方不履行或者未完全履行业务约定书约定义务的，应当采取补救措施继续履行，或者承担相应的违约责任并赔偿损失。

②由于税务师事务所未履行或不适当履行法律、法规、政策及执业准则规定的执业义务，故意、过失出具虚假业务报告或实施违约侵权行为，造成委托方产生实际损失的，委托方除按规定承担本身的税收法律责任外，税务师事务所应就其合同责任部分按照约定金额承担赔偿责任。其中，下列情形均属于未履行或不适当履行执业义务的行为：未注意到政策更新或对政策判断、理解出现偏差造成失误；在委托涉税事宜的执业工作中因运用方法不当或收集、处理纳税数据信息不当；超越法定委托权限，在委托方不知情或未得到委托方确认的情况下，以委托方名义擅自办理涉税事宜的；违反职业道德行为规范，对委托涉税事宜进行盲目执业；违反保密义务，对委托方重要资料保管不当或故意泄露商业秘密侵害委托方权益的；明示或暗示将不提交工作结果，或委托项目结果不符合约定要求和时限的；存在违反业务约定书的其他情形。

③委托方违反法律、法规、政策的规定，违反约定义务提供不实、不完整资料信息或者存在其他限制行为的。税务师事务所依据法律、法规、政策及执业准则进行执业，以恰当的方式向委托方提示过，但是委托方仍然坚持或不予改正错误的信息和数据。由此造成的委托涉税事宜与经济事实、纳税事实不符的，由委托方承担违约责任。

④税务师事务所明知委托方的委托事项违法，仍继续进行涉税业务的，由税务师事务所和委托方共同承担连带责任。

⑤税务师事务所与第三人串通损害委托方利益的，由税务师事务所和第三人共同承担

连带责任。

⑥签约双方任何一方因不可抗力无法履行业务约定书约定义务的，应当根据不可抗力的影响，部分或者全部免除责任，法律另有规定的除外。但是，签约双方任何一方迟延履行后发生不可抗力的，不能免除违约责任。

⑦业务约定书履行过程中产生争议时，签约双方应当按照约定的争议解决方式和地点解决争议。

(4) 涉税服务业务约定书参考格式。

为规范涉税服务业务约定书的签订、履行和其他相关行为，维护各方当事人合法权益，中注协根据《中华人民共和国合同法》和《注册税务师执业基本准则》，制定了涉税服务业务约定书参考格式。

涉税服务业务约定书参考格式

业务约定书备案号：

甲方（委托方）：

甲方税务登记号：

乙方（受托方）：

乙方税务师事务所执业证编号：

兹有甲方委托乙方提供______，依据《中华人民共和国合同法》的有关规定，经双方协商，达成以下约定：

一、服务范围

（一）委托目的与背景：

（二）服务建议与成果：

二、甲方责任与义务

（一）根据国家现行会计、税收等法律、法规的有关规定，甲方有责任保证向乙方提供所需会计资料及纳税资料的真实性、合法性和完整性，并承担因资料不真实、不合法、不完整而造成不良后果的相应责任。

（二）为乙方委派人员的工作提供必要的条件及合作，不得授意乙方人员实施违反国家法律、法规的行为。确保乙方不受限制地接触任何与本次工作有关的记录、文件和所需的其他信息。

（三）正确使用业务报告，乙方为甲方提供的报告，除本约定书约定的情形外，未经乙方许可，甲方不得提供第三方。由于使用不当所造成的后果，与乙方无关。

（四）按本约定书的约定及时支付委托业务费用以及其他相关费用。

三、乙方责任与义务

（一）乙方及时委派专业服务人员为甲方提供约定服务。

（二）乙方应严格按照现行税收相关法律、法规和政策规定，及注册税务师执业准则有关规定履行服务程序，并保持服务意见的客观性、准确性和完整性。

（三）乙方有责任就业务服务成果向甲方解释，并在业务报告中说明。

（四）乙方对履行约定服务过程中所获得的相关信息负有保密义务，该保密义务不受本协议约定服务期限的限制而持续有效。

四、违约责任

甲乙双方按照《中华人民共和国合同法》的规定承担违约责任。

五、免责事由

如本约定书任何一方因受不可抗力事件影响而未能履行其在本约定书项下的全部或部分义务，该义务的履行在不可抗力事件妨碍其履行期间根据程度应予中止或终止。

由不可抗力不能履行约定书或造成他人损害的，部分或全部免除民事责任。

六、违约责任兑现方式

本约定书任何一方违反约定事项造成对方实际损失的，应在____期限内支付业务费用总额____%的赔偿金和违约金。

七、费用及支付

（一）按照注册税务师行业收费的有关规定，以乙方各级别工作人员在本次工作中所耗用的时间为基础计算。乙方完成本次委托业务费用人民币（大写）____元（¥　　）。

（二）上述费用自本约定书生效之日起____日内支付业务费用总额的____%；其余费用在乙方提交业务报告后____日内一次性全额支付（或在乙方提交业务报告当日内一次性全额支付）。

（三）由于无法预见的原因，导致乙方从事本委托事项完成的实际时间较本约定书签订时预计的时间有明显的增加或减少时，甲乙双方应通过协商，相应调整本约定书第七款第（一）项所述业务费用总额。

（四）由于无法预见的原因，导致乙方人员抵达甲方工作现场后，本约定书项目不再进行，甲方不得要求退还预付的业务费用；如上述情况发生于乙方人员完成现场审核工作之后，甲方应另行向乙方支付人民币____元的补偿费，该补偿费应于甲方收到乙方的收款通知之日起____日内支付。

（五）由于无法预见的原因，发生的与本次委托事项有关的其他费用（包括交通、食宿费等），由双方协商解决。

八、业务报告的出具和使用

（一）乙方应当按照国家发布的相关执业准则所规定的格式和类型，出具真实、合法的业务报告。

（二）乙方向甲方出具业务报告一式____份。

（三）甲方不得修改或删节乙方出具的业务报告；不得修改或删除重要的数据、重要的附件和所作的重要说明。

九、约定事项的变更、终止

如果出现不可预见的情形，影响涉税服务工作如期完成，或者需要提前出具业务报告时，甲乙双方均可要求变更约定事项，但应提前通知对方，并由双方协商解决。

（一）本约定书签订后，双方应当按约履行，不得无故终止。如遇法定情形或特殊原因确需终止的，提出终止的一方应提前通知另一方。

（二）在终止业务约定的情况下，乙方有权就本约定书终止之日前对约定事项所做的工作收取合理的费用。

十、资料保留及所有权

乙方对执行业务过程中形成的工作底稿拥有所有权，乙方可自主决定允许甲方获取业务工作底稿部分内容，或摘录部分工作底稿。但披露这些信息不得损害乙方执行业务的有效性。

十一、适用法律和争议解决

本约定书的所有方面均应适用中华人民共和国的法律进行解释并受其约束。与本约定书有关的任何纠纷或争议，双方选择按以下第____种解决方式：

（一）提交__________进行仲裁；

（二）向有管辖权的人民法院提起诉讼。

十二、本约定书的法律效力

（一）本约定书经双方代表人签字或盖章并加盖单位公章之日起生效，并在双方履行完成约定事项后终止。

（二）本约定书一式二份，甲乙方各执一份，具有同等法律效力。

十三、其他事项的约定

本约定书未尽事宜，经双方协商另行签订补充协议，本约定书的附件及任何补充协议与本约定书具有同等法律效力。

甲方：	乙方：
（盖章）	（盖章）
法人代表人/委托代理人：	法定代表人/执行事务合伙人/委托代理人：
（签名或盖章）	（签名或盖章）
地址：	地址：
电话：	电话：
联系人：	联系人：
签约日期：	签约地点：

（二）业务计划

签订好业务约定书后，税务师事务所应当指派胜任受托涉税服务业务的注册税务师，作为项目负责人具体承办。但是，委托人对服务项目有特殊要求，与税务师事务所事先约定承办注册税务师的，一般由该注册税务师作为项目负责人。

项目负责人应根据服务项目的复杂程度、风险状况和时间限制等情况，制订相应的涉税服务业务计划。业务简单、风险较小的服务项目，可以简化涉税服务业务计划的程序。涉税服务业务计划确定后，项目负责人还可视情况变化对业务计划作相应的调整。

（三）业务实施

注册税务师执行涉税服务业务，应当通过多种途径，了解委托人的业务和经营情况，了解约定事项的会计、税收资料情况及主要特点。

1.注册税务师执行税务咨询类服务，应当充分运用税务机关对社会公开的涉税信息资料和相关税收法规规定，结合委托项目的具体情况，作出相应的讲解、解答或策划方案。

2.注册税务师执行申报准备类服务，应当对委托人提供的资料进行专业判断；对所提供资料信息的真实性、完整性产生怀疑时，应要求其予以补正，并给予适当的提醒。从事税务会计服务，应当符合会计法和税法关于会计账簿、凭证管理的规范以及其他有关规定。

3.注册税务师执行涉税代理类服务，应当根据不同的法律关系，遵循相应的行为规范。没有特别规范的，参照民事代理的原则执行。注册税务师代理委托人，向税务机关主张权利或履行义务的，应当遵循法律、行政法规规定的程序以及税务机关依法作出的具体要求。注册税务师执行其他涉税服务，应当根据具体的项目类型，确定相应的执行依据。从事税务风险评估和管理服务的，可以参照税务机关有关企业税务风险管理的指引。

4.注册税务师执行涉税服务业务时，应当编制涉税服务业务工作底稿，保证工作底稿记录的完整性、真实性和逻辑性。

（1）工作底稿的主要作用包括：通过对涉税服务业务过程的适当记录，作为最终作出报告的基础性资料；通过对涉税服务业务证据的有效收集与整理，证明其符合注册税务师执业准则；通过对涉税服务业务情况的规范记载，为执业质量的比较提供基本依据。

（2）工作底稿可以采用纸质或者电子的形式，有视听资料、实物等证据的，可以同时采用其他形式。

（3）工作底稿可以在业务过程中，通过记录、复制、录音、录像、照相等方式随时形成，并由实施人员签名。

（4）涉税服务业务工作底稿属于税务师事务所的业务档案，应当至少保存10年；法律、行政法规另有规定的除外。

（5）未经涉税服务业务委托人同意，税务师事务所不得向任何第三方提供工作底稿，但下列情况除外：税务机关因税务检查需要进行查阅的；注册税务师行业主管部门因检查执业质量需要进行查阅的；公安机关、人民检察院、人民法院根据有关法律、行政法规需要进行查阅的。

（四）业务报告

税务师事务所开展涉税服务业务，可根据服务内容和约定确定是否出具书面的业务报告。出具书面业务报告的，注册税务师应当在涉税服务业务完成时，编制涉税服务业务报告；不出具书面业务报告的，应当采取口头或其他约定的形式交换意见，并做好相应记录。

1.业务报告的基本结构。

涉税服务项目不同，业务报告的内容也不一样，但其基本结构一样，都由文头、正文和报告日期3部分组成。

（1）文头。文头包括出具单位名称和文号。涉税服务报告作为对外发生效力的文书，通常情况下使用印有单位名称的报告专用纸；报告的文号一般由年份、报告性质简称和顺序编号组成。

（2）正文。正文包括标题、收件人、引言段、服务过程及实施情况、专业意见和其他要素。标题统一规范为“涉税服务事项+鉴证报告”。收件人是指涉税服务的委托人。引言段阐述委托事项的业务性质，委托人和受托人的责任，说明对委托事项已进行鉴证审核以及审核的原则和依据等。其他要素包括税务师事务所所长和注册税务师签名或盖章、税务师事务所的名称、地址和盖章。

（3）报告日期。报告日期是指业务报告经过草拟、复核和签发后，形成正式的报告交由委托方或者其他使用人的日期。

2.业务报告的出具。

（1）涉税服务业务报告完成内部复核程序后，由注册税务师签名和税务师事务所盖章后对外出具。在正式出具涉税服务业务报告前，税务师事务所可以在不影响独立判断的前提下，与委托人就拟出具报告的有关内容进行沟通。

（2）涉税服务业务报告具有特定目的或服务于特定使用人的，注册税务师应当在涉税服务业务报告中注明该报告的特定目的或特定使用人，对报告的用途加以限定和说明。

（3）注册税务师在提供服务时，认为委托人提供的会计、税收等基础资料缺乏完整性和真实性，可能对服务项目的预期目的产生重大影响的，应当在报告中作出适当说明。

（4）注册税务师在涉税服务业务报告正式出具后，如果发现新的重大事项，对报告足以造成重大影响的，应当及时报告税务师事务所，作出相应的处理。

第二节　涉税鉴证业务准则

一、涉税鉴证业务的类型

涉税鉴证是指鉴证人接受委托，凭借自身的税收专业能力和信誉，通过执行规定的程序，依照税法和相关标准，对被鉴证人的涉税事项作出评价和证明的活动。

涉税鉴证业务涉及的利益方包括委托人、鉴证人、被鉴证人和鉴证报告使用人。委托人是指委托税务师事务所对涉税事项进行鉴证的单位或个人。鉴证人是指接受委托执行涉税鉴证业务的注册税务师及其所在的税务师事务所。被鉴证人是指与鉴证事项相关的单位或个人。被鉴证人可以是委托人，也可以是委托人有权指定的第三人。鉴证报告使用人是指预期使用鉴证结果的单位或个人。涉税鉴证业务包括纳税申报类鉴证、涉税审批类鉴证和其他涉税鉴证3种类型。

1.纳税申报类鉴证。纳税申报类鉴证是指注册税务师对纳税人或扣缴义务人申报缴纳税款的相关项目及金额的真实性和合法性作出评价、证明。目前，纳税申报类鉴证主要包括企业所得税汇算清缴纳税申报的鉴证和土地增值税清算的鉴证。另外，一些地方税务机关要求纳税人或扣缴义务人在办理某些特殊业务时，应报送税务师事务所出具的鉴证报告，如浙江省地方税务局要求，纳税人在办理有关税种差额征税项目业务时，应向税务机关报送年度分项目扣除金额汇总情况的自行审核报告或提供税务师事务所出具的鉴证报告。

2.涉税审批类鉴证。涉税审批类鉴证是指注册税务师对委托人需要向税务机关申报审批（或备案）的事项，就其合法性、真实性、完整性作出评价、证明。目前，涉税审批类鉴证主要包括企业所得税税前弥补亏损的鉴证和企业资产损失所得税税前扣除的鉴证。

3.其他涉税鉴证。其他涉税鉴证是指除上述两类以外的涉税鉴证业务。社保审计，涉税司法鉴定，企业变更税务登记、注销税务登记税款清算鉴证，纳税异常税负偏低企业特定税种纳税情况鉴证，房地产开发企业完工产品销售收入的实际毛利额与预计毛利额差异调整鉴证，增值税一般纳税人辅导期增值税纳税情况鉴证。

二、涉税鉴证业务的原则

1.合法原则。鉴证人的执业过程和鉴证结果应当符合法律规定，不得损害国家税收利益和其他相关主体的合法权益。

2.目的原则。鉴证人应当充分考虑鉴证结果的预期用途，合理规划和实施鉴证程序，保证鉴证结果符合约定的鉴证目的。

3.独立原则。鉴证人应当保持独立性，在被鉴证人和鉴证报告使用人之间保持中立，排除可能有损客观、公正鉴证的情形，并依照有关规定进行回避。

4.胜任原则。鉴证人应当审慎评价鉴证事项的业务要求和自身的专业能力，合理利用其他专家的工作，妥善处理超出自身专业能力的鉴证委托。

5.责任原则。鉴证人在执业中应当保持负责的态度，实施鉴证程序，控制执业风险，承担执业责任。依照法律规定和约定履行保密义务。

三、涉税鉴证业务的基本流程

涉税鉴证业务的基本流程包括业务承接、业务计划、业务实施和涉税业务报告4个环节。

（一）业务承接

1.税务师事务所承接涉税鉴证业务，应当对委托事项进行初步调查和了解，并从以下方面进行分析评估，决定是否接受涉税鉴证业务委托：委托事项是否属于涉税鉴证业务；本税务师事务所是否具有相应的专业实施能力；本税务师事务所是否可以承担相应的风险；本税务师事务所是否具备独立性；其他相关因素。

2.签订业务约定书。涉税鉴证业务约定书应当对下列事项进行约定：签约双方名称、住所、通讯地址、联系方式、法定代表人（执行事务合伙人）；鉴证或服务目的；客户服务的要求；鉴证或服务对象、范围和项目；鉴证或服务人员；鉴证或服务时间期限；鉴证或服务费用总额、支付时间和方式；鉴证或服务报告类型及要求；鉴证或服务报告提交时间和方式；鉴证或服务报告使用者和使用方式；委托方和受托方的责任与义务；违约责任和争议解决；签约时间。

为规范涉税鉴证约定书的签订、履行和其他相关行为，维护各方当事人合法权益，中注协根据《中华人民共和国合同法》和《注册税务师执业基本准则》，制定了涉税鉴证业务约定书参考格式。

涉税鉴证业务约定书参考格式

业务约定书备案号：

甲方（委托方）：

甲方税务登记号：

乙方（受托方）：

乙方税务师事务所执业证编号：

兹有甲方委托乙方提供_________，依据《中华人民共和国合同法》的有关规定，经双方协商，达成以下约定：

一、委托事项

（一）委托目的：

（二）委托业务：

二、甲方责任与义务

（一）甲方责任

1. 根据国家现行会计、税收等法律法规的有关规定，甲方有责任保证会计资料及纳税资料的真实性、合法性和完整性并承担因资料不真实、不合法、不完整而造成不良后果的相应责任。

2. 按照现行税收法律、法规和政策规定依法履行纳税义务是甲方的责任。这种责任还应当包括：(1) 建立、完善并有效实施与会计核算、纳税申报相关的内部控制。(2) 符合会计准则及其有关规定。(3) 按照税收规定进行纳税调整。

(二) 甲方义务

1.及时为乙方的涉税鉴证或涉税服务工作提供其所要求的全部会计资料、纳税资料和其他有关资料（在____年__月__日之前提供所需的全部资料），并保证所提供资料的真实性、合法性和完整性。

2.甲方确保乙方不受限制地接触任何与本次工作有关的记录、文件和所需的其他信息，不得授意乙方人员实施违反国家法律、法规的行为。

3.甲方管理层对其作出的与委托业务有关的声明予以书面确认。

4.正确使用业务报告，乙方为甲方提供的报告，除本约定书约定的情形外，未经乙方许可，甲方不得提供第三方。由于使用不当所造成的后果，与乙方无关。

5.按本约定书的约定及时支付委托业务费用以及其他相关费用。

三、乙方责任与义务

(一) 乙方责任

1.乙方应严格按照现行税收相关法律、法规和政策规定，及注册税务师执业准则有关规定，恪守独立、客观、公正原则，对甲方提供的纳税资料进行鉴证、审核、分析，并发表专业意见。

2.乙方应当制订合理计划和实施能够获取充分、适当证据的审核程序，为甲方的委托事项提供合理保证或建议。乙方有责任就业务服务成果向甲方解释，并在业务报告中说明。

3.基于截止性测试的性质和审核过程中的其他固有限制，以及甲方内部控制的固有局限性，经乙方审核后仍然可能存在未被发现的风险，乙方出具的业务报告不能因此减轻甲方应当承担的法律责任。

(二) 乙方义务

1.在委托方和相关当事方的协助下，根据业务工作方案和计划，按照注册税务师执业准则中执业质量和业务报告的要求，如期完成工作任务。为所承接鉴证业务配备具有相应专业胜任能力的注册税务师和其他专业人员。

2.履行保密义务，除下列情况情形之外，乙方应当对执行业务过程中知悉的甲方信息予以保密：(1) 取得甲方的授权。(2) 根据法律法规的规定，为法律诉讼准备文件或提供证据，以及向监管机构报告违法违规行为。(3) 接受行业协会和监督机构依法进行的质量检查。(4) 监管机构对乙方进行行政处罚（包括监管机构处罚前的调查、取证）以及乙方对此提起的行政复议。

四、违约责任

甲乙双方按照《中华人民共和国合同法》的规定承担违约责任。

五、免责事由

如本约定书任何一方因受不可抗力事件影响而未能履行其在本约定书项下的全部或部

分义务，该义务的履行在不可抗力事件妨碍其履行期间根据程度应予中止或终止。

由不可抗力不能履行约定书或造成他人损害的，部分或全部免除民事责任。

六、违约责任兑现方式

本约定书任何一方违反约定事项造成对方实际损失的，应在____期限内支付业务费用总额____%的赔偿金和违约金。

七、费用及支付

（一）按照注册税务师行业收费的有关规定，以乙方各级别工作人员在本次工作中所耗用的时间为基础计算。乙方完成本次委托业务费用人民币（大写）____元整（¥　　）。

（二）上述费用自本约定书生效之日起____日内支付业务费用总额的____%；其余费用在乙方提交业务报告后____日内一次性全额支付（或在乙方提交业务报告当日内一次性全额支付）。

（三）由于无法预见的原因，导致乙方从事本委托事项完成的实际时间较本约定书签订时预计的时间有明显的增加或减少时，甲乙双方应通过协商，相应调整本约定书第七款第（一）项所述业务费用总额。

（四）由于无法预见的原因，导致乙方人员抵达甲方工作现场后，本约定书项目不再进行，甲方不得要求退还预付的业务费用；如上述情况发生于乙方人员完成现场审核工作之后，甲方应另行向乙方支付人民币____元的补偿费，该补偿费应于甲方收到乙方的收款通知之日起____日内支付。

（五）由于无法预见的原因，发生的与本次委托事项有关的其他费用（包括交通、食宿费等），由双方协商解决。

八、业务报告的出具和使用

（一）乙方应当按照国家发布的相关执业准则所规定的格式和类型，出具真实、合法的业务报告。

（二）乙方向甲方出具业务报告一式____份。

（三）甲方不得修改或删节乙方出具的业务报告；不得修改或删除重要的数据、重要的附件和所作的重要说明。

九、约定事项的变更、终止

如果出现不可预见的情形，影响涉税鉴证工作如期完成，或者需要提前出具业务报告时，甲乙双方均可要求变更约定事项，但应提前通知对方，并由双方协商解决。

（一）本约定书签订后，双方应当按约履行，不得无故终止。如遇法定情形或特殊原因确需终止的，提出终止的一方应提前通知另一方。

（二）在终止业务约定的情况下，乙方有权就本约定书终止之日前对约定事项所做的工作收取合理的费用。

十、资料保留及所有权

乙方对执行业务过程中形成的工作底稿拥有所有权，乙方可自主决定允许甲方获取业务工作底稿部分内容，或摘录部分工作底稿。但披露这些信息不得损害乙方执行业务的有效性和独立性。

十一、适用法律和争议解决

本约定书的所有方面均应适用中华人民共和国的法律进行解释并受其约束。与本约定书有关的任何纠纷或争议，双方选择按以下第____种解决方式：

（一）提交________________________进行仲裁；

（二）向有管辖权的人民法院提起诉讼。

十二、本约定书的法律效力

（一）本约定书经双方代表人签字或盖章并加盖单位公章之日起生效，并在双方履行完成约定事项后终止。

（二）本约定书一式二份，甲乙方各执一份，具有同等法律效力。

十三、其他事项的约定

本约定书未尽事宜，经双方协商另行签订补充协议，本约定书的附件及任何补充协议与本约定书具有同等法律效力。

甲方：	乙方：
（盖章）	（盖章）
法人代表人/委托代理人：	法定代表人/执行事务合伙人/委托代理人：
（签名或盖章）	（签名或盖章）
地址：	地址：
电话：	电话：
联系人：	联系人：
签约日期：	签约地点：

（二）业务计划

1.税务师事务所应当指派能够胜任受托涉税鉴证业务的注册税务师，作为项目负责人具体承办。

2.项目负责人根据鉴证事项的复杂程度、风险状况和鉴证期限等情况，制订具体的涉税鉴证业务计划。业务计划具体包括下列内容：

（1）鉴证风险评估，包括被鉴证人的税务风险管理情况，税务机关及其他方面对被鉴证人的评价，以及可能存在税务风险的其他方面；

（2）总体鉴证计划，包括鉴证事项的具体范围、鉴证目标、鉴证策略、组织分工和时间安排；

（3）具体鉴证安排，包括拟执行的鉴证程序、时间步骤、鉴证方法和具体流程等。

（三）业务实施

1.税务师事务所可以为执行涉税鉴证业务的注册税务师配备助理人员，从事辅助性工作。注册税务师应当指导和监督助理人员的工作；或对超出其业务能力的复杂、疑难或其他特殊技术问题，根据业务需要，请求本机构内部或外部相关领域的专家协助工作，或者向相关专家咨询，并对其工作成果负责。

2.对可能影响涉税鉴证结果的所有重要方面予以关注，主要包括下列内容：

（1）事实方面，包括环境事实、业务事实和其他事实。

（2）会计方面，包括财务会计报告、会计账户，以及交易、事项的会计确认和计量等其他方面。

（3）税收方面，包括会计数据信息采集、纳税调整、计税依据、适用税率、纳税申报表或涉税审批表格填写，以及其他方面。

3.证据。

（1）涉税鉴证业务委托人或被鉴证人，应当如实向鉴证人提供有关鉴证材料。鉴证人对其鉴证行为合法性的证明责任，不能替代或减轻涉税鉴证业务委托人或被鉴证人应当承担的会计责任、纳税申报责任以及其他法律责任。

（2）鉴证人应当取得支持鉴证结果所需的事实根据和法律依据。鉴证人可以通过委托人配合提供、被鉴证人协助提供或鉴证人独立取得等途径获取鉴证材料，获取涉税鉴证业务证据。

（3）鉴证人可以采取审阅书面材料、检查和盘点（监盘）实物、询问或函证事项、观察活动或程序、重新执行程序、分析程序和其他方法，获取涉税鉴证业务证据。

（4）鉴证人应当本着审慎态度，对不同来源的鉴证材料进行综合判断，确认支持鉴证结果的有效证据。

（5）鉴证人在确认证据前，应当从证据相关性和证据合法性两个方面判断鉴证材料是否具有涉税鉴证的证据资格。证据相关性是指鉴证材料与待证事实之间具有实质性证明意义的关联。证据合法性是指鉴证材料在取证主体、取证程序以及证据形式等方面都符合法律要求。

（6）鉴证人在确认证据时，应当从证据真实性和证据充分性两个方面判断鉴证材料是否具有涉税鉴证的证明能力。证据真实性是指鉴证材料经适当方法查证属实，能够排除合理怀疑。证据充分性是指获取鉴证材料整体的证明力，足以支持鉴证结果。

（7）鉴证人应针对具体的涉税鉴证业务类型，确定判断确认证据和作出鉴证结论的税法标准和其他标准。

税法标准是指鉴证人从事纳税申报类和涉税审批类涉税鉴证业务，必须遵守税法的规定。鉴证人认为税收法律、行政法规、规章以及规范性文件之间规定不一致的，按照有权部门作出的解释执行；没有解释的，可以向税务机关咨询。对面临税务机关处罚风险的鉴证项目，可以参照行政诉讼证据规则确认证据。

其他标准是指鉴证人从事其他涉税鉴证业务，应当根据鉴证事项和目的确定标准。以行业内公认的业务标准或单位的内部制度作为标准的，鉴证人要将其作为证据进行采集。对司法活动中有关事项进行鉴证的，以及可能引起争议的鉴证项目，鉴证人应当充分考虑有关诉讼法中的证据规则。

4.工作底稿。

（1）注册税务师执行涉税鉴证业务，应当编制涉税鉴证业务工作底稿，保证底稿记录的完整性、真实性和逻辑性。

（2）涉税鉴证业务工作底稿的实现目标是：通过对涉税鉴证业务过程的适当记录，列明判断过程及其依据，作为最终作出鉴证报告的基础性资料；通过对涉税鉴证业务证据的有效收集与整理，显示支持鉴证结果的证据链条，证明其符合注册税务师执业准则；通过对涉税鉴证业务情况的规范记载，表明涉税鉴证业务的规范化程度，为执业质量的比较提供基本依据。

（3）涉税鉴证业务工作底稿内容包括：鉴证项目名称；被鉴证人名称；鉴证项目所属时期；索引；鉴证过程和结果的记录；证据目录；底稿编制人签名和编制日期；底稿复核

人签名和复核日期。

（4）涉税鉴证业务工作底稿可以采用纸质或者电子的形式，有视听资料、实物等证据的，可以同时采用其他形式。

（5）涉税鉴证业务工作底稿可以在鉴证过程中，通过记录、复制、录音、录像、照相等方式随时形成，并由实施的注册税务师、助理等人员签名。

（6）涉税鉴证业务工作底稿属于税务师事务所的业务档案，应当至少保存10年；法律、行政法规另有规定的除外。

（7）未经涉税鉴证业务委托人同意，税务师事务所不得向他人提供工作底稿，但下列情形除外：税务机关因税务检查需要进行查阅的；注册税务师行业主管部门因检查执业质量需要进行查阅的；公安机关、人民检察院、人民法院根据有关法律、行政法规需要进行查阅的。

（四）业务报告

涉税鉴证业务报告完成内部复核程序后，由注册税务师签名和税务师事务所盖章后对外出具。

1.涉税鉴证业务报告基本结构。涉税鉴证业务报告基本结构相似，由文头、正文和报告日期三部分组成。

（1）文头。文头包括出具单位名称和文号。涉税鉴证业务报告作为对外发生效力的文书，通常情况下使用印有单位名称的报告专用纸；报告的文号一般由年份、报告性质简称和顺序编号组成。

（2）正文。正文包括标题、收件人、引言段、鉴证过程及实施情况、鉴证结论或鉴证意见和其他要素。标题应当统一规范为“涉税鉴证事项+鉴证报告”。鉴证报告的收件人是指注册税务师按照业务约定书的要求致送鉴证报告的对象，一般是指鉴证业务的委托人。鉴证报告应当载明收件人的全称。鉴证报告的引言段应当表明委托人和受托人的责任，说明对委托事项已进行鉴证审核以及审核的原则和依据等。鉴证报告的审核过程及实施情况应当披露以下内容：简要评述与企业所得税有关的内部控制及其有效性；简要评述与企业所得税有关的各项内部证据和外部证据的相关性和可靠性；简要陈述对委托单位提供的会计资料及纳税资料等进行审核、验证、计算和进行职业推断的情况。其他要素包括税务师事务所所长和注册税务师签名或盖章，以及税务师事务所的名称和地址，并加盖税务师事务所公章。

（3）报告日期。这是指鉴证业务报告经过草拟、复核和签发后，形成正式报告交由委托方或者其他使用人的日期。

2.涉税鉴证报告的类型。涉税鉴证报告根据审核鉴证的情况不同，分为提出鉴证结论的涉税鉴证报告和提出鉴证意见的涉税鉴证报告。提出鉴证结论的涉税鉴证报告包括无保留意见的鉴证报告和保留意见的鉴证报告。提出鉴证意见的涉税鉴证报告包括无法表明意见的鉴证报告和否定意见的鉴证报告。

（1）无保留意见的鉴证报告。涉税鉴证事项符合下列所有条件，注册税务师应当出具无保留意见的鉴证报告：鉴证事项完全符合法定性标准，涉及的会计资料及纳税资料符合国家法律、法规及税收有关规定；注册税务师已经按照有关业务准则的规定，实施了必要的审核程序，审核过程未受到限制；注册税务师获取的鉴证对象信息充分、适当，完全可以确认涉税鉴证事项的具体金额。

无保留意见的鉴证报告，应当以积极方式提出鉴证结论，对鉴证对象信息提供合理保证。

（2）保留意见的鉴证报告。涉税鉴证事项符合下列情形之一的，注册税务师应当出具保留意见的鉴证报告：涉税鉴证的部分事项因税收法律、法规及其具体政策规定或执行时间不够明确处理不当；经过咨询或询证，对鉴证事项所涉及的具体税收政策在理解上与税收执法人员存在分歧，需要提请税务机关裁定；部分涉税事项因审核范围受到限制，不能获取充分、适当的证据，虽然影响较大，但不至于出具无法表明意见的鉴证报告。

保留意见的鉴证报告，应当以适当方式提出鉴证结论，对鉴证对象信息提供合理保证，并对不能确认具体金额的部分涉税鉴证事项予以说明，以便提请使用者决策。

（3）无法表明意见的鉴证报告。如果审核范围受到限制，对涉税鉴证事项可能产生的影响非常重大和广泛，不能获取充分、适当的证据，以至于无法对涉税事项发表审核意见。注册税务师应当出具无法表明意见的鉴证报告。

无法表明意见的鉴证报告，应当以消极方式提出鉴证意见，对鉴证对象信息提供有限保证，并说明涉税鉴证事项无法表明意见的依据。

（4）否定意见的鉴证报告。如果发现涉税事项总体上没有遵从法定性标准，存在违反税收法律、法规或有关规定的情形，经与被审核方有关部门和人员沟通或磋商，在所有重大方面未能达成一致，不能真实、合法地反映鉴证结果，注册税务师应当出具否定意见的鉴证报告。

否定意见的鉴证报告，应当以消极方式提出鉴证意见，对鉴证对象信息提供有限保证，并说明持否定意见的依据。

3.涉税鉴证业务报告示范文本。

企业所得税年度纳税申报鉴证报告（范本）

业务约定书备案号：

事务所鉴证报告号：

________________：

我们接受委托，对贵单位____年度的企业所得税纳税申报事项进行鉴证，并出具鉴证报告。

贵单位的责任是，及时提供与企业所得税年度纳税申报事项有关的会计资料和纳税资料，并保证其真实、准确、完整和合法，确保贵单位填报的企业所得税纳税申报表符合《中华人民共和国企业所得税法》及其实施条例、《中华人民共和国税收征收管理法》及其实施细则以及其他税收法律、法规、规范的要求，并如实纳税申报。

我们的责任是，本着独立、客观、公正的原则，依据《中华人民共和国企业所得税法》及其实施条例、《中华人民共和国税收征收管理法》及其实施细则和有关政策、规定，按照《注册税务师管理暂行办法》、《注册税务师涉税鉴证业务基本准则》和《企业所得税汇算清缴纳税申报鉴证业务准则》等行业规范要求，对贵单位企业所得税年度纳税申报的真实性、准确性、完整性和合法性实施鉴证，并发表鉴证意见。

在鉴证过程中，我们考虑了与企业所得税相关的鉴证材料的证据资格和证明能力，对贵单位提供的会计资料及纳税资料等实施了审核、验证、计算和职业推断等必要的鉴证程序。我们相信，我们获取的鉴证证据是充分的、适当的，为发表鉴证意见提供了基础。现将鉴证结果报告如下：

经对贵单位________年度企业所得税年度纳税申报事项进行鉴证，我们认为，本报告后附的“企业所得税年度纳税申报表”已经按照《中华人民共和国企业所得税法》及其实施条例、《中华人民共和国税收征收管理法》及其实施细则以及其他税收法律法规的相关规定填报，在所有重大方面真实、准确、完整地反映了贵单位本纳税年度的所得税纳税申报情况。部分数据摘录如下：

序号	项目	金额
1	利润总额	
2	加:纳税调整增加额	
2	减:纳税调整减少额	
4	加:境外应税所得弥补境内亏损	
5	纳税调整后所得	
6	减:弥补以前年度亏损	
7	应纳税所得额	
8	适用税率	
9	应纳所得税额	
10	减:减免所得税额	
11	减:抵免所得税额	
12	应纳税额	
13	加:境外所得应纳所得税额	
14	减:境外所得抵免所得税额	
15	实际应纳所得税额	
16	减:本年累计实际已预缴的所得税额	
17	本年应补(退)的所得税额	

注：(1) 表内第1栏“利润总额”：事业单位填写“收支结余”，民间非营利组织填写“净资产变动额”。(2) 具体纳税调整项目及说明详见附件“企业所得税年度纳税申报鉴证报告说明”。

本报告仅供贵单位向主管税务机关办理企业所得税年度纳税申报时使用，不作其他用途。因使用不当造成的后果，与执行本鉴证业务的税务师事务所及其注册税务师无关。

注册税务师：(签名、盖章)

项目负责人：(签名、盖章)

所长：(签名、盖章)

税务师事务所（盖章）

电话：××

地址：××

日期：××××年××月××日

附送资料：

1.企业所得税年度纳税申报鉴证报告说明

2.____年度企业所得税纳税申报表

3.税务师事务所执业证复印件

第三节　税务代理质量控制规则

一、税务代理执业风险的影响因素

税务代理执业风险是注册税务师在税务代理过程中因未能完成代理事项或履行代理职责所要承担的法律责任。比如，注册税务师和税务师事务所出具虚假涉税文书，但尚未造成委托人未缴或者少缴税款的，由省税务局予以警告并处1 000元以上30 000元以下的罚款，并向社会公告；又如，税务代理违反税收法律、行政法规，造成纳税人未缴或者少缴税款的，除由纳税人缴纳或者补缴应纳税款、滞纳金外，对税务代理人处纳税人未缴或者少缴税款50%以上3倍以下的罚款；再如，税务代理如因工作失误或未按期完成税务代理事务等未履行税务代理职责，给委托方造成不应有的损失的，应由受托方负责。当然，对于委托人已经存在的税务风险，是委托人自主行为导致的结果，税务代理的服务目标不应当也不可能消除委托人的税务风险，消除委托人税务风险是委托人的责任。但是，如果税务代理的服务目标是发现或揭示委托人已经或可能存在的税务风险时却没发现，对风险的后果没有揭示或没有充分揭示、提出了不恰当的方法就是税务代理的执业风险。影响税务代理执业风险的主要因素包括：

1.征税方（税务机关）的影响。税务代理所有事项必须遵循税收法律、法规和相关规章制度的规定，接受税务机关的监督管理。因此，税务代理的执业风险受税务机关对税收法律、法规的理解和要求等因素的影响。比如说，由于税务人员的业务和素质差异，导致对税法的理解不全面，对税务代理业务的税务筹划方案理解不恰当，可能造成税务代理的风险。

2.委托方的影响。如果委托人纳税意识较强，其委托代理的意向是通过寻求税务代理帮助，降低纳税风险，尽可能杜绝因不通晓税法发生纳税方面的错误而导致被课以重罚的损失，或者因不了解税法而失去获得税收权益的机会，这样，委托人的委托意向与税收法律、法规和主管税务机关的要求相符，委托人愿意提供真实、完整的会计资料，此时，税务代理执业风险就会较小。反之，如果委托人纳税意识淡薄，委托意愿只是通过税务代理而尽可能少缴税款，甚至采取少报收入、虚列成本的手段偷税，此时税务代理的执业风险就较大。其次，委托人财务会计制度是否健全，财务人员业务素质高低，也直接影响税务代理执业风险的大小。

3.税务代理本身的因素。首先，由于税务代理执业人员的职业道德水平直接影响其工作态度和代理事项最终完成的结果，因此如果税务代理执业人员的职业道德水平较高，遵纪守法，就会减少又诱发执业风险的因素。其次，税务代理执业人员的专业素质和实际操作能力的高低和税务代理机构的执业质量控制制度体系是否完善健全，也是影响税务代理执业风险的重要因素。

二、税务代理质量控制

税务代理的质量控制是指税务师事务所为实现一定的职业目标而制定的政策，以及为执行政策和监控政策的遵守情况而设计的必要程序。为了规范税务师事务所质量控制，保证执业质量，控制执业风险，明确质量控制责任，中注协根据《注册税务师管理暂行办法》（国家税务总局令第14号）及其他有关规定，于2012年11月制定了《税务师事务所质量控制指导意见（试行）》和《税务师事务所质量控制操作指南》，从质量控制责任、职业道德要求、人力资源、业务质量控制（包括业务承接与业务保持、业务委派、业务实施、业务复核与监控和业务工作底稿及档案管理）等方面建立了税务师事务所质量控制体系的规则。

（一）质量控制责任

1.税务师事务所所长对制定质量控制制度，建立与质量、风险控制相适应的管理组织承担责任。

（1）税务师事务所不论规模大小，都应建立质量控制制度，并将其置于制度建设的核心地位。

（2）制定质量控制制度时，应当根据自身规模和业务特征等因素，形成以业务质量控制为核心的全面质量控制制度体系。

（3）税务师事务所在设置管理组织时，应当考虑质量控制的要求。如有可能，可以设立质量、风险管理委员会，该委员会负责制定、修改质量控制制度以及检查制度执行情况。

2.税务师事务所的管理层应当成为执行执业质量控制制度的表率，使全体成员都能为业务质量的提高发挥作用。

3.税务师事务所所长和项目负责人对服务结果的质量承担最终责任；项目其他成员为其完成的工作质量承担责任。税务师事务所项目负责人可以委派专门人员负责项目质量的控制，但这并不减轻、更不替代项目负责人对服务结果质量承担的最终责任，项目负责人仍然是服务结果质量最终责任人。

（二）职业道德规范

1.税务师事务所应当制定相关制度或采取相应防范措施，以合理保证发现、评价威胁职业道德的情形，消除或降低对职业道德的威胁。

2.税务师事务所管理层应当定期对执业人员进行教育和培训，对违反职业道德的行为及时进行处理。

3.独立性是注册税务师职业道德的重要内容。独立性要求注册税务师在执业时保持客观和专业谨慎，不因外在压力和个人好恶影响分析、判断的客观性，以正直、诚实、不偏不倚的态度对待有关利益各方；税务师事务所和为委托人提供业务服务的人员，除与委托人存在委托事项利益外，没有其他利益关系。税务师事务所制定有关独立性的制度时，应注意以下几个方面：

（1）要覆盖所有的业务人员和业务流程；

（2）在为同一客户提供不同业务类型服务，以及处理不同业务板块关系时，应提出其独立性要求；

（3）对独立性要求应当具体列举；

（4）发现威胁独立性情形的处理措施。

（三）人力资源管理

税务师事务所制定的人力资源管理制度，应当考虑业务质量对人力资源的要求，形成以质量为导向的人员选聘、培训、业绩评价、薪酬、晋升、奖励与惩罚制度体系。

另外，税务师事务所应当制定业务质量检查制度，定期检查评估注册税务师遵守法律法规、职业道德规范和业务准则的情况，质量控制制度设计、运行是否适当和有效。针对法律法规、职业道德规范和业务准则的新变化以及质量控制制度设计、运行的缺陷修订执业质量控制制度。定期检查记录应列入业务档案。

（四）业务质量控制

1.业务承接与业务保持。在确定是否接受和保持业务委托关系前，注册税务师应当对委托人的情况进行了解和评估，税务师事务所应当对注册税务师的评估情况进行评价和决策。税务师事务制定的业务承接质量控制制度，应明确对委托人事项了解的内容、方法、风险评估内容和方法，确定接受或保持委托关系的决策程序。

税务师事务所在对业务承接进行管理时，主要应当关注以下方面：委托人的委托目的和目标；委托人改变税务师事务所的原因；委托人的信誉、诚信可靠性及纳税遵从度；税务师事务所的专业胜任能力；委托业务在职业道德方面对税务师事务所及执业注册税务师的要求。

2.业务委派。税务师事务所应当制定业务委派制度，内容包括：项目组织结构、项目负责人和其他重要人员的回避及选定程序、责任、权力。税务师事务所在对业务委派环节进行管理时，应当关注选定的项目负责人的技术专长、经验、独立性是否符合要求以及已有项目的工作量。

3.业务实施。税务师事务所应当针对业务计划、证据收集与评价、业务结论、服务结果提交等业务实施的各个阶段制定相应的质量控制制度。尤其应注意税务师事务所质量控制制度应当对确定和处理业务实施过程的重大事项进行规定，并规范与税务机关、委托人的沟通权限和时间。

税务师事务所在对业务工作计划进行管理时，应当关注以下方面：计划前是否在现场进行调研；对重大风险事项的确定是否准确；计划内容是否全面、可行。重大风险事项是指注册税务师根据委托人的情况和委托事项的性质，确定的重点关注领域。对重大风险事项的关注，应当贯穿于业务实施的各个阶段。

项目组成员之间、项目组与业务质量监控人员之间的意见分歧得到解决以后，项目负责人方可提交服务结果。

4.业务复核。业务复核是指税务师事务所为保证业务质量对项目组作出的重大判断和形成的业务结果，作出客观评价的过程。税务师事务所应当根据自身规模和项目风险等级制定业务质量复核制度，内容包括复核级别、复核内容、复核程序、复核记录等内容。税务师事务所在对业务复核进行管理时，应当关注复核级别是否符合制度要求；复核的内容是否全面；复核结论、过程记录是否完整；复核意见是否处理并记录；复核人是否签字。

5.业务监控。业务监控是指税务师事务所选派项目组以外的人员（以下简称业务监控人），对项目组的工作作出客观评价的过程。税务师事务所应当制定业务监控制度，对一定风险等级的项目分别实施监控。业务监控制度应包含项目风险等级及划分标准、启动业务监控风险等级条件、业务监控人的资格和选定程序、业务监控程序和内容以及业务监控过程记录要求等内容。在业务监控中发现的税务师事务所质量控制制度缺陷后，应及时修订。业务监控人应当具备业务监控所需要的足够、适当的技术专长和经验，并满足独立性的要求。税务师事务所在对业务监控进行管理时，应当关注以下方面：达到监控风险等级的项目是否实施了业务监控程序；业务监控人的选定是否符合要求；业务监控人是否按照规定程序实施了监控。

6.业务工作底稿及档案管理。税务师事务所业务工作底稿和档案管理制度的内容应包括：业务工作底稿制定（修订）、使（停）用权限；业务工作底稿编制、修改、复核在时间、权限、签字方面的要求；业务工作底稿形成档案时限；档案保管、借阅、销毁要求；其他业务工作底稿档案相关要求。

项目组自提交业务结果之日起90日内将业务工作底稿归整为业务档案。业务档案应按不同客户不同委托业务分别归整；对同一客户不同的委托业务，应分别归整业务档案。税务师事务所的业务档案，应当自提交结果之日起至少保存10年。

思考与练习

1．什么是涉税服务？包括哪几种类型？

2．税务师事务所未履行或不适当履行执业义务有哪几种情形？

3．业务报告的基本结构是什么？

4．什么是涉税鉴证？涉税鉴证有哪几种类型？

5．涉税鉴证业务报告的基本结构是什么？

6．涉税鉴证报告有哪几种类型？简要说明涉税鉴证结论的标准。

7．税务代理执业风险的影响因素有哪些？

8．税务师事务所制定有关独立性制度时应注意哪些方面？

第三章

税务登记代理实务

【本章导读】

本章共分2节。第一节介绍了企业在设立、变更、停业、复业、注销、外出经营环节的税务登记的管理要求和代理规程。第二节介绍了特定税种、纳税事项的登记代理实务。通过本章的学习，学生应掌握经营环节税务登记的代理实务和特定税种、纳税事项的登记代理实务。

第一节 企业税务登记代理实务

企业、企业分支机构从设立到注销全过程的税务登记，包括设立税务登记，变更税务登记，停业、复业登记，注销税务登记。税务登记的主管税务机关是县级以上（含本级，下同）国家税务局（分局）、地方税务局（分局），按各自征管范围，实行"统一代码，分别登记，分别管理"的方式。有条件的城市，可采取联合登记，对同一纳税人核发同一份加盖国、地税印章的税务登记证。

一、设立税务登记

（一）设立税务登记的管理规程

从事生产、经营的纳税人，必须按规定时限到主管税务机关，按"申请-受理-核准发证"的程序，报送税务登记申请报告及有关资料，填写税务登记表，经税务机关审核后领取相应的税务登记证件。

1.设立税务登记的对象和时限。从事生产、经营的纳税人，包括企业、企业在外地设立的分支机构和生产经营场所、个体工商户和从事生产、经营的事业单位，向生产、经营所在地税务机关申报办理税务登记。具体时限要求见表3-1。

表3-1 **设立税务登记时限**

纳税人情形	设立税务登记时限	核发税务登记证类型
①领取工商营业执照(含临时工商营业执照)的	自领取工商营业执照之日起30日内	税务登记证及副本(或临时税务登记证及副本)
②未办理工商营业执照但经有关部门批准设立的	自有关部门批准设立之日起30日内	税务登记证及副本
③未办理工商营业执照也未经有关部门批准设立的	自纳税义务发生之日起30日内	临时税务登记证及副本
④承包承租人	自承包承租合同签订之日起30日内，向其承包承租业务发生地税务机关申报办理税务登记	临时税务登记证及副本
⑤外出经营，自其在同一县(市)实际经营或提供劳务之日起，在连续的12个月内累计超过180天的	自期满之日起30日内，向生产、经营所在地税务机关申报办理税务登记	临时税务登记证及副本
⑥境外企业在中国境内承包建筑、安装、装配、勘探工程和提供劳务的	自项目合同或协议签订之日起30日内，向项目所在地税务机关申报办理税务登记	临时税务登记证及副本
⑦其他纳税人，除国家机关、个人和无固定生产经营场所的流动性农村小商贩外	自纳税义务发生之日起30日内，向纳税义务发生地税务机关申报办理税务登记	税务登记证及副本

2.设立税务登记的办理流程（如图3-1所示）。

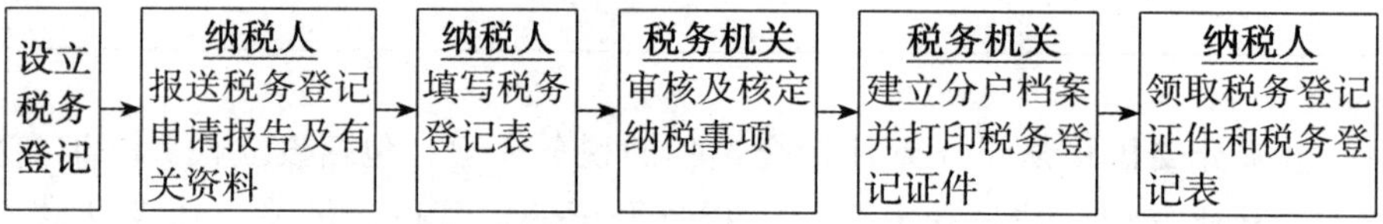

图3-1 设立税务登记的办理流程

3.扣缴税款登记的办理。

（1）已办理税务登记的扣缴义务人应当自扣缴义务发生之日起30日内，向税务登记地税务机关申报办理扣缴税款登记，由税务机关在其税务登记证件上登记扣缴税款事项。

（2）根据税法规定可不办理税务登记的扣缴义务人，应当自扣缴义务发生之日起30日内，向机构所在地税务机关申报办理扣缴税款登记，由税务机关核发扣缴税款登记证件。

（二）代理税务登记操作规程

1.代理税务登记申报。注册税务师以企业的名义向税务机关办理税务登记申报，要根据委托人的具体情形，按规定时限向税务机关如实报送所需资料的原件及复印件，在“申请税务登记报告书”中详细写明委托人领取营业执照的时间或成为纳税人的时间、申请税务登记的原因或理由、法律依据和税务登记类型，以及申请人、申报时间等内容。需要根据不同情况如实提供的证件和资料如下：

（1）工商营业执照或其他核准执业证件；

（2）有关合同、章程、协议书；

（3）组织机构统一代码证书；

（4）法定代表人或负责人或业主的居民身份证、护照或者其他合法证件。

其他需要提供的有关证件、资料，由省、自治区、直辖市税务机关确定。

2.代理填报“税务登记表”。“税务登记表”分三种类型，分别适用于单位纳税人、个体经营者、临时登记纳税人。注册税务师应根据企业的经济类型领取相应的表式，填写完毕后报送税务机关审核。适用于单位纳税人的税务登记表样表及填写要求见表3-2。

表3-2 **税务登记表**

（适用单位纳税人）

填表日期：

纳税人名称					国税税务登记代码（仅换证户填列）		
纳税人英文名称					地税税务登记代码（仅换证户填列）		
组织机构代码			所属行政区域				
登记注册类型			经营方式				
批准设立机关			批准设立证明或文件号				
开业（设立）日期		生产经营期限	证照名称		证照号码		
注册地址			邮政编码		联系电话		
生产经营地址			邮政编码		联系电话		
核算方式	请选择对应项目打“√”□独立核算 □非独立核算				从业人数	其中外籍人数	
单位性质	请选择对应项目打“√”□企业 □事业单位 □社会团体 □民办非企业单位 □其他						
网站网址			国标行业	□□ □□ □□□□			
适用会计制度	请选择对应项目打“√” □企业会计制度 □小企业会计制度 □金融企业会计制度 □行政事业单位会计制度						
经营范围		请将法定代表人（负责人）身份证件复印件粘贴在此处。					
项目 内容 联系人	姓名	身份证件		固定电话	移动电话	电子邮箱	
		种类	号码				
法定代表人（负责人）							
财务负责人							
办税人							
税务代理人名称	纳税人识别号		联系电话		电子邮箱		
注册资本或投资总额	币种	金额	币种	金额	币种	金额	

续表

投资方名称	投资方经济性质	投资比例	投资金额	证件种类	证件号码	国籍或地址
自然人投资比例		外资投资比例			国有投资比例	

分支机构名称	注册地址	纳税人识别号

总机构名称		纳税人识别号	
注册地址		经营范围	

法定代表人姓名		联系电话	注册地址邮政编码	

代扣代缴、代收代缴税款业务情况	代扣代缴、代收代缴税款业务内容	代扣代缴、代收代缴税种

新户需附报下列所有资料：（换证户仅需附报原登记内容有变化的资料）

□ 营业执照副本或其他核准执业证件的复印件 □ 组织机构代码证书副本复印件

□ 注册地址及生产、经营地址证明（产权证、租赁协议）复印件 □ 公司章程复印件

□ 验资报告或评估报告复印件 □ 法定代表人（负责人）居民身份证、护照或其他证明身份的合法证件复印件

□ 总机构的税务登记证（国、地税）副本复印件、营业执照 □ 改组改制的批文复印件

□ 设立的批准文件及有关合同、协议书的复印件

□ 境外总机构的营业执照、银行资信证明、首席代表工作证、首席代表授权书、个人简历

□ 其他

经办人签章： 年 月 日	法定代表人（负责人）签章： 年 月 日	纳税人公章： 年 月 日

以下由税务机关填写：

纳税人识别号		是否属于国税、地税共管户 □是 □否	
隶属关系	□10中央 □20省 □40地区 □51区（市辖区）□52县（县级市）□61街 □62镇 □63乡 □71居委会 □72村	纳税人所处街乡	
国税主管税务局		国税主管税务所（科）	
地税主管税务局		地税主管税务所（科）	

经办人（签章）： 国税经办人： 地税经办人： 受理日期： 年 月 日	国家税务登记机关 （税务登记专用章）： 核准日期： 年 月 日 国税主管税务机关：	地方税务登记机关 （税务登记专用章）： 核准日期： 年 月 日 地税主管税务机关：
国税核发《税务登记证副本》数量： 本	发证日期： 年 月 日	
地税核发《税务登记证副本》数量： 本	发证日期： 年 月 日	

国家税务总局监制

填表说明

一、本表适用于各类单位纳税人填用。

二、从事生产、经营的纳税人应当自领取营业执照，或者自有关部门批准设立之日起30日内，或者自纳税义务发生之日起30日内，到税务机关领取税务登记表，填写完整后提交税务机关，办理税务登记。

三、办理税务登记应当出示、提供以下证件资料（所提供资料原件用于税务机关审核，复印件一式两份，分别送国税机关、地税机关留存）：

1.营业执照副本或其他核准执业证件原件及其复印件。

2.组织机构代码证书副本原件及其复印件。

3.注册地址及生产、经营地址证明（产权证、租赁协议）原件及其复印件；如为自有房产，请提供产权证或买卖契约等合法的产权证明原件及其复印件；如为租赁的场所，请提供租赁协议原件及其复印件，出租人为自然人的还须提供产权证明的复印件；如生产、经营地址与注册地址不一致，请分别提供相应证明。

4.公司章程复印件（“港、澳、台商企业常驻代表机构及其他”和“外国企业”不需要提供此项）。

5.有权机关出具的验资报告或评估报告原件及其复印件（外资企业除外）。

6.法定代表人（负责人）（贴在登记表上）、财务负责人、办税人居民身份证、护照或其他证明身份的合法证件原件及其复印件。

7.股东的营业执照副本有效复印件、税务登记证副本或身份证（个人股东）复印件（外资除外）。

8.分支机构办理税务登记时，还须提供总机构的税务登记证（国、地税）副本复印件、营业执照副本复印件。

9.改组改制企业还须提供有关改组改制的批文原件及其复印件。

10.有关机构部门批准设立的文件及有关合同、协议书的复印件（国有企业、集体经济、事业单位提供主管部门批准设立的文件，分支机构提供总机构批准其设立的文件及是否为独立核算的有关文书，外商投资企业提供外经贸委批准文件和批准证书、可行性研究报告）。

11.“港、澳、台商企业常驻代表机构及其他”和“外国企业”还应提供境外总机构的营业执照、银行资信证明、首席代表工作证、首席代表授权书、个人简历。

12.税务机关要求提供的其他证件资料。

四、纳税人应向税务机关申报办理税务登记。完整、真实、准确、按时地填写此表。

五、使用碳素或蓝墨水的钢笔填写本表。

六、本表一式二份（国地税联办税务登记的本表一式三份）。税务机关留存一份，退回纳税人一份（纳税人应妥善保管，验换证时需携带查验）。

七、表中有关栏目的填写说明：

1.“纳税人名称”及“纳税人英文名称”栏：填写“企业法人营业执照”或“营业执照”或有关核准执业证书上的“名称”及“英文名称”。

2.“注册地址”栏：填写工商营业执照或其他有关核准开业证照上的地址。

3.“生产经营地址”栏：填写办理税务登记的机构生产经营地地址。

4.“所属行政区域”栏：填写纳税人注册地所在行政区。

5.“经营方式”栏：按照营业执照来填写，如执照上未列示的可不必填列。

6.“国籍或地址”栏：外国投资者填写国籍，中国投资者填写地址。

7.“登记注册类型”栏：即经济类型，按营业执照的内容填写；不需要领取营业执照的，选择“非企业单位”或者“港、澳、台商企业常驻代表机构及其他”、“外国企业”；如为分支机构，按总机构的经济类型填写。

税务登记表的主要内容包括：

（1）单位名称、法定代表人或者业主姓名及其居民身份证、护照或者其他合法证件的号码；

（2）住所、经营地点；

（3）登记类型；

（4）核算方式；

（5）生产经营方式；

（6）生产经营范围；

（7）注册资金（资本）、投资总额；

（8）生产经营期限；

（9）财务负责人、联系电话；

（10）国家税务总局确定的其他有关事项。

3.代理领取税务登记证件。税务机关核发税务登记证件时，注册税务师应及时到税务机关领取税务登记证件，并将其交给委托人，并进行税务登记证件使用管理方面的辅导。税务登记证件的主要内容包括：纳税人名称、税务登记代码、法定代表人或负责人、生产经营地址、登记类型、核算方式、生产经营范围（主营、兼营）、发证日期、证件有效期等。

二、变更税务登记

纳税人办理设立税务登记后，登记内容发生变化的应当向原税务登记机关申报办理变更税务登记。

（一）变更税务登记管理规程

1.变更税务登记的适用范围。纳税人在办理税务登记后，遇下列情形之一的，应办理变更税务登记：改变名称；改变法定代表人；改变经济性质；增设或撤销分支机构；改变住所或经营地点（涉及主管税务机关变动的办理注销税务登记）；改变生产、经营范围或经营方式；增减注册资本；改变隶属关系；改变生产经营期限；改变开户银行和账号；改变生产经营权属以及改变其他税务登记内容。

2.变更税务登记的时限和要求（见表3-3）。

表3-3　**变更税务登记的时限和要求**

纳税人的情形	变更税务登记的时限	需要提供的资料
已变更工商登记	自工商行政管理机关变更登记之日起30日内，向原税务机关申报办理变更税务登记	①工商登记变更表及工商营业执照 ②纳税人变更登记内容的有关证明文件 ③税务机关发放的原税务登记证件（税务登记证正、副本和税务登记表等） ④其他有关资料
按规定不需要变更工商登记，或其变更内容与工商登记内容无关	自税务登记内容实际发生变化之日起30日内，或者自有关机关批准或者宣布变更之日起30日内，向原税务登记机关申报办理变更税务登记	①纳税人变更登记内容的有关证明文件 ②税务机关发放的原税务登记证件（税务登记证正、副本和税务登记表等） ③其他有关资料

3.变更税务登记的办理流程（如图3-2所示）。

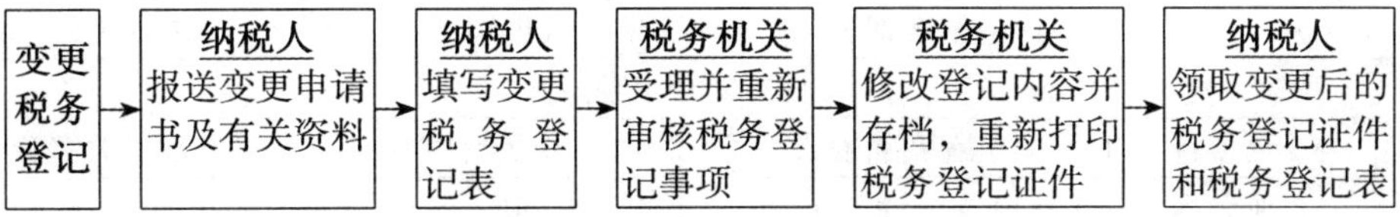

图3-2　变更税务登记的办理流程

（二）代理变更税务登记操作规程

1.在规定时限内代理变更税务登记申报。注册税务师应当以纳税人的名义向原登记税务机关办理变更登记，根据纳税人的具体情形，按规定时限如实报送所需的证件及有关资料。

2.代理填写“变更税务登记表”，报送税务机关审核。注册税务师领取“变更税务登记表”后，应根据委托人的实际情况，详细填写纳税识别号、纳税人名称、填表日期、变更登记事项及其变更前后的内容，并进行签章。“变更税务登记表”样表及填写要求见表3-4。

3.领取变更后的税务登记证件及有关资料。注册税务师应及时到税务机关领取变更登记后重新核发的税务登记证件及有关资料，并送交委托人。

【例3-1】宏达电脑咨询公司为集体企业，纳税人识别号为210203100112345，注册资本为20万元，自2005年2月成立以来，主要从事技术咨询服务及电脑操作人员的培训业务，兼做销售电脑软件。2005年8月1日该公司变成股份制企业，并更名为中天电脑股份有限公司，增加注册资本50万元。公司决定改变经营策略，以生产销售电脑软件为主，兼营技术咨询服务。根据以上资料，代理该公司变更税务登记，填写“变更税务登记表”，其主要内容见表3-4。

三、停业、复业登记

实行定期定额征收方式的个体工商户需要停业的，应当在停业前向税务机关申报办理停业登记。停业期限将满，应于恢复生产、经营之前，办理复业登记，以便纳入正常管理。

（一）停业、复业登记管理规程

1.停业、复业登记的办理时限。

（1）纳税人应当在停业前申报办理停业登记，停业期不得超过1年。停业超过1年的，不予办理停业登记，应办理注销税务登记。纳税人停业未按规定向主管税务机关申请停业登记的，应视为未停止生产经营。纳税人在停业期间发生纳税义务的，应依法申报缴纳税款。

（2）纳税人准期复业或提前复业的，应当于恢复生产经营之前，向税务机关申报办理复业登记。

（3）纳税人停业期满不能及时恢复生产经营的，应当在停业期满前向税务机关提出延长停业登记申请。

2.纳税人在申报办理停业登记时，应如实填写“停业复业（提前复业）报告书”，说明停业理由、停业期限、停业前的纳税情况和发票的领、用、存情况，并结清应纳税款、滞纳金、罚款，交回税务登记证件及副本、发票领购簿、未使用完的发票和其他税务证件给税务机关收存。

3.停业、复业登记的办理流程（如图3-3所示）。

表 3-4　　　　　　　　　　　　　**变更税务登记表**

纳税人名称	宏达电脑咨询公司		纳税人识别号	210203100112345
变更登记事项				
序号	变更项目	变更前内容	变更后内容	批准机关名称及文件
1	企业名称	宏达电脑咨询公司	中天电脑股份有限公司	
2	注册资本	20万元	70万元	
3	经营范围	主营:技术咨询服务	生产销售电脑软件	
		专业人员培训		
		兼营:销售电脑软件	技术咨询服务	
送缴证件情况:				
纳税人: 经办人: 年　月　日		法定代表人(负责人): 年　月　日		纳税人(签章) 年　月　日
经办税务机关审核意见: 经办人: 年　月　日		负责人: 年　月　日		税务机关(签章) 年　月　日

填表说明

一、本表适用于各类纳税人变更税务登记填用。

二、报送此表时还应附送如下资料:

(一)税务登记变更内容与工商行政管理部门登记变更内容一致的应提交:

1.工商执照及工商变更登记表复印件;

2.纳税人变更登记内容的决议及有关证明文件;

3.主管税务机关发放的原税务登记证件(税务登记证正、副本和税务登记表等);

4.主管税务机关需要的其他资料。

(二)变更税务登记内容与工商行政管理部门登记内容无关的应提交:

1.纳税人变更登记内容的决议及有关证明、资料;

2.主管税务机关需要的其他资料。

三、变更项目:填写需要变更的税务登记项目。

四、变更前内容:填写变更税务登记前的登记内容。

五、变更后内容:填写变更的登记内容。

六、批准机关名称及文件:凡需要经过批准才能变更的项目须填写此项。

七、本表一式二份,税务机关一份,纳税人一份。

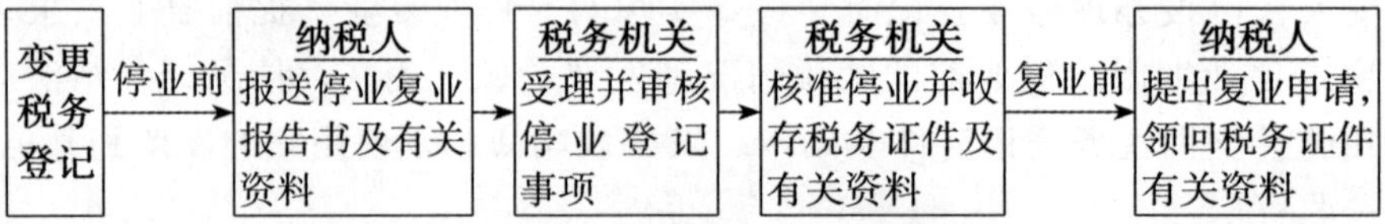

图 3-3　停业、复业登记的办理流程

（二）代理停业、复业登记操作规程

1.代理停业登记申报。注册税务师以纳税人的名义向主管税务机关办理停业登记，根据纳税人的停业原因，在停业前如实填报“停业复业（提前复业）报告书”，详细填写停业期限、缴回发票情况、缴存税务资料情况和结清税款情况等，并报送相关证明文件，交回税务登记证件及副本、发票领购簿、未使用完的发票和其他税务证件。“停业复业（提前复业）报告书”的样式见表3-5。

表3-5 **停业复业（提前复业）报告书**

填表日期：　　年　月　日

纳税人基本情况	纳税人名称	纳税人识别号			经营地点		
停业期限				复业时间			
缴回发票情况	种类	号码	本数	领回发票情况	种类	号码	本数
缴存税务资料情况	发票领购簿	税务登记证	其他资料	领用税务资料情况	发票领购簿	税务登记证	其他资料
	是(否)	是(否)	是(否)		是(否)	是(否)	是(否)
结清税款情况	应纳税款	滞纳金	罚款	停业期是(否)纳税	已缴应纳税款	已缴滞纳金	已缴罚款
	是(否)	是(否)	是(否)		是(否)	是(否)	是(否)
纳税人(签章)： 年　月　日							
税务机关复核	经办人： 年　月　日			负责人： 年　月　日		税务机关(签章) 年　月　日	

注：1.申请提前复业的纳税人在表头“提前复业”字样上划钩。

2.已缴还或领用税务资料的纳税人，在“是”字上划钩，未缴还或未领用税务资料的纳税人，在“否”字上划钩。

3.纳税人在停业期间有义务缴纳税款的，在“停业期是（否）纳税”项目的“是”字上划钩，然后填写后面内容；没有纳税义务的，在“停业期是（否）纳税”项目的“否”字上划钩，后面内容不用填写。

2.代理领取停业登记的相关文书。经税务机关核准后，注册税务师代理领取“核准停业通知书”等文书。

3.代理复业登记申报。复业前，注册税务师代理申报复业申请，携带停业时填报审批后的“停业复业（提前复业）报告书”，领回税务机关收存的税务登记证正副本、发票领购簿、未使用完的发票，并交还纳税人继续启用。

四、注销税务登记

当纳税人发生纳税义务终止或者作为纳税主体资格消亡，因其住所、经营地点变动而涉及改变税务机关等情形时，应当依法向原税务登记机关申报办理注销税务登记。

（一）注销税务登记管理规程

1.注销税务登记的办理时限和要求（见表3-6）。

表3-6　**注销税务登记的办理时限和要求**

具体情形	办理注销税务登记的时限和要求
①发生解散、破产、撤销以及其他情形	在向工商行政管理机关或者其他机关办理注销登记前，向原税务登记机关申报办理注销税务登记
②按规定不需要办理工商登记的	自有关机关批准或者宣告终止之日起15日内，向原税务登记机关申报办理注销税务登记
③被工商部门吊销营业执照或者被其他机关予以撤销登记的	自营业执照被吊销或者被撤销登记之日起15日内，向原税务登记机关申报办理注销税务登记
④纳税人因住所、经营地点变动，涉及改变税务登记机关的	在申请办理变更、注销登记前，或者住所、经营地点变动前，持有关证件和资料，向原税务登记机关申报办理注销税务登记，并自注销税务登记之日起30日内向迁达地税务机关申报办理税务登记
⑤境外企业在中国境内承包建筑、安装、装配、勘探工程和提供劳务的	在项目完工、离开中国境内前15日内，持有关证件和资料，向原税务登记机关申报办理注销税务登记

2.注销税务登记的办理流程。纳税人办理注销税务登记前，应当向税务机关提交相关证明文件和资料，结清税款、滞纳金和罚款，缴销发票、税务登记证件和其他税务证件，经税务机关核准后，办理注销税务登记手续。具体办理流程如图3-4所示。

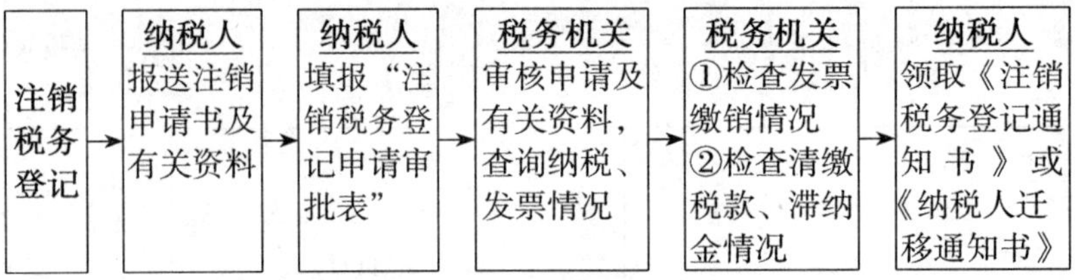

图3-4　注销税务登记的办理流程

（二）代理注销税务登记的操作要点

1.代理注销税务登记申报。注册税务师应当以纳税人的名义向税务机关办理注销税务登记申报，根据纳税人的具体情形，按规定时限如实报送所需的证件及有关资料，一般包括：

（1）“税务登记证”正、副本；

（2）上级主管部门批复文件或董事会决议及复印件；

（3）工商营业执照被吊销的，应提交工商行政管理部门发出的吊销决定及复印件；

（4）主管税务机关需要的其他资料。

2.代理填报“注销税务登记申请审批表”。注册税务师代理纳税人填写“注销税务登记申请审批表”，经企业盖章后报送税务机关办理审批手续。“注销税务登记申请审批表”样表及使用说明见表3-7。

3.代理办结各类涉税事项。注册税务师代理纳税人办结各类涉税事项，一般包括：

（1）取消相关资格认定；

（2）结清税款、多退（免）税款、滞纳金、罚款；
（3）结存发票作验旧、缴销处理；
（4）办结申报事项；
（5）防伪税控纳税人取消防伪税控资格、交回防伪税控设备；
（6）未结案件对纳税人未办结的涉税事项进行实地清算，收回税务登记证件。

4.领取注销税务登记的审批文书。代理结清全部纳税事项后，税务机关核发“注销税务登记通知书”。对因住所、经营地点变动，涉及改变税务登记机关的纳税人开具“纳税人迁移通知书”。注册税务师应当及时到税务机关领取核准文书，送交纳税人。

【例3-2】 利通供水设备有限公司于1996年开始经营，是中外合作企业，主要从事销售供水设备和安装服务，因经营期限届满而于2006年10月宣告终止。注册税务师经核查企业账面应缴增值税为35 000元，已缴增值税为25 000元；应缴营业税为12 000元，已缴营业税为8 000元；滞纳金合计为6 120元。领购增值税专用发票2本，未填开使用15组；购买营业税普通发票15本，未填开使用2本零10组，丢失1本。

据以上资料，代理填写“注销税务登记申请审批表”，主要内容见表3-7。[①]

表3-7 **注销税务登记申请审批表**

<table>
<tr><td>纳税人名称</td><td colspan="2">利通供水设备有限公司</td><td>税务登记号</td><td colspan="2"></td></tr>
<tr><td>注销原因</td><td colspan="5">经营期限届满</td></tr>
<tr><td>附送资料</td><td colspan="5"></td></tr>
<tr><td colspan="6">税款、滞纳金已结清,税收票证已交回。
(公章)

办税员： 法定代表人(负责人)： 年 月 日</td></tr>
<tr><td colspan="6">以下由税务机关填写</td></tr>
<tr><td>受理时间</td><td colspan="5">经办人： 年 月 日</td></tr>
<tr><td>清缴税款、滞纳金、罚款情况</td><td colspan="5">经办人： 年 月 日</td></tr>
<tr><td>缴销发票情况</td><td colspan="5">经办人： 年 月 日</td></tr>
<tr><td>税务检查意见</td><td colspan="5">检查人员： 部门负责人： 年 月 日</td></tr>
<tr><td rowspan="3">收缴税务证件情况</td><td>种类</td><td>税务登记证正本</td><td>税务登记证副本</td><td></td><td></td></tr>
<tr><td>收缴数量</td><td></td><td></td><td></td><td></td></tr>
<tr><td colspan="5">经办人： 年 月 日</td></tr>
<tr><td>批准意见</td><td colspan="5">税务机关
(税务登记专用章)
部门负责人： 年 月 日</td></tr>
</table>

使用说明

1.本表依据《税收征管法实施细则》第十五条设置。

2.适用范围：纳税人（扣缴义务人）发生解散、破产、撤销、被吊销营业执照及其他情形而依法终止纳税义务，或者因住所、经营地点变动而涉及改变税务登记机关的，向原税务登记机关申报办理注销税务登记时使用。

① 这个企业终止案例发生在“营改增”前，“营改增”后，有关填表情况没有原则性改变。

3.填表说明：

（1）附送资料：填写附报的有关注销的文件和证明资料；

（2）清缴税款、滞纳金、罚款情况：填写纳税人（扣缴义务人）应纳税款、滞纳金、罚款缴纳情况；

（3）缴销发票情况：纳税人发票领购簿及发票缴销情况；

（4）税务检查意见：检查人员对需要清查的纳税人（扣缴义务人），在纳税人（扣缴义务人）缴清查补的税款、滞纳金、罚款后签署意见。

4.本表为A4竖式，一式二份，税务机关一份，纳税人（扣缴义务人）一份。

五、外出经营报验登记

从事生产、经营的纳税人到外县（市）临时从事生产、经营活动的，应当持税务登记证副本和所在地税务机关填开的外出经营活动税收管理证明，向营业地税务机关报验登记，接受税务管理。在经营活动结束后向外出经营地税务机关申报核销。

（一）外出经营报验登记管理规程

1.纳税人应当在外出生产经营之前，持税务登记证向主管税务机关申请开具“外出经营活动税收管理证明”（以下简称“外管证”）。税务机关按照一地一证的原则，核发“外管证”，“外管证”的有效期限一般为30日，最长不得超过180天。外出经营活动应缴纳增值税的，向国税机关申请开具；外出经营活动应缴纳营业税的，向地税机关申请开具；外出经营活动为兼营行为的，可向国税或地税机关申请开具，税务机关不得拒绝。

2.纳税人应当在“外管证”注明地进行生产经营前，持“外管证”向外出经营地税务机关报验登记；自“外管证”签发之日起30日内未办理报验登记的，所持证明作废，纳税人需要向税务机关重新申请开具。

3.纳税人外出经营活动结束，应当向经营地税务机关填报“外出经营活动情况申报表”，并结清税款、缴销发票。

4.纳税人应当在“外管证”有效期届满后10日内，持“外管证”回原税务登记地税务机关办理“外管证”缴销手续。

外出经营报验登记的流程如图3-5所示。

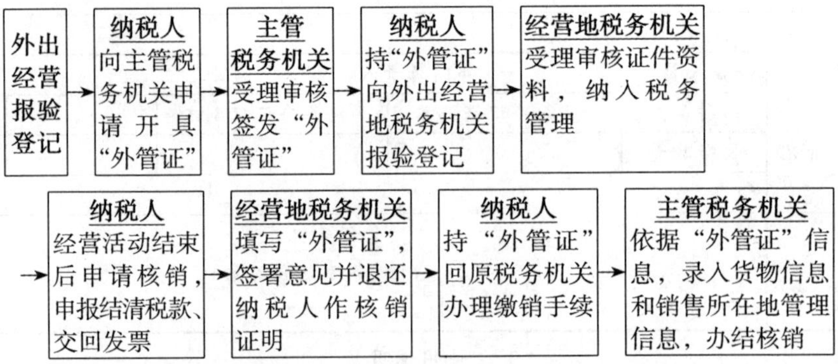

图3-5　外出经营报验登记流程

（二）代理外出经营报验登记的操作要点

1.代理申请开具“外出经营活动税收管理证明”。注册税务师应当以纳税人的名义，在外出经营活动前到主管税务机关开具“外管证”。按照外出经营活动所应缴纳的货物与劳务税税种向相应的县级以上（含本级）主管税务机关申请办理，需要提供“税务登记证”（副本），并如实填写“外管证”相关信息，并领取经税务机关审核后签发的“外管证”。“外管证”样表见表3-8。

表3-8　　　　外出经营活动税收管理证明

____税外证[　　]号

<table>
<tr><td colspan="2">纳税人名称</td><td colspan="3"></td><td colspan="2">纳税人识别号</td><td colspan="3"></td></tr>
<tr><td colspan="2">法定代表人
（负责人）</td><td></td><td colspan="2">身份证件名称</td><td colspan="2"></td><td colspan="2">身份证件号码</td><td></td></tr>
<tr><td colspan="2">税务登记地</td><td colspan="3"></td><td colspan="2">外出经营地</td><td colspan="3"></td></tr>
<tr><td colspan="2">登记注册类型</td><td colspan="3"></td><td colspan="2">经营方式</td><td colspan="3"></td></tr>
<tr><td colspan="10">外出经营活动情况</td></tr>
<tr><td colspan="3">应税劳务</td><td colspan="2">劳务地点</td><td colspan="4">有效期限</td><td>合同金额</td></tr>
<tr><td colspan="3"></td><td colspan="2"></td><td colspan="4">年　月　日至　年　月　日</td><td></td></tr>
<tr><td colspan="3"></td><td colspan="2"></td><td colspan="4">年　月　日至　年　月　日</td><td></td></tr>
<tr><td colspan="2">货物名称</td><td>数量</td><td colspan="2">销售地点</td><td colspan="4">有效期限</td><td>货物总值</td></tr>
<tr><td colspan="2"></td><td></td><td colspan="2"></td><td colspan="4">年　月　日至　年　月　日</td><td></td></tr>
<tr><td colspan="2"></td><td></td><td colspan="2"></td><td colspan="4">年　月　日至　年　月　日</td><td></td></tr>
<tr><td colspan="9">合同总金额</td><td></td></tr>
<tr><td colspan="10">税务登记地税务机关意见：
经办人：　　　　　　　　负责人：　　　　　　　　税务机关(签章)
年　月　日　　　　　　　年　月　日　　　　　　　年　月　日</td></tr>
<tr><td>有效日期</td><td colspan="9">自　年　月　日起至　年　月　日</td></tr>
<tr><td colspan="10">以下由外出经营地税务机关填写</td></tr>
<tr><td colspan="2">应税劳务</td><td colspan="2">营业额</td><td colspan="2">缴纳税款</td><td colspan="2">使用发票名称</td><td>发票份数</td><td>发票号码</td></tr>
<tr><td colspan="2"></td><td colspan="2"></td><td colspan="2"></td><td colspan="2"></td><td></td><td></td></tr>
<tr><td colspan="2"></td><td colspan="2"></td><td colspan="2"></td><td colspan="2"></td><td></td><td></td></tr>
<tr><td colspan="2">合计金额</td><td colspan="2"></td><td colspan="2"></td><td colspan="2">—</td><td></td><td></td></tr>
<tr><td>货物名称</td><td colspan="2">销售数量</td><td>销售额</td><td colspan="2">缴纳税款</td><td colspan="2">使用发票名称</td><td>发票份数</td><td>发票号码</td></tr>
<tr><td></td><td colspan="2"></td><td></td><td colspan="2"></td><td colspan="2"></td><td></td><td></td></tr>
<tr><td></td><td colspan="2"></td><td></td><td colspan="2"></td><td colspan="2"></td><td></td><td></td></tr>
<tr><td>合计金额</td><td colspan="2">—</td><td></td><td colspan="2"></td><td colspan="2">—</td><td></td><td></td></tr>
<tr><td colspan="10">外出经营地税务机关意见：
经办人：　　　　　　　　负责人：　　　　　　　　税务机关(签章)
年　月　日　　　　　　　年　月　日　　　　　　　年　月　日</td></tr>
</table>

2.代理外出经营报验登记。注册税务师以纳税人的名义，向经营地税务机关提交“税务登记证”副本、“外管证”，纳税人在“外管证”注明地销售货物的，除提交以上证件、资料外，应如实填写“外出经营货物报验单”，申报查验货物。如果需要使用发票，则应当提供担保人或发票保证金，向经营地税务机关申请领购发票。

3.代理申报纳税并申请核销“外管证”。纳税人外出经营活动结束，注册税务师应当根据纳税的实际经营情况，向经营地税务机关填报“外出经营活动情况申报表”（样式见表3-9），并结清税款、缴销发票。经营地税务机关根据税源管理部门查验和管理后反馈的信息，审核纳税人“外出经营活动情况申报表”的税款缴纳、发票使用情况后，按照“外出经营活动情况申报表”填写“外管证”，签署意见退还纳税人作核销证明，经系统录入外埠经营活动申报情况，核销外埠经营活动税收证明。注册税务师要领回已签署意见的“外管证”。

表 3-9　　外出经营活动情况申报表

<table>
<tr><td colspan="2">纳税人名称</td><td colspan="2"></td><td colspan="2">纳税人识别号</td><td></td></tr>
<tr><td colspan="2">外出经营活动税收管理证明号码</td><td colspan="5"></td></tr>
<tr><td colspan="2">证明有效期</td><td colspan="5">自　年　月　日到　年　月　日</td></tr>
<tr><td colspan="2">实际经营期间</td><td colspan="5">自　年　月　日到　年　月　日</td></tr>
<tr><td colspan="2">到达时间</td><td colspan="2"></td><td colspan="2">报验时间</td><td></td></tr>
<tr><td colspan="2">经营地点</td><td colspan="2"></td><td colspan="2">货物存放地点</td><td></td></tr>
<tr><td>应税劳务</td><td colspan="2">营业额</td><td>缴纳税款</td><td>使用发票名称</td><td>发票份数</td><td>发票号码</td></tr>
<tr><td></td><td colspan="2"></td><td></td><td></td><td></td><td></td></tr>
<tr><td></td><td colspan="2"></td><td></td><td></td><td></td><td></td></tr>
<tr><td></td><td colspan="2"></td><td></td><td></td><td></td><td></td></tr>
<tr><td>合计金额</td><td colspan="2"></td><td></td><td>—</td><td></td><td></td></tr>
<tr><td>货物名称</td><td>销售数量</td><td>销售额</td><td>缴纳税款</td><td>使用发票名称</td><td>发票份数</td><td>发票号码</td></tr>
<tr><td></td><td></td><td></td><td></td><td></td><td></td><td></td></tr>
<tr><td></td><td></td><td></td><td></td><td></td><td></td><td></td></tr>
<tr><td></td><td></td><td></td><td></td><td></td><td></td><td></td></tr>
<tr><td></td><td></td><td></td><td></td><td></td><td></td><td></td></tr>
<tr><td>合计金额</td><td>—</td><td></td><td></td><td>—</td><td></td><td></td></tr>
<tr><td colspan="4">申请单位：

经办人：
法定代表人(负责人)：
申请单位(签章)
年　月　日</td><td colspan="3">税务机关意见：

税务机关(签章)
受理人：
受理日期：　年　月　日</td></tr>
</table>

4.代理缴销“外管证”。注册税务师应当在“外管证”有效期届满后10日内，持已经过经营地税务机关签署意见的“外管证”回原税务登记地税务机关办理缴销手续。税务机关依据“外管证”信息，录入货物的名称、数量、单价、金额以及销售所在地的税务机关、经办人、证明核销人和核销日期，办结核销。

第二节　纳税事项税务登记代理实务

一、增值税一般纳税人认定登记

（一）增值税一般纳税人认定登记管理规程

1.年应税销售额超过财政部、国家税务总局规定的小规模纳税人标准的纳税人，应当向主管税务机关申请一般纳税人资格认定。年应税销售额未超过财政部、国家税务总局规定的小规模纳税人标准以及新开业的纳税人（是指自税务登记日起30日内申请的），可以向主管税务机关申请一般纳税人资格认定。

2.符合增值税一般纳税人条件的企业，应在向税务机关办理税务登记的同时，申请办理一般纳税人认定手续；已开业经营的小规模企业（商业零售企业除外），若当年应税销售额超过小规模纳税人标准的，应在次年1月底之前，申请办理一般纳税人认定手续。

3.企业申请办理一般纳税人认定手续，应向所在地主管国税局提出书面申请。

4.企业总、分支机构不在同一县市的，应分别向其机构所在地主管税务机关申请办理一般纳税人认定登记手续。除商业企业以外，纳税人总分支机构实行统一核算，其总机构年应税销售额超过小规模纳税人标准，但分支机构年应税销售额未超过小规模企业标准的，其分支机构可申请办理一般纳税人认定手续。

增值税一般纳税人认定登记流程如图3-6所示。

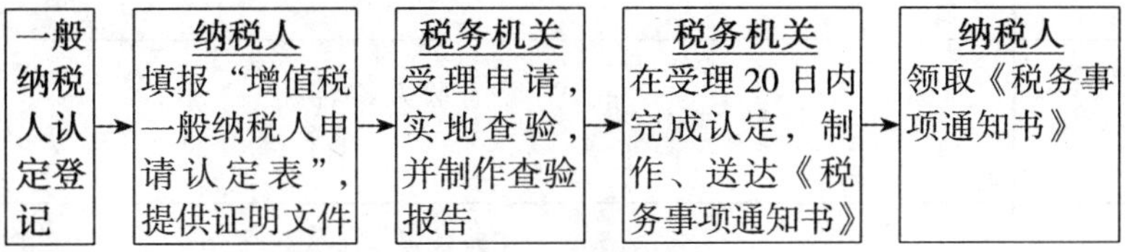

图3-6　增值税一般纳税人认定登记流程

（二）代理增值税一般纳税人认定登记操作要点

1.代理增值税一般纳税人认定登记申报。注册税务师应在规定时限内，向纳税人所在地主管县级以上国税局提出申请报告，并按要求提供相关证件资料，主要提供下列资料：

（1）“税务登记证”副本；

（2）财务负责人和办税人员的身份证明及其复印件；

（3）会计人员的从业资格证明或者与中介机构签订的代理记账协议及其复印件；

（4）经营场所产权证明或者租赁协议，或者其他可使用场地证明及其复印件；

（5）国家税务总局规定的其他有关资料。

2.代理填报“增值税一般纳税人申请认定表”（样式见表3-10）。

经税务机关初步审核后，注册税务师可领取“增值税一般纳税人申请认定表”，根据纳税人的实际情况认真填写，包括纳税人识别号、纳税人名称、申请时间、年度预计销售额、会计财务核算情况、企业类型、核发税务登记证副本的数量等内容。对企业可能实现或已经实现的年度应税销售额，企业会计、财务管理的方法和管理制度，企业财务人员的办税能力能否具备增值税一般纳税人的条件等问题，写出有关增值税一般纳税人认定登记的核查报告，作为“增值税一般纳税人申请认定表”的附件，报送主管国税局。

表3-10　　　　　　　　　　**增值税一般纳税人申请认定表**

纳税人名称			纳税人识别号		
法定代表人（负责人、业主）		证件名称及号码		联系电话	
财务负责人		证件名称及号码		联系电话	
办税人员		证件名称及号码		联系电话	
生产经营地址					
核算地址					
纳税人类别：企业、企业性单位☐　非企业性单位☐　个体工商户☐　其他☐					
纳税人主业：工业☐　商业☐　其他☐					
认定前累计应税销售额（连续不超过12个月的经营期内）			年　月至　年　月共　　元		
纳税人声明	上述各项内容真实、可靠、完整。如有虚假，本纳税人愿意承担相关法律责任。（签章）　年　月　日				
税务机关					
受理意见	受理人签名：　年　月　日				
查验意见	查验人签名：　年　月　日				
主管税务机关意见	（签章）　年　月　日				
认定机关意见	（签章）　年　月　日				

3.领取认定登记证件，交回纳税人。对于符合一般纳税人条件的，税务机关在税务登记证副本首页上方加盖“增值税一般纳税人”确认专章，作为其领购增值税专用发票的证件。注册税务师应及时将加盖一般纳税人戳记的“税务登记证”副本、“增值税一般纳税申请认定表”交企业存档，并告知增值税一般纳税人的办税要求。如果企业暂被认定为临时一般纳税人，应指导企业准确核算增值税的进项税额、销项税额，待临时一般纳税人期满后，向税务机关提出转为正式一般纳税人的申请。认定登记业务结束后，注册税务师还应提醒纳税人执行一般纳税人年检制度，及时办理年检手续。

【例3-3】广达管件有限公司委托鸿成税务师事务所代理增值税一般纳税人登记手续。经查，该公司根据合同规定生产，经营规模为每年加工生产各种铸铁件1 200吨，其产品全部由合资韩方在中国境外销售，年出口销售额200万美元，销售利润率应保持16%

以上。该公司会计年度采用历年制，按照工业企业会计制度和外商投资企业财务会计核算的有关规定进行财务处理。公司财务会计有2人，均有会计师执业证书。

广达管件有限公司的产品于2016年10月开始出口销售。注册税务师经审核该公司出口产品销售收入明细账、增值税应缴税金明细账、出口产品原始单据等资料，确认该公司2016年10月出口销售额34万美元，按当月1日汇率折算人民币215.10万元人民币。出口产品销售成本179.40万元人民币，产品销售毛利率16.60%，公司财务核算制度较为健全。注册税务师经过上述调查向主管国税局提交"关于广达管件有限公司申请认定增值税一般纳税人的核查报告"，并填写"增值税一般纳税人申请认定表"（略）。

注册税务师向主管国税局提交的核查报告样式如下：

关于广达管件有限公司申请认定增值税一般纳税人的核查报告

××国税局对外税务分局：

广达管件有限公司是中韩合资经营企业，于2016年7月办理税务登记，生产经营所在地是××镇××村，注册资本额为320万元人民币。其中：中外双方固定资产投资额为248.20万元人民币。该公司主要生产各种铸铁件，由合资外方负责销售到韩国、欧美等市场，设备生产能力为年加工铸铁件1 200吨，预计出口销售额为200万美元。经我所调查核实，该公司自10月正式投产经营以来加工出口各式铸件24万美元，出口销售额基本可达预计指标，国外市场销售渠道稳定。

该公司已按外商投资企业、工业企业财务、会计制度的规定设置了有关账簿，增值税专用发票抵扣联的取得与进项税额的计算符合要求。企业财务主管和办税员均有会计师资格证书和会计人员上岗证。根据上述调查资料，我所认为广达管件有限公司符合增值税一般纳税人认定的条件，报请贵局审查批准。

鸿成税务师事务所（签章）

注册税务师：李鸿成（签章）

2016年11月5日

二、税种认定登记代理实务

税种认定登记是在纳税人办理了设立税务登记和变更税务登记之后，由主管税务机关（县级以上国税局、地税局）根据纳税人的生产经营项目，进行适用税种、税目、税率的鉴定以指导纳税人、扣缴义务人办理纳税事宜。

（一）税种认定登记管理规程

1.纳税人应在领取"税务登记证"副本后和申报纳税之前，申请税种认定登记，填写"纳税人税种登记表"。纳税人如果变更税务登记的内容涉及税种、税目、税率变化的，应在变更税务登记之后重新申请税种认定登记，并附送申请报告。

2.税务机关对纳税人报送的"纳税人税种登记表"及有关资料进行审核，也可根据实际情况派人到纳税人的生产经营现场调查之后，对纳税人适用的税种、税目、税率、纳税期限、纳税方法等作出确认，在"纳税人税种登记表"的有关栏目中注明，或书面通知纳税人税种认定结果，以此作为办税的依据。

（二）代理税种认定登记的操作要点

1.代理税种认定登记。注册税务师应在核查纳税人有关资料的基础上，结合纳税事项深入调查，特别是对于增值税企业的混合销售行为、兼营非应税劳务的纳税事项，生产加工应税消费品的企业消费税适用科目、税率的纳税事项，外资企业生产性收入占比，以及产品出口企业、高新技术企业的认定，应详细核查纳税人的合同、章程有关的批文和证件，会计科目处理及原始凭证等资料，逐一核定认定后，再向主管税务机关提交核查报告和“纳税人税种登记表”（样式见表3-11），履行申报手续。

表3-11 **纳税人税种登记表**

纳税人识别号 | | | | | | | | | | | | | | | |

纳税人名称：

<table>
<tr><td colspan="5">一、增值税：</td></tr>
<tr><td rowspan="2">类别</td><td rowspan="2">1.销售货物
2.加工
3.修理修配
4.其他</td><td rowspan="2">货物或
项目名称</td><td>主营</td><td></td></tr>
<tr><td>兼营</td><td></td></tr>
<tr><td colspan="2">纳税人认定情况</td><td colspan="3">1.增值税一般纳税人□ 2.小规模纳税人□ 3.高档暂定增值税一般纳税人□</td></tr>
<tr><td colspan="2">经营方式</td><td colspan="3">1.境内经营货物□ 2.境内加工修理□ 3.自营出口□ 4.间接出口□
5.收购出口□ 6.加工出口□</td></tr>
<tr><td colspan="2">备注：</td><td colspan="3"></td></tr>
<tr><td colspan="5">二、消费税：</td></tr>
<tr><td>类别</td><td>1.生产
2.委托加工
3.零售</td><td>应税消费品
名称</td><td colspan="2">1.烟□ 2.酒及酒精□ 3.高档化妆品□ 4.护肤、护发品□
5.贵重首饰及珠宝玉石□ 6.鞭炮、烟火□ 7.汽油□
8.柴油□ 9.汽车轮胎□ 10.摩托车□ 11.小汽车□</td></tr>
<tr><td colspan="2">经营方式</td><td colspan="3">1.境内销售□ 2.委托加工出口□ 3.自营出口□ 4.境内委托加工□</td></tr>
<tr><td colspan="5">备注：</td></tr>
<tr><td colspan="5">三、企业所得税：</td></tr>
<tr><td colspan="2">法定或申请纳税方式</td><td colspan="3">1.按实纳税□ 2.核定利润率计算纳税□ 3.按经费支出换算收入计算纳税□
4.按佣金率换算收入纳税□ 5.航空、海运企业纳税方式□ 6.其他纳税方式□</td></tr>
<tr><td colspan="2">非生产性收入占
总收入的比例(%)</td><td colspan="3"></td></tr>
<tr><td colspan="5">备注：季度预缴方式：1.按上年度四分之一□ 2.按每季度实际所得□</td></tr>
<tr><td colspan="5">四、资源税：</td></tr>
<tr><td colspan="2">产品名称</td><td></td><td>应税项目</td><td></td></tr>
<tr><td colspan="5">备注：</td></tr>
<tr><td colspan="5">五、土地增值税：</td></tr>
<tr><td colspan="5">六、房产税：</td></tr>
<tr><td colspan="2">计税类别</td><td colspan="3">1.自有房产□ 2.出租房产□</td></tr>
<tr><td colspan="5">备注：</td></tr>
<tr><td colspan="5">七、车船税：</td></tr>
<tr><td colspan="2">车船类别</td><td colspan="3">1.机动船□ 2.非机动船□ 3.机动车□ 4.非机动车□</td></tr>
</table>

续表

八、屠宰税：		
屠宰类别	1.猪□ 2.牛 □ 3.羊□	
备注：		
九、城镇土地使用税：		
税额类别	1.大城市□ 2.中等城市□ 3.小城市□ 4.县城、建制镇、工矿区□	
备注：		
十、城市维护建设税：1.市区□ 2.县城镇□ 3.其他□		
十一、教育费附加：		
十二、基金：		
十三、矿区使用费：		
原油	不超过一百万吨□ 一百万吨至一百五十万吨□ 一百五十万吨至二百万吨□ 二百万吨至三百万吨□ 三百万吨至四百万吨□ 四百万吨以上□	
天然气	不超过二十亿立方米□ 二十亿至三十五亿立方米□ 三十五亿至五十亿立方米□ 五十亿立方米以上□	
预缴方式	分次□ 分期□	
十四、其他费用：		

以上内容纳税人必须如实填写，如内容发生变化，应及时办理变更登记。

以下由税务机关填写：

税种	税目或品目	子目	申报期限	纳税期限	征收率或单位税额	征收项目分类	申报方式	征缴方式	预算款名	预算项名	级次分配比例					是否单独纳税
											中央	省	市	县、区	乡、街	
鉴定人				鉴定日期				录入人				录入日期				

注：1.本表系纳税人根据工商登记的生产经营范围及税法的有关规定，对纳税事项的自行核定及税务机关据此核定的应税项目。

2.税目或品目、子目：按税收统计项目填写。

3.申报期限、纳税期限：按各税种条例规定填写。

4.征收项目分类：填“城市”或“农村”。

5.征缴方式：填“一般转账缴款方式”、“自核自缴”、“预储账户缴税”、“支票缴税”、“现金缴税”、“信用卡缴税”和“委托代征”等。

6.本表一式一份，纳税人填写后，与税务登记表一同交给主管税务机关，由税务机关留存。

2. 领取税种认定通知，指导纳税人办税。在取得主管税务机关税种认定的通知之后，注册税务师应指导纳税人具体的办税事宜。如果纳税人对税务机关的认定提出异议，应进一步调查并提出意见，提交税务机关重新加以认定。注意对于税种认定涉及国税、地税两套税务机构的纳税人，应分别申请办理税种认定手续。

思考与练习

1. 简述代理设立税务登记的操作要点。
2. 简述代理变更税务登记的操作要点。
3. 简述代理注销税务登记的操作要点。
4. 简述代理停业、复业登记的操作要点。
5. 简述代理增值税一般纳税人认定登记的操作要点。

第四章

增值税税务代理实务

【本章导读】

本章共分3节，第一节简要介绍增值税的计算和账务处理，第二节介绍增值税纳税申报代理，第三节介绍增值税纳税审核代理。由于增值税是我国第一大税种，税制相对复杂，增值税政策和制度也处于比较频繁的变化中，因此其纳税申报代理和纳税审核代理相对复杂。通过本章的学习，要求同学们掌握代理增值税纳税申报的基本步骤和操作规范，熟悉增值税纳税审核的基本内容和方法。

第一节　增值税的计算和会计处理

一、增值税应纳税额的计算和会计处理

增值税应纳税额的计算公式为：

应纳税额=当期销项税额-当期进项税额

（一）征税范围

1.销售或者进口货物。

2.提供加工、修理修配劳务。

3.销售服务、无形资产或者不动产。经国务院批准，根据2016年3月23日《财政部、国家税务总局关于全面推开营业税改征增值税试点的通知》（财税〔2016〕36号）的规定，自2016年5月1日起，在全国范围内全面推开营业税改征增值税（以下称“营改增”）试点，建筑业、房地产业、金融业、生活服务业等全部营业税纳税人，纳入试点范围，由缴纳营业税改为缴纳增值税。

（1）销售服务是指有偿提供是指提供交通运输服务、邮政服务、电信服务、建筑服务、金融服务、现代服务、生活服务。

（2）销售无形资产是指有偿转让无形资产所有权或者使用权的业务活动，包括技术、商标、著作权、商誉、自然资源使用权和其他权益性无形资产。

（3）销售不动产，是指转让不动产所有权的业务活动，包括建筑物、构筑物等。

（二）增值税税率

1.适用17%基本税率

（1）销售货物或者提供加工、修理修配劳务以及进口货物。

（2）提供有形动产租赁服务。

2.适用11%税率

提供交通运输、邮政、基础电信、建筑、不动产租赁服务，销售不动产，转让土地使用权的，税率为11%。

销售以下货物也适用11%的税率：

（1）农业产品；

（2）食用植物油；

（3）自来水、鲜奶、暖气、冷气、热水、煤气、石油液化气、天然气、沼气、居民用煤炭制品；

（4）图书、报纸、杂志；

（5）饲料、化肥、农药、农机（不包括农机零配件）、农膜；

（6）食用盐；

（7）音像制品；

（8）电子出版物；

（9）二甲醚。

3.适用6%税率

提供增值电信服务、金融服务、现代服务（有形动产租赁）、生活服务，销售无形资产（转让土地使用权除外）。

4.适用0税率

（1）纳税人出口货物，税率为零（国务院另有规定的除外）。

（2）财政部和国家税务总局规定税率为零的应税服务。

（三）销项税额

销项税额是指纳税人销售货物或者提供应税劳务和应税服务按照销售额和增值税税率计算的增值税税额。其计算公式为：

销项税额=销售额×适用税率

1.一般销售方式下的销售额。一般情况下，销售额是指纳税人销售货物或者提供应税劳务向购买方收取的全部价款和价外费用，但不包括下面5项：

（1）受托加工应征消费税的消费品所代收代缴的消费税。

（2）同时符合以下条件的代垫运费：①承运者的运费发票开具给购货方的；②纳税人将该项发票转交给购货方的。

（3）同时符合以下条件代为收取的政府性基金或者行政事业性收费：①由国务院或者财政部批准设立的政府性基金，由国务院或者省级人民政府及其财政、价格主管部门批准设立的行政事业性收费；②收取时开具省级以上财政部门印制的财政票据；③所收款项全额上缴财政。

（4）销售货物的同时代办保险等而向购买方收取的保险费，以及向购买方收取的代购买方缴纳的车辆购置税、车辆牌照费。

（5）向购买方收取的销项税额。

2. 特殊销售方式下的销售额。增值税特殊销售方式下，销售额的确定见表4-1。

表4-1 **增值税特殊销售方式下的销售额的确定**

特殊销售方式	销售额的确定
折扣方式销售	（1）商业折扣：销售额和折扣额在同一张发票上同时注明的，按折扣后的余额计算销项税 （2）现金折扣：折扣额不得从销售额中减除 （3）销售折让：虽在销售后发生，但仍可按折扣后的余款为销售额
以旧换新方式	（1）一般按新货物的同期销售价格确定销售额，不得扣减旧货收购价格 （2）金银首饰以旧换新按销售方收到的不含增值税的全部价款征税
还本销售方式	按货物的销售价格计算销售额，不能扣除还本支出
以物易物方式	购销双方以各自发出货物核算销售额，并计算销项税
包装物押金	（1）一年以内且未超过企业规定期限，同时单独核算的不作销售处理 （2）酒类包装物押金，无论是否返还或会计是否单独核算，均应并入当期销售额（黄酒、啤酒除外）
已使用过的固定资产	（1）一般纳税人销售自己使用过的2009年1月1日以后购买的或者自制的固定资产按照适用税率征收增值税 （2）一般纳税人销售自己使用过的2008年12月31日以前购进的或者自制的固定资产按4%征收率减半征收增值税。其计算公式为： 应纳税额=销售额÷（1+4%）×4%×50% （3）小规模纳税人销售自己使用过的固定资产减按2%的征收率征收增值税。其计算公式为： 应纳税额=销售额÷（1+3%）×2%
视同销售货物行为	（1）按纳税人最近时期同类货物平均售价确定 （2）按其他纳税人最近时期同类货物平均售价确定 （3）按组成计税价格确定。组成计税价格的计算公式为： 组成计税价格=成本×（1+成本利润率） （4）征收增值税的货物，同时又征收消费税的，其组成计税价格中应加上消费税税额。组成计税价格的计算公式为： 组成计税价格=成本×（1+成本利润率）+消费税税额 =成本×（1+成本利润率）÷（1-消费税税率）

（四）进项税额

进项税额是指纳税人购进货物或接受应税劳务和应税服务所支付或者承担的增值税税额。

1.准予从销项税额中抵扣的进项税额。根据《财政部、国家税务总局关于全面推开营业税改征增值税试点的通知》（财税〔2016〕36号）第二十五条的规定，增值税扣税凭证包括增值税专用发票、海关进口增值税专用缴款书、农产品收购发票、农产品销售发票和完税凭证。因此，准予从销项税额中抵扣的进项税额包括：

（1）从销售方取得的增值税专用发票（含税控机动车销售统一发票，下同）上注明的增值税额。

（2）从海关取得的海关进口增值税专用缴款书上注明的增值税额。

（3）购进农产品，除取得增值税专用发票或者海关进口增值税专用缴款书外，按照农产品收购发票或者销售发票上注明的农产品买价和13%的扣除率计算的进项税额。

（4）从境外单位或者个人购进服务、无形资产或者不动产，自税务机关或者扣缴义务人取得的解缴税款的完税凭证上注明的增值税额。

2.增值税一般纳税人2016年5月1日后取得并在会计制度上按固定资产核算的不动产，以及2016年5月1日后发生的不动产在建工程，其进项税额分2年从销项税额中抵扣，第一年抵扣比例为60%，第二年抵扣比例为40%。

3.不得从销项税额中抵扣的进项税额。根据《财政部、国家税务总局关于全面推开营业税改征增值税试点的通知》（财税〔2016〕36号）中附件《营业税改征增值税试点实施办法》第二十六条、第二十七条的规定，不得从销项税额中抵扣的进项税额有以下8种情况：

（1）纳税人取得的增值税扣税凭证不符合法律、行政法规或者国家税务总局有关规定的，其进项税额不得从销项税额中抵扣。

（2）用于简易计税方法计税项目、免征增值税项目、集体福利或者个人消费的购进货物、加工修理修配劳务、服务、无形资产和不动产。其中涉及的固定资产、无形资产、不动产，仅指专用于上述项目的固定资产、无形资产（不包括其他权益性无形资产）、不动产。纳税人的交际应酬消费属于个人消费。

（3）非正常损失的购进货物，以及相关的加工修理修配劳务和交通运输服务。

（4）非正常损失的在产品、产成品所耗用的购进货物（不包括固定资产）、加工修理修配劳务和交通运输服务。

（5）非正常损失的不动产，以及该不动产所耗用的购进货物、设计服务和建筑服务。

（6）非正常损失的不动产在建工程所耗用的购进货物、设计服务和建筑服务。纳税人新建、改建、扩建、修缮、装饰不动产，均属于不动产在建工程。

（7）购进的旅客运输服务、贷款服务、餐饮服务、居民日常服务和娱乐服务。

（8）财政部和国家税务总局规定的其他情形。

（五）进项税额的抵扣时间

1.增值税专用发票、货物运输业增值税专用发票和机动车销售统一发票，应在开具之日起180日内到税务机关办理认证，并在认证通过的次月申报期内，向主管税务机关申报抵扣进项税额。纳税辅导期管理的一般纳税人，应当在交叉稽核比对无误后，方可抵扣进项税额。

2.实行海关进口增值税专用缴款书先比对后抵扣管理办法的增值税一般纳税人取得的海关缴款书，应在开具之日起180日内向主管税务机关报送“海关完税凭证抵扣清单”申请稽核比对，逾期未申请的其进项税额不得抵扣。比对结果相符的，纳税人应在税务机关提供稽核比对结果的当月纳税申报期内申报抵扣，逾期的其进项税额不予抵扣。

3.对增值税一般纳税人发生真实交易但由于客观原因造成增值税扣税凭证逾期的，经主管税务机关审核、逐级上报，由国家税务总局认证、稽核比对后，对比对相符的增值税扣税凭证，允许纳税人继续抵扣其进项税额。

二、增值税的账务处理

（一）一般纳税人的增值税会计处理

一般纳税人在“应交税费”下设置“应交增值税”和“未交增值税”两个明细科目。

1.应交税费——应交增值税。在该二级账下，按明细项目设置专栏（见表4-2）。

表4-2 应交税费——应交增值税

略	借方							贷方				余额
	合计	进项税额		已交税金	减免税款	出口抵减内销产品应纳税额	转出未交增值税	合计	销项税额	出口退税	进项税额转出	转出多缴增值税

（1）进项税额。记录企业购入货物、接受应税劳务或应税服务而支付的，并准予从销项税额中抵扣的增值税额。如果企业发生了购货退回或折让、服务中止或折让时，应以红字记入。会计处理时，借记“固定资产”、“原材料”、“制造费用”和“应交税费——应交增值税（进项税额）”等有关科目，贷记“银行存款”“应付票据”等科目。

（2）已交税金。记录企业本期应交且实际缴纳的增值税额。企业缴纳本期增值税时，借记“应交税费——应交增值税（已交税金）”科目，贷记“银行存款”科目。

（3）减免税款。

①直接减免。销售直接减免税的货物时，不能使用增值税专用发票，因此不进行增值税会计核算，其取得收入全额记入“主营业务收入”科目，即借记“银行存款”科目，贷记“主营业务收入”科目。也可将免征的销项税额计算出来，抵减主营业务收入，即：

借：主营业务收入

　贷：应交税费——应交增值税（销项税额）

然后将税款结转到“应交税费——应交增值税（减免税款）”科目。

借：应交税费——应交增值税（减免税款）

　贷：主营业务收入

②即征即退减免。在即征即退减免的情况下，企业同时办理纳税和退税手续，因而没有实际的资金流动。反映缴纳增值税时，借记“应交税费——应交增值税（已交税金）”科目，贷记“银行存款”科目；反映退还增值税时，按照即退税额，借记“银行存款”科目，贷记“营业外收入——政府补助”科目。

③先征后返减免。在先征后返减免的情况下，企业销售货物或提供应税劳务时，正常计算增值税销项税额；收到退税款时，记入“营业外收入”科目，具体如下：

企业销售货物、提供应税劳务或应税服务时，借记“银行存款”或“应收账款”科目，贷记“主营业务收入”和“应交税费——应交增值税（销项税额）”科目。缴纳增值税时，借记“应交税费——应交增值税（已交税金）”科目，贷记“银行存款”科目。计提应收的增值税返还时，借记“其他应收款”科目，贷记“营业外收入——政府补助”科目。收到增值税返还时，借记“银行存款”科目，贷记“其他应收款”科目。

（4）出口抵减内销产品应纳税额。记录企业按规定的退税率计算的出口货物的进项税额抵减内销产品的应纳税额。企业销售出口货物后，向税务机关办理免抵退税申报，按规定计算的应免抵税额，借记“应交税费——应交增值税（出口抵减内销产品应纳税额）”科目，贷记“应交税费——应交增值税（出口退税）”科目。

【例 4-1】 某自营出口的生产企业为增值税一般纳税人，出口货物的增值税税率是17%，退税税率是13%。2016年5月内销货物不含税销售额为200万元，本月出口货物销售额折合人民币300万元。当月取得的增值税专用发票（发票上注明的进项税额为51万元）已通过认证，上月月末留抵税额为0。

（1）出口免抵退税额的计算：

当期免抵退税不得免征和抵扣税额=300×（17%-13%）=12（万元）

当期应纳税额=200×17%-（51-12）-5=-10（万元）

出口货物“免、抵、退”税额=300×13%=39（万元）

由于当期期末留抵税额小于当期免抵退税额，因此当期应退税额就等于当期期末留抵税额，即：

该企业当期应退税额=10万元

当期免抵税额=39-10=29（万元）

（2）会计分录：

货物出口时：

借：银行存款	3 000 000	
贷：主营业务收入		3 000 000

内销时：

借：银行存款	2 340 000	
贷：主营业务收入		2 000 000
应交税费——应交增值税（销项税额）		340 000

申报出口免抵退税时，根据计算出来的“当期免抵退税不得免征和抵扣税额”，进行会计处理：

借：主营业务成本	120 000	
贷：应交税费——应交增值税（进项税额转出）		120 000

根据“当期免抵税额”，进行会计处理：

借：应交税费——应交增值税（出口抵减内销产品应纳税额）	290 000	
贷：应交税费——应交增值税（出口退税）		290 000

根据“当期应退税额”，进行会计处理：

借：其他应收款——应收补贴款 100 000

　贷：应交税费——应交增值税（出口退税） 100 000

（5）转出未交增值税。记录企业月终当月发生的应交未交增值税的转出额。会计处理时，借记“应交税费——应交增值税（转出未交增值税）”科目，贷记“应交税费——未交增值税”科目。

（6）销项税额。记录企业销售货物提供应税劳务或应税服务应收取的增值税额，会计处理时，借记“应收账款”“银行存款”等科目，贷记“主营业务收入”和“应交税费——应交增值税（销项税额）”科目。销售货物退回或折让、服务中止或折让应冲减的销项税额，用红字登记。

【例4-2】某生产企业为增值税一般纳税人，5月份与A公司签订一个不含税销售额为100万元的分期收款销售合同，货已发出。已知产品成本为60万元，合同规定付款期限为5期，每月末付款20万元，不计利息。当月收到第一次货款，开具增值税专用发票。

由于分期收款没有跨年度，因此企业签订合同并发出商品时的会计处理为：

借：应收账款 1 000 000

　贷：主营业务收入 1 000 000

借：主营业务成本 600 000

　贷：库存商品 600 000

每次收到款项时：

借：银行存款 234 000

　贷：应收账款 200 000

　　应交税费——应交增值税（销项税额） 34 000

（7）出口退税。记录企业出口适用零税率的货物，向海关办理报关出口手续后，凭出口报关单等有关凭证，向税务机关办理退税而收到退回的税款。会计处理时，借记“应交税费——应交增值税（出口抵减内销产品应纳税额）”和“其他应收款——应收补贴款”科目，贷记“应交税费——应交增值税（出口退税）”科目。

（8）进项税额转出。记录企业购进货物、在产品、产成品等发生非正常损失以及用于其他方面时，不应从销项税额中抵扣，按规定转出的进项税额。

2.应交税费——未交增值税。未交增值税明细科目反映企业缴纳以前月份未缴增值税额和月末自“应交税费——应交增值税”账户转入的当月多缴的增值税额。“应交税费——未交增值税”的借方余额，反映企业多缴的增值税；“应交税费——未交增值税”的贷方余额，反映企业未缴的增值税。

（1）如果“应交税费——应交增值税”月末为贷方余额，则通过“转出未交增值税”结转至“应交税费——未交增值税”科目，借记“应交税费——应交增值税（转出未交增值税）”科目，贷记“应交税费——未交增值税”科目。

（2）如果“应交税费——应交增值税”科目月末为借方余额，表示企业多缴的增值税，或者尚未抵扣的进项税额。企业可以将全部余额结转到“应交税费——未交增值税”科目的借方。

（二）小规模纳税人的增值税会计处理

小规模纳税人只需在“应交税费”下设置“应交增值税”二级科目，无须再设明细科目。贷方反映应缴的增值税，借方反映实际缴纳的增值税，贷方余额反映尚未缴纳或欠缴的增值税，借方余额反映多缴的增值税。

第二节　增值税纳税申报代理

一、增值税代理申报操作规范

（一）申报流程

增值税纳税人类型不同，纳税申报要求也不一样。小规模纳税人采用简易征收的，只需在规定期限内计算应纳税款，办理纳税申报手续即可；采用核定征收的，按照税务机关核定时间和核定税款办理纳税申报即可。

增值税一般纳税人纳税申报流程可分为专用发票抵扣联认证、报税和纳税申报3个步骤。增值税专用发票抵扣联认证按其方法可分为远程认证和上门认证。远程认证是指纳税人自行扫描、识别专用发票抵扣联票面信息，生成电子数据，通过网络传输至税务机关，由税务机关完成解密和认证，并将认证结果信息返回纳税人的认证方式。上门认证是指纳税人携带专用发票抵扣联（或电子信息）等资料，到税务机关申报征收窗口进行认证的方式。只有通过认证的增值税专用发票才能抵扣。

报税是指企业将金税卡中开具专用发票的信息抄到税控IC卡上，然后将税控IC卡上的信息报送税务机关，税务机关读取、处理有关信息的过程。

增值税纳税申报有远程申报和上门申报。远程申报是指纳税人借助于网络、电话或其他手段，将申报资料传输至税务机关进行申报的形式。上门申报是指纳税人携带申报资料，直接到税务机关申报征收窗口进行申报的形式。

代理一般纳税人办理纳税申报，就需要按照上述流程，代理纳税人填报有关报表、报送有关资料、办理有关事项。

（二）办理时限

增值税的纳税期限分别为1日、3日、5日、10日、15日、1个月或者一个季度。纳税人的具体纳税期限，由主管税务机关根据纳税人应纳税额的大小分别核定；不能按照固定期限纳税的，可以按次纳税。

纳税人应按月进行纳税申报，申报期为次月1日到15日。具体来说，纳税人以1日、3日、5日、10日或者15日为1个纳税期的，自期满之日起5日内预缴税款，于次月1日起15日内申报纳税并结清上月应纳税款；以1个月或者1个季度为1个纳税期的，自期满之日起15日内申报纳税。纳税人进口货物，应当自海关填发海关进口增值税专用缴款书之日起15日内缴纳税款。

（三）报送资料

增值税纳税申报资料包括增值税纳税申报表及其附列资料和纳税申报其他资料。“营改增”试点全面实施后，为了适应增值税征税范围的变化，2016年3月31日，《国家税务总局关于全面推开营业税改征增值税试点后增值税纳税申报有关事项的公告》（国家税务总局公告2016年第13号）发布。2016年5月5日《国家税务总局关于调整增值税纳税申报有关事项的公告》（国家税务总局公告2016年第27号）发布，决定自2016年6月1日起，对增值税纳税申报表及其附列资料和纳税申报其他资料进行了调整。

增值税纳税申报资料包括增值税纳税申报表及其附列资料和纳税申报其他资料。其中，增值税纳税申报表及其附列资料为必报资料，纳税申报其他资料报备要求由各省、自治区、直辖市和计划单列市国家税务局确定。

1.增值税一般纳税人增值税申报必报资料。

2016年5月1日“营改增”试点全面实施后，增值税一般纳税人增值税申报必报资料去除了《增值税纳税申报表附列资料（三）》（应税服务扣除项目明细），增加了《增值税纳税申报表附列资料（三）》（服务、不动产和无形资产扣除项目明细）、《增值税纳税申报表附列资料（五）》（不动产分期抵扣计算表）、《本期抵扣进项税额结构明细表》和《增值税减免税申报明细表》，必报资料由原先的六项增加到九项，且对表格内容进行了较大调整。

（1）《增值税纳税申报表（一般纳税人适用）》。本表总括反映增值税一般纳税人的销售额、税款计算和税款缴纳等情况。

（2）《增值税纳税申报表附列资料（一）》（本期销售情况明细）。本表全面、详细反映增值税一般纳税人本期按一般计税方法计税、简易征收办法、免抵退税、免税等方式的销售额。

（3）《增值税纳税申报表附列资料（二）》（本期进项税额明细）。本表全面、详细反映增值税一般纳税人本期申报抵扣的进项税额、进项税额转出额、待抵扣进项税额和其他情况的进项税额。

（4）《增值税纳税申报表附列资料（三）》（服务、不动产和无形资产扣除项目明细）。本表由服务、不动产和无形资产有扣除项目的营业税改征增值税纳税人填写。其他纳税人不填写。

（5）《增值税纳税申报表附列资料（四）》（税额抵减情况表）。本表反映增值税一般纳税人因增值税税控系统专用设备费及技术维护费、分支机构预征缴纳税款等原因而抵减的增值税情况。

（6）《增值税纳税申报表附列资料（五）》（不动产分期抵扣计算表）。本表由分期抵扣不动产进项税额的纳税人填写，反映期初待抵扣不动产进项税额、本期不动产进项税额增加额、本期可抵扣不动产进项税额、本期转入的待抵扣不动产进项税额、本期转出的待抵扣不动产进项税额、期末待抵扣不动产进项税额情况。

（7）《固定资产（不含不动产）进项税额抵扣情况表》。本表全面反映本期增值税一般纳税人固定资产进项税额的抵扣情况，主要反映当期申报抵扣的固定资产进项税额和申报抵扣的固定资产进项税额累计额等情况。

（8）《本期抵扣进项税额结构明细表》。本表总括反映增值税一般纳税人按税法规定符合抵扣条件，在本期申报抵扣的不同税率（或征收率）的进项税额。

（9）《增值税减免税申报明细表》。本表由享受增值税减免税优惠政策的增值税一般纳税人和小规模纳税人填写。仅享受月销售额不超过3万元（按季纳税9万元）免征增值税政策或未达起征点的增值税小规模纳税人不需填报本表。

纳税申报表以附列资料的数据为填写基础，附列资料是对纳税申报表的相关内容进行详细报告。具体填报时，根据表间数据的逻辑关系，一般先填附表，再填主表，填列的基本顺序是：先填写"《增值税纳税申报表附列资料（三）》（服务、不动产和无形资产扣除项目明细）"和"《增值税纳税申报表附列资料（五）》（不动产分期抵扣计算表）"，再填写"增值税纳税申报表附列资料（一）（本期销售情况明细）"、"增值税纳税申报表附列资料（二）（本期进项税额明细）"和"增值税纳税申报表附列资料（四）（税收抵减情况表）"和"固定资产（不含不动产）进项税额抵扣情况表"、"本期抵扣进项税额结构明细表"和"增值税减免税申报明细表"，最后填写主表"增值税纳税申报表（一般纳税人适用）"。

一般纳税人增值税纳税申报表及其附列资料的表格样式及具体填报方法见本章末附录（附录4-1"增值税纳税申报表（一般纳税人适用）"及其附列资料表格及填写说明，包括附表4-1《增值税纳税申报表（一般纳税人适用）》，附表4-2《增值税纳税申报表附列资料（一）》（本期销售情况明细），附表4-3《增值税纳税申报表附列资料（二）》（本期进项税额明细），附表4-4《增值税纳税申报表附列资料（三）》（服务、不动产和无形资产扣除项目明细），附表4-5《增值税纳税申报表附列资料（四）》（税额抵减情况表），附表4-6《增值税纳税申报表附列资料（五）》（不动产分期抵扣计算表），附表4-7《固定资产进项税额抵扣情况表》，附表4-8《本期抵扣进项税额结构明细表》和附表4-9《增值税减免税申报明细表》）。

2.增值税小规模纳税人增值税申报必报资料。

（1）《增值税纳税申报表（小规模纳税人适用）》。

（2）《增值税纳税申报表（小规模纳税人适用）附列资料》。

小规模纳税人销售服务，在确定服务销售额时，按照有关规定可以从取得的全部价款和价外费用中扣除价款的，需填报《增值税纳税申报表（小规模纳税人适用）附列资料》。其他情况不填写该附列资料。

（3）《增值税减免税申报明细表》。

小规模增值税纳税人的增值税纳税申报表及其附列资料的表格样式及具体填报方法见本章末附录（附录4-2增值税纳税申报表（小规模纳税人适用）及其附列资料表格及填写说明）。

3.纳税申报其他资料。

（1）已开具的税控机动车销售统一发票和普通发票的存根联。

（2）符合抵扣条件且在本期申报抵扣的增值税专用发票（含税控机动车销售统一发票）的抵扣联。

（3）符合抵扣条件且在本期申报抵扣的海关进口增值税专用缴款书、购进农产品取得的普通发票。

（4）符合抵扣条件且在本期申报抵扣的税收完税凭证及其清单，书面合同、付款证明和境外单位的对账单或者发票。

（5）已开具的农产品收购凭证的存根联或报查联。

（6）纳税人销售服务、不动产和无形资产，在确定服务、不动产和无形资产销售额时，按照有关规定从取得的全部价款和价外费用中扣除价款的合法凭证及其清单。

（7）主管税务机关规定的其他资料。

4.跨区域提供有关服务的。

纳税人跨县（市）提供建筑服务、房地产开发企业预售自行开发的房地产项目、纳税人出租与机构所在地不在同一县（市）的不动产，按规定需要在项目所在地或不动产所在地主管国税机关预缴税款的，需填写《增值税预缴税款表》。《增值税预缴税款表》表格样式及具体填报方法见本章末附录（附录4-3《增值税预缴税款表》及填写说明）。

二、增值税纳税申报代理案例

某企业为增值税一般纳税人，从事服装生产销售。2016年7月31日，库存购进货物的"留抵税额"为0。2016年8月，发生如下经济业务，获得的增值税进项税额发票除海关进口增值税专用缴款书外，均取得税务机关认证。

1.销售货物一批，销售额为200万元，销项税额为34万元，款项已经收到。

2.提供技术咨询服务取得收入21.20万元，开具增值税专用发票，其中价款20万元，税额1.20万元。款项已收到。

3.经营租赁租出设备1台，合同规定租赁期限为1年，租赁费为12万元（不含税），按季度分4次平均收取，收到租赁费35 100元，其中增值税专用发票上注明的增值税税额为5 100元。

4.购进原材料，金额为100万元，进项税额为17万元。

5.购买原材料满足返利条件，从销售方取得返利11.70万元。

6.购进小汽车一台作为公司商务用车，金额为20万元，进项税额为3.40万元。

7.从美国进口一批计算机零配件，取得海关进口增值税专用缴款书，注明价款为100万元，进项税额为17万元，尚未取得稽核比对结果。

8.购进办公用品一批，取得增值税专用发票，价款为6万元，进项税额为1.02万元。

9.支付广告费4.24万元，取得增值税专用发票，发票注明价款为4万元，税额为0.24万元。

10.支付自来水公司通过银行托收水费2.26万元，取得自来水公司开具的增值税专用发票，发票注明价款为2万元，增值税税额为0.26万元。支付电力公司通过银行托收电费10.60万元，取得电力公司开具的增值税专用发票，发票注明价款为10万元，增值税销项税额为0.60万元。

11.支付小规模纳税人提供的设备修理费2.06万元，取得小规模纳税人从税务机关代开的增值税专用发票。

12.因管理不善，部分原材料被盗，价值金额为20万元。

13.初次购买增值税税控系统专用设备，取得增值税专用发票，金额为1万元，进项税额为0.17万元。

14.因企业经营业务调整，将一批办公用固定资产和经营用固定资产（适用税率为17%）出售（均开具增值税普通发票），使用过的固定资产相关情况见表4-3：

表4-3　　　　　　　　　　　使用过的固定资产相关情况

固定资产名称	2008年12月31日前后	购置原值（元）	进项税额抵扣	已提折旧（元）	净值（元）	出售金额（元）
设备A	前	50 000	未抵扣	26 000	24 000	30 000
设备B	后	100 000	抵扣17 000元	20 000	80 000	90 000
设备C	后	30 000	普通发票未抵扣	3 000	27 000	25 000

要求：

1.根据企业发生的经济业务，编制会计分录；

2.根据会计分录，登记“应交税费——应交增值税”明细账；

3.填报企业的增值税纳税申报表。

【解析】

第一步：会计处理。

企业发生的经济业务，增值税业务会计分录如下：

1.销售货物一批，销售额为200万元，销项税额为34万元，款项已经收到。

借：银行存款　　2 340 000

　贷：主营业务收入　　2 000 000

　　应交税费——应交增值税（销项税额）　　340 000

2.提供技术咨询服务取得收入21.20万元，开具增值税专用发票，其中价款20万元，税额1.20万元。款项已收到。

借：银行存款　　212 000

　贷：其他业务收入　　200 000

　　应交税费——应交增值税（销项税额）　　12 000

3.经营租赁租出设备1台，合同规定租赁期限为1年，租赁费为12万元（不含税），按季度分4次平均收取，收到租赁费35 100元，其中增值税专用发票上注明的增值税税额为5 100元。

借：银行存款　　35 100

　贷：其他业务收入　　30 000

　　应交税费——应交增值税（销项税额）　　5 100

4.购进原材料，金额为100万元，进项税额为17万元。

借：原材料　　1 000 000

　应交税费——应交增值税（进项税额）　　170 000

　贷：银行存款　　1 170 000

5.购买原材料满足返利条件，从销售方取得返利11.70万元。

借：银行存款　　117 000

　贷：原材料　　100 000

　　应交税费——应交增值税（进项税额转出）　　17 000

6.购进小汽车一台作为公司商务用车，金额为20万元，进项税额为3.40万元。

按照财税〔2013〕37号《关于在全国开展交通运输业和部分现代服务业营业税改征增值税试点税收政策的通知》规定，增值税一般纳税人自用的应征消费税的摩托车、汽车、游艇，其进项税额不得从销项税额中抵扣，该文件2014年1月1日起废止。因此，本期购进小汽车作为公司商务用车，可抵扣进项税。

借：固定资产　　200 000

　　应交税费——应交增值税（进项税额）　　34 000

　贷：银行存款　　234 000

7.从美国进口一批计算机零配件，取得海关进口增值税专用缴款书，注明价款为100万元，进项税额为17万元，尚未取得稽核比对结果。

按照规定，从自2013年7月1日起，增值税一般纳税人（以下简称纳税人）进口货物取得的属于增值税扣税范围的海关缴款书，需先进行稽核比对，稽核比对结果相符之后，才能进行抵扣，因此该关进口增值税专用缴款书注明的进行税额本期不能抵扣，只能计入待抵扣进项税额。

借：原材料　　1 000 000

　　应交税费——待抵扣进项税额　　170 000

　贷：银行存款　　1 170 000

8.购进办公用品一批，取得增值税专用发票，价款为6万元，进项税额为1.02万元。

借：管理费用　　60 000

　　应交税费——应交增值税（进项税额）　　10 200

　贷：银行存款　　70 200

9.支付广告费4.24万元，取得增值税专用发票，发票注明价款为4万元，税额为0.24万元。

借：销售费用　　40 000

　　应交税费——应交增值税（进项税额）　　2 400

　贷：银行存款　　42 400

10.支付自来水公司通过银行托收水费2.26万元，取得自来水公司开具的增值税专用发票，发票注明价款为2万元，增值税税额为0.26万元。支付电力公司通过银行托收电费10.60万元，取得电力公司开具的增值税专用发票，发票注明价款为10万元，增值税税额为0.60万元。

借：管理费用　　20 000

　　制造费用　　100 000

　　应交税费——应交增值税（进项税额）　　8 600

　贷：银行存款　　128 600

11.支付小规模纳税人提供的设备修理费2.06万元，取得小规模纳税人从税务机关代开的增值税专用发票。

借：主营业务成本　　20 000

　　应交税费——应交增值税（进项税额）　　600

　贷：银行存款　　20 600

12.因管理不善，部分原材料被盗，价值金额为20万元。

借：待处理财产损溢——待处理流动资产损失　　234 000

贷：原材料　　200 000

应交税费——应交增值税（进项税额转出）　　34 000

13.初次购买增值税税控系统专用设备，取得增值税专用发票，金额为1万元，进项税额为0.17万元。

根据规定，增值税纳税人2011年12月1日以后初次购买增值税税控系统专用设备（包括分开票机）支付的费用，可凭购买增值税税控系统专用设备取得的增值税专用发票，在增值税应纳税额中全额抵减（抵减额为价税合计额），不足抵减的可结转下期继续抵减，并且其增值税专用发票不作为增值税抵扣凭证，其进项税额不得从销项税额中抵扣。

借：固定资产　　11 700

贷：银行存款　　11 700

借：应交税费——应交增值税（减免税款）　　11 700

贷：递延收益　　11 700

14.因企业经营业务调整，将一批办公用固定资产和经营用固定资产（适用税率为17%）出售（均开具增值税普通发票）。按照规定，出售2008年12月31日前购买的固定资产，按照简易征收办法4%的税率减半征收，之后购买的固定资产，按适用税率征税。因此，出售设备A，按4%的征收率减半征收增值税，应纳增值税为576.92元（30 000÷（1+4%）×4%×50%）。

借：银行存款　　30 000

贷：固定资产清理　　29 423.08

应交税费——未交增值税　　576.92

出售设备B和设备C，按适用税率征税，销项税额为16 709.40元（（90 000+25 000）÷（1+17%）×17%）。

借：银行存款　　115 000

贷：固定资产清理　　98 290.60

应交税费——应交增值税（销项税额）　　16 709.40

第二步：根据会计分录，企业登记“应交税费——应交增值税”科目明细账（见表4-4）。

月末“应交税费——应交增值税”明细账户余额为187 309.40元，应转入“应交税费——未交增值税”账户，其会计分录为：

借：应交税费——应交增值税（转出未交增值税）　　187 309.40

贷：应交税费——未交增值税　　187 309.40

这样，“应交税费——未交增值税”的账户发生额包括出售设备A时的576.92元和187 309.40元，余额为187 886.32元。企业实际缴纳增值税时，其会计分录为：

借：应交税费——未交增值税　　187 886.32

贷：银行存款　　187 886.32

根据企业发生的业务，依照会计核算，企业当期应纳增值税为：

（1）当期销项税额=340 000+12 000+5 100+16 709.40=373 809.40（元）

（2）当期进项税额转出=17 000+34 000=51 000（元）

表 4-4　　　　**应交税费——应交增值税（摘要）**

序号	日期	摘要	借方				贷方			余额
			进项税额	已交税金		减免税款	转出未交增值税	销项税额	进项税额转出	转出多缴增值税
1		货物销售收入					340 000			
2		技术咨询收入					12 000			
3		经营租赁租出设备					5 100			
4		购进原材料	170 000							
5		购买原材料返利						17 000		
6		购进小汽车	34 000							
7		购进办公用品	10 200							
8		支付广告费	24 00							
9		支付水费	2 600							
10		支付电费	6 000							
11		支付修理费	600							
12		原材料被盗						34 000		
13		购买增值税税控系统专用设备			11 700					
14		设备出售					16 709.40			
		月末结转应纳增值税				187 309.40				
		本期发生额合计	225 800		11 700	187 309.40	373 809.40	51 000		

（3）当期进项税额=170 000+34 000+10 200+2 400+2 600+6 000+600=225 800（元）

（4）初次购买增值税税控系统专用设备抵扣税额=11 700元

（5）出售当期固定资产按简易办法计算应纳增值税=576.92元

当期应纳增值税=373 809.40+51 000+576.92−225 800−11 700=187 886.32（元）

第三步：填报增值税纳税申报表及其附列资料（见本章末附录4-1）。

1. 填写“增值税纳税申报表附列资料（一）（本期销售情况明细）”；

2. 填写“增值税纳税申报表附列资料（二）（本期进项税额明细）”；

3. 填写“增值税纳税申报表附列资料（四）（税收抵减情况表）”；

4. 填写“固定资产进项税额抵扣情况表”；

5.最后，填写主表“增值税纳税申报表（一般纳税人适用）”。

第三节　增值税纳税审核代理

一、增值税一般纳税人的纳税审核

（一）征税范围的审核

1.应税货物范围的审核。

（1）审核企业的货物销售是否都申报并缴纳了增值税。

（2）尤应注意增值税一般纳税人的特殊项目和特殊行为（包括视同销售行为和混合销售行为）是否都申报并缴纳了增值税。

2.应税劳务范围的审核。

（1）审核企业受托加工的劳务是否符合委托加工的条件。

（2）审核企业是否将加工、修理修配劳务同其他劳务混合未申报增值税。

3.销售服务、无形资产或者不动产应税服务范围的审核。

（1）审核企业是否将“营改增”之后应该征收增值税的服务都申报并缴纳了增值税。

（2）尤应注意审核企业销售服务、无形资产或者不动产适用税率是否正确在“营改增”不断推进的情况下，应税服务范围的变化和政策的衔接。

4.进出口货物范围的审核。

（1）审核报关进口的应税货物是否都申报并缴纳了增值税，尤应注意审核从境内保税地购进的应税货物是否都申报了增值税。

（2）审核纳税人出口不适用零税率的货物是否依法申报并缴纳了增值税。

（二）销项税额的审核

1.销售额的审核。

（1）审核销售额的确认时间是否及时。

销售收入的结算方式不同，增值税应税销售额的确认时间也不同，因此应根据企业销售货物的具体结算方式，审核企业是否及时确认销售额。

①托收承付或委托收款方式销售货物的审核。重点审核企业有无货物已发出，并向银行办妥了货物托收手续后仍不作销货处理的情况。审核时可根据“发出商品”科目明细，重点以季末或年末发出商品备查簿为中心，查核商品发运记录资料，审核企业提供的购销合同，结合银行结算凭证回单联及发票开具日期，对照“主营业务收入”科目明细账等，查明有无不及时结转销售收入而延误收入入账时间的情况。

②赊销、分期收款结算方式销售货物的审核。审核时，重点审核企业产品赊销业务是否属实；合同规定的货款结算到期日的账务处理是否正确；企业有无购销双方没有签订购销合同或合同中没有约定付款日期，在货物发出时没有按规定缴纳增值税的情况等；有无将收到的货款长期挂在“其他应付款”、“预收账款”和“待处理财产损溢”等账户而推迟确认收入的问题。

【例 4-3】某税务师事务所受托对某企业的纳税情况进行审核，发现该企业销售一批货物，开具的增值税发票上注明的价款为100万元，增值税销项税额为17万元。货已发出，收到销售款40万元。该企业的账务处理为：

借：银行存款　　468 000

　　应收账款　　702 000

　贷：主营业务收入　　400 000

　　　应交税费——应交增值税（销项税额）　　68 000

　　　其他应收款——应交增值税　　102 000

　　　　　　　　——某企业销售款　　600 000

显然，企业将尚未收到的货款挂在往来账户，少计销项税额和主营业务收入，故应调增销项税额和主营业务收入。

借：其他应收款——应交增值税　　102 000

　　　　　　　——某企业销售款　　600 000

　贷：主营业务收入　　600 000

　　　应交税费——应交增值税（销项税额）　　102 000

③预收货款结算方式销售货物的审核。重点审核企业有无在发出货物时不进行账务处理的情况，发出货物的账务处理是否正确。审核时可通过核实“库存商品”或“库存商品”科目明细账，查实记账凭证及账务处理是否正确；通过审核“预收账款”或“应收账款”科目明细账，核实有无滞后实现收入、不如期纳税的情况。

（2）审核销售额的确认金额是否准确。

①价格水平的审核。审核企业销售货物、提供应税劳务和应税服务价格水平是否合理，有无价格明显偏低又无正当理由的情况。应当搜集企业的定价理由和依据，必要时应当根据合理的方法调整确定销售价格。

②价外费用的审核。应注意审核纳税人的“其他应付款”、“其他业务收入”和“营业外收入”等科目的明细账，查看企业有无将价外费用记入这些科目而没有计算相应的销项税额的情况。审核时，应对照“应交税费——应交增值税（销项税额）”科目进行审核，如“应交税费——应交增值税（销项税额）”科目没有反映价外收费销项税额内容的，就表明纳税人对价外收费隐瞒申报纳税。此外，还应注意审核纳税人的“管理费用”、“制造费用”和“销售费用”等科目的明细账，如有贷方发生额或借方红字发生额，应对照记账凭证，逐笔进行审核，查看有无隐瞒价外收费、少计销项税额的情况。

③销售残次品（废品）、半残品、副产品和下脚料、边角料等取得的收入是否并入应税销售额。审核时，应注意企业在发生上述业务后的账务处理是否正确，对照“其他业务收入”科目，审核企业是否未及时、全额入账，是否少计销项税额，尤应注意企业是否将取得的收入直接冲减“生产成本”、“库存商品”、“制造费用”和“管理费用”科目，或记入“营业外收入”等科目，而不计入销售额。

④采取以旧换新、还本销售方式销售货物的审核。审核企业有无从应税销售额中减除了旧货收购价格或还本支出，造成少计应税销售额（纳税人采用以旧换新方式销售的金银首饰，应按实际收取的不含增值税的全部价款确定计税依据征收消费税，即允许减除旧货销售价格）。审核时，对比判断“主营业务收入”科目同类或相似货物的销售价格是否正常，如不正常，则通过询问企业财会人员，了解企业是否存在以旧换新、还本销售行为。

⑤折扣方式销售货物的审核。对采取折扣方式销售货物的，主要审核当期销售额的扣减数。审核时，首先将本期增值税申报表中的销售额与企业本期“主营业务收入”科目的总额核对，看其金额是否一致，如不一致，其差额可能存在着折扣的销售方式；其次，将该差额和企业销售货物的折扣额进行核对，看是否一致；再次，审核折扣额和销售额是否在同一发票上注明；最后，调出企业实行折扣方式销售货物的合同或协议等书面资料，审核企业执行的折扣标准是否与合同或协议相符。

⑥销售退回或折让、服务中止或折让的审核。企业发生的销售退回或折让、服务中止或折让业务，视不同情况分别处理：开具增值税普通发票后发生销售退回或折让、服务中止或折让的，应从购进方或销售方有关部门取得退回、折让、中止的有关证明材料，并收回原开具的增值税普通发票或开具新的红字增值税普通发票，才能扣减当期计算的销售额和对应的销项税额。开具增值税专用发票后发生销售退回或折让、服务中止或折让的，符合作废条件的应收回按规定进行作废处理；不符合作废条件的，应取得购进方或销售方主管税务机关出具的“开具红字增值税专用发票通知单”，开具红字增值税专用发票后，才能扣减当期计算的销售额和对应的销项税额。

【例4-4】某企业由于出售产品的质量问题被购货方退货，销售额为80 000元，税额为13 600元，退回产品已验收入库。产品成本为50 000元。该企业的账务处理为：

借：银行存款	93 600	
贷：主营业务收入		80 000
应交税费——应交增值税（销项税额）		13 600

同时，

借：主营业务成本	50 000	
贷：库存商品		50 000

⑦包装物押金的审核。审核企业是否存在逾期而不再退还的包装物押金，没有并入应税销售额并按所包装的货物适用税率计算增值税销项税额，同时还应注意审核有关特殊的纳税规定，如对销售酒类产品（除适用啤酒、黄酒外）收取的包装物押金，无论会计如何核算，都应并入销售额计算销项税额。审核时，首先，应根据出租、出借包装物有关合同、协议，了解各种包装物的回收期限，凡超过回收期限或收取押金超过1年的包装物押金仍挂在“其他应付款”账户上的，应作转账处理，并依税法规定计算补缴增值税。其次，审核“其他应付款”科目明细账借方发生额的对应账户，看有无异常的对应关系，如果发现有与“应付职工薪酬——福利费”“盈余公积”等科目相对应的情况，一般就表示已将应没收的包装物押金挪作他用。

⑧视同销售的审核。企业将自产或委托加工的货物用于非应税项目以及集体福利或个人消费的，将自产、委托加工或购买货物作为投资、分配给股东或投资者或无偿赠送他人的，会计上虽不确认销售收入，但按增值税税法规定均应视为视同销售计算增值税销项税额。审核时，重点审核视同销售行为是否确属征税范围，计税依据是否正确，有无低于正常销售额计税，以及有无延期计税行为。审核要点包括：一是审核“库存商品”“委托加工物资”科目贷方发生额的对应账户，发现企业有无视同销售行为，是否正确计算了增值税。二是审核非应税核算科目“其他业务收入”、“其他业务支出”、“在建工程”和“应付福利费”等科目，逆向反查企业是否存在视同销售行为，是否正确计算了增值税。三是审

核企业“长期投资”账户借方的对应关系，如果发现其对应账户为“原材料”、“库存商品”和“固定资产”等科目，则应审核其是否计算了销项税额。

【例4-5】某税务师事务所受托对某企业的纳税情况进行审核，发现该企业将自产的10台电视机，捐赠给某所小学。每台电视机成本为2 000元，市场价格为5 000元（不含税），该企业的会计处理为：

借：营业外支出　　20 000

　贷：库存商品　　20 000

将自产货物用于对外捐赠，应视同销售，因此应予以调整：

借：营业外支出　　8 500

　贷：应交税费——应交增值税（销项税额）　　8 500

⑨将货物交付他人代销和销售代销货物的审核。将货物交付他人代销的审核，一是通过“库存商品——委托代销商品”科目的贷方发生额核查对应科目是否异常，特别是将代销手续费从销售额中扣除减少收入的现象；二是通过“代销合同”订立的结算时间核查实际商品销售实现的时间，是否有延期销售的现象。销售代销货物的审核，一是了解被审单位是否有代销业务，并了解其账务处理方法及核算过程；二是关注“应付账款”“其他应付款”科目的动向，特别要关注往来发生而又无实际业务的转来转去的款项，必要时可发协查函或直接至对方单位调查。

⑩销售应税劳务的审核。审核企业提供的劳务是否确属于加工、修理修配劳务；审核企业是否按规定对加工、修理修配劳务收入计提税金；审核企业有无对代垫辅助材料收入不计提税金的情况。

2.适用税率或征收率的审核。

这主要审核企业适用税率是否正确，是否扩大了低税率或征收率或优惠税率的货物、应税劳务或应税服务的适用范围。增值税适用税率已发生变动的销售货物、应税劳务或应税服务，是否按最新税率和规定执行日期计算并缴纳了增值税。兼营不同税率货物、应税劳务或应税服务的，是否分别核算，如果没有分别核算，是否从高适用了税率。

（三）进项税额的审核

1.进项税额抵扣凭证的审核。

（1）购进货物、接受应税劳务或应税服务取得的增值税专用发票的审核。首先，审核增值税专用发票票面开具内容是否填写齐全、正确、规范，取得增值税专用发票的实际金额与增值税专用发票版面是否相符。其次，审核增值税专用发票的发票联、抵扣联记载内容是否一致，两联是否齐全。最后，审核购进货物、接受应税劳务或应税服务是否与购货方的生产、经营相关，防止企业虚开、代开增值税专用发票。

【例4-6】某税务师事务所受托对某企业的纳税情况进行审核，发现该企业赊购一批价值100万元的原材料，双方合同约定在3个月之后付款，因而尚未取得增值税专用发票。企业自制出库单上注明价款为100万元，进项税额为17万元。该企业的账务处理为：

借：原材料　　1 000 000

　　应交税费——应交增值税（进项税额）　　170 000

　贷：应付账款　　1 170 000

该企业在未取得合法抵扣凭证前，就申报抵扣进项税额，因此多抵扣进项税额

170 000元，应予以调整：

借：应交税费——待抵扣进项税额　　170 000

　贷：应交税费——应交增值税（进项税额）　　170 000

（2）进口货物取得的海关进口增值税专用缴款书的审核。首先，审核海关进口增值税专用缴款书的真实性，只有持有专用缴款书原件的单位才能申请抵扣税款。其次，审核纳税人是否按规定期限向税务机关报送“海关完税凭证抵扣清单”（电子数据），申请稽核比对；申请抵扣时，是否已经从税务机关取得了稽核系统比对符合税务机关协查后允许抵扣的信息；稽核比对结果相符的海关进口增值税专用缴款书，是否按期申报，有无逾期申报的情况。

（3）免税农产品收购凭证的审核。首先，审核企业使用的收购凭证是否合法，购进的农产品是否属于免税农产品，是否向规定的对象收购，以及是否按规定的价格依据计算抵扣税额。其次，审核免税农产品收购凭证的真实性，一方面将税务部门出售的收购凭证领购簿与使用的收购凭证对照检查，审核其使用的收购凭证是否合法，另一方面审核相关的资金和往来账户，若只有开具的凭证而无相应的资金运动或负债产生，以及虽有资金运动或负债产生但内容不一致，则应重点审核抵扣的真实性。

（4）接受境外单位或者个人提供的应税服务准予抵扣的进项税额，是否取得了代扣增值税的税收缴款凭证。首先，审核接受境外单位或者个人提供的应税服务，是否属于“营改增”应税服务范围，是由代理人扣缴还是纳税人扣缴，扣缴的税款计算是否正确，是否已向税务机关解缴并取得了税收缴款凭证。其次，申报抵扣的境外单位或者个人提供的应税服务准予抵扣的进项税额，是否同时符合具备书面合同、付款证明和境外单位的对账单或者发票等资料，相关资料能否相互印证。

（5）进货退出或折让、服务中止或折让而收回的进项税额的审核。企业发生进货退出或折让、服务中止或折让的，在收到红字增值税专用发票后，应将红字专用发票所注明的增值税额从当期进项税额中扣减。如不扣减，就会造成少纳税款，属偷税行为。因此，审核时，应对照主管税务机关为纳税人开具的“红字增值税专用发票通知单”和销货方开具的红字增值税专用发票的发票联、抵扣联，审核纳税人“应交税费——应交增值税（进项税额）”科目的明细账，查明纳税人发生退货后，其进项税是否已经从进项税额中扣减；同时，根据开具时间，审核退货或索取折让的纳税人，是否有延期扣减进项税额的现象。

2.进项税额抵扣的审核。

税法规定了不得从销项税额中抵扣进项税额的4种情况，因此审核时须重点关注企业有无扩大结转、计提增值税进项税额的情况。同时还要审核企业进项税额转出金额的计算依据是否正确，进项税额转出的时间与增值税会计处理的规定是否一致。

（1）用于简易计税方法计税项目、非增值税应税项目、免征增值税项目、集体福利或者个人消费的购进货物、接受加工修理修配劳务或者应税服务，是否结转了进项税额。

（2）非正常损失的购进货物及相关的加工修理修配劳务或者交通运输业服务，是否结转了进项税额。

（3）非正常损失的在产品、产成品所耗用的购进货物（不包括固定资产）、加工修理修配劳务或者交通运输业服务，是否结转了进项税额。

（4）接受的旅客运输服务，是否结转了进项税额。

3.进项税额转出的审核。

当纳税人购进货物改变用途且已作账务处理时，应将其负担的进项税额由“应交税费——应交增值税”的贷方转入相应科目。因此，审核时应重点审核企业在发生使用购进的已结转进项税额的货物、接受的加工修理修配劳务或应税服务用于非增值税应税项目、增值税免税项目、在建工程项目、集体福利项目，或非正常损失的在产品、产成品所耗用的购进货物、接受的加工修理修配劳务或应税服务，是否按规定进行了进项税额转出的账务处理。另外，还应审核转出的进项税额的计算是否正确，转出的时间和增值税会计处理的规定是否一致。

【例4-7】某企业由于管理不善，一批产品霉烂变质，该批产品的账面价值为12万元，当期总的生产成本为60万元，其中耗用外购材料40万元，外购货物使用17%的税率。

分析：管理不善造成的损失，属于非正常损失；而且，外购原材料已作入账处理，因此霉烂变质的产品所耗用的原材料应进行进项税额转出。

损失产品成本中所耗用的外购原材料的金额=120 000×（400 000÷600 000）=80 000（元）

应转出进项税额=80 000×17%=13 600（元）

会计处理为：

借：待处理财产损溢——待处理流动资产损溢　　93 600

　贷：库存商品　　80 000

　　　应交税费——应交增值税（进项税额转出）　　13 600

【例4-8】某企业为增值税一般纳税人，税务师事务所受托对其上一年度纳税情况进行检查，发现如下问题①：

（1）所属某仓库多提折旧100 000元。

（2）7月为本企业基建工程购入材料支付价款234 000元，其会计处理为：

借：在建工程　　200 000

　　应交税费——应交增值税（进项税额）　　34 000

　贷：银行存款　　234 000

（3）将自产的一批货物直接捐赠给职工子弟学校，价值120 000元，成本为85 000元，其会计处理为：

借：营业外支出　　120 000

　贷：库存商品　　120 000

问题：请分别指出上述处理对企业相关税费的影响，并作出相应的调整分录。

【解析】

（1）企业多提折旧应在企业所得税汇算清缴时调增。

借：累计折旧　　100 000

　贷：以前年度损益调整　　75 000

　　　应交税费——应交所得税　　25 000

（2）企业用于非应税项目的购进货物，其进项税额不得抵扣，进而影响城市维护建设税、教育费附加和企业所得税。会计分录应调整为：

①借：在建工程　　34 000

---

① 根据2011年注册税务师考试试题改编。

贷：应交税费——增值税检查调整 34 000

②借：以前年度损益调整 3 400

贷：应交税费——应交城市维护建设税 2 380

——应交教育费附加 1 020

③借：应交税费——应交所得税 850

贷：以前年度损益调整 850

（3）企业对外捐赠产品，应视同销售，计算销项税额，进而影响城市维护建设税、教育费附加和企业所得税。自产货物直接对外捐赠，一方面应视同销售确认应税收入计算缴纳企业所得税，另一方面直接捐赠不属于公益性捐赠，不能在企业所得税前扣除。应调整如下：

①借：以前年度损益调整 20 400

贷：应交税费——增值税检查调整 20 400

②借：库存商品 35 000

贷：以前年度损益调整 35 000

③借：以前年度损益调整 2 040

贷：应交税费——应交城市维护建设税 1 428

——应交教育费附加 612

④借：以前年度损益调整 3 140

贷：应交税费——应交所得税 3 140

尤应注意的是，对增值税一般纳税人，因购买货物而从销售方取得的各种形式的返还资金，均应依所购货物的增值税税率计算应冲减的进项税额，并从其取得返还资金当期的进项税额中予以冲减。

【例4-9】某企业购买原材料满足返利条件，从销售方取得返利23.40万元，企业的会计处理为：

借：银行存款 234 000

贷：其他业务收入 234 000

显然，该企业的会计处理不符合税法规定，取得的返利收入应冲减原材料成本和相应的进项税额，因此正确的会计处理为：

借：银行存款 234 000

贷：原材料 200 000

应交税费——应交增值税（进项税额转出） 34 000

（四）应纳税额的审核

增值税应纳税额是否正确，在对当期销项税额和进项税额审核的基础上，还应对增值税应交税费明细账和纳税申报表进行审核。

1.“应交税费——应交增值税”明细账的审核。

（1）“应交税费——应交增值税”明细账中各项核算内容及会计处理方法，是否符合有关增值税会计处理的规定。

（2）增值税是否做到按月计算、申报、缴纳，有无将本月欠税用下期进项税额抵顶、滞纳税款的问题。

（3）有无多记“进项税额”，少记“销项税额”“进项税额转出”，造成当期应缴税金不实的问题，如视同销售行为是否正确计算了“销项税额”；生产销售的货物按简易办法计算缴纳增值税的企业，其不得抵扣进项税额计算是否正确；出口企业按出口货物离岸价与征、退税率之差计算的不予抵扣的税额是否在当期从“进项税额转出”科目转增产品销售成本等。

2.“增值税纳税申报表（一般纳税人适用）”的审核。

（1）本期销项税额。应根据“主营业务收入”、“其他业务收入”和“应交税费——应交增值税（销项税额）”等账户，检查货物和应税劳务的应税销售额和销项税额。

（2）本期进项税额。应根据“原材料”、“应付账款”、“管理费用”、“固定资产”和“应交税费——应交增值税（进项税额）”等账户，计算确认纳税人的本期进项税额、不允许抵扣的进项税额、本期应抵扣进项税额。

（3）税款计算。应按“增值税纳税申报表（一般纳税人适用）”上的逻辑关系正确计算各项税额，确认本期应纳税额和留抵税额。

（五）案例①

M公司为增值税一般纳税人。2017年2月，该公司的经济业务情况如下：

（1）2月5日收到A公司来函，要求对该公司在2月1日销售的商品在价格上给予20%的折让（M公司在该批商品售出时确认销售收入100万元，已开具发票但未收款）。M公司同意了A公司提出的折让要求。当日收到A公司交来的税务机关开具的“开具红字增值税专用发票通知单”，并开具了红字增值税专用发票。

（2）与B公司签订预收货款销售合同，销售商品一批，销售价格为100万元。合同约定，B公司应当于2月6日支付预付款50万元，M公司应于2月6日按全额给B公司开具增值税专用发票，货物应于3月20日发出。2月6日M公司按合同规定开具了发票，发票上注明的价款为100万元，税款为17万元，并将预收款存入银行。该批商品的实际成本为80万元。

（3）2月15日，向C公司销售商品一批，增值税专用发票注明销售价格为300万元，增值税额为51万元。提货单和增值税专用发票已交C公司，2月16日收到C公司的款项并存入银行。该批商品的实际成本为225万元。

（4）2月16日从D公司购入不需要安装的生产用设备一台，取得增值税专用发票，注明价款为50万元，增值税为8.50万元。

（5）2月20日从农场购进免税农产品，收购凭证上注明支付货款20万元。将收购农产品的50%用于职工福利消费，50%捐赠给受灾企业，假设成本利润率为10%。

（6）2月22日没收逾期未归还的包装物押金11 700元。

（7）月末盘库发现原材料损失20 000元。

（8）其他资料：当月期初增值税留抵税额为30万元。

问题：

1.根据上述资料，编制M公司2月份发生的经济业务的会计分录。

2.计算M公司2月份应缴纳的增值税。

---

① 根据2009年全国注册税务师考试真题改编。

【解析】

1.会计分录

业务（1）：

确认100万元收入时的会计分录为：

借：应收账款	1 170 000	
贷：主营业务收入		1 000 000
应交税费——应交增值税（销项税额）		170 000

开具红字增值税专用发票时的会计分录为：

借：应收账款	（234 000）	
贷：主营业务收入		（200 000）
应交税费——应交增值税（销项税额）		（34 000）

业务（2）：

预收款项时的会计分录为：

借：银行存款	500 000	
贷：预收账款		500 000

开具发票时的会计分录为：

借：预收账款或应收账款	170 000	
贷：应交税费——应交增值税（销项税额）		170 000

业务（3）：

销售商品时的会计分录为：

借：应收账款	3 510 000	
贷：主营业务收入		3 000 000
应交税费——应交增值税（销项税额）		510 000

收款时的会计分录为：

借：银行存款	3 510 000	
贷：应收账款		3 510 000

结转成本时的会计分录为：

借：主营业务成本	2 250 000	
贷：库存商品		2 250 000

业务（4）：

借：固定资产	500 000	
应交税费——应交增值税（进项税额）	85 000	
贷：银行存款		585 000

业务（5）：

购进农产品入库时的会计分录为：

借：库存商品	174 000	
应交税费——应交增值税（进项税额）	26 000	
贷：银行存款（或应付账款）		200 000

用于职工福利和对外赠送时的会计分录为：

借：应付职工薪酬（174 000÷2+13 000）　　100 000

　　营业外支出（174 000÷2+174 000÷2×1.1×13%）　　99 441

　贷：库存商品　　174 000

　　　应交税费——应交增值税（销项税额）（174 000÷2×1.1×13%）　　12 441

　　　　　　　——应交增值税（进项税转出）　　13 000

业务（6）：

借：其他应付款　　11 700

　贷：其他业务收入　　10 000

　　　应交税费——应交增值税（销项税额）　　1 700

业务（7）：

借：待处理财产损溢　　23 400

　贷：原材料　　20 000

　　　应交税费——应交增值税（进项税额转出）　　3 400

2.本期应纳增值税的计算

销项税额＝170 000−34 000+170 000+510 000+12 441+1 700＝830 141（元）

进项税额转出=13 000+3 400=16 400（元）

进项税额＝85 000+26 000＝111 000（元）

应纳增值税＝830 141+16 400－111 000＝735 541（元）

二、增值税小规模纳税人的纳税审核

小规模纳税人实行简易征收办法，计税方法简单，但由于小规模纳税人一般会计核算资料不健全，少计销售收入或账外经营的情况极其普遍，因此代理小规模纳税人的纳税审核，应根据其具体情况，确定重点审核内容。

1.应税销售额的审核。针对小规模纳税人少计销售收入或账外经营的情况，可以采用“成本倒挤”、销售毛利率法等方法加以审核。

2.应纳税额的审核。重点审核小规模纳税人将含税销售额换算成不含税销售额的计算是否正确，适用的征收率是否正确，应纳税额的计算是否正确。

三、出口退税的审核

我国《出口货物退（免）税管理办法》规定了两种退税计算办法，分别适用生产企业和外贸企业，它们在出口核算和退税实际操作方面，都有一些显著的区别，因此审核时应分别对待。

（一）生产企业“免抵退”税的审核

“免抵退”税中的“免”税是指对生产企业出口的自产货物，免征本企业生产销售环节的增值税；“抵”税是指生产企业出口的自产货物所耗用原材料、零部件等应予退还的进项税额，抵顶内销货物的应纳税款；“退”税是指生产企业出口的自产货物在当期内因应抵顶的进项税额大于应纳税额而未抵顶完的税额，经主管退税机关批准后，予以退税。

1.“免”税的审核。

应对出口货物的出口原始凭证逐一进行审核，并于出口产品销售明细账逐笔核对，按月计算企业每一季度的出口销售额。重点审核出口货物报关离境的日期、出口货物以离岸价计算的外币销售额、出口货物的贸易类型、海关商品编码和使用的出口货物退税率。对于原始单证不全，应做内销进行补税和账务处理。

2.“抵”税的审核。

（1）复核“免抵退税不得免征和抵扣的税额”的计算是否正确，审核时尤其应注意退税率调整后，是否按照调整后的退税率进行计算。

（2）对于生产两种以上出口货物且适用退税率不同的出口企业，其进项税额的计算与账务处理应按出口货物的种类区分，凡是无法直接划分各自应负担的进项税额的，应按出口产品销售额的比例计算分摊。审核中要注意出口企业人为调整出口货物应分摊的进项税额的问题。

3.“退”税的审核。

出口企业按月计算及办理的出口退税，由“应交税费——应交增值税”科目贷方的“出口退税”科目转入“其他应收款——应收出口退税”科目。审核时，应注意出口企业申报的出口退税与主管退税机关核批的退税额是否一致。

（二）外贸企业出口货物退（免）税的审核

对外贸企业出口的货物，其出口销售环节免征增值税，其收购货物的成本部分中包含的生产企业已纳增值税款，在货物出口后按收购成本与退税率计算退税，退还给外贸企业，征退之差计入企业成本。审核时应在审核退税凭证如出口发票、出口收汇核销单、出口报关单、购货发票、专用发票或分割单等是否齐全、合法、有效。

思考与练习

1. 增值税纳税申报代理包括哪些基本环节？

2. 销项税额审核的主要内容有哪些？

3. 增值税进项税额审核的主要内容有哪些？

4. 卓信税务师事务所受托代理某公司增值税纳税申报。该公司增值税涉税业务如下：

（1）购入商品一批，取得增值税专用发票，价款为500 000元，税款为85 000元，发票已认证。

（2）因管理不善，导致货物被盗，货物账面成本为20 000元。

（3）从农民手中收购蔬菜一批，收购凭证上注明收购款为5 000元，票据符合规定。

（4）从小规模纳税人购买商品，取得税务机关代开的发票，价款为40 000元，税款为1 200元，发票已认证。

（5）本月货物销售收入为1 500 000元（不含税）。

（6）购买一批建材用于在建工程，价款为10 000元，税款为1700元，发票已认证。

试对上述业务进行会计处理，计算企业应纳增值税税额，并填写本月增值税纳税申报表。

附录4-1 “增值税纳税申报表（一般纳税人适用）”及其附列资料表格及填写说明

附表4-1

增值税纳税申报表（一般纳税人适用）

根据国家税收法律法规及增值税相关规定制定本表。纳税人不论有无销售额，均应按税务机关核定的纳税期限填写本表，并向当地税务机关申报。

税款所属时间：自　年　月　日至　年　月　日　填表日期：　年　月　日　金额单位：元（列至角分）

纳税人识别号			所属行业：			
纳税人名称	（公章）	法定代表人姓名		注册地址	生产经营地址	
开户银行及账号		登记注册类型			电话号码	
项目		栏次	一般项目		即征即退项目	
			本月数	本年累计	本月数	本年累计
销售额	（一）按适用税率计税销售额	1	2 345 000			
	其中：应税货物销售额	2	2 115 000			
	应税劳务销售额	3	23 0000			
	纳税检查调整的销售额	4				
	（二）按简易办法计税销售额	5	28 846.13			
	其中：纳税检查调整的销售额	6				
	（三）免、抵、退办法出口销售额	7			—	—
	（四）免税销售额	8			—	—
	其中：免税货物销售额	9			—	—
	免税劳务销售额	10			—	—
税款计算	销项税额	11	373 809.40			
	进项税额	12	225 800			
	上期留抵税额	13	0			—

续表

	项目	栏次	一般项目		即征即退项目	
			本月数	本年累计	本月数	本年累计
税款计算	进项税额转出	14	51 000			
	免、抵、退应退税额	15	0		—	—
	按适用税率计算的纳税检查应补缴税额	16	0		—	—
	应抵扣税额合计	17=12+13-14-15+16	174 800	—		—
	实际抵扣税额	18（如17<11，则为17，否则为11）	174 800			
	应纳税额	19=11-18	199 009.4			
	期末留抵税额	20=17-18	0			—
	简易计税办法计算的应纳税额	21	1 153.85			
	按简易计税办法计算的纳税检查应补缴税额	22	0		—	—
	应纳税额减征额	23	12 276.92			
	应纳税额合计	24=19+21-23	187 886.33			
税款缴纳	期初未缴税额（多缴为负数）	25				
	实收出口开具专用缴款书退税额	26			—	—
	本期已缴税额	27=28+29+30+31				
	①分次预缴税额	28		—		—
	②出口开具专用缴款书预缴税额	29		—	—	—
	③本期缴纳上期应纳税额	30				
	④本期缴纳欠缴税额	31				

续表

项目		栏次	一般项目		即征即退项目	
			本月数	本年累计	本月数	本年累计
税款缴纳	期末未缴税额（多缴为负数）	32=24+25+26−27				
	其中：欠缴税额（≥0）	33=25+26−27		—		—
	本期应补（退）税额	34＝24−28−29		—		—
	即征即退实际退税额	35	—	—		
	期初未缴查补税额	36			—	—
	本期入库查补税额	37			—	—
	期末未缴查补税额	38=16+22+36−37			—	—
授权声明	如果你已委托代理人申报，请填写下列资料： 为代理一切税务事宜，现授权 （地址）为本纳税人的代理申报人，任何与本申报表有关的往来文件，都可寄予此人。 授权人签字：		申报人声明	本纳税申报表是根据国家税收法律法规及相关规定填报的，我确定它是真实的、可靠的、完整的。 声明人签字：		

主管税务机关：　　　　接收人：　　　　接收日期：

一、《增值税纳税申报表（一般纳税人适用）》填写说明：

（一）“税款所属时间”：指纳税人申报的增值税应纳税额的所属时间，应填写具体的起止年、月、日。

（二）“填表日期”：指纳税人填写本表的具体日期。

（三）“纳税人识别号”：填写纳税人的税务登记证件号码。

（四）“所属行业”：按照国民经济行业分类与代码中的小类行业填写。

（五）“纳税人名称”：填写纳税人单位名称全称。

（六）“法定代表人姓名”：填写纳税人法定代表人的姓名。

（七）“注册地址”：填写纳税人税务登记证件所注明的详细地址。

（八）“生产经营地址”：填写纳税人实际生产经营地的详细地址。

（九）“开户银行及账号”：填写纳税人开户银行的名称和纳税人在该银行的结算账户号码。

（十）“登记注册类型”：按纳税人税务登记证件的栏目内容填写。

（十一）“电话号码”：填写可联系到纳税人的常用电话号码。

（十二）“即征即退项目”列：填写纳税人按规定享受增值税即征即退政策的货物、劳务和服务、不动产、无形资产的征（退）税数据。

（十三）“一般项目”列：填写除享受增值税即征即退政策以外的货物、劳务和服务、不动产、无形资产的征（免）税数据。

（十四）“本年累计”列：一般填写本年度内各月“本月数”之和。其中，第13、20、25、32、36、38栏及第18栏“实际抵扣税额”“一般项目”列的“本年累计”分别按本填写说明第（二十七）（三十四）（三十九）（四十六）（五十）（五十二）（三十二）条要求填写。

（十五）第1栏“（一）按适用税率计税销售额”：填写纳税人本期按一般计税方法计算缴纳增值税的销售额，包含：在财务上不作销售但按税法规定应缴纳增值税的视同销售和价外费用的销售额；外贸企业作价销售进料加工复出口货物的销售额；税务、财政、审计部门检查后按一般计税方法计算调整的销售额。

营业税改征增值税的纳税人，服务、不动产和无形资产有扣除项目的，本栏应填写扣除之前的不含税销售额。

本栏“一般项目”列“本月数”=《附列资料（一）》第9列第1至5行之和-第9列第6、7行之和；本栏“即征即退项目”列“本月数”=《附列资料（一）》第9列第6、7行之和。

（十六）第2栏“其中：应税货物销售额”：填写纳税人本期按适用税率计算增值税的应税货物的销售额。包含在财务上不作销售但按税法规定应缴纳增值税的视同销售货物和价外费用销售额，以及外贸企业作价销售进料加工复出口货物的销售额。

（十七）第3栏“应税劳务销售额”：填写纳税人本期按适用税率计算增值税的应税劳务的销售额。

（十八）第4栏“纳税检查调整的销售额”：填写纳税人因税务、财政、审计部门检查，并按一般计税方法在本期计算调整的销售额。但享受增值税即征即退政策的货物、劳务和服务、不动产、无形资产，经纳税检查属于偷税的，不填入“即征即退项目”列，而应填入“一般项目”列。

营业税改征增值税的纳税人，服务、不动产和无形资产有扣除项目的，本栏应填写扣除之前的不含税销售额。

本栏“一般项目”列“本月数”=《附列资料（一）》第7列第1至5行之和。

（十九）第5栏“按简易办法计税销售额”：填写纳税人本期按简易计税方法计算增值税的销售额。包含纳税检查调整按简易计税方法计算增值税的销售额。

营业税改征增值税的纳税人，服务、不动产和无形资产有扣除项目的，本栏应填写扣除之前的不含税销售额；服务、不动产和无形资产按规定汇总计算缴纳增值税的分支机构，其当期按预征率计算缴纳增值税的销售额也填入本栏。

本栏“一般项目”列“本月数”≥《附列资料（一）》第9列第8至13b行之和－第9列第14、15行之和；本栏“即征即退项目”列“本月数”≥《附列资料（一）》第9列第14、15行之和。

（二十）第6栏“其中：纳税检查调整的销售额”：填写纳税人因税务、财政、审计部门检查，并按简易计税方法在本期计算调整的销售额。但享受增值税即征即退政策的货物、劳务和服务、不动产、无形资产，经纳税检查属于偷税的，不填入“即征即退项目”列，而应填入“一般项目”列。

营业税改征增值税的纳税人，服务、不动产和无形资产有扣除项目的，本栏应填写扣除之前的不含税销售额。

（二十一）第7栏“免、抵、退办法出口销售额”：填写纳税人本期适用免、抵、退税办法的出口货物、劳务和服务、无形资产的销售额。

营业税改征增值税的纳税人，服务、无形资产有扣除项目的，本栏应填写扣除之前的销售额。

本栏“一般项目”列“本月数”＝《附列资料（一）》第9列第16、17行之和。

（二十二）第8栏“免税销售额”：填写纳税人本期按照税法规定免征增值税的销售额和适用零税率的销售额，但零税率的销售额中不包括适用免、抵、退税办法的销售额。

营业税改征增值税的纳税人，服务、不动产和无形资产有扣除项目的，本栏应填写扣除之前的免税销售额。

本栏“一般项目”列“本月数”＝《附列资料（一）》第9列第18、19行之和。

（二十三）第9栏“其中：免税货物销售额”：填写纳税人本期按照税法规定免征增值税的货物销售额及适用零税率的货物销售额，但零税率的销售额中不包括适用免、抵、退税办法出口货物的销售额。

（二十四）第10栏“免税劳务销售额”：填写纳税人本期按照税法规定免征增值税的劳务销售额及适用零税率的劳务销售额，但零税率的销售额中不包括适用免、抵、退税办法的劳务的销售额。

（二十五）第11栏“销项税额”：填写纳税人本期按一般计税方法计税的货物、劳务和服务、不动产、无形资产的销项税额。

营业税改征增值税的纳税人，服务、不动产和无形资产有扣除项目的，本栏应填写扣除之后的销项税额。

本栏“一般项目”列“本月数”＝《附列资料（一）》（第10列第1、3行之和－第10列第6行）＋（第14列第2、4、5行之和－第14列第7行）；

本栏“即征即退项目”列“本月数”＝《附列资料（一）》第10列第6行＋第14列第7行。

（二十六）第12栏“进项税额”：填写纳税人本期申报抵扣的进项税额。

本栏“一般项目”列“本月数”＋“即征即退项目”列“本月数”＝《附列资料（二）》第12栏“税额”。

（二十七）第13栏“上期留抵税额”。

1.上期留抵税额按规定须挂账的纳税人，按以下要求填写本栏的“本月数”和“本年累计”。

上期留抵税额按规定须挂账的纳税人是指试点实施之日前一个税款所属期的申报表第20栏“期末留抵税额”“一般货物、劳务和应税服务”列“本月数”大于零，且兼有营业税改征增值税服务、不动产和无形资产的纳税人（下同）。其试点实施之日前一个税款所属期的申报表第20栏“期末留抵税额”“一般货物、劳务和应税服务”列“本月数”，以下称为货物和劳务挂账留抵税额。

（1）本栏“一般项目”列“本月数”：试点实施之日的税款所属期填写“0”；以后各期按上期申报表第20栏“期末留抵税额”“一般项目”列“本月数”填写。

（2）本栏“一般项目”列“本年累计”：反映货物和劳务挂账留抵税额本期期初余额。试点实施之日的税款所属期按试点实施之日前一个税款所属期的申报表第20栏“期末留抵税额”“一般货物、劳务和应税服务”列“本月数”填写；以后各期按上期申报表第20栏“期末留抵税额”“一般项目”列“本年累计”填写。

（3）本栏“即征即退项目”列“本月数”：按上期申报表第20栏“期末留抵税额”“即征即退项目”列“本月数”填写。

2.其他纳税人，按以下要求填写本栏“本月数”和“本年累计”。

其他纳税人是指除上期留抵税额按规定须挂账的纳税人之外的纳税人（下同）。

（1）本栏“一般项目”列“本月数”：按上期申报表第20栏“期末留抵税额”“一般项目”列“本月数”填写。

（2）本栏“一般项目”列“本年累计”：填写“0”。

（3）本栏“即征即退项目”列“本月数”：按上期申报表第20栏“期末留抵税额”“即征即退项目”列“本月数”填写。

（二十八）第14栏“进项税额转出”：填写纳税人已经抵扣，但按税法规定本期应转出的进项税额。

本栏“一般项目”列“本月数”+“即征即退项目”列“本月数”=《附列资料（二）》第13栏“税额”。

（二十九）第15栏“免、抵、退应退税额”：反映税务机关退税部门按照出口货物、劳务和服务、无形资产免、抵、退办法审批的增值税应退税额。

（三十）第16栏“按适用税率计算的纳税检查应补缴税额”：填写税务、财政、审计部门检查，按一般计税方法计算的纳税检查应补缴的增值税税额。

本栏“一般项目”列“本月数”≤《附列资料（一）》第8列第1至5行之和+《附列资料（二）》第19栏。

（三十一）第17栏“应抵扣税额合计”：填写纳税人本期应抵扣进项税额的合计数。按表中所列公式计算填写。

（三十二）第18栏“实际抵扣税额”。

1.上期留抵税额按规定须挂账的纳税人，按以下要求填写本栏的“本月数”和“本年累计”。

（1）本栏“一般项目”列“本月数”：按表中所列公式计算填写。

（2）本栏“一般项目”列“本年累计”：填写货物和劳务挂账留抵税额本期实际抵减一般货物和劳务应纳税额的数额。将“货物和劳务挂账留抵税额本期期初余额”与“一般计税方法的一般货物及劳务应纳税额”两个数据相比较，取二者中小的数据。

其中：货物和劳务挂账留抵税额本期期初余额=第13栏“上期留抵税额”“一般项目”列“本年累计”；

一般计税方法的一般货物及劳务应纳税额=（第11栏“销项税额”“一般项目”列“本月数”−第18栏“实际抵扣税额”“一般项目”列“本月数”）×一般货物及劳务销项税额比例；

一般货物及劳务销项税额比例=（《附列资料（一）》第10列第1、3行之和−第10列第6行）÷第11栏“销项税额”“一般项目”列“本月数”×100%。

（3）本栏“即征即退项目”列“本月数”：按表中所列公式计算填写。

2.其他纳税人，按以下要求填写本栏的“本月数”和“本年累计”：

（1）本栏“一般项目”列“本月数”：按表中所列公式计算填写。

（2）本栏“一般项目”列“本年累计”：填写“0”。

（3）本栏“即征即退项目”列“本月数”：按表中所列公式计算填写。

（三十三）第19栏“应纳税额”：反映纳税人本期按一般计税方法计算并应缴纳的增值税额。按以下公式计算填写：

1.本栏“一般项目”列“本月数”＝第11栏“销项税额”“一般项目”列“本月数”－第18栏“实际抵扣税额”“一般项目”列“本月数”－第18栏“实际抵扣税额”“一般项目”列“本年累计”。

2.本栏“即征即退项目”列“本月数”＝第11栏“销项税额”“即征即退项目”列“本月数”－第18栏“实际抵扣税额”“即征即退项目”列“本月数”。

（三十四）第20栏“期末留抵税额”。

1.上期留抵税额按规定须挂账的纳税人，按以下要求填写本栏的“本月数”和“本年累计”：

（1）本栏“一般项目”列“本月数”：反映试点实施以后，货物、劳务和服务、不动产、无形资产共同形成的留抵税额。按表中所列公式计算填写。

（2）本栏“一般项目”列“本年累计”：反映货物和劳务挂账留抵税额，在试点实施以后抵减一般货物和劳务应纳税额后的余额。按以下公式计算填写：

本栏“一般项目”列“本年累计”＝第13栏“上期留抵税额”“一般项目”列“本年累计”－第18栏“实际抵扣税额”“一般项目”列“本年累计”。

（3）本栏“即征即退项目”列“本月数”：按表中所列公式计算填写。

2.其他纳税人，按以下要求填写本栏“本月数”和“本年累计”：

（1）本栏“一般项目”列“本月数”：按表中所列公式计算填写。

（2）本栏“一般项目”列“本年累计”：填写“0”。

（3）本栏“即征即退项目”列“本月数”：按表中所列公式计算填写。

（三十五）第21栏“简易计税办法计算的应纳税额”：反映纳税人本期按简易计税方法计算并应缴纳的增值税额，但不包括按简易计税方法计算的纳税检查应补缴税额。按以下公式计算填写：

本栏“一般项目”列“本月数”＝《附列资料（一）》（第10列第8、9a、10、11行之和－第10列第14行）＋（第14列第9b、12、13a、13b行之和－第14列第15行）

本栏“即征即退项目”列“本月数”＝《附列资料（一）》第10列第14行+第14列第15行。

营业税改征增值税的纳税人，服务、不动产和无形资产按规定汇总计算缴纳增值税的分支机构，应将预征增值税额填入本栏。预征增值税额=应预征增值税的销售额×预征率。

（三十六）第22栏“按简易计税办法计算的纳税检查应补缴税额”：填写纳税人本期因税务、财政、审计部门检查并按简易计税方法计算的纳税检查应补缴税额。

（三十七）第23栏“应纳税额减征额”：填写纳税人本期按照税法规定减征的增值税应纳税额。包含按照规定可在增值税应纳税额中全额抵减的增值税税控系统专用设备费用以及技术维护费。

当本期减征额小于或等于第19栏“应纳税额”与第21栏“简易计税办法计算的应纳税额”之和时，按本期减征额实际填写；当本期减征额大于第19栏“应纳税额”与第21栏“简易计税办法计算的应纳税额”之和时，按本期第19栏与第21栏之和填写。本期减征额不足抵减部分结转下期继续抵减。

（三十八）第24栏“应纳税额合计”：反映纳税人本期应缴增值税的合计数。按表中所列公式计算填写。

（三十九）第25栏“期初未缴税额（多缴为负数）”：“本月数”按上一税款所属期申报表第32栏“期末未缴税额（多缴为负数）”“本月数”填写。“本年累计”按上年度最后一个税款所属期申报表第32栏“期末未缴税额（多缴为负数）”“本年累计”填写。

（四十）第26栏“实收出口开具专用缴款书退税额”：本栏不填写。

（四十一）第27栏“本期已缴税额”：反映纳税人本期实际缴纳的增值税额，但不包括本期入库的查补税款。按表中所列公式计算填写。

（四十二）第28栏“①分次预缴税额”：填写纳税人本期已缴纳的准予在本期增值税应纳税额中抵减的税额。

营业税改征增值税的纳税人，分以下几种情况填写：

1.服务、不动产和无形资产按规定汇总计算缴纳增值税的总机构，其可以从本期增值税应纳税额中抵减的分支机构已缴纳的税款，按当期实际可抵减数填入本栏，不足抵减部分结转下期继续抵减。

2.销售建筑服务并按规定预缴增值税的纳税人，其可以从本期增值税应纳税额中抵减的已缴纳的税款，按当期实际可抵减数填入本栏，不足抵减部分结转下期继续抵减。

3.销售不动产并按规定预缴增值税的纳税人，其可以从本期增值税应纳税额中抵减的已缴纳的税款，按当期实际可抵减数填入本栏，不足抵减部分结转下期继续抵减。

4.出租不动产并按规定预缴增值税的纳税人，其可以从本期增值税应纳税额中抵减的已缴纳的税款，按当期实际可抵减数填入本栏，不足抵减部分结转下期继续抵减。

（四十三）第29栏“②出口开具专用缴款书预缴税额”：本栏不填写。

（四十四）第30栏“③本期缴纳上期应纳税额”：填写纳税人本期缴纳上一税款所属期应缴未缴的增值税额。

（四十五）第31栏“④本期缴纳欠缴税额”：反映纳税人本期实际缴纳和留抵税额抵减的增值税欠税额，但不包括缴纳入库的查补增值税额。

（四十六）第32栏“期末未缴税额（多缴为负数）”：“本月数”反映纳税人本期期末应缴未缴的增值税额，但不包括纳税检查应缴未缴的税额。按表中所列公式计算填写。“本年累计”与“本月数”相同。

（四十七）第33栏“其中：欠缴税额（≥0）”：反映纳税人按照税法规定已形成欠税的增值税额。按表中所列公式计算填写。

（四十八）第34栏“本期应补（退）税额”：反映纳税人本期应纳税额中应补缴或应退回的数额。按表中所列公式计算填写。

（四十九）第35栏“即征即退实际退税额”：反映纳税人本期因符合增值税即征即退政策规定，而实际收到的税务机关退回的增值税额。

（五十）第36栏“期初未缴查补税额”：“本月数”按上一税款所属期申报表第38栏“期末未缴查补税额”“本月数”填写。“本年累计”按上年度最后一个税款所属期申报表第38栏“期末未缴查补税额”“本年累计”填写。

（五十一）第37栏“本期入库查补税额”：反映纳税人本期因税务、财政、审计部门检查而实际入库的增值税额，包括按一般计税方法计算并实际缴纳的查补增值税额和按简易计税方法计算并实际缴纳的查补增值税额。

（五十二）第38栏“期末未缴查补税额”：“本月数”反映纳税人接受纳税检查后应在本期期末缴纳而未缴纳的查补增值税额。按表中所列公式计算填写，“本年累计”与“本月数”相同。

附表 4-2

增值税纳税申报表附列资料（一）（本期销售情况明细）

税款所属时间：　　年　　月　　日至　　年　　月　　日

纳税人名称（公章）：　　　　　　　　　　　　　　　　金额单位：元至角分

项目及栏次				开具增值税专用发票		开具其他发票		未开具发票		纳税检查调整		合计			服务、不动产和无形资产扣除项目本期实际扣除金额	扣除后	
				销售额	销项（应纳）税额	销售额	销项（应纳）税额	销售额	销项（应纳）税额	销售额	销项（应纳）税额	销售额	销项（应纳）税额	价税合计		含税（免税）销售额	销项（应纳）税额
				1	2	3	4	5	6	7	8	9=1+3+5+7	10=2+4+6+8	11=9+10	12	13=11-12	14=13÷（100%+税率或征收率）×税率或征收率
一、一般计税方法计税	全部征税项目	17%税率的货物及加工修理修配劳务	1											—	—	—	—
		17%税率的服务、不动产和无形资产	2														
		11%税率	3														
		6%税率	4														
	其中：即征即退项目	即征即退货物及加工修理修配劳务	5	—	—	—	—	—	—	—	—			—	—	—	—
		即征即退服务、不动产和无形资产	6	—	—	—	—	—	—	—	—						

续表

项目及栏次				开具增值税专用发票		开具其他发票		未开具发票		纳税检查调整		合计			服务、不动产和无形资产扣除项目本期实际扣除金额	扣除后	
				销售额	销项（应纳）税额	销售额	销项（应纳）税额	销售额	销项（应纳）税额	销售额	销项（应纳）税额	销售额	销项（应纳）税额	价税合计		含税（免税）销售额	销项（应纳）税额
				1	2	3	4	5	6	7	8	9=1+3+5+7	10=2+4+6+8	11=9+10	12	13=11-12	14=13÷（100%+税率或征收率）×税率或征收率
二、简易计税方法计税	全部征税项目	6%征收率	7							—	—			—	—	—	—
		5%征收率的货物及加工修理修配劳务	8a							—	—			—	—	—	—
		5%征收率的服务、不动产和无形资产	8b							—	—						
		4%征收率	9							—	—			—	—	—	—
		3%征收率的货物及加工修理修配劳务	10							—	—			—	—	—	—
		3%征收率的服务、不动产和无形资产	11							—	—						
		预征率 %	12a							—	—						
		预征率 %	12b							—	—						
		预征率 %	12c							—	—						
	其中：即征即退项目	即征即退货物及加工修理修配劳务	13	—	—	—	—	—	—	—	—			—	—	—	—
		即征即退服务、不动产和无形资产	14	—	—	—	—	—	—	—	—						
三、免抵退税	货物及加工修理修配劳务		15	—	—		—		—	—	—		—	—	—	—	—
	服务、不动产和无形资产		16	—	—		—		—	—	—		—				—
四、免税	货物及加工修理修配劳务		17				—		—	—	—		—	—	—	—	—
	服务、不动产和无形资产		18	—	—		—		—	—	—		—				—

《增值税纳税申报表附列资料（一）》（本期销售情况明细）填写说明：

（一）“税款所属时间”“纳税人名称”的填写同主表。

（二）各列说明。

1.第1至2列“开具增值税专用发票”：反映本期开具增值税专用发票（含税控机动车销售统一发票，下同）的情况。

2.第3至4列“开具其他发票”：反映除增值税专用发票以外本期开具的其他发票的情况。

3.第5至6列“未开具发票”：反映本期未开具发票的销售情况。

4.第7至8列“纳税检查调整”：反映经税务、财政、审计部门检查并在本期调整的销售情况。

5.第9至11列“合计”：按照表中所列公式填写。

营业税改征增值税的纳税人，服务、不动产和无形资产有扣除项目的，第1至11列应填写扣除之前的征（免）税销售额、销项（应纳）税额和价税合计额。

6.第12列“服务、不动产和无形资产扣除项目本期实际扣除金额”：营业税改征增值税的纳税人，服务、不动产和无形资产有扣除项目的，按《附列资料（三）》第5列对应各行次数据填写，其中本列第5栏等于《附列资料（三）》第5列第3行与第4行之和；服务、不动产和无形资产无扣除项目的，本列填写“0”。其他纳税人不填写。

营业税改征增值税的纳税人，服务、不动产和无形资产按规定汇总计算缴纳增值税的分支机构，当期服务、不动产和无形资产有扣除项目的，填入本列第13行。

7.第13列“扣除后”“含税（免税）销售额”：营业税改征增值税的纳税人，服务、不动产和无形资产有扣除项目的，本列各行次＝第11列对应各行次－第12列对应各行次。其他纳税人不填写。

8.第14列“扣除后”“销项（应纳）税额”：营业税改征增值税的纳税人，服务、不动产和无形资产有扣除项目的，按以下要求填写本列，其他纳税人不填写。

（1）服务、不动产和无形资产按照一般计税方法计税

本列各行次＝第13列÷（100%+对应行次税率）×对应行次税率

本列第6行“按一般计税方法计税的即征即退服务、不动产和无形资产”不按本列的说明填写。具体填写要求见“各行说明”第2条第（2）项第③点的说明。

（2）服务、不动产和无形资产按照简易计税方法计税

本列各行次＝第13列÷（100%+对应行次征收率）×对应行次征收率

本列第12行“预征率 %”不按本列的说明填写。具体填写要求见“各行说明”第4条第（2）项。

（3）服务、不动产和无形资产实行免抵退税或免税的，本列不填写。

（三）各行说明。

1.第1至4行“一、一般计税方法计税”“全部征税项目”各行：按不同税率和项目分别填写按一般计税方法计算增值税的全部征税项目。有即征即退

征税项目的纳税人，本部分数据中既包括即征即退征税项目，又包括不享受即征即退政策的一般征税项目。

2. 第5至6行“一、一般计税方法计税”“其中：即征即退项目”各行：只反映按一般计税方法计算增值税的即征即退项目。按照税法规定不享受即征即退政策的纳税人，不填写本行。即征即退项目是全部征税项目的其中数。

（1）第5行“即征即退货物及加工修理修配劳务”：反映按一般计税方法计算增值税且享受即征即退政策的货物和加工修理修配劳务。本行不包括服务、不动产和无形资产的内容。

①本行第9列“合计”“销售额”栏：反映按一般计税方法计算增值税且享受即征即退政策的货物及加工修理修配劳务的不含税销售额。该栏不按第9列所列公式计算，应按照税法规定据实填写。

②本行第10列“合计”“销项（应纳）税额”栏：反映按一般计税方法计算增值税且享受即征即退政策的货物及加工修理修配劳务的销项税额。该栏不按第10列所列公式计算，应按照税法规定据实填写。

（2）第6行“即征即退服务、不动产和无形资产”：反映按一般计税方法计算增值税且享受即征即退政策的服务、不动产和无形资产。本行不包括货物及加工修理修配劳务的内容。

①本行第9列“合计”“销售额”栏：反映按一般计税方法计算增值税且享受即征即退政策的服务、不动产和无形资产的不含税销售额。服务、不动产和无形资产有扣除项目的，按扣除之前的不含税销售额填写。该栏不按第9列所列公式计算，应按照税法规定据实填写。

②本行第10列“合计”“销项（应纳）税额”栏：反映按一般计税方法计算增值税且享受即征即退政策的服务、不动产和无形资产的销项税额。服务、不动产和无形资产有扣除项目的，按扣除之前的销项税额填写。该栏不按第10列所列公式计算，应按照税法规定据实填写。

③本行第14列“扣除后”“销项（应纳）税额”栏：反映按一般计税方法征收增值税且享受即征即退政策的服务、不动产和无形资产实际应计提的销项税额。服务、不动产和无形资产有扣除项目的，按扣除之后的销项税额填写；服务、不动产和无形资产无扣除项目的，按本行第10列填写。该栏不按第14列所列公式计算，应按照税法规定据实填写。

3. 第7至11行“二、简易计税方法计税”“全部征税项目”各行：按不同征收率和项目分别填写按简易计税方法计算增值税的全部征税项目。有即征即退征税项目的纳税人，本部分数据中既包括即征即退项目，也包括不享受即征即退政策的一般征税项目。

4. 第12a至12c行“二、简易计税方法计税”“预征率%”：反映营业税改征增值税的纳税人，服务、不动产和无形资产按规定汇总计算缴纳增值税的分支机构，预征增值税销售额、预征增值税应纳税额。其中，第12a行“预征率%”适用于所有实行汇总计算缴纳增值税的分支机构试点纳税人；第12b、12c行“预征率%”适用于部分实行汇总计算缴纳增值税的铁路运输试点纳税人。

（1）第12a至12c行第1至6列按照销售额和销项税额的实际发生数填写。

（2）第12a至12c行第14列，纳税人按“应预征缴纳的增值税=应预征增值税销售额×预征率”公式计算后据实填写。

5. 第13至14行“二、简易计税方法计税”“其中：即征即退项目”各行：只反映按简易计税方法计算增值税的即征即退项目。按照税法规定不享受即征即退政策的纳税人，不填写本行。即征即退项目是全部征税项目的其中数。

（1）第13行“即征即退货物及加工修理修配劳务”：反映按简易计税方法计算增值税且享受即征即退政策的货物及加工修理修配劳务。本行不包括服务、不动产和无形资产的内容。

①本行第9列“合计”“销售额”栏：反映按简易计税方法计算增值税且享受即征即退政策的货物及加工修理修配劳务的不含税销售额。该栏不按第9列所列公式计算，应按照税法规定据实填写。

②本行第10列“合计”“销项（应纳）税额”栏：反映按简易计税方法计算增值税且享受即征即退政策的货物及加工修理修配劳务的应纳税额。该栏不按第10列所列公式计算，应按照税法规定据实填写。

（2）第14行“即征即退服务、不动产和无形资产”：反映按简易计税方法计算增值税且享受即征即退政策的服务、不动产和无形资产。本行不包括货物及加工修理修配劳务的内容。

①本行第9列“合计”“销售额”栏：反映按简易计税方法计算增值税且享受即征即退政策的服务、不动产和无形资产的不含税销售额。服务、不动产和无形资产有扣除项目的，按扣除之前的不含税销售额填写。该栏不按第9列所列公式计算，应按照税法规定据实填写。

②本行第10列“合计”“销项（应纳）税额”栏：反映按简易计税方法计算增值税且享受即征即退政策的服务、不动产和无形资产的应纳税额。服务、不动产和无形资产有扣除项目的，按扣除之前的应纳税额填写。该栏不按第10列所列公式计算，应按照税法规定据实填写。

③本行第14列“扣除后”“销项（应纳）税额”栏：反映按简易计税方法计算增值税且享受即征即退政策的服务、不动产和无形资产实际应计提的应纳税额。服务、不动产和无形资产有扣除项目的，按扣除之后的应纳税额填写；服务、不动产和无形资产无扣除项目的，按本行第10列填写。

6. 第15行“三、免抵退税”“货物及加工修理修配劳务”：反映适用免、抵、退税政策的出口货物、加工修理修配劳务。

7. 第16行“三、免抵退税”“服务、不动产和无形资产”：反映适用免、抵、退税政策的服务、不动产和无形资产。

8. 第17行“四、免税”“货物及加工修理修配劳务”：反映按照税法规定免征增值税的货物及劳务和适用零税率的出口货物及劳务，但零税率的销售额中不包括适用免、抵、退税办法的出口货物及劳务。

9. 第18行“四、免税”“服务、不动产和无形资产”：反映按照税法规定免征增值税的服务、不动产、无形资产和适用零税率的服务、不动产、无形资产，但零税率的销售额中不包括适用免、抵、退税办法的服务、不动产和无形资产。

附表4-3

增值税纳税申报表附列资料（二）

（本期进项税额明细）

税款所属时间：　　年　　月　　日至　　年　　月　　日

纳税人名称（公章）：　　　　　　　　　　　　　　　　　　　　　　金额单位：元至角分

一、申报抵扣的进项税额				
项目	栏次	份数	金额	税额
（一）认证相符的增值税专用发票	1=2+3			
其中：本期认证相符且本期申报抵扣	2			
前期认证相符且本期申报抵扣	3			
（二）其他扣税凭证	4=5+6+7+8			
其中：海关进口增值税专用缴款书	5			
农产品收购发票或者销售发票	6			
代扣代缴税收缴款凭证	7		—	
其他	8			
（三）本期用于购建不动产的扣税凭证	9			
（四）本期不动产允许抵扣进项税额	10	—	—	
（五）外贸企业进项税额抵扣证明	11	—	—	
当期申报抵扣进项税额合计	12=1+4-9+10+11			

二、进项税额转出额		
项目	栏次	税额
本期进项税额转出额	13=14至23之和	
其中：免税项目	14	
集体福利、个人消费	15	
非正常损失	16	
简易计税方法征税项目	17	
免抵退税办法不得抵扣的进项税额	18	
纳税检查调减进项税额	19	
红字专用发票信息表注明的进项税额	20	
上期留抵税额抵减欠税	21	
上期留抵税额退税	22	
其他应作进项税额转出的情形	23	

续表

三、待抵扣进项税额				
项目	栏次	份数	金额	税额
（一）认证相符的增值税专用发票	24	—	—	—
期初已认证相符但未申报抵扣	25			
本期认证相符且本期未申报抵扣	26			
期末已认证相符但未申报抵扣	27			
其中：按照税法规定不允许抵扣	28			
（二）其他扣税凭证	29=30至33之和			
其中：海关进口增值税专用缴款书	30			
农产品收购发票或者销售发票	31			
代扣代缴税收缴款凭证	32		—	
其他	33			
	34			
四、其他				
项目	栏次	份数	金额	税额
本期认证相符的增值税专用发票	35			
代扣代缴税额	36	—	—	

“增值税纳税申报表附列资料（二）（本期进项税额明细）”填写说明：

（一）“税款所属时间”“纳税人名称”的填写同主表。

（二）第1至12栏“一、申报抵扣的进项税额”：分别反映纳税人按税法规定符合抵扣条件，在本期申报抵扣的进项税额。

1. 第1栏“（一）认证相符的增值税专用发票”：反映纳税人取得的认证相符本期申报抵扣的增值税专用发票情况。该栏应等于第2栏“本期认证相符且本期申报抵扣”与第3栏“前期认证相符且本期申报抵扣”数据之和。

2. 第2栏“其中：本期认证相符且本期申报抵扣”：反映本期认证相符且本期申报抵扣的增值税专用发票的情况。本栏是第1栏的其中数，本栏只填写本期认证相符且本期申报抵扣的部分。

适用取消增值税发票认证规定的纳税人，当期申报抵扣的增值税发票数据，也填报在本栏中。

3. 第3栏“前期认证相符且本期申报抵扣”：反映前期认证相符且本期申报抵扣的增值税专用发票的情况。

辅导期纳税人依据税务机关告知的稽核比对结果通知书及明细清单注明的稽核相符的增值税专用发票填写本栏。本栏是第1栏的其中数，只填写前期认证相符且本期申报抵扣的部分。

4. 第4栏“（二）其他扣税凭证”：反映本期申报抵扣的除增值税专用发票之外的其他扣税凭证的情况。具体包括：海关进口增值税专用缴款书、农产品收购发票或者销售发票（含农产品核定扣除的进项税额)、代扣代缴税收完税凭证和其他符合政策规定的抵扣凭证。该栏应等于第5至8栏之和。

5.第5栏"海关进口增值税专用缴款书":反映本期申报抵扣的海关进口增值税专用缴款书的情况。按规定执行海关进口增值税专用缴款书先比对后抵扣的,纳税人需依据税务机关告知的稽核比对结果通知书及明细清单注明的稽核相符的海关进口增值税专用缴款书填写本栏。

6.第6栏"农产品收购发票或者销售发票":反映本期申报抵扣的农产品收购发票和农产品销售普通发票的情况。执行农产品增值税进项税额核定扣除办法的,填写当期允许抵扣的农产品增值税进项税额,不填写"份数""金额"。

7.第7栏"代扣代缴税收缴款凭证":填写本期按规定准予抵扣的完税凭证上注明的增值税额。

8.第8栏"其他":反映按规定本期可以申报抵扣的其他扣税凭证情况。

纳税人按照规定不得抵扣且未抵扣进项税额的固定资产、无形资产、不动产,发生用途改变,用于允许抵扣进项税额的应税项目,可在用途改变的次月将按公式计算出的可以抵扣的进项税额,填入"税额"栏。

9.第9栏"(三)本期用于购建不动产的扣税凭证":反映按规定本期用于购建不动产并适用分2年抵扣规定的扣税凭证上注明的金额和税额。购建不动产是指纳税人2016年5月1日后取得并在会计制度上按固定资产核算的不动产或者2016年5月1日后取得的不动产在建工程。

取得不动产,包括以直接购买、接受捐赠、接受投资入股、自建以及抵债等各种形式取得不动产,不包括房地产开发企业自行开发的房地产项目。

本栏次包括第1栏中本期用于购建不动产的增值税专用发票和第4栏中本期用于购建不动产的其他扣税凭证。

本栏"金额""税额"<第1栏+第4栏且本栏"金额""税额"≥0。

纳税人按照规定不得抵扣且未抵扣进项税额的不动产,发生用途改变,用于允许抵扣进项税额的应税项目,可在用途改变的次月将按公式计算出的可以抵扣的进项税额,填入"税额"栏。

本栏"税额"列=《附列资料(五)》第2列"本期不动产进项税额增加额"。

10.第10栏"(四)本期不动产允许抵扣进项税额":反映按规定本期实际申报抵扣的不动产进项税额。本栏"税额"

列=《附列资料(五)》第3列"本期可抵扣不动产进项税额"

11.第11栏"(五)外贸企业进项税额抵扣证明":填写本期申报抵扣的税务机关出口退税部门开具的《出口货物转内销证明》列明允许抵扣的进项税额。

12.第12栏"当期申报抵扣进项税额合计":反映本期申报抵扣进项税额的合计数。按表中所列公式计算填写。

(三)第13至23栏"二、进项税额转出额"各栏:分别反映纳税人已经抵扣但按规定应在本期转出的进项税额明细情况。

1.第13栏"本期进项税额转出额":反映已经抵扣但按规定应在本期转出的进项税额合计数。按表中所列公式计算填写。

2.第14栏"免税项目用":反映用于免征增值税项目,按规定应在本期转出的进项税额。

3.第15栏"集体福利、个人消费":反映用于集体福利或者个人消费,按规定应在本期转出的进项税额。

4.第16栏"非正常损失":反映纳税人发生非正常损失,按规定应在本期转出的进项税额。

5.第17栏"简易计税方法征税项目用":反映用于按简易计税方法征税项目,按规定应在本期转出的进项税额。

营业税改征增值税的纳税人,服务、不动产和无形资产按规定汇总计算缴纳增值税的分支机构,当期应由总机构汇总的进项税额也填入本栏。

6. 第18栏“免抵退税办法不得抵扣的进项税额”：反映按照免、抵、退税办法的规定，由于征税税率与退税税率存在税率差，在本期应转出的进项税额。

7. 第19栏“纳税检查调减进项税额”：反映税务、财政、审计部门检查后而调减的进项税额。

8. 第20栏“红字专用发票信息表注明的进项税额”：填写主管税务机关开具的《开具红字增值税专用发票信息表》注明的在本期应转出的进项税额。

9. 第21栏“上期留抵税额抵减欠税”：填写本期经税务机关同意，使用上期留抵税额抵减欠税的数额。

10. 第22栏“上期留抵税额退税”：填写本期经税务机关批准的上期留抵税额退税额。

11. 第23栏“其他应作进项税额转出的情形”：反映除上述进项税额转出情形外，其他应在本期转出的进项税额。

（四）第24至34栏“三、待抵扣进项税额”各栏：分别反映纳税人已经取得，但按税法规定不符合抵扣条件，暂不予在本期申报抵扣的进项税额情况及按税法规定不允许抵扣的进项税额情况。

1. 第24至28栏均为增值税专用发票的情况。

2. 第25栏“期初已认证相符但未申报抵扣”：反映前期认证相符，但按照税法规定暂不予抵扣及不允许抵扣，结存至本期的增值税专用发票情况。辅导期纳税人填写认证相符但未收到稽核比对结果的增值税专用发票期初情况。

3. 第26栏“本期认证相符且本期未申报抵扣”：反映本期认证相符，但按税法规定暂不予抵扣及不允许抵扣，而未申报抵扣的增值税专用发票情况。辅导期纳税人填写本期认证相符但未收到稽核比对结果的增值税专用发票情况。

4. 第27栏“期末已认证相符但未申报抵扣”：反映截至本期期末，按照税法规定仍暂不予抵扣及不允许抵扣且已认证相符的增值税专用发票情况。辅导期纳税人填写截至本期期末已认证相符但未收到稽核比对结果的增值税专用发票期末情况。

5. 第28栏“其中：按照税法规定不允许抵扣”：反映截至本期期末已认证相符但未申报抵扣的增值税专用发票中，按照税法规定不允许抵扣的增值税专用发票情况。

6. 第29栏“（二）其他扣税凭证”：反映截至本期期末仍未申报抵扣的除增值税专用发票之外的其他扣税凭证情况。具体包括：海关进口增值税专用缴款书、农产品收购发票或者销售发票、代扣代缴税收完税凭证和其他符合政策规定的抵扣凭证。该栏应等于第30至33栏之和。

7. 第30栏“海关进口增值税专用缴款书”：反映已取得但截至本期期末仍未申报抵扣的海关进口增值税专用缴款书情况，包括纳税人未收到稽核比对结果的海关进口增值税专用缴款书情况。

8. 第31栏“农产品收购发票或者销售发票”：反映已取得但截至本期期末仍未申报抵扣的农产品收购发票和农产品销售普通发票情况。

9. 第32栏“代扣代缴税收缴款凭证”：反映已取得但截至本期期末仍未申报抵扣的代扣代缴税收完税凭证情况。

10. 第33栏“其他”：反映已取得但截至本期期末仍未申报抵扣的其他扣税凭证的情况。

（五）第35至36栏“四、其他”各栏。

1. 第35栏“本期认证相符的增值税专用发票”：反映本期认证相符的增值税专用发票的情况。

2. 第36栏“代扣代缴税额”：填写纳税人根据《中华人民共和国增值税暂行条例》第十八条扣缴的应税劳务增值税额与根据营业税改征增值税有关政策规定扣缴的服务、不动产和无形资产增值税额之和。

附表4-4

增值税纳税申报表附列资料（三）

（服务、不动产和无形资产扣除项目明细）

税款所属时间：　　年　　月　　日至　　年　　月　　日

纳税人名称（公章）：　　　　　　　　　　　　　　　　　金额单位：元至角分

项目及栏次		本期服务、不动产和无形资产价税合计额（免税销售额）	服务、不动产和无形资产扣除项目				
			期初余额	本期发生额	本期应扣除金额	本期实际扣除金额	期末余额
		1	2	3	4=2+3	5（5≤1且5≤4）	6=4-5
17%税率的项目	1						
11%税率的项目	2						
6%税率的项目（不含金融商品转让）	3						
6%税率的金融商品转让项目	4						
5%征收率的项目	5						
3%征收率的项目	6						
免抵退税的项目	7						
免税的项目	8						

《增值税纳税申报表附列资料（三）》（服务、不动产和无形资产扣除项目明细）填写说明：

（一）本表由服务、不动产和无形资产有扣除项目的营业税改征增值税纳税人填写。其他纳税人不填写。

（二）“税款所属时间”“纳税人名称”的填写同主表。

（三）第1列“本期服务、不动产和无形资产价税合计额（免税销售额）”：营业税改征增值税的服务、不动产和无形资产属于征税项目的，填写扣除之前的本期服务、不动产和无形资产价税合计额；营业税改征增值税的服务、不动产和无形资产属于免抵退税或免税项目的，填写扣除之前的本期服务、不动产和无形资产免税销售额。本列各行次等于《附列资料（一）》第11列对应行次，其中本列第3行和第4行之和等于《附列资料（一）》第11列第5栏。

营业税改征增值税的纳税人，服务、不动产和无形资产按规定汇总计算缴纳增值税的分支机构，本列各行次之和等于《附列资料（一）》第11列第13a、13b行之和。

（四）第2列“服务、不动产和无形资产扣除项目”“期初余额”：填写服务、不动产和无形资产扣除项目上期期末结存的金额，试点实施之日的税款所属期填写“0”。本列各行次等于上期《附列资料（三）》第6列对应行次。

本列第4行“6%税率的金融商品转让项目”“期初余额”年初首期填报时应填“0”。

（五）第3列“服务、不动产和无形资产扣除项目”“本期发生额”：填写本期取得的按税法规定准予扣除的服务、不动产和无形资产扣除项目金额。

（六）第4列“服务、不动产和无形资产扣除项目”“本期应扣除金额”：填写服务、不动产和无形资产扣除项目本期应扣除的金额。

本列各行次＝第2列对应各行次+第3列对应各行次

（七）第5列“服务、不动产和无形资产扣除项目”“本期实际扣除金额”：填写服务、不动产和无形资产扣除项目本期实际扣除的金额。

本列各行次≤第4列对应各行次且本列各行次≤第1列对应各行次。

（八）第6列“服务、不动产和无形资产扣除项目”“期末余额”：填写服务、不动产和无形资产扣除项目本期期末结存的金额。

本列各行次＝第4列对应各行次－第5列对应各行次

附表4-5

增值税纳税申报表附列资料（四）

（税额抵减情况表）

税款所属时间：　　年　　月　　日至　　年　　月　　日

纳税人名称（公章）：　　　　　　　　　　　　　　　　金额单位：元至角分

序号	抵减项目	期初余额	本期发生额	本期应抵减税额	本期实际抵减税额	期末余额
		1	2	3=1+2	4=1	5=3−4
1	增值税税控系统专用设备费及技术维护费					
2	分支机构预征缴纳税款					
3	建筑服务预征缴纳税款					
4	销售不动产预征缴纳税款					
5	出租不动产预征缴纳税款					

《增值税纳税申报表附列资料（四）》（税额抵减情况表）填写说明：

本表第1行由发生增值税税控系统专用设备费用和技术维护费的纳税人填写，反映纳税人增值税税控系统专用设备费用和技术维护费按规定抵减增值税应纳税额的情况。

本表第2行由营业税改征增值税纳税人，服务、不动产和无形资产按规定汇总计算缴纳增值税的总机构填写，反映其分支机构预征缴纳税款抵减总机构应纳增值税税额的情况。

本表第3行由销售建筑服务并按规定预缴增值税的纳税人填写，反映其销售建筑服务预征缴纳税款抵减应纳增值税税额的情况。

本表第4行由销售不动产并按规定预缴增值税的纳税人填写，反映其销售不动产预征缴纳税款抵减应纳增值税税额的情况。

本表第5行由出租不动产并按规定预缴增值税的纳税人填写，反映其出租不动产预征缴纳税款抵减应纳增值税税额的情况。

未发生上述业务的纳税人不填写本表。

附表4-6

增值税纳税申报表附列资料（五）

（不动产分期抵扣计算表）

税款所属时间：　　年　　月　　日至　　年　　月　　日

纳税人名称（公章）：　　　　　　　　　　　　　　　　　　　金额单位：元至角分

期初待抵扣不动产进项税额	本期不动产进项税额增加额	本期可抵扣不动产进项税额	本期转入的待抵扣不动产进项税额	本期转出的待抵扣不动产进项税额	期末待抵扣不动产进项税额
1	2	3≤1+2+4	4	5≤1+4	6=1+2-3+4-5

《增值税纳税申报表附列资料（五）》（不动产分期抵扣计算表）填表说明：

（一）本表由分期抵扣不动产进项税额的纳税人填写。

（二）“税款所属时间”“纳税人名称”的填写同主表。

（三）第1列“期初待抵扣不动产进项税额”：填写纳税人上期期末待抵扣不动产进项税额。

（四）第2列“本期不动产进项税额增加额”：填写本期取得的符合税法规定的不动产进项税额。

（五）第3列“本期可抵扣不动产进项税额”：填写符合税法规定可以在本期抵扣的不动产进项税额。

（六）第4列“本期转入的待抵扣不动产进项税额”：填写按照税法规定本期应转入的待抵扣不动产进项税额。

本列数≤《附列资料（二）》第23栏“税额”。

（七）第5列“本期转出的待抵扣不动产进项税额”：填写按照税法规定本期应转出的待抵扣不动产进项税额。

（八）第6列“期末待抵扣不动产进项税额”：填写本期期末尚未抵扣的不动产进项税额，按表中公式填写。

《固定资产（不含不动产）进项税额抵扣情况表》填写说明：

本表反映纳税人在《附列资料（二）》“一、申报抵扣的进项税额”中固定资产的进项税额。本表按增值税专用发票、海关进口增值税专用缴款书分别填写。

附表4-7

固定资产（不含不动产）进项税额抵扣情况表

纳税人名称（公章）：　　　　填表日期：　年　月　日　　　　金额单位：元至角分

项目	当期申报抵扣的固定资产进项税额	申报抵扣的固定资产进项税额累计
增值税专用发票		
海关进口增值税专用缴款书		
合　　计		

本表反映纳税人在《附列资料（二）》“一、申报抵扣的进项税额”中固定资产的进项税额。本表按增值税专用发票、海关进口增值税专用缴款书分别填写。

附表4-8

本期抵扣进项税额结构明细表

税款所属时间：　年　月　日至　年　月　日

纳税人名称（公章）：　　　　　　　　　　　　　　　　金额单位：元至角分

项目	栏次	金额	税额
合计	1=2+4+5+10+15+17+26+28+29		
一、按税率或征收率归集（不包括购建不动产、通行费）的进项			
17%税率的进项	2		
其中：有形动产租赁的进项	3		
13%税率进项	4		
11%税率的进项	5		
其中：运输服务的进项	6		
电信服务的进项	7		
建筑安装服务的进项	8		
不动产租赁服务的进项	9		
受让土地使用权的进项	10		
6%税率的进项	11		
其中：电信服务的进项	12		
金融保险服务的进项	13		
生活服务的进项	14		
取得无形资产的进项	15		
5%征收率的进项	16		
其中：不动产租赁服务的进项	17		
3%征收率的进项	18		
其中：货物及加工、修理修配劳务的进项	19		
运输服务的进项	20		
电信服务的进项	21		
建筑安装服务的进项	22		
金融保险服务的进项	23		
有形动产租赁服务的进项	24		
生活服务的进项	25		
取得无形资产的进项	26		
减按1.5%征收率的进项	27		
	28		

续表

二、按抵扣项目归集的进项			
用于购建不动产并一次性抵扣的进项	29		
通行费的进项	30		
	31		
	32		

《本期抵扣进项税额结构明细表》填写说明：

一、"税款所属时间""纳税人名称"的填写同主表。

二、第1栏"合计"按表中所列公式计算填写。

本栏与《增值税纳税申报表附列资料（二）》（本期进项税额明细，以下简称《附列资料（二）》）相关栏次勾稽关系如下：

本栏"税额"列=《附列资料（二）》第12栏"税额"列-《附列资料（二）》第10栏"税额"列-《附列资料（二）》第11栏"税额"列。

三、第2至27栏"一、按税率或征收率归集（不包括购建不动产、通行费）的进项"各栏：反映纳税人按税法规定符合抵扣条件，在本期申报抵扣的不同税率（或征收率）的进项税额，不包括用于购建不动产的允许一次性抵扣和分期抵扣的进项税额，以及纳税人支付的道路、桥、闸通行费，取得的增值税扣税凭证上注明或计算的进项税额。

其中，第27栏反映纳税人租入个人住房，本期申报抵扣的减按1.5%征收率的进项税额。

纳税人执行农产品增值税进项税额核定扣除办法的，按照农产品增值税进项税额扣除率所对应的税率，将计算抵扣的进项税额填入相应栏次。

纳税人取得通过增值税发票管理新系统中差额征税开票功能开具的增值税专用发票，按照实际购买的服务、不动产或无形资产对应的税率或征收率，将扣税凭证上注明的税额填入对应栏次。

四、第29至30栏"二、按抵扣项目归集的进项"各栏：反映纳税人按税法规定符合抵扣条件，在本期申报抵扣的不同抵扣项目的进项税额。

（一）第29栏反映纳税人用于购建不动产允许一次性抵扣的进项税额。

购建不动产允许一次性抵扣的进项税额，是指纳税人用于购建不动产时，发生的允许抵扣且不适用分期抵扣政策的进项税额。

（二）第30栏反映纳税人支付道路、桥、闸通行费，取得的增值税扣税凭证上注明或计算的进项税额。

五、本表内各栏间逻辑关系如下：

第1栏表内公式为1=2+4+5+11+16+18+27+29+30；

第2栏≥第3栏；

第5栏≥第6栏+第7栏+第8栏+第9栏+第10栏；

第11栏≥第12栏+第13栏+第14栏+第15栏；

第16栏≥第17栏；

第18栏≥第19栏+第20栏+第21栏+第22栏+第23栏+第24栏+第25栏+第26栏。

附表4-9

增值税减免税申报明细表

税款所属时间：　　年　　月　　日至　　年　　月　　日

纳税人名称（公章）：　　　　　　　　　　　　　　　　金额单位：元至角分

一、减税项目						
减税性质代码及名称	栏次	期初余额	本期发生额	本期应抵减税额	本期实际抵减税额	期末余额
		1	2	3=1+2	4≤3	5=3-4
合　计	1					
	2					
	3					
	4					
	5					
	6					

二、免税项目						
免税性质代码及名称	栏次	免征增值税项目销售额	免税销售额扣除项目本期实际扣除金额	扣除后免税销售额	免税销售额对应的进项税额	免税额
		1	2	3=1-2	4	5
合　计	7					
出口免税	8		—	—	—	—
其中：跨境服务	9		—	—	—	—
	10					
	11					
	12					
	13					
	14					
	15					
	16					

增值税减免税申报明细表填表说明：

（一）本表由享受增值税减免税优惠政策的增值税一般纳税人和小规模纳税人填写。仅享受月销售额不超过3万元（按季纳税9万元）免征增值税政策或未达起征点的增值税小规模纳税人不需填报本表，即小规模纳税人当期增值税纳税申报表主表第12栏“其他免税销售额”“本期数”和第16栏“本期应纳税额减征额”“本期数”均无数据时，不需填报本表。

（二）“税款所属时间”“纳税人名称”的填写同增值税纳税申报表主表（以下简称主表）。

（三）“一、减税项目”由本期按照税收法律、法规及国家有关税收规定享受减征（包含税额式减征、税率式减征）增值税优惠的纳税人填写。

1.“减税性质代码及名称”：根据国家税务总局最新发布的《减免性质及分类表》所列减免性质代码、项目名称填写。同时有多个减征项目的，应分别填写。

2.第1列“期初余额”：填写应纳税额减征项目上期“期末余额”，为对应项目上期应抵减而不足抵减的余额。

3.第2列“本期发生额”：填写本期发生的按照规定准予抵减增值税应纳税额的金额。

4.第3列“本期应抵减税额”：填写本期应抵减增值税应纳税额的金额。本列按表中所列公式填写。

5.第4列“本期实际抵减税额”：填写本期实际抵减增值税应纳税额的金额。本列各行≤第3列对应各行。

一般纳税人填写时，第1行“合计”本列数=主表第23行“一般项目”列“本月数”。

小规模纳税人填写时，第1行“合计”本列数=主表第16行“本期应纳税额减征额”“本期数”。

6.第5列“期末余额”：按表中所列公式填写。

（四）“二、免税项目”由本期按照税收法律、法规及国家有关税收规定免征增值税的纳税人填写。仅享受小微企业免征增值税政策或未达起征点的小规模纳税人不需填写，即小规模纳税人申报表主表第12栏“其他免税销售额”“本期数”无数据时，不需填写本栏。

1.“免税性质代码及名称”：根据国家税务总局最新发布的《减免性质及分类表》所列减免性质代码、项目名称填写。同时有多个免税项目的，应分别填写。

2.“出口免税”填写纳税人本期按照税法规定出口免征增值税的销售额，但不包括适用免、抵、退税办法出口的销售额。小规模纳税人不填写本栏。

3.第1列“免征增值税项目销售额”：填写纳税人免税项目的销售额。免税销售额按照有关规定允许从取得的全部价款和价外费用中扣除价款的，应填写扣除之前的销售额。

一般纳税人填写时，本列“合计”等于主表第8行“一般项目”列“本月数”。

小规模纳税人填写时，本列“合计”等于主表第12行“其他免税销售额”“本期数”。

4.第2列“免税销售额扣除项目本期实际扣除金额”：免税销售额按照有关规定允许从取得的全部价款和价外费用中扣除价款的，据实填写扣除金额；无扣除项目的，本列填写“0”。

5.第3列“扣除后免税销售额”：按表中所列公式填写。

6.第4列“免税销售额对应的进项税额”：本期用于增值税免税项目的进项税额。小规模纳税人不填写本列，一般纳税人按下列情况填写：

（1）纳税人兼营应税和免税项目的，按当期免税销售额对应的进项税额填写；

（2）纳税人本期销售收入全部为免税项目，且当期取得合法扣税凭证的，按当期取得的合法扣税凭证注明或计算的进项税额填写；

（3）当期未取得合法扣税凭证的，纳税人可根据实际情况自行计算免税项目对应的进项税额；无法计算的，本栏次填“0”。

7.第5列“免税额”：一般纳税人和小规模纳税人分别按下列公式计算填写，且本列各行数应大于或等于0。

一般纳税人公式：第5列“免税额”≤第3列“扣除后免税销售额”×适用税率−第4列“免税销售额对应的进项税额”。

小规模纳税人公式：第5列“免税额”=第3列“扣除后免税销售额”×征收率。

附录4-2 “增值税纳税申报表（小规模纳税人适用）”及其附列资料表格及填写说明

附表4-10

增值税纳税申报表

（小规模纳税人适用）

纳税人识别号：□□□□□□□□□□□□□□□□□□□□□□□□□□□□□

纳税人名称（公章）： 金额单位：元至角分

税款所属时间： 年 月 日 填表日期： 年 月 日

	项目	栏次	本期数		本年累计	
			货物及劳务	服务、不动产和无形资产	货物及劳务	服务、不动产和无形资产
一、计税依据	（一）应征增值税不含税销售额（3%征收率）	1				
	税务机关代开的增值税专用发票不含税销售额	2				
	税控器具开具的普通发票不含税销售额	3				
	（二）应征增值税不含税销售额（5%征收率）	4	—		—	
	税务机关代开的增值税专用发票不含税销售额	5	—		—	
	税控器具开具的普通发票不含税销售额	6	—		—	
	（三）销售使用过的固定资产不含税销售额	7（7≥8）		—		—
	其中：税控器具开具的普通发票不含税销售额	8		—		—
	（四）免税销售额	9=10+11+12				
	其中：小微企业免税销售额	10				
	未达起征点销售额	11				
	其他免税销售额	12				
	（五）出口免税销售额	13（13≥14）				
	其中：税控器具开具的普通发票销售额	14				
二、税款计算	本期应纳税额	15				
	本期应纳税额减征额	16				
	本期免税额	17				
	其中：小微企业免税额	18				
	未达起征点免税额	19				
	应纳税额合计	20=15-16				
	本期预缴税额	21			—	—
	本期应补（退）税额	22=20-21			—	—

纳税人或代理人声明：	如纳税人填报，由纳税人填写以下各栏：
本纳税申报表是根据国家税收法律法规及相关规定填报的，我确定它是真实的、可靠的、完整的。	办税人员： 财务负责人： 法定代表人： 联系电话：
	如委托代理人填报，由代理人填写以下各栏：
	代理人名称（公章）： 经办人： 联系电话：

主管税务机关： 接收人： 接收日期：

《增值税纳税申报表（小规模纳税人适用）》填写说明：

本表“货物及劳务”与“服务、不动产和无形资产”各项目应分别填写。

（一）“税款所属期”是指纳税人申报的增值税应纳税额的所属时间，应填写具体的起止年、月、日。

（二）“纳税人识别号”栏，填写纳税人的税务登记证件号码。

（三）“纳税人名称”栏，填写纳税人名称全称。

（四）第1栏“应征增值税不含税销售额（3%征收率）”：填写本期销售货物及劳务、发生应税行为适用3%征收率的不含税销售额，不包括应税行为适用5%征收率的不含税销售额、销售使用过的固定资产和销售旧货的不含税销售额、免税销售额、出口免税销售额、查补销售额。

纳税人发生适用3%征收率的应税行为且有扣除项目的，本栏填写扣除后的不含税销售额，与当期《增值税纳税申报表（小规模纳税人适用）附列资料》第8栏数据一致。

（五）第2栏“税务机关代开的增值税专用发票不含税销售额”：填写税务机关代开的增值税专用发票销售额合计。

（六）第3栏“税控器具开具的普通发票不含税销售额”：填写税控器具开具的货物及劳务、应税行为的普通发票金额换算的不含税销售额。

（七）第4栏“应征增值税不含税销售额（5%征收率）”：填写本期发生应税行为适用5%征收率的不含税销售额。

纳税人发生适用5%征收率应税行为且有扣除项目的，本栏填写扣除后的不含税销售额，与当期《增值税纳税申报表（小规模纳税人适用）附列资料》第16栏数据一致。

（八）第5栏“税务机关代开的增值税专用发票不含税销售额”：填写税务机关代开的增值税专用发票销售额合计。

（九）第6栏“税控器具开具的普通发票不含税销售额”：填写税控器具开具的发生应税行为的普通发票金额换算的不含税销售额。

（十）第7栏“销售使用过的固定资产不含税销售额”：填写销售自己使用过的固定资产（不含不动产，下同）和销售旧货的不含税销售额，销售额=含税销售额/（1+3%）。

（十一）第8栏“税控器具开具的普通发票不含税销售额”：填写税控器具开具的销售自己使用过的固定资产和销售旧货的普通发票金额换算的不含税销售额。

（十二）第9栏“免税销售额”：填写销售免征增值税的货物及劳务、应税行为的销售额，不包括出口免税销售额。

应税行为有扣除项目的纳税人，填写扣除之前的销售额。

（十三）第10栏“小微企业免税销售额”：填写符合小微企业免征增值税政策的免税销售额，不包括符合其他增值税免税政策的销售额。个体工商户和其他个人不填写本栏次。

（十四）第11栏“未达起征点销售额”：填写个体工商户和其他个人未达起征点（含支持小微企业免征增值税政策）的免税销售额，不包括符合其他增值税免税政策的销售额。本栏次由个体工商户和其他个人填写。

（十五）第12栏“其他免税销售额”：填写销售免征增值税的货物及劳务、应税行为的销售额，不包括符合小微企业免征增值税和未达起征点政策的免税销售额。

（十六）第13栏“出口免税销售额”：填写出口免征增值税货物及劳务、出口免征增值税应税行为的销售额。

应税行为有扣除项目的纳税人，填写扣除之前的销售额。

（十七）第14栏“税控器具开具的普通发票销售额”：填写税控器具开具的出口免征增值税货物及劳务、出口免征增值税应税行为的普通发票销售额。

（十八）第15栏“本期应纳税额”：填写本期按征收率计算缴纳的应纳税额。

（十九）第16栏“本期应纳税额减征额”：填写纳税人本期按照税法规定减征的增值税应纳税额。包含可在增值税应纳税额中全额抵减的增值税税控系统专用设备费用以及技术维护费，可在增值税应纳税额中抵免的购置税控收款机的增值税税额。

当本期减征额小于或等于第15栏“本期应纳税额”时，按本期减征额实际填写；当本期减征额大于第15栏“本期应纳税额”时，按本期第15栏填写，本期减征额不足抵减部分结转下期继续抵减。

（二十）第17栏“本期免税额”：填写纳税人本期增值税免税额，免税额根据第9栏“免税销售额”和征收率计算。

（二十一）第18栏“小微企业免税额”：填写符合小微企业免征增值税政策的增值税免税额，免税额根据第10栏“小微企业免税销售额”和征收率计算。

（二十二）第19栏“未达起征点免税额”：填写个体工商户和其他个人未达起征点（含支持小微企业免征增值税政策）的增值税免税额，免税额根据第11栏“未达起征点销售额”和征收率计算。

（二十三）第21栏“本期预缴税额”：填写纳税人本期预缴的增值税额，但不包括查补缴纳的增值税额。

附表4-11　　**增值税纳税申报表（小规模纳税人适用）附列资料**

税款所属期：　年　月　日至　年　月　日　　填表日期：　年　月　日

纳税人名称（公章）：　　金额单位：元至角分

应税行为（3%征收率）扣除额计算			
期初余额	本期发生额	本期扣除额	期末余额
1	2	3（3≤1+2之和，且3≤5）	4=1+2−3
应税行为（3%征收率）计税销售额计算			
全部含税收入（适用3%征收率）	本期扣除额	含税销售额	不含税销售额
5	6=3	7=5−6	8=7÷1.03
应税行为（5%征收率）扣除额计算			
期初余额	本期发生额	本期扣除额	期末余额
9	10	11（11≤9+10之和，且11≤13）	12=9+10−11
应税行为（5%征收率）计税销售额计算			
全部含税收入（适用5%征收率）	本期扣除额	含税销售额	不含税销售额
13	14=11	15=13−14	16=15÷1.05

《增值税纳税申报表（小规模纳税人适用）附列资料》填写说明：

本附列资料由发生应税行为且有扣除项目的纳税人填写，各栏次均不包含免征增值税项目的金额。

（一）“税款所属期”是指纳税人申报的增值税应纳税额的所属时间，应填写具体的起止年、月、日。

（二）“纳税人名称”栏，填写纳税人名称全称。

（三）第1栏“期初余额”：填写适用3%征收率的应税行为扣除项目上期期末结存的金额，试点实施之日的税款所属期填写“0%”。

（四）第2栏“本期发生额”：填写本期取得的按税法规定准予扣除的适用3%征收率的应税行为扣除项目金额。

（五）第3栏“本期扣除额”：填写适用3%征收率的应税行为扣除项目本期实际扣除的金额。

第3栏“本期扣除额”≤第1栏“期初余额”+第2栏“本期发生额”之和，且第3栏“本期扣除额”≤第5栏“全部含税收入（适用3%征收率）”。

（六）第4栏“期末余额”：填写适用3%征收率的应税行为扣除项目本期期末结存的金额。

（七）第5栏“全部含税收入（适用3%征收率）”：填写纳税人适用3%征收率的应税行为取得的全部价款和价外费用数额。

（八）第6栏“本期扣除额”：填写本附列资料第3栏“本期扣除额”的数据。

第6栏“本期扣除额”=第3栏“本期扣除额”。

（九）第7栏“含税销售额”：填写适用3%征收率的应税行为的含税销售额。

第7栏“含税销售额”=第5栏“全部含税收入（适用3%征收率）”−第6栏“本期扣除额”。

（十）第8栏“不含税销售额”：填写适用3%征收率的应税行为的不含税销售额。

第8栏“不含税销售额”=第7栏“含税销售额”÷1.03，与《增值税纳税申报表（小规模纳税人适用）》第1栏“应征增值税不含税销售额（3%征收率）”“本期数”“服务、不动产和无形资产”栏数据一致。

（十一）第9栏“期初余额”：填写适用5%征收率的应税行为扣除项目上期期末结存的金额，试点实施之日的税款所属期填写“0%。

（十二）第10栏“本期发生额”：填写本期取得的按税法规定准予扣除的适用5%征收率的应税行为扣除项目金额。

（十三）第11栏“本期扣除额”：填写适用5%征收率的应税行为扣除项目本期实际扣除的金额。

第11栏“本期扣除额”≤第9栏“期初余额”+第10栏“本期发生额”之和，且第11栏“本期扣除额”≤第13栏“全部含税收入（适用5%征收率）”。

（十四）第12栏“期末余额”：填写适用5%征收率的应税行为扣除项目本期期末结存的金额。

（十五）第13栏“全部含税收入（适用5%征收率）”：填写纳税人适用5%征收率的应税行为取得的全部价款和价外费用数额。

（十六）第14栏“本期扣除额”：填写本附列资料第11栏“本期扣除额”的数据。

第14栏“本期扣除额”=第11栏“本期扣除额”。

（十七）第15栏“含税销售额”：填写适用5%征收率的应税行为的含税销售额。

第15栏“含税销售额”=第13栏“全部含税收入（适用5%征收率）”−第14栏“本期扣除额”。

（十八）第16栏“不含税销售额”：填写适用5%征收率的应税行为的不含税销售额。

第16栏“不含税销售额”=第15栏“含税销售额”÷1.05，与《增值税纳税申报表（小规模纳税人适用）》第4栏“应征增值税不含税销售额（5%征收率）”“本期数”“服务、不动产和无形资产”栏数据一致。

附录4-3　增值税预缴税款表及填写说明

附表4-12

增值税预缴税款表

税款所属期：　　年　　月　　日至　　年　　月　　日

纳税人识别号：□□□□□□□□□□□□□□□□□□□□　　是否适用一般计税方法　是□否□

纳税人名称（公章）：　　金额单位：元（列至角分）

<table>
<tr><td colspan="2">项目编号</td><td></td><td>项目名称</td><td colspan="2"></td></tr>
<tr><td colspan="2">项目地址</td><td colspan="4"></td></tr>
<tr><td colspan="2" rowspan="2">预征项目和栏次</td><td>销售额</td><td>扣除金额</td><td>预征率</td><td>预征税额</td></tr>
<tr><td>1</td><td>2</td><td>3</td><td>4</td></tr>
<tr><td>建筑服务</td><td>1</td><td></td><td></td><td></td><td></td></tr>
<tr><td>销售不动产</td><td>2</td><td></td><td></td><td></td><td></td></tr>
<tr><td>出租不动产</td><td>3</td><td></td><td></td><td></td><td></td></tr>
<tr><td></td><td>4</td><td></td><td></td><td></td><td></td></tr>
<tr><td></td><td>5</td><td></td><td></td><td></td><td></td></tr>
<tr><td>合计</td><td>6</td><td></td><td></td><td></td><td></td></tr>
<tr><td>授权声明</td><td colspan="2">如果你已委托代理人填报，请填写下列资料：
为代理一切税务事宜，现授权　　（地址）为本次纳税人的代理填报人，任何与本表有关的往来文件，都可寄予此人。
授权人签字：</td><td>填表人申明</td><td colspan="2">以上内容是真实的、可靠的、完整的。
纳税人签字：</td></tr>
</table>

《增值税预缴税款表》填写说明：

一、本表适用于纳税人发生以下情形按规定在国税机关预缴增值税时填写。

（一）纳税人（不含其他个人）跨县（市）提供建筑服务。

（二）房地产开发企业预售自行开发的房地产项目。

（三）纳税人（不含其他个人）出租与机构所在地不在同一县（市）的不动产。

二、基础信息填写说明：

（一）“税款所属时间”：指纳税人申报的增值税预缴税额的所属时间，应填写具体的起止年、月、日。

（二）“纳税人识别号”：填写纳税人的税务登记证件号码；纳税人为未办理过税务登记证的非企业性单位的，填写其组织机构代码证号码。

（三）“纳税人名称”：填写纳税人名称全称。

（四）“是否适用一般计税方法”：该项目适用一般计税方法的纳税人在该项目后的“□”中打“√”，适用简易计税方法的纳税人在该项目后的“□”中打“×”。

（五）“项目编号”：由异地提供建筑服务的纳税人和房地产开发企业填写《建筑工程施工许可证》上

的编号，根据相关规定不需要申请《建筑工程施工许可证》的建筑服务项目或不动产开发项目，不需要填写。出租不动产业务无须填写。

（六）“项目名称”：填写建筑服务或者房地产项目的名称。出租不动产业务不需要填写。

（七）“项目地址”：填写建筑服务项目、房地产项目或出租不动产的具体地址。

三、具体栏次填表说明：

（一）纳税人异地提供建筑服务

纳税人在“预征项目和栏次”部分的第1栏“建筑服务”行次填写相关信息：

1. 第1列“销售额”：填写纳税人跨县（市）提供建筑服务取得的全部价款和价外费用（含税）。

2. 第2列“扣除金额”：填写跨县（市）提供建筑服务项目按照规定准予从全部价款和价外费用中扣除的金额（含税）。

3. 第3列“预征率”：填写跨县（市）提供建筑服务项目对应的预征率或者征收率。

4. 第4列“预征税额”：填写按照规定计算的应预缴税额。

（二）房地产开发企业预售自行开发的房地产项目

纳税人在“预征项目和栏次”部分的第2栏“销售不动产”行次填写相关信息：

1. 第1列“销售额”：填写本期收取的预收款（含税），包括在取得预收款当月或主管国税机关确定的预缴期取得的全部预收价款和价外费用。

2. 第2列“扣除金额”：房地产开发企业不需填写。

3. 第3列“预征率”：房地产开发企业预征率为3%。

4. 第4列“预征税额”：填写按照规定计算的应预缴税额。

（三）纳税人出租不动产

纳税人在“预征项目和栏次”部分的第3栏“出租不动产”行次填写相关信息：

1. 第1列“销售额”：填写纳税人出租不动产取得全部价款和价外费用（含税）；

2. 第2列“扣除金额”无须填写；

3. 第3列“预征率”：填写纳税人预缴增值税适用的预征率或者征收率；

4. 第4列“预征税额”：填写按照规定计算的应预缴税额。

第五章

消费税税务代理实务

【本章导读】

本章共分3节，第一节简要介绍消费税的计算和会计处理，第二节介绍消费税纳税申报代理，第三节介绍消费税纳税审核代理。通过本章的学习，要求同学们掌握代理消费税纳税申报的基本步骤和操作规范，熟悉消费税纳税审核的基本内容和方法。

第一节　消费税的计算和会计处理

一、消费税的计算

（一）生产销售应税消费品消费税的计算

1.实行从价定率计征消费税的，其计算公式为：

应纳税额=销售额×比例税率

2.实行从量定额计征消费税的，其计算公式为：

应纳税额=销售数量×定额税率

3.实行从价定率和从量定额复合方法计征消费税的，其计算公式为：

应纳税额=销售额×比例税率+销售数量×定额税率

应税消费品的销售额包括销售应税消费品从购买方收取的全部价款和价外费用。一般情况下，计算消费税的销售额与计算增值税销项税额的销售额是一致的，但某些情况下，两者并不一致，如委托加工应税消费品时，计算受托方销项税额的销售额是委托方收取的加工费，计算受托方代收代缴消费税的销售额是受托方销售的同类消费品的销售价格，没有同类消费品售价的，按组成计税价格计算。

（二）自产自用应纳消费税的计算

应按纳税人销售的同类消费品的售价计算，无同类消费品售价的，按组成计税价格计算。组成计税价格的计算公式为有以下两种情况：

1.实行从价定率办法计征消费税的，其计算公式为：

组成计税价格=（成本+利润）÷（1-比例税率）

2.实行复合计税办法计征消费税的，其计算公式为：

组成计税价格=（成本+利润+自产自用数量×定额税率）÷（1-比例税率）

（三）委托加工应纳消费税的计算

应按受托方销售的同类消费品的售价计算纳税，无同类消费品售价的，按组成计税价格计算。组成计税价格的计算公式有以下两种情况为：

1.实行从价定率办法计征消费税的，其计算公式为：

组成计税价格=（材料成本+加工费）÷（1-比例税率）

2.实行复合计税办法计征消费税的，其计算公式为：

组成计税价格=（材料成本+加工费+委托加工数量×定额税率）÷（1-比例税率）

（四）进口环节应纳消费税的计算

1.从价定率计征消费税的，其计算公式为：

组成计税价格=（关税完税价格+关税）÷（1-消费税比例税率）

应纳税额=组成计税价格×消费税比例税率

2.实行复合计税办法计征消费税的，其计算公式为：

组成计税价格=（关税完税价格+关税+进口数量×定额税率）÷（1-消费税比例税率）

应纳税额=组成计税价格×消费税比例税率+进口数量×定额税率

二、消费税的账务处理

（一）科目设置

消费税纳税人在“应交税费”科目下设置“应交消费税”明细科目进行核算。“应交消费税”科目一般采取三栏式账户记账，贷方核算企业按规定应该缴纳的消费税，借方核算企业实际缴纳的或待扣除的消费税；期末借方余额表示企业多交的消费税，贷方表示企业尚未缴纳的消费税。

（二）会计核算

1.企业生产销售应税消费品，通过“税金及附加”科目核算，会计分录为：

借：税金及附加

　　贷：应交税费——应交消费税

企业实际缴纳消费税时，会计分录为：

借：应交税费——应交消费税

　　贷：银行存款

2.自产自用应税消费品。纳税人自产自用的应税消费品，用于连续生产应税消费品的，不纳消费税；用于其他方面的，于移送使用时计算缴纳消费税。“用于其他方面”是指纳税人用于生产非应税消费品和在建工程，管理部门，非生产机构，以及用于提供劳务、馈赠、赞助、集资、广告、样品、职工福利、奖励等方面的应税消费品。因此，纳税人自产自用的应税消费品用于其他方面，其会计处理为借记有关科目，贷记“应交税费——应交消费税”科目。

3.委托加工应税消费品。

（1）收回后直接销售。委托加工的应税消费品，由于受托方在向委托方交货时已向委托方代收代缴消费税，委托方已将由受托方代收代缴的消费税计入了委托加工应税消费品的成本，因此委托方收回后直接销售，不再缴纳消费税。委托加工时，根据向受托方支付的消费税借记“委托加工物资”科目，贷记“银行存款”或“应付账款”科目。收回后直接销售时，不再缴纳消费税。

（2）收回后连续生产应税消费品。按照有关规定，纳税人用委托加工收回的税法规定的11种应税消费品连续生产应税消费品，在计征消费税时可以扣除委托加工收回应税消费品的已纳消费税税额。委托方将受托方代收代缴的消费税借记“应交税费——应交消费税”科目，贷记“银行存款”科目；连续生产应税消费品销售后，按“企业生产销售应税消费品”会计核算方法处理。

同样，按照税法规定，企业外购已税的11种应税消费品连续生产应税消费品，在计征消费税时可以扣除外购消费品已纳的消费税税额，其会计核算与上述相同。

4.进口应税消费品。进口应税消费品时，按照税法规定，应当自海关填发税款缴款书之日起15日内缴纳税款，且“先缴税、再提货”，因此缴纳消费税与进口货物入账及缴纳没有时间差，为简化核算手续，进口应税消费品缴纳的消费税一般不通过“应交税费——应交消费税”科目核算，直接计入应税消费品的成本，即借记“材料采购”、“在途物资”和“固定资产”科目，贷记“银行存款”科目。

第二节　消费税纳税申报代理

一、消费税纳税申报代理操作规范

（一）办理时限

消费税的纳税期限分别为1日、3日、5日、10日、15日、1个月或者1个季度。纳税人的具体纳税期限，由主管税务机关根据纳税人应纳税额的大小分别核定；不能按照固定期限纳税的，可以按次纳税。

纳税人应按月进行纳税申报，申报期为次月1日到15日。具体来说，纳税人以1日、3日、5日、10日或者15日为1个纳税期的，自期满之日起5日内预缴税款，于次月1日起15日内申报纳税并结清上月应纳税款；以1个月或者1个季度为1个纳税期的，自期满之日起15日内申报纳税。纳税人进口货物，应当自海关填发海关进口增值税专用缴款书之日起15日内缴纳税款。

（二）报送资料

根据纳税人生产经营应税消费品项目的不同，国家税务总局制定了不同的纳税申报表，以反映纳税人的行业特点。目前，消费税纳税申报表共分5种：

1.烟类消费税纳税人。

（1）主表：为“烟类应税消费品消费税纳税申报表”，从事卷烟批发的纳税人填报“卷烟消费税纳税申报表（批发）”，仅限烟类消费税纳税人适用。

（2）附报资料。

①“本期准予扣除税额计算表”。由外购或委托加工收回烟丝后连续生产卷烟的纳税人填报，反映纳税人当期准予扣除的委托加工或外购烟丝已纳税款的计算。

②“本期代收代缴税额计算表”。由烟类应税消费品受托加工方填报，反映纳税人本期代收代缴的消费税税款。

③“卷烟销售明细表”。由卷烟消费税纳税人于年度终了后填写，次年1月份办理消费税纳税申报时报送。同时报送本表的EXCEL格式电子文件。综合反映纳税人全年卷烟牌号、烟支包装价格、产量、销量、消费税计税价格等卷烟销售的明细情况。

④各牌号规格卷烟消费税计税价格。此为反映纳税人各牌号卷烟的消费税的计税价格。

“烟类应税消费品消费税纳税申报表”和附报资料表样及填写说明见本节后面的案例。

2.酒及酒精纳税人。

（1）主表：“酒及酒精消费税纳税申报表”，仅限酒及酒精消费税纳税人适用。

（2）附报资料。

①“本期准予抵减税额计算表”。由以外购啤酒液为原料连续生产啤酒的纳税人或以进口葡萄酒为原料连续生产葡萄酒的纳税人填报，反映纳税人当期准予抵减的外购啤酒液和进口葡萄酒的已纳消费税税款。

②“本期代收代缴税额计算表”。由酒及酒精应税消费品受托加工方填报，反映纳税人本期代收代缴的消费税税款。

③“生产经营情况表”。由酒及酒精消费税纳税人于年度终了后填写，次年1月份办理消费税纳税申报时报送，综合反映纳税人生产经营酒及酒精的综合情况。

“酒及酒精消费税纳税申报表”和附报资料表样及填写说明见本章末附录5-1。

3.成品油纳税人。

（1）主表：“成品油消费税纳税申报表”，仅限成品油消费税纳税人使用。

（2）附报资料。

①“本期准予扣除税额计算表”。由外购、进口或委托加工收回含铅汽油、无铅汽油、柴油、石脑油、润滑油、燃料油后连续生产应税成品油的纳税人填写，反映纳税人当期准予抵减的外购、进口或委托加工收回成品油等已纳消费税税款。

②“本期减（免）税额计算表”。由按照税法规定减免应税消费品消费税的纳税人填写，不含暂缓征收的项目。

③“成品油销售明细表”。由成品油消费税纳税人在办理申报时提供，填写所属期内在国内销售的所有应税成品油的发票明细。

④“消费税扣税凭证明细”。由外购或委托加工收回应税消费品后连续生产应税消费品的纳税人填报。

⑤“代收代缴税款报告表”。由成品油应税消费品受托加工方在实际业务发生时填写，委托方不填写。

“成品油消费税纳税申报表”和附报资料表样及填写说明见本章末附录5-2。

4.小汽车纳税人。

（1）主表：“小汽车消费税纳税申报表”，仅限小汽车消费税纳税人使用。

（2）附报资料。

①“本期代收代缴税额计算表”。由小汽车受托加工方填报。

②“本期经营情况表”。本表为年报，作为“小汽车消费税纳税申报表”的附报资料，由纳税人于每年年度终了后填写，次年1月份办理消费税纳税申报时报送。

“小汽车消费税纳税申报表”和附列资料表样及填写说明见本章末附录5-3。

5.其他应税消费品纳税人。

（1）主表：“其他应税消费品消费税纳税申报表”。适用于高档化妆品、贵重首饰及珠宝玉石、鞭炮焰火、汽车轮胎、摩托车、高尔夫球及球具、高档手表、游艇、木质一次性筷子、实木地板等消费税纳税人。

（2）附报资料。

①“本期准予扣除税额计算表（其他）”。由外购或委托加工收回应税消费品后连续生产应税消费品的纳税人填报。

②“准予扣除消费税凭证明细表”。由外购或委托加工收回应税消费品后连续生产应税消费品的纳税人填报。

③“本期代收代缴税额计算表（其他）”。由应税消费品受托加工方填报。

④“生产经营情况表（其他）”。本表为年报，作为“其他应税消费品消费税纳税申报表”的附报资料，由纳税人于年度终了后填写，次年1月份办理消费税纳税申报时报送。

“其他应税消费品消费税纳税申报表”和附报资料表样及填写说明见本章末附录5-4。

二、消费税纳税申报代理案例

某市卷烟厂属增值税一般纳税人，2016年3月生产经营状况如下：

1.购进已税烟丝10万元（不含增值税），取得增值税专用发票，烟丝已验收入库，期初无库存外购烟丝。

2.上月将价值10万元的烟丝全部委托M企业加工烟丝，M企业收取加工费3万元（不含税），当月全部收回。

3.当月销售给某烟草批发公司20箱，不含税售价每标准条70元，国家税务总局核定的计税价格为80元。销售给另一烟草批发公司15箱，不含税售价每标准条90元。

4.为偿付一笔欠款，公司以5箱该卷烟抵偿债务。

5.为生产上述卷烟当月领用已税烟丝8万元和上述委托加工收回的全部烟丝。

说明：烟丝消费税税率为30%，甲类卷烟生产环节消费税税率为56%加0.003元/支。

要求：计算该卷烟厂当月应缴纳的消费税，并填制消费税纳税申报表。

【解析】

1.应交消费税的计算。

（1）外购烟丝消费税税额为：

100 000×30%=30 000（元）

本月领用80 000元，因此本月外购烟丝连续生产卷烟准予扣除的已纳消费税额为：

80 000×30%=24 000（元）

（2）委托M企业加工烟丝，应由受托方代收代缴消费税。受托方无同类应税消费品时，应按组成计税价格计税。

组成计税价格=（材料成本+加工费）÷（1-比例税率）

=（100 000+30 000）÷（1-30%）

=185 714.29（元）

委托加工烟丝受托方代收代缴的消费税＝185 714.29×30%=55 714.29（元）

（3）根据税法规定，卷烟工业环节纳税人销售卷烟，应按实际销售价格申报缴纳消费税，实际销售价格低于最低计税价格的，按照最低计税价格申报纳税。

（20×250×80+15×250×90）×56%+（20×250×200+15×250×200）×0.003=418 250（元）

（4）税法规定，纳税人将应税消费品换取生产资料、消费资料、投资入股和抵偿债务等方面时，应当计算缴纳消费税，并以同类应税消费品的最高销售价格作为计税依据。

5×250×90×56%+5×250×200×0.003=37 950（元）

本月应缴纳的消费税为：

418 250+37 950-24 000-55 714.29=376 485.71（元）

2.填制消费税纳税申报表。

（1）根据上述资料，填制“本期准予扣除税额计算表”（见表5-1）。

表5-1 **本期准予扣除税额计算表**

税款所属期：2016年3月1日至2016年3月31日

纳税人名称（公章）：某卷烟厂

纳税人识别号：

填表日期：2016年4月5日　计量单位：卷烟万支、雪茄烟支、烟丝千克　金额单位：元（列至角分）

一、当期准予扣除的委托加工烟丝已纳税款计算
1.期初库存委托加工烟丝已纳税款：0
2.当期收回委托加工烟丝已纳税款：55 714.29
3.期末库存委托加工烟丝已纳税款：0
4.当期准予扣除的委托加工烟丝已纳税款：55 714.29
二、当期准予扣除的外购烟丝已纳税款计算
1.期初库存外购烟丝买价：0
2.当期购进烟丝买价：100 000
3.期末库存外购烟丝买价：20 000
4.当期准予扣除的外购烟丝已纳税款：24 000
三、本期准予扣除税款合计：79 714.29

填表说明

一、本表作为“烟类应税消费品消费税纳税申报表”的附报资料，由外购或委托加工收回烟丝后连续生产卷烟的纳税人填报。

二、根据《国家税务总局关于用外购和委托加工收回的应税消费品连续生产应税消费品征收消费税问题的通知》（国税发〔1995〕94号）的规定，本表“当期准予扣除的委托加工烟丝已纳税款”计算公式如下：

当期准予扣除的委托加工烟丝已纳税款=期初库存委托加工烟丝已纳税款+当期收回委托加工烟丝已

纳税款－期末库存委托加工烟丝已纳税款

三、根据《国家税务总局关于用外购和委托加工收回的应税消费品连续生产应税消费品征收消费税问题的通知》（国税发〔1995〕94号）的规定，本表“当期准予扣除的外购烟丝已纳税款”计算公式如下：

当期准予扣除的外购烟丝已纳税款＝（期初库存外购烟丝买价＋当期购进烟丝买价－期末库存外购烟丝买价）×外购烟丝适用税率（30%）

四、本表“本期准予扣除税款合计”为本期外购及委托加工收回烟丝后连续生产卷烟准予扣除烟丝已纳税款的合计数，应与“烟类应税消费品消费税纳税申报表”中对应项目一致。

五、本表为A4竖式，所有数字小数点后保留两位。一式二份，一份纳税人留存，一份税务机关留存。

（2）根据上述资料，填制“本期代收代缴税额计算表”（见表5-2）。

表5-2

本期代收代缴税额计算表

税款所属期：2016年3月1日至2016年3月31日

纳税人名称（公章）：某卷烟厂

纳税人识别号：

填表日期：2016年4月5日　计量单位：卷烟万支、雪茄烟支、烟丝千克　金额单位：元（列至角分）

项目＼应税消费品名称		卷烟	卷烟	雪茄烟	烟丝	合计
适用税率	定额税率	30元/万支	30元/万支	—	—	—
	比例税率	56%	36%	36%	30%	—
受托加工数量						—
同类产品销售价格						—
材料成本					100 000	—
加工费					30 000	—
组成计税价格					185 714.29	—
本期代收代缴税款					55 714.29	

填表说明

一、本表作为“烟类应税消费品消费税纳税申报表”的附报资料，由烟类应税消费品受托加工方填报。

二、本表“受托加工数量”的计量单位为卷烟为万支，雪茄烟为支，烟丝为千克。

三、本表“同类产品销售价格”为受托方同类产品销售价格。

三、根据《中华人民共和国消费税暂行条例》的规定，本表“组成计税价格”的计算公式如下：

组成计税价格＝（材料成本＋加工费）÷（1－消费税税率）

四、根据《中华人民共和国消费税暂行条例》的规定，本表“本期代收代缴税款”的计算公式如下：

（一）当受托方有同类产品销售价格时：

本期代收代缴税款＝同类产品销售价格×受托加工数量×适用税率＋受托加工数量×适用税率

（二）当受托方没有同类产品销售价格时：

本期代收代缴税款＝组成计税价格×适用税率＋受托加工数量×适用税率

五、本表为A4竖式，所有数字小数点后保留两位。一式二份，一份纳税人留存，一份税务机关留存。

（3）根据上述资料和附列资料，填制“烟类应税消费品消费税纳税申报表”（见表5-3）。

表5-3

烟类应税消费品消费税纳税申报表

税款所属期：2016年3月1日至2016年3月31日

纳税人名称（公章）：某卷烟厂

纳税人识别号：

填表日期：2016年4月5日　　计量单位：卷烟万支、雪茄烟支、烟丝千克　　金额单位：元（列至角分）

<table>
<tr><td rowspan="2">项目
应税
消费品名称</td><td colspan="2">适用税率</td><td rowspan="2">销售数量</td><td rowspan="2">销售额</td><td>应纳税额</td><td></td></tr>
<tr><td>定额税率</td><td></td><td>比例税率</td><td></td></tr>
<tr><td>卷烟</td><td>30元/万支</td><td>56%</td><td>200</td><td>850 000</td><td></td><td></td></tr>
<tr><td>卷烟</td><td>30元/万支</td><td>30%</td><td></td><td></td><td></td><td></td></tr>
<tr><td>雪茄烟</td><td>—</td><td>25%</td><td></td><td></td><td></td><td></td></tr>
<tr><td>烟丝</td><td>—</td><td>30%</td><td></td><td></td><td></td><td></td></tr>
<tr><td>合计</td><td>—</td><td>—</td><td>—</td><td>—</td><td>422 045</td><td></td></tr>
<tr><td colspan="4"></td><td colspan="3" rowspan="4">声明
此纳税申报表是根据国家税收法律的规定填报的，我确定它是真实的、可靠的、完整的。
经办人（签章）：
财务负责人（签章）：　　联系电话：</td></tr>
<tr><td colspan="4">本期准予扣除税额：79 714.29</td></tr>
<tr><td colspan="4">本期减（免）税额：</td></tr>
<tr><td colspan="4">期初未缴税额：</td></tr>
<tr><td colspan="4">本期缴纳前期应纳税额：</td><td colspan="3" rowspan="5">（如果你已委托代理人申报，请填写）
授权声明
为代理一切税务事宜，现授权（地址）与本申报表有关的往来文件，都可寄予此人。
授权人签章：</td></tr>
<tr><td colspan="4">本期预缴税额：</td></tr>
<tr><td colspan="4">本期应补（退）税额：376 485.71</td></tr>
<tr><td colspan="4">期末未缴税额：</td></tr>
</table>

填表说明

一、本表仅限烟类消费税纳税人使用。

二、本表“销售数量”为《中华人民共和国消费税暂行条例》和《中华人民共和国消费税暂行条例实施细则》及其他法规、规章规定的当期应申报缴纳消费税的烟类应税消费品销售（不含出口免税）数量。

三、本表“销售额”为《中华人民共和国消费税暂行条例》和《中华人民共和国消费税暂行条例实施细则》及其他法规、规章规定的当期应申报缴纳消费税的烟类应税消费品销售（不含出口免税）收入。

四、根据《中华人民共和国消费税暂行条例》和《财政部 国家税务总局关于调整烟类产品消费税政策的通知》（财税〔2001〕91号）的规定，本表“应纳税额”计算公式如下：

（一）卷烟：应纳税额＝销售数量×定额税率＋销售额×比例税率

（二）雪茄烟、烟丝：应纳税额＝销售额×比例税率

五、本表“本期准予扣除税额”按本表附件一的本期准予扣除税款合计金额填写。

六、本表“本期减（免）税额”不含出口退（免）税额。

七、本表“期初未缴税额”填写本期期初累计应缴未缴的消费税额，多缴为负数。其数值等于上期“期末未缴税额”。

八、本表“本期缴纳前期应纳税额”填写本期实际缴纳入库的前期消费税额。

九、本表“本期预缴税额”填写纳税申报前已预先缴纳入库的本期消费税额。

十、本表“本期应补（退）税额”计算公式如下，多缴为负数：

本期应补（退）税额＝应纳税额（合计栏金额）－本期准予扣除税额－本期减（免）税额－本期预缴税额

十一、本表“期末未缴税额”计算公式如下，多缴为负数：

期末未缴税额＝期初未缴税额＋本期应补（退）税额－本期缴纳前期应纳税额

十二、本表为A4竖式，所有数字小数点后保留两位。一式二份，一份纳税人留存，一份税务机关留存。

第三节　消费税纳税审核代理

由于我国消费税征税范围包含于增值税征税范围内，凡是征收消费税的产品，同时也征收了增值税，因此审核消费税纳税情况，可以与审核增值税同步进行。当然，消费税又是一个特定税种，在征税范围、计税依据、纳税环节和税额扣除等方面又有特殊规定，因此消费税纳税审核代理应针对这些特殊规定重点审核。

一、计税依据的审核

（一）消费税特殊的计税依据

1.增值税实行从价定率征收，而消费税则实行从价定率、从量定额或从价定率和从量定额复合计税方法征收。

2.纳税人将自产应税消费品用于投资入股、抵偿债务、换取生产资料或消费资料，计算缴纳消费税时，以同类应税消费品的最高销售价格作为计税依据。而计算增值税销项税额时，则按最近时期同类货物的平均售价计算，或按其他纳税人最近时期同类货物平均售价计算，或按组成计税价格计算。

3.委托加工应税消费品。增值税纳税人为受托方，计税依据为加工费（不含税）；消费税纳税人为委托方，受托方只是消费税的代收代缴义务人，计税依据为受托方同类消费品的销售价格；如果当月同类消费品各期销售价格高低不同，应按销售数量加权平均计算；没有同类消费品销售价格的，按照组成计税价格计算纳税，组成计税价格为材料成本和加工费之和除以（1-比例税率），其中加工费包括受托方代垫辅助材料的成本，但不包括随加工费收取的增值税和代收代缴的消费税。如果属于复合计税的产品，如卷烟、白酒，其计税依据为“组成计税价格=（材料成本+加工费+委托加工数量×定额税率）÷（1-比例税率）”。

4.按照国家税务总局2009年7月17日下发的《关于加强白酒消费税征收管理的通知》（国税函〔2009〕380号）规定，从2009年8月1日起，为保全税基，对设立销售公司的白酒生产企业，税务总局制定了《白酒消费税最低计税价格核定管理办法（试行）》，该办法规定：

（1）白酒生产企业销售给销售单位的白酒，生产企业消费税计税价格低于销售单位对外销售价格（不含增值税，下同）70%以下的，税务机关应核定消费税最低计税价格。

（2）消费税最低计税价格由税务机关根据生产规模、白酒品牌、利润水平等情况在销售单位对外销售价格50%~70%范围内自行核定。其中生产规模较大、利润水平较高的企业生产的需要核定消费税最低计税价格的白酒，税务机关核价幅度原则上应选择在销售单位对外销售价格60%~70%范围内。

（3）已核定最低计税价格的白酒，销售单位对外销售价格持续上涨或下降时间达到3个月以上、累计上涨或下降幅度在20%（含）以上的白酒，税务机关重新核定最低计税价格。

（4）销售单位是指销售公司、购销公司以及委托境内其他单位或个人包销本企业所生产白酒的商业机构。销售公司、购销公司是指专门购进并销售白酒生产企业生产的白酒，并与该白酒生产企业存在关联性质的企业。包销是指销售单位依据协定价格从白酒生产企业购进白酒，同时承担大部分包装材料等成本费用，并负责销售白酒。

5.消费税是单环节税收，一般在生产销售环节征税，但对金银首饰、钻石及钻石饰品在零售环节征税，卷烟在生产销售环节征税的基础上，在零售环节加收一道消费税。

6.由于消费税属于单环节税收，因此消费税纳税人收回委托加工的应税消费品后直接销售的，不再缴纳消费税，但应计算增值税的销项税额；收回后连续生产应税消费品的，其被受托方代收代缴的消费税可以扣除。

（二）销售自产应税消费品的审核

由于销售自产应税消费品时，消费税计税依据的销售额与计算增值税销项税额的销售额在确认时间、确认范围和数量方面基本相同，因此本部分主要介绍消费税计税依据的特殊方面的审核。

1.对包装物的审核。包装物随同应税消费品销售的，无论包装物是否单独计价以及在会计上如何处理，均应并入应税消费品的销售额中计算缴纳消费税。如果不随同应税消费品销售，只收取押金，则此项押金不并入销售额计算缴纳消费税，但对于逾期未收回包装物不再退回的押金，或者收取时间超过了12个月，则应并入应税消费品的销售额，按照应税消费品的适用税率计算缴纳消费税。对既作价销售又收取包装物押金的“押金”，凡在规定时期内未退还的，也应并入应税消费品的销售额，按照应税消费品的适用税率计算缴纳消费税。

（1）包装物随同应税消费品销售的，重点审核是否并入应税消费品的销售额并按应税消费品的适用税率计算缴纳了消费税。将“包装物”科目明细账的贷方发生额与“生产成本”“营业费用”等科目的借方发生额对照审核，贷方发生额与“其他业务支出”科目的借方发生额对照核对，审核纳税人会计处理是否正确，结转领用包装物的成本是否真实，有无直接冲减产品销售收入，是否记入“其他业务收入”科目计算缴纳消费税。另外，审核纳税人购进包装物是否不通过“包装物”科目而通过应收应付往来科目核算，发出后再以产品的销售收入冲账。

（2）通过纳税人“其他应付款”科目明细账，审核逾期不再退还的包装物押金以及收取1年以上的包装物押金，是否按规定缴纳了消费税。

2.关联企业转让定价的审核。对各关联企业之间收取的价款、支付的费用进行核实，如价格明显偏低又无正当理由的，可按《税收征管法实施细则》予以调整。具体方法为：

（1）按独立企业之间进行相同或类似业务活动的价格；

（2）按照销售给无关联关系的第三方的价格所应取得的收入和利润水平；

（3）按成本加合理的费用和利润；

（4）按照其他合理的方法。

3.对应税消费品以物易物、抵偿债务、投资入股的审核。纳税人将自产的应税消费品用于换取生产资料、消费资料、抵偿债务、投资入股的是否纳税。审核"库存商品"科目明细账的贷方发生额，如其账户贷方对应关系异常，如为"长期投资"、"原材料"和"应付账款"等科目，则有可能是纳税人以物易物、以货抵债、投资入股，此时应重点审核，审核纳税人是否按规定的计税依据计算缴纳消费税，尤应注意纳税人是否按同类消费品的最高销售价格作为计税依据计算缴纳消费税，并与"应交税费——应交消费税"账户核对。

4.实行从量定额征税办法的应税消费品，其计税依据为应税消费品的销售数量。按照规定，对黄酒、啤酒、成品油实行从量定额的征税办法，对卷烟和白酒实行复合征税办法，此时计税依据是销售数量。审核时，应审核"主营业务收入"、"税金及附加"、"库存商品"和"应交税费——应交消费税"等科目明细账，对照销货发票等原始凭证，同时从出厂销售和自产自用两个环节，查实计税数量。在审核过程中，注意纳税人有无隐瞒销售数量、偷逃消费税的问题，并注意纳税人计量单位折算标准的使用是否正确。

（三）委托加工应税消费品的审核

对于委托加工的应税消费品，首先应审核是否符合税法中规定的委托加工方式，如不符合规定，是否按销售自制应税消费品缴纳了消费税。然后，应重点审核以下几点：

1.审核"委托加工物资"和"应交税费——应交消费税"等科目明细账，对照委托加工合同等原始凭证，看纳税人委托加工的应税消费品是否按照受托方的同类消费品的销售价格计算纳税；没有同类消费品销售价格的，是否按照组成计税价格计算纳税，受托方代收代缴的消费税税额计算是否正确。

2.审核"委托加工物资"、"生产成本"和"应交税费——应交消费税"等科目明细账，看纳税人用外购或委托加工收回的已税烟丝等11种应税消费品连续生产应税消费品，在计税时准予扣除外购或收回的应税消费品的已纳消费税税款，是否按当期生产领用数量计算，计算是否正确。

3.审核"委托加工物资"和"应交税费——应交消费税"等科目明细账，看委托加工应税消费品直接出售的，有无重复征收消费税的问题。

（四）视同销售应税消费品的审核要点

审核"库存商品"、"原材料"、"应付账款"、"应付职工薪酬"和"管理费用"等科目明细账，看纳税人有无将应税消费品用于生产非应税消费品、在建工程、管理部门、非生产机构、提供劳务，以及用于馈赠、赞助、集资、广告、职工福利、奖励等方面，如有，审核是否已在移送使用时计算缴纳了消费税。

二、适用税目、税率的审核

由于消费税只是对部分消费品征收，其征税范围具有选择性而且实行多档税率，不同应税消费品适用不同税率；即使是相同的应税消费品，等级、功能不同，适用的税率也不一样，因此税务代理人应掌握消费税的征税范围，审核纳税人生产的产品是否应征收消费税，税目、税率是否按税法规定执行。

1. 审核"消费税纳税申报表"，看其填列的产品名称以及适用的税目、税率或税额，是否符合条例的规定，有无错用税目、税率或税额的情况，已经调整的税率，是否按规定的时间执行。对于那些容易错用税率的应税产品应着重加以审核，如性能、规格不同的小汽车，税率容易混淆的卷烟类产品、酒类产品。

2. 审核纳税人兼营不同税率的应税消费品是否分别核算不同税率应税消费品的销售额、销售数量，未分别核算销售额、销售数量，或者将不同税率应税消费品组成成套消费品销售的，是否从高适用税率。审核要点包括：在了解纳税人生产等基本情况，掌握纳税人生产、销售的应税消费品的品种、牌号，准确划分征税对象及适用的消费税税率的情况下，通过审核"主营业务收入""产成品"等明细账及相关凭证，查看企业人兼营不同税率的应税消费品是否分别核算，是否组成成套消费品销售，如有，消费税的计算缴纳是否正确。

三、综合案例

M卷烟厂为增值税一般纳税人，某税务师事务所受托对乙卷烟厂纳税情况进行审核，取得如下资料：

1.M卷烟厂交给乙卷烟厂烟叶10吨（每吨成本为600元）委托加工成烟丝，乙卷烟厂在加工过程中代垫辅助材料的实际成本为1 000元，加工费为3 500元，双方协议中规定不考虑代垫辅料的费用。乙卷烟厂无同类烟丝销售价格（不考虑从量计税因素），其会计处理如下：

（1）发出委托加工物资时，会计处理为：

借：委托加工物资　　6 000

　贷：原材料　　6 000

（2）以银行存款支付委托加工费受托方代收代缴的消费税，同时收到受托方开具的增值税专用发票。

消费税组成计税价格=（材料成本+加工费）÷（1−消费税税率）

=（600×10+3 500）÷（1−30%）

=13 571.43（元）

应代收代缴消费税=13 571.43×30%=4 071.43（元）

增值税进项税额=3 500×17%=595（元）

①付加工费、增值税的会计处理为：

借：委托加工物资　　3 500

　　应交税费——应交增值税（进项税额）　　595

　贷：银行存款　　4 095

②支付消费税时：

借：委托加工物资　　4 071.43

　贷：银行存款　　4 071.43

2. 收回后的烟丝中，60%用于连续生产卷烟，另外40%直接销售给另一卷烟厂，不含税价格为10 000元。其会计处理为：

生产领用时：

借：生产成本　　5 700

贷：委托加工物资　　5 700

出售委托加工物资时：

借：银行存款　　11 700

贷：其他业务收入　　11 700

同时：

借：其他业务支出　　3 800

贷：委托加工物资　　3 800

3.销售甲类卷烟，取得不含税收入30万元和代垫费用5 000元。

借：银行存款　　356 000

贷：主营业务收入　　300 000

应交税费——应交增值税（销项税额）　　51 000

其他业务收入　　5 000

借：营业费用　　5 000

贷：银行存款　　5 000

4.将一批卷烟用于抵偿100 000元的债务，该批卷烟的成本为50 000元。其会计处理为：

借：应付账款　　100 000

贷：库存商品　　100 000

根据上述资料，编制调整分录。

【解析】

会计调整：

1.委托加工消费税计算错误。根据税法规定，委托加工的应税消费品，按照受托方的同类消费品的销售价格计算纳税；没有同类消费品销售价格的，按照组成计税价格计算纳税。组成计税价格=（材料成本+加工费）÷（1−消费税税率），"加工费"是指受托方加工应税消费品向委托方所收取的全部费用，包括代垫辅助材料的实际成本，企业在计算组成计税价格时没有将此项计入。

组成计税价格=（材料成本+加工费）÷（1−消费税税率）

=（600×10+3 500+1 000）÷（1−30%）

=15 000（元）

应代收代缴的消费税=15 000×30%=4 500（元）

少计代收代缴消费税=4 500−4 071.43=428.57（元）

M卷烟厂的调整分录为：

借：委托加工物资　　428.57

贷：应付账款　　428.57

2.收回后的烟丝中，60%用于连续生产卷烟，另外40%直接销售给另一卷烟厂。

连续生产卷烟的烟丝所含的消费税=4 500×60%=2 700（元）

（1）连续生产应税消费品，企业缴纳的消费税准予抵扣，因此调整分录为：

借：应交税费——应交消费税　　2 700

贷：生产成本——卷烟　　2 700

（2）出售委托加工物资少计了增值税，因此调整分录为：

借：其他业务收入　　1 700

　贷：应交税费——应交增值税（销项税额）　　1 700

3.销售甲类卷烟，取得不含税收入30万元和代垫费用5 000元，未计算消费税，少计了增值税。

消费税=305 000×56%=170 800（元）

增值税销项税额=5 000×17%=850（元）

会计调整分录为：

借：其他业务收入　　850

　贷：应交税费——应交增值税（销项税额）　　850

借：税金及附加　　170 800

　贷：应交税费——应交消费税　　170 800

4.将自产货物用于抵偿债务，应计算增值税销项税额和消费税。

增值税=100 000÷（1+17%）×17%=14 529.91（元）

消费税=100 000÷（1+17%）×30%=25 641.03（元）

借：主营业务收入　　14 529.91

　贷：应交税费——应交消费税（销项税额）　　14 529.91

借：税金及附加　　25 641.03

　贷：应交税费——应交消费税　　25 641.03

另外，库存商品结转会计处理错误。

借：库存商品　　50 000

　贷：主营业务成本　　50 000

思考与练习

1.消费税纳税申报时应报送哪些资料？

2.增值税与消费税比较，计税依据有哪些不同？

3.委托加工应税消费品审核的主要内容有哪些？

4.某白酒生产企业为增值税一般纳税人，2016年7月发生以下业务：

（1）向某烟酒专卖店销售粮食白酒20吨，开具普通发票，取得含税收入200万元，另收取包装物租金20万元。

（2）提供10万元的原材料委托乙企业加工散装药酒1 000千克，收回时向乙企业支付不含增值税的加工费1万元，乙企业已代收代缴消费税。

（3）委托加工收回后将其中900千克散装药酒继续加工成瓶装药酒1 800瓶，以每瓶不含税售价100元通过非独立核算门市部销售完毕；将剩余100千克散装药酒作为福利分给职工，同类药酒的不含税销售价格为每千克150元。

（4）用自产粮食白酒9吨从农民手中换取玉米，已经验收入库，开出收购专用发票。

（5）将自己生产的5吨粮食白酒用于馈赠。

说明：药酒的消费税税率为10%，白酒的消费税税率为20%加0.5元/500克（改编自2009年注册会计师考试“税法”试题）。

附录5-1　酒及酒精纳税人纳税申报表及附报资料

附表5-1

酒及酒精消费税纳税申报表

税款所属期：　　年　　月　　日至　　年　　月　　日

纳税人名称（公章）：

纳税人识别号：

填表日期：　　年　　月　　日　　　　金额单位：元（列至角分）

项目 / 应税消费品名称	适用税率		销售数量	销售额	应纳税额
	定额税率	比例税率			
粮食白酒(定额税率)	0.5元/斤	—		—	
粮食白酒(比例税率)	—	20%	—		
薯类白酒(定额税率)	0.5元/斤	—		—	
薯类白酒(比例税率)	—	20%	—		
啤酒	250元/吨	—			
啤酒	220元/吨	—			
黄酒	240元/吨	—			
其他酒	—	10%			
酒精	—	5%			
合计	—	—	—	—	

本期准予抵减税额：	**声明** 此纳税申报表是根据国家税收法律的规定填报的，我确定它是真实的、可靠的、完整的。 经办人(签章)： 财务负责人(签章)： 联系电话：
本期减(免)税额：	
期初未缴税额：	
本期缴纳前期应纳税额：	（如果你已委托代理人申报，请填写） 授权声明 为代理一切税务事宜，现授权_____（地址）_____为本纳税人的代理申报人，任何与本申报表有关的往来文件，都可寄予此人。 授权人签章：
本期预缴税额：	
本期应补(退)税额：	
期末未缴税额：	

填表说明

一、本表仅限酒及酒精消费税纳税人使用。

二、本表“销售数量”为《中华人民共和国消费税暂行条例》和《中华人民共和国消费税暂行条例实施细则》及其他法规、规章规定的当期应申报缴纳消费税的酒及酒精销售（不含出口免税）数量。计量单位：粮食白酒和薯类白酒为斤（如果实际销售商品按照体积标注计量单位，应按500毫升为1斤换算），啤酒、黄酒、其他酒和酒精为吨。

三、本表“销售额”为《中华人民共和国消费税暂行条例》和《中华人民共和国消费税暂行条例实施细则》及其他法规、规章规定的当期应申报缴纳消费税的酒及酒精销售（不含出口免税）收入。

四、本表“应纳税额”计算公式如下：

（一）粮食白酒、薯类白酒：应纳税额 = 销售数量×定额税率 + 销售额×比例税率

（二）啤酒、黄酒：应纳税额 = 销售数量×定额税率

（二）其他酒、酒精：应纳税额 = 销售额×比例税率

五、本表“本期准予抵减税额”按本表附件一的本期准予抵减税款合计金额填写。

六、本表“本期减（免）税额”不含出口退（免）税额。

七、本表“期初未缴税额”填写本期期初累计应缴未缴的消费税额，多缴为负数。其数值等于上期“期末未缴税额”。

八、本表“本期缴纳前期应纳税额”填写本期实际缴纳入库的前期消费税额。

九、本表“本期预缴税额”填写纳税申报前已预先缴纳入库的本期消费税额。

十、本表“本期应补（退）税额”计算公式如下，多缴为负数：

本期应补（退）税额 = 应纳税额（合计栏金额）– 本期准予抵减税额 – 本期减（免）税额 – 本期预缴税额

十一、本表“期末未缴税额”计算公式如下，多缴为负数：

期末未缴税额 = 期初未缴税额 + 本期应补（退）税额 – 本期缴纳前期应纳税额

十二、本表为A4竖式，所有数字小数点后保留两位。一式二份，一份纳税人留存，一份税务机关留存。

酒及酒精纳税人附报资料（1）：

附表5-2

本期准予抵减税额计算表

税款所属期：　　年　　月　　日至　　年　　月　　日

纳税人名称（公章）：

纳税人识别号：

填表日期：　　年　　月　　日　　　　单位：吨、元（列至角分）

一、当期准予抵减的外购啤酒液已纳税款计算	啤酒（定额税率220元/吨）	啤酒（定额税率250元/吨）
1.期初库存外购啤酒液数量：		
2.当期购进啤酒液数量：		
3.期末库存外购啤酒液数量：		
4.当期准予抵减的外购啤酒液已纳税款：		
二、当期准予抵减的进口葡萄酒已纳税款：		
三、本期准予抵减税款合计：		

附：准予抵减消费税凭证明细 续表

啤酒（增值税专用发票）	号码	开票日期	数量	单价	定额税率(元/吨)
	合计	—		—	—
葡萄酒（海关进口消费税专用缴款书）	号码	开票日期	数量	完税价格	税款金额
	合计	—			

填表说明

一、本表作为“酒及酒精消费税纳税申报表”的附报资料，由以外购啤酒液为原料连续生产啤酒的纳税人或以进口葡萄酒为原料连续生产葡萄酒的纳税人填报。

二、根据《国家税务总局关于用外购和委托加工收回的应税消费品连续生产应税消费品征收消费税问题的通知》（国税发〔1995〕94号）和《国家税务总局关于啤酒集团内部企业间销售（调拨）啤酒液征收消费税问题的批复》（国税函〔2003〕382号）的规定，本表“当期准予抵减的外购啤酒液已纳税款”计算公式如下：

当期准予抵减的外购啤酒液已纳税款＝（期初库存外购啤酒液数量＋当期购进啤酒液数量－期末库存外购啤酒液数量）×外购啤酒液适用定额税率

其中，外购啤酒液适用定额税率由购入方取得的销售方销售啤酒液所开具的增值税专用发票上记载的单价确定。适用定额税率不同的，应分别核算外购啤酒液数量和当期准予抵减的外购啤酒液已纳税款，并在表中填写合计数。

三、根据《国家税务总局关于印发〈葡萄酒消费税管理办法（试行）〉的通知》（国税发〔2006〕66号）的规定，本表“当期准予抵减的进口葡萄酒已纳税款”为纳税人进口葡萄酒取得的《海关进口消费税专用缴款书》注明的消费税款。

四、本表“本期准予抵减税款合计”应与“酒及酒精消费税纳税申报表”中对应项目一致。

五、以外购啤酒液为原料连续生产啤酒的纳税人应在“附：准予抵减消费税凭证明细”栏据实填写购入啤酒液取得的增值税专用发票上载明的“号码”、“开票日期”、“数量”和“单价”等项目内容。

六、以进口葡萄酒为原料连续生产葡萄酒的纳税人应在“附：准予抵减消费税凭证明细”栏据实填写进口消费税专用缴款书上载明的“号码”、“开票日期”、“数量”、“完税价格”和“税款金额”等项目内容。

七、本表为A4竖式，所有数字小数点后保留两位。一式二份，一份纳税人留存，一份税务机关留存。

酒及酒精纳税人附报资料（2）：

附表5-3

本期代收代缴税额计算表

税款所属期：　年　月　日至　年　月　日

纳税人名称（公章）：

纳税人识别号：

填表日期：　年　月　日　　　　金额单位：元（列至角分）

委托方单位名称	项目 / 消费品名称	适用税率	受托加工数量	同类产品销售价格	材料成本	加工费	组成计税价格	本期代收代缴税款
	合计	—	—	—	—	—	—	
	合计	—	—	—	—	—	—	

填表说明

一、本表作为烟类、酒及酒精、成品油、小汽车及其他应税消费品消费税纳税申报表的附报资料，由应税消费品受托方填报。

二、本表“受托方单位名称”填全称。

三、本表“应税消费品名称”经系统核定，纳税人可根据实际销售情况进行选择填报。

四、本表“受托加工数量”的计量单位为粮食白酒和薯类白酒为斤（如果实际销售商品按照体积标注计量单位，应按500毫升为1斤换算），啤酒、黄酒、其他酒和酒精为吨。

五、本表“同类产品销售价格”为受托方同类产品销售价格。

六、根据《中华人民共和国消费税暂行条例》的规定，本表“组成计税价格”的计算公式如下：

组成计税价格=（材料成本+加工费）÷（1-消费税税率）

七、根据《中华人民共和国消费税暂行条例》的规定，本表“本期代收代缴税款”的计算公式如下：

（一）当受托方有同类产品销售价格时，烟、酒及酒精类产品本期代收代缴税款=同类产品销售价格×受托加工数量×适用税率+受托加工数量×适用税率；小汽车及其他应税消费品本期代收代缴税款=同类产品销售价格×受托加工数量×适用税率。

（二）当受托方没有同类产品销售价格时，烟、酒及酒精类产品本期代收代缴税款=组成计税价格×适用税率+受托加工数量×适用税率；小汽车及其他应税消费品本期代收代缴税款=组成计税价格×适用税率。

（三）汽油、柴油、石脑油、溶剂油、润滑油和燃料油本期代收代缴税款=受托加工数量×适用税率；

根据《财政部 国家税务总局关于调整和完善消费税政策的通知》（财税〔2006〕33号）“航空煤油暂缓征收消费税”的规定，航空煤油暂不申报消费税。

八、本表为A4横式，所有数字小数点后保留两位。一式二份，一份纳税人留存，一份税务机关留存。

酒及酒精纳税人附报资料（3）：

附表5-4

生产经营情况表

税款所属期：　　年　　月　　日至　　年　　月　　日

纳税人名称（公章）：

纳税人识别号：

填表日期：　　年　月　日　　　　　　　　　　　　　　　　金额单位：元（列至角分）

应税消费品名称 项目	粮食白酒	薯类白酒	啤酒(适用税率250元/吨)	啤酒(适用税率220元/吨)	黄酒	其他酒	酒精
生产数量							
销售数量							
委托加工收回酒及酒精直接销售数量							
委托加工收回酒及酒精直接销售额							
出口免税销售数量							
出口免税销售额							

填表说明

一、本表为年报，作为“酒及酒精消费税纳税申报表”的附报资料，由酒及酒精消费税纳税人于年度终了后填写，次年1月份办理消费税纳税申报时报送。

二、本表“生产数量”，填写本期生产的产成品数量。

三、本表“销售数量”填写要求同“酒及酒精消费税纳税申报表”。

四、本表“出口免税销售数量”和“出口免税销售额”为享受出口免税政策的应税消费品销售数量和销售额。

五、本表计量单位：粮食白酒和薯类白酒为斤（如果实际销售商品按照体积标注计量单位，应按500毫升为1斤换算），啤酒、黄酒、其他酒和酒精为吨。

六、本表为A4竖式，所有数字小数点后保留两位。一式二份，一份纳税人留存，一份税务机关留存。

附录5-2　成品油纳税人纳税申报表及附报资料

附表5-5

成品油消费税纳税申报表

税款所属期：　　年　　月　　日至　　年　　月　　日

纳税人名称（公章）：

纳税人识别号：

填表日期：　　年　月　日　　　　　　　　　计量单位：升　　　　　金额单位：元（列至角分）

项目 应税消费品名称	适用税率（元/升）	销售数量	应纳税额
含铅汽油	1.4		
无铅汽油	1		
柴油	0.8		
石脑油	1		
溶剂油	1		
润滑油	1		
燃料油	0.8		
航空煤油	0.8		—
合计	—	—	

本期减(免)税额：	声明 此纳税申报表是根据国家税收法律的规定填报的,我确定它是真实的、可靠的、完整的。 声明人签字：
期初留抵税额：	
本期准予扣除税额：	
本期应抵扣税额:	
期初未缴税额：	
期末留抵税额：	
本期实际抵扣税额：	
本期缴纳前期应纳税额：	(如果你已委托代理人申报,请填写) 授权声明 为代理一切税务事宜，现授权_____（地址）______为本纳税人的代理申报人，任何与本申报表有关的往来文件，都可寄予此人。 授权人签字：
本期预缴税额：	
本期应补(退)税额：	
期末未缴税额：	

填表说明

一、本表仅限成品油消费税纳税人使用。

二、本表“销售数量”为当期应当申报缴纳消费税的成品油应税消费品销售数量。生产企业用自产汽油生产的乙醇汽油，销售数量为当期销售的乙醇汽油所耗用的汽油数量。

三、本表“应纳税额”计算公式如下：应纳税额＝销售数量×适用税率

四、本表“期初留抵税额”数值等于上期“期末留抵税额”。

五、本表“本期准予扣除税额”按本表附1的本期准予扣除税款合计金额填写。

六、本表“本期应抵扣税额”计算公式如下：

本期应抵扣税额=期初留抵税额+本期准予抵扣税额

七、本表“本期减（免）税额”按本表附2的本期减（免）税额合计金额填写。不含暂缓征收的项目。

八、本表“期初未缴税额”填写本期期初应缴未缴的消费税额，多缴为负数。其数值等于上期“期末未缴税额”。

九、本表“期末留抵税额”计算公式如下，其值大于零时按实际数值填写，小于等于零时填写零：

期末留抵税额=本期应抵扣税额-应纳税额（合计栏金额）+本期减（免）税额

十、本表“本期实际抵扣税额”计算公式为：

本期实际抵扣税额=本期应抵扣税额-期末留抵税额

十一、本表“本期缴纳前期应纳税额”填写本期实际入库的前期消费税税额。

十二、本表“本期预缴税额”填写纳税申报前已预先缴纳入库的本期消费税额。

十三、本表“本期应补（退）税额”计算公式如下，多缴为负数：

本期应补（退）税额=应纳税额（合计栏金额）-本期减（免）税额-本期实际抵扣税额-本期预缴税额

十四、本表“期末未缴税额”计算公式如下，多缴为负数：

期末未缴税额=期初未缴税额+本期应补（退）税额-本期缴纳前期应纳税额

十五、本表为A4竖式，所有数字小数点后保留两位。一式二份，一份纳税人留存，一份税务机关留存。

成品油纳税人附报资料（1）：

附表5-6 **本期准予扣除税额计算表**

税款所属期：　　年　　月　　日至　　年　　月　　日

纳税人名称（公章）：

纳税人识别号：

填表日期：　　年　月　日　　　　　　计量单位：升　　　　金额单位：元（列至角分）

应税消费品名称 / 项目	含铅汽油	无铅汽油	柴油	石脑油	润滑油	燃料油
一、当期准予扣除的委托加工收回应税消费品已纳税款计算	—	—	—	—	—	—
1. 期初库存委托加工应税消费品已纳税款						
2. 当期收回委托加工应税消费品已纳税款						
3. 期末库存委托加工应税消费品已纳税款						
4. 当期准予扣除的委托加工应税消费品已纳税款						
二、当期准予扣除的外购应税消费品已纳税款计算	—	—	—	—	—	—
1.期初库存外购应税消费品数量						
2.当期购进应税消费品数量						
3.期末库存外购应税消费品数量						
4.当期准予扣除的外购应税消费品数量						
5.当期准予扣除的外购应税消费品税款						
三、当期准予扣除的进口应税消费品已纳税款计算	—	—	—	—	—	—
1. 期初库存进口应税消费品已纳税款						
2. 当期进口应税消费品已纳税款						
3. 期末库存进口应税消费品已纳税款						
4. 当期准予扣除的进口应税消费品已纳税款						
四、本期准予扣除税款合计：						

填表说明

一、本表作为“成品油消费税纳税申报表”的附报资料，由外购、进口或委托加工收回含铅汽油、无铅汽油、柴油、石脑油、润滑油、燃料油后连续生产应税成品油的纳税人填写。

二、本表“当期准予扣除的委托加工应税消费品已纳税款”计算公式如下：

当期准予扣除的委托加工含铅汽油、无铅汽油、柴油、石脑油、润滑油、燃料油已纳税款＝期初库存委托加工汽油、柴油、石脑油、润滑油、燃料油已纳税款＋当期委托加工收回汽油、柴油、石脑油、润滑油、燃料油已纳税款－期末库存委托加工汽油、柴油、石脑油、润滑油、燃料油已纳税款

三、本表“当期准予扣除的外购应税消费品已纳税款”计算公式如下：

当期准予扣除的含铅汽油、无铅汽油、柴油、石脑油、润滑油、燃料油已纳税款＝当期准予扣除外购汽油、柴油、石脑油、润滑油、燃料油数量×外购汽油、柴油、石脑油、润滑油、燃料油适用税率

当期准予扣除外购含铅汽油、无铅汽油、柴油、石脑油、润滑油、燃料油数量＝期初库存外购汽油、柴油、石脑油、润滑油、燃料油数量＋当期购进汽油、柴油、石脑油、润滑油、燃料油数量－期末库存外购汽油、柴油、石脑油、润滑、燃料油油数量

四、本表“当期准予扣除的进口应税消费品已纳税款”计算公式如下：

当期准予扣除的含铅汽油、无铅汽油、柴油、石脑油、润滑油、燃料油已纳税款＝期初库存进口汽油、柴油、石脑油、润滑油、燃料油已纳税款＋当期进口汽油、柴油、石脑油、润滑油、燃料油已纳税款－期末库存进口汽油、柴油、石脑油、润滑油、燃料油已纳税款

五、本表“本期准予扣除税款合计”为本期外购、进口或委托加工收回含铅汽油、无铅汽油、柴油、石脑油、润滑油、燃料油数量后连续生产应税消费品准予扣除含铅汽油、无铅汽油、柴油、石脑油、润滑油、燃料油已纳税款的合计数，即本表项目一＋项目二＋项目三，应与“成品油消费税纳税申报表”中对应项目一致。

六、本表为A4竖式，所有数字小数点后保留两位。一式二份，一份纳税人留存，一份税务机关留存。

成品油纳税人附报资料（2）：

附表5-7　**本期减（免）税额计算表**

税款所属期：　　年　　月　　日至　　年　　月　　日

纳税人名称（公章）：

纳税人识别号：

填表日期：　　年　月　日　　计量单位：升　　金额单位：元（列至角分）

应税消费品名称 项目				合计
适用税率(元/升)				—
本期减(免)数量				—
本期减(免)税额				

填表说明

一、本表作为“成品油消费税纳税申报表”的附报资料，由按照税法规定减免应税消费品消费税的纳税人填写。不含暂缓征收的项目。

二、本表“本期减（免）税额”计算公式如下：

本期减（免）税额＝本期减（免）数量×适用税率

三、本表为A4竖式，所有数字小数点后保留两位。一式二份，一份纳税人留存，一份税务机关留存。

成品油纳税人附报资料（3）：

附表5-8

成品油销售明细表

税款所属期：　　年　　月　　日至　　年　　月　　日

纳税人名称（公章）：

纳税人识别号：

填表日期：　　年　月　日　　　　　　　　　　　　计量单位：升　　　　　金额单位：元（列至角分）

成品油名称	发票代码	发票号码	开票日期	销量	销售额	购货方纳税人名称	购货方纳税人识别号	备注
合计		—				—	—	—

填表说明

一、本表作为“成品油消费税纳税申报表”的附报资料，由成品油消费税纳税人在办理申报时提供，填写所属期内在国内销售的所有应税成品油的发票明细。

二、本表“成品油名称”为销售货物发票上方注明的油品名称，同一油品集中填写，并有小计。

三、本表为A4竖式，所有数字小数点后保留两位。一式二份，一份纳税人留存，一份税务机关留存。

成品油纳税人附报资料（4）：

附表5-9

消费税扣税凭证明细表

税款所属期：　　年　　月　　日至　　年　　月　　日

纳税人名称（公章）：

纳税人识别号：

填表日期：　　年　　月　　日　　　　　　　　　计量单位：升　　　　　金额单位：元（列至角分）

应税消费品名称	凭证类别	凭证号码	开票日期	数量/升	金额	适用税率	消费税税额
合计	—	—					

填表说明

一、本表作为“成品油消费税纳税申报表”的附报资料，由外购或委托加工收回应税消费品后连续生产应税消费品的纳税人填报。

二、本表“应税消费品名称”填写含铅汽油、无铅汽油、柴油、石脑油、润滑油、燃料油。

三、本表“凭证类别”填写允许扣除凭证名称，如增值税专用发票、代扣代收税款凭证、海关进口消费税专用缴款书。

四、本表“凭证号码”填写允许扣除凭证的号码。

五、本表“开票日期”填写允许扣除凭证的开票日期。

六、本表“数量”填写允许扣除凭证载明的应税消费品数量。

七、本表“金额”填写允许扣除凭证载明的应税消费品金额。

八、本表“适用税率”填写应税消费品的适用税率。

九、本表“消费税税额”填写凭该允许扣除凭证申报抵扣的消费税税额。

十、本表为A4竖式。所有数字小数点后保留两位。一式二份，一份纳税人留存，一份税务机关留存。

成品油纳税人附报资料（5）：

附表5-10

代收代缴税款报告表

税款所属期：　　年　　月　　日至　　年　　月　　日

纳税人名称（公章）：

纳税人识别号：

填表日期：　年　月　日　　　　计量单位：升　　金额单位：元（列至角分）

应税消费品名称 项目	含铅汽油	无铅汽油	柴油	石脑油	溶剂油	润滑油	燃料油	航空煤油	合计
适用税率(元/升)	1.4	1	0.8	1	1	1	0.8	0.8	—
受托加工数量									—
本期代收代缴税款									

填表说明

一、本表由成品油应税消费品受托加工方在实际业务发生时填写，委托方不填写。

二、本表“本期代收代缴税款”计算公式为：

含铅汽油、无铅汽油、柴油、石脑油、溶剂油、润滑油、燃料油本期代收代缴税款＝受托加工数量×适用税率

三、本表为A4竖式，所有数字小数点后保留两位。一式二份，一份纳税人留存，一份税务机关留存。

附录5-3　小汽车纳税人纳税申报表及附报资料

附表5-11

小汽车消费税纳税申报表

税款所属期：　　年　　月　　日至　　年　　月　　日

纳税人名称（公章）：

纳税人识别号：

填表日期：　　年　　月　　日　　　　　　　　　　　　　　单位：辆、元（列至角分）

项目 应税消费品名称		适用税率	销售数量	销售额	应纳税额
乘用车	气缸容量≤1.0升	1%			
	1.0升＜气缸容量≤1.5升	3%			
	1.5升＜气缸容量≤2.0升	5%			
	2.0升＜气缸容量≤2.5升	9%			
	2.5升＜气缸容量≤3.0升	12%			
	3.0升＜气缸容量≤4.0升	25%			
	气缸容量＞4.0升	40%			
中轻型商用客车		5%			
合计		—	—	—	

本期准予扣除税额： 本期减（免）税额： 期初未缴税额：	声明 此纳税申报表是根据国家税收法律的规定填报的，我确定它是真实的、可靠的、完整的。 经办人（签章）： 财务负责人（签章）： 联系电话：
本期缴纳前期应纳税额： 本期预缴税额： 本期应补（退）税额： 期末未缴税额：	（如果你已委托代理人申报，请填写） 授权声明 为代理一切税务事宜，现授权_____（地址）_____为本纳税人的代理申报人，任何与本申报表有关的往来文件，都可寄予此人。 授权人签章：

填表说明

一、本表仅限小汽车消费税纳税人使用。

二、纳税人生产的改装、改制车辆，应按照《财政部 国家税务总局关于调整和完善消费税政策的通知》（财税〔2006〕33号）中规定的适用税目、税率填写本表。

三、本表“销售数量”为《中华人民共和国消费税暂行条例》和《中华人民共和国消费税暂行条例实施细则》及其他法规、规章规定的当期应申报缴纳消费税的小汽车类应税消费品销售（不含出口免税）数量。

四、本表“销售额”为《中华人民共和国消费税暂行条例》和《中华人民共和国消费税暂行条例实施细则》及其他法规、规章规定的当期应申报缴纳消费税的小汽车类应税消费品销售（不含出口免税）收入。

五、根据《中华人民共和国消费税暂行条例》的规定，本表“应纳税额”计算公式如下：

应纳税额＝销售额×比例税率

六、本表“本期减（免）税额”不含出口退（免）税额。

七、本表“期初未缴税额”填写本期期初累计应缴未缴的消费税额，多缴为负数。其数值等于上期“期末未缴税额”。

八、本表“本期缴纳前期应纳税额”填写本期实际缴纳入库的前期消费税额。

九、本表“本期预缴税额”填写纳税申报前已预先缴纳入库的本期消费税额。

十、本表“本期应补（退）税额”计算公式如下，多缴为负数：

本期应补（退）税额＝应纳税额（合计栏金额）－本期减（免）税额－本期预缴税额

十一、本表“期末未缴税额”计算公式如下，多缴为负数：

期末未缴税额＝期初未缴税额＋本期应补（退）税额－本期缴纳前期应纳税额

十二、本表为A4竖式，所有数字小数点后保留两位。一式二份，一份纳税人留存，一份税务机关留存。

小汽车纳税人附报资料（1）：

附表5-12　　**本期代收代缴税额计算表**

税款所属期：　　年　　月　　日至　　年　　月　　日

纳税人名称（公章）：

纳税人识别号：

填表日期：　　年　　月　　日　　　　金额单位：元（列至角分）

项目 / 应税消费品名称	乘用车：气缸容量≤1.0升	乘用车：1.0升＜气缸容量≤1.5升	乘用车：1.5升＜气缸容量≤2.0升	乘用车：2.0升＜气缸容量≤2.5升	乘用车：2.5升＜气缸容量≤3.0升	乘用车：3.0升＜气缸容量≤4.0升	乘用车：气缸容量＞4.0升	中轻型商用客车	合计
适用税率	1%	3%	5%	9%	12%	25%	40%	5%	
受托加工数量									—
同类产品销售价格									—
材料成本									—
加工费									—
组成计税价格									—
本期代收代缴税款									

填表说明

一、本表作为“小汽车消费税纳税申报表”的附报资料，由小汽车受托加工方填写。

二、生产和受托加工的改装、改制车辆，应按照《财政部 国家税务总局关于调整和完善消费税政策的通知》（财税〔2006〕33号）中规定的适用税目、税率填写本表。

三、本表“受托加工数量”的计量单位为辆。

四、本表“同类产品销售价格”为受托方同类产品销售价格。

五、根据《中华人民共和国消费税暂行条例》的规定，本表“组成计税价格”的计算公式如下：

组成计税价格＝（材料成本＋加工费）÷（1－消费税税率）

六、根据《中华人民共和国消费税暂行条例》的规定，本表“本期代收代缴税款”的计算公式如下：

（一）当受托方有同类产品销售价格时：

本期代收代缴税款＝同类产品销售价格×受托加工数量×适用税率

（二）当受托方没有同类产品销售价格时：

本期代收代缴税款＝组成计税价格×适用税率

七、本表为A4竖式，所有数字小数点后保留两位。一式二份，一份纳税人留存，一份税务机关留存。

小汽车纳税人附报资料（2）：

附表5-13

生产经营情况表

税款所属期：　　年　　月　　日至　　年　　月　　日

纳税人名称（公章）：

纳税人识别号：

填表日期：　　年　月　日　　　　　　　　　　　　　　　　金额单位：元（列至角分）

应税消费品名称 项目	乘用车：气缸容量≤1.0升	乘用车：1.0升＜气缸容量≤1.5升	乘用车：1.5升＜气缸容量≤2.0升	乘用车：2.0升＜气缸容量≤2.5升	乘用车：2.5升＜气缸容量≤3.0升	乘用车：3.0升＜气缸容量≤4.0升	乘用车：气缸容量＞4.0升	中轻型商用客车
生产数量								
销售数量								
委托加工收回应税消费品直接销售数量								
委托加工收回应税消费品直接销售额								
出口免税销售数量								
出口免税销售额								

填表说明

一、本表为年报，作为“小汽车消费税纳税申报表”的附报资料，由纳税人于每年年度终了后填写，次年1月份办理消费税纳税申报时报送。

二、纳税人生产的改装、改制车辆，应按照《财政部 国家税务总局关于调整和完善消费税政策的通知》中规定的适用税目、税率填写本表。

三、本表"应税消费品"、"销售数量"填写要求同"小汽车消费税纳税申报表"。

四、本表"生产数量"，填写本期生产的产成品数量。

五、本表"出口免税销售数量"和"出口免税销售额"为享受出口免税政策的应税消费品销售数量和销售额。

六、本表为A4竖式。所有数字小数点后保留两位。一式二份，一份纳税人留存，一份税务机关留存。

附录5-4 其他消费税纳税人纳税申报表及附报资料

附表5-14

其他应税消费品消费税纳税申报表

税款所属期：　　年　　月　　日至　　年　　月　　日

纳税人名称（公章）：

纳税人识别号：

填表日期：　　年　　月　　日　　　　金额单位：元（列至角分）

项目 / 应税消费品名称	适用税率	销售数量	销售额	应纳税额
合计	—	—	—	

	声明 此纳税申报表是根据国家税收法律的规定填报的，我确定它是真实的、可靠的、完整的。 经办人(签章)： 财务负责人(签章)： 联系电话：
本期准予抵减税额：	
本期减(免)税额：	
期初未缴税额：	
本期缴纳前期应纳税额：	(如果你已委托代理人申报，请填写) **授权声明** 为代理一切税务事宜，现授权_____(地址)_____为本纳税人的代理申报人，任何与本申报表有关的往来文件，都可寄予此人。 授权人签章：
本期预缴税额：	
本期应补(退)税额：	
期末未缴税额：	

填表说明

一、本表限化妆品、贵重首饰及珠宝玉石、鞭炮焰火、汽车轮胎、摩托车、高尔夫球及球具、高档手表、游艇、木制一次性筷子、实木地板等消费税纳税人使用。

二、本表"应税消费品名称"和"适用税率"按照以下内容填写：

高档化妆品：30%；贵重首饰及珠宝玉石：10%；金银首饰（铂金首饰、钻石及钻石饰品）：5%；鞭炮焰火：15%；汽车轮胎（除子午线轮胎外）：3%；汽车轮胎（限子午线轮胎）：3%（免税）；摩托车（排　量>250毫升）：10%；摩托车（排量≤250毫升）：3%；高尔夫球及球具：10%；高档手表：20%；游艇：10%；木制一次性筷子：5%；实木地板：5%。

三、本表“销售数量”为《中华人民共和国消费税暂行条例》、《中华人民共和国消费税暂行条例实施细则》及其他法规、规章规定的当期应申报缴纳消费税的应税消费品销售（不含出口免税）数量。计量单位是：汽车轮胎为套；摩托车为辆；高档手表为只；游艇为艘；实木地板为平方米；木制一次性筷子为万双；高档化妆品、贵重首饰及珠宝玉石（含金银首饰、铂金首饰、钻石及钻石饰品）、鞭炮焰火、高尔夫球及球具按照纳税人实际使用的计量单位填写并在本栏中注明。

四、本表“销售额”为《中华人民共和国消费税暂行条例》和《中华人民共和国消费税暂行条例实施细则》及其他法规、规章规定的当期应申报缴纳消费税的应税消费品销售收入。

五、根据《中华人民共和国消费税暂行条例》的规定，本表“应纳税额”计算公式如下：

应纳税额＝销售额×适用税率

六、本表“本期准予扣除税额”按本表附件一的本期准予扣除税款合计金额填写。

七、本表“本期减（免）税额”不含出口退（免）税额。

八、本表“期初未缴税额”填写本期期初累计应缴未缴的消费税额，多缴为负数。其数值等于上期“期末未缴税额”。

九、本表“本期缴纳前期应纳税额”填写本期实际缴纳入库的前期消费税额。

十、本表“本期预缴税额”填写纳税申报前已预先缴纳入库的本期消费税额。

十一、本表“本期应补（退）税额”计算公式如下，多缴为负数：

本期应补（退）税额＝应纳税额（合计栏金额）－本期准予扣除税额－本期减（免）税额－本期预缴税额

十二、本表“期末未缴税额”计算公式如下，多缴为负数：

期末未缴税额＝期初未缴税额＋本期应补（退）税额－本期缴纳前期应纳税额

十三、本表为A4竖式，所有数字小数点后保留两位。一式二份，一份纳税人留存，一份税务机关留存。

其他消费税纳税人附报资料（1）：

附表5-15　　　　　　　　**本期准予扣除税额计算表**

税款所属期：　　年　　月　　日至　　年　　月　　日

纳税人名称（公章）：

纳税人识别号：

填表日期：　　年　　月　　日　　　　　　　　　　　　金额单位：元（列至角分）

项目 \ 应税消费品名称					合计
当期准予扣除的委托加工应税消费品已纳税款计算	期初库存委托加工应税消费品已纳税款				—
	当期收回委托加工应税消费品已纳税款				—
	期末库存委托加工应税消费品已纳税款				—
	当期准予扣除委托加工应税消费品已纳税款				
当期准予扣除的外购应税消费品已纳税款计算	期初库存外购应税消费品买价				—
	当期购进应税消费品买价				—
	期末库存外购应税消费品买价				—
	外购应税消费品适用税率				—
	当期准予扣除外购应税消费品已纳税款				
本期准予扣除税款合计					

填表说明

一、本表作为“其他应税消费品消费税纳税申报表”的附报资料，由外购或委托加工收回应税消费品后连续生产应税消费品的纳税人填报。

二、本表“应税消费品名称”填写高档化妆品、珠宝玉石、鞭炮焰火、汽车轮胎、摩托车（排量>250毫升）、摩托车（排量≤250毫升）、高尔夫球及球具、木制一次性筷子、实木地板。

三、根据《国家税务总局关于用外购和委托加工收回的应税消费品连续生产应税消费品征收消费税问题的通知》（国税发〔1995〕94号）的规定，本表“当期准予扣除的委托加工应税消费品已纳税款”计算公式如下：

当期准予扣除的委托加工应税消费品已纳税款＝期初库存委托加工应税消费品已纳税款＋当期收回委托加工应税消费品已纳税款－期末库存委托加工应税消费品已纳税款

四、根据《国家税务总局关于用外购和委托加工收回的应税消费品连续生产应税消费品征收消费税问题的通知》（国税发〔1995〕94号）的规定，本表“当期准予扣除的外购应税消费品已纳税款”计算公式如下：

当期准予扣除的外购应税消费品已纳税款＝（期初库存外购应税消费品买价＋当期购进应税消费品买价－期末库存外购应税消费品买价）×外购应税消费品适用税率

五、本表“本期准予扣除税款合计”为本期外购及委托加工收回应税消费品后连续生产应税消费品准予扣除应税消费品已纳税款的合计数，应与“其他应税消费品消费税纳税申报表”中对应项目一致。

六、本表为A4竖式，所有数字小数点后保留两位。一式二份，一份纳税人留存，一份税务机关留存。

其他消费税纳税人附报资料（2）：

附表5-16

准予扣除消费税凭证明细表

税款所属期：　年　月　日至　年　月　日

纳税人名称（公章）：

纳税人识别号：

填表日期：　年　月　日　　　　金额单位：元（列至角分）

应税消费品名称	凭证类别	凭证号码	开票日期	数量	金额	适用税率	消费税税额
合计	—	—	—	—	—	—	

填表说明

一、本表作为"其他应税消费品消费税纳税申报表"的附报资料，由外购或委托加工收回应税消费品后连续生产应税消费品的纳税人填报。

二、本表"应税消费品名称"填写高尔夫球及球具、木制一次性筷子、实木地板。

三、本表"凭证类别"填写准予扣除凭证名称，如：增值税专用发票、海关进口消费税专用缴款书、代扣代收税款凭证。

四、本表"凭证号码"填写准予扣除凭证的号码。

五、本表"开票日期"填写准予扣除凭证的开票日期。

六、本表"数量"填写 准予扣除凭证载明的应税消费品数量，并在本栏中注明计量单位。

七、本表"金额"填写准予扣除凭证载明的应税消费品金额。

八、本表"适用税率"填写应税消费品的适用税率。

九、本表"消费税税额"填写凭该准予扣除凭证申报抵扣的消费税税额。

十、本表为A4竖式，所有数字小数点后保留两位。一式二份，一份纳税人留存，一份税务机关留存。

其他消费税纳税人附报资料（3）：

附表5-17 **本期代收代缴税额计算表**

税款所属期： 年 月 日至 年 月 日

纳税人名称（公章）：

纳税人识别号：

填表日期： 年 月 日 金额单位：元（列至角分）

项目 \ 应税消费品名称				合计
适用税率				—
受托加工数量				—
同类产品销售价格				—
材料成本				—
加工费				—
组成计税价格				—
本期代收代缴税款				

填表说明

一、本表作为"其他应税消费品消费税纳税申报表"的附报资料，由应税消费品受托加工方填报。

二、本表"应税消费品名称"和"税率"按照以下内容填写：

高档化妆品：15%；贵重首饰及珠宝玉石：10%；金银首饰（铂金首饰、钻石及钻石饰品）：5%；鞭炮焰火：15%；汽车轮胎：3%；摩托车（排量＞250毫升）：10%；摩托车（排量≤250毫升）：3%；高尔夫球及球具：10%；高档手表：20%；游艇：10%；木制一次性筷子：5%；实木地板：5%。

三、本表"受托加工数量"的计量单位是：汽车轮胎为套；摩托车为辆；高档手表为只；游艇为艘；实木地板为平方米；木制一次性筷子为万双；高档化妆品、贵重首饰及珠宝玉石（含金银首饰、铂金首饰、钻石及钻石饰品）、鞭炮焰火、高尔夫球及球具按照受托方实际使用的计量单位填写并在本栏中注明。

四、本表“同类产品销售价格”为受托方同类产品销售价格。

五、根据《中华人民共和国消费税暂行条例》的规定，本表“组成计税价格”的计算公式如下：

组成计税价格 =（材料成本 + 加工费）÷（1-消费税税率）

六、根据《中华人民共和国消费税暂行条例》的规定，本表“本期代收代缴税款”的计算公式如下：

（一）当受托方有同类产品销售价格时：

本期代收代缴税款 = 同类产品销售价格×受托加工数量×适用税率

（二）当受托方没有同类产品销售价格时：

本期代收代缴税款 = 组成计税价格×适用税率

七、本表为A4竖式，所有数字小数点后保留两位。一式二份，一份纳税人留存，一份税务机关留存。

其他消费税纳税人附报资料（4）：

附表5-18

生产经营情况表

税款所属期：　　年　　月　　日至　　年　　月　　日

纳税人名称（公章）：

纳税人识别号：

填表日期：　　年　　月　　日　　　　金额单位：元（列至角分）

应税消费品名称 / 项目				
生产数量				
销售数量				
委托加工收回应税消费品直接销售数量				
委托加工收回应税消费品直接销售额				
出口免税销售数量				
出口免税销售额				

填表说明

一、本表为年报，作为“其他应税消费品消费税纳税申报表”的附报资料，由纳税人于年度终了后填写，次年1月份办理消费税纳税申报时报送。

二、本表“应税消费品”“销售数量”填写要求同“其他应税消费品消费税纳税申报表”。

三、本表“生产数量”，填写本期生产的产成品数量，计量单位应与销售数量一致。

四、本表“出口免税销售数量”和“出口免税销售额”为享受出口免税政策的应税消费品销售数量和销售额。

五、本表计量单位：汽车轮胎为套；摩托车为辆；高档手表为只；游艇为艘；实木地板为平方米；木制一次性筷子为万双；高档化妆品、贵重首饰及珠宝玉石（含金银首饰、铂金首饰、钻石及钻石饰品）、鞭炮焰火、高尔夫球及球具按照纳税人实际使用的计量单位填写并在本栏中注明。

六、本表为A4竖式。所有数字小数点后保留两位。一式二份，一份纳税人留存，一份税务机关留存。

第六章

企业所得税税务代理实务

【本章导读】

本章共分3节，第一节简要介绍企业所得税的计算和会计处理，第二节介绍企业所得税纳税申报代理，第三节介绍企业所得税纳税审核代理。企业所得税税制相对复杂，企业所得税政策和制度也处于比较频繁的变化中，因此其纳税申报代理和纳税审核代理相对复杂。通过本章的学习，要求同学们掌握代理企业所得税纳税申报的基本步骤和操作规范，熟悉企业所得税纳税审核的基本内容和方法。

第一节 企业所得税的计算和会计处理

一、企业所得税的计算

（一）企业所得税的计算公式

1.直接计算法：

应纳税所得额=收入总额-不征税收入-免税收入-各项扣除金额-允许弥补的以前年度亏损

应纳所得税税额=应纳税所得额×税率-减免税额-抵免税额

2.间接计算法：

应纳税所得额=会计利润总额+纳税调整增加额-纳税调整减少额

应纳所得税税额=应纳税所得额×税率-减免税额-抵免税额

（二）应纳税所得额的计算

1.企业的收入总额包括以货币形式和非货币形式从各种来源取得的收入，具体有销售货物收入、提供劳务收入、转让财产收入、股息红利等权益性投资收益、利息收入、租金收入、特许权使用费收入、接受捐赠收入和其他收入。

2.不征税收入包括财政拨款，依法取得并纳入财政管理的行政事业性收费、政府性基金，企业取得的符合条件的专项用途财政性资金。

3.企业的免税收入包括国债利息收入，符合条件的居民企业之间的股息、红利等权益性收益，在中国境内设立机构、场所的非居民企业取得与该机构、场所有实际联系的股息、红利等权益性投资收益，符合条件的非营利组织的收入。

4.各项扣除。企业实际发生的与取得收入有关的、合理的支出，包括成本、费用、税金、损失和其他支出，准予在计算应纳税所得额时扣除。

（1）成本是指企业销售商品（产品、材料、下脚料、废料、废旧物资等）、提供劳务、转让固定资产、无形资产（包括技术转让）的成本。

（2）费用是指企业在生产产品及提供劳务等过程中发生的销售费用、管理费用和财务费用，已计入成本的有关费用除外。

（3）税金是指企业发生的除企业所得税和允许扣除的增值税以外的企业缴纳的各项税金及附加。准予扣除的方式有两种：一是在发生当期扣除；二是在发生当期计入相关资产的成本，在以后各期分摊扣除。

（4）损失是指企业在生产经营活动中发生的固定资产和存货的盘亏、毁损、报废损失，转让财产损失，呆账损失，坏账损失，自然灾害等不可抗力因素造成的损失以及其他损失。值得注意的是，企业发生的损失减除责任人赔偿和保险赔款后的余额，依照国务院财政、税务主管部门的规定准予扣除；企业已经作为损失处理的资产，在以后纳税年度又全部收回或者部分收回时，应当计入当期收入。

（5）其他支出是指除成本、费用、税金、损失外，企业经营活动中发生的有关的、合理的支出，以及符合国务院财政、税务主管部门规定的其他支出。

5.允许弥补的以前年度亏损。亏损是指企业依照《中华人民共和国企业所得税法》及其实施条例的规定将每一纳税年度的收入总额减除不征税收入、免税收入和各项扣除后小于零的数额。按照税法规定，企业某一纳税年度发生的亏损可以用下一年度的所得弥补，下一年度的所得不足以弥补的，可以逐年延续弥补，但最长不得超过5年。

值得注意的是，对企业取得的免税收入、减计收入以及减征、免征所得额项目，不得弥补当期及以前年度应税项目亏损。当期形成亏损的减征、免征所得额项目，也不得用当期和以后纳税年度应税项目所得抵补；国债利息和符合条件的免税投资收益，不可弥补当年和以前年度的亏损额；查补应纳税所得额可以弥补亏损。

（三）减免税额的计算

纳税人按税收规定实际减免的企业所得税额，包括小型微利企业、国家需要重点扶持的高新技术企业、享受减免税优惠过渡政策的企业，其法定税率与实际执行税率的差额，以及其他享受企业所得税减免税的数额。

（四）境外所得抵免税额的计算

居民纳税人来源于我国境外的所得，非居民企业在中国境内设立机构、场所，取得发生在中国境外但与该机构、场所有实际联系的应税所得，已在境外实际缴纳的所得税款，准予在汇总纳税时从其应纳税额中抵免。但抵免限额不得超过其境外所得按我国企业所得税法规定计算的应纳税额。超过抵免限额的部分，可以在以后5个年度内，用每年度抵免限额抵免当年应抵税额后的余额进行抵补。

居民企业从其直接或者间接控制的外国企业分得的来源于中国境外的股息、红利等权益性投资收益，外国企业在境外实际缴纳的所得税税额中属于该项所得负担的部分，可以作为该居民企业的可抵免境外所得税税额。同样值得注意的是，我国境外所得税额抵免实行限额抵免和分国不分项抵免。

二、企业所得税的会计处理

（一）会计科目

1.所得税费用，反映当期应当计入利润表的所得税费用。该科目分“当期所得税费用”和“递延所得税费用”两个明细科目。

2.应交税费——应交所得税，反映按照税法规定计算的应交所得税。

3.递延所得税资产，借方登记“递延所得税资产”增加额，贷方登记“递延所得税资产”减少额。“递延所得税资产”借方余额为资产，表示将来可以少缴的所得税金额。

4.递延所得税负债，贷方登记“递延所得税负债”增加额，借方登记“递延所得税负债”减少额。“递延所得税负债”贷方余额为负债，表示将来应缴的所得税金额。

（二）账务处理

1.资产负债表日，企业按照税法计算的当期应交所得税金额，借记“所得税费用——当期所得税费用”科目，贷记“应交税费——应交所得税”科目。

2.在确认相关资产、负债时，根据所得税会计准则应予确认的递延所得税资产，借记“递延所得税资产”科目，贷记“递延所得税费用”科目和“资本公积——其他资本公积”等科目；应予确认的递延所得税负债，借记“递延所得税费用”科目和“资本公积——其他资本公积”等科目，贷记“递延所得税费用”科目。

3.资产负债表日，根据所得税会计准则应予确认的递延所得税资产大于“递延所得税资产”科目余额的差额，借记“递延所得税资产”科目，贷记“递延所得税费用”科目和“资本公积——其他资本公积”等科目；应予确认的递延所得税资产小于“递延所得税资产”科目余额的差额，借记“递延所得税费用”科目和“资本公积——其他资本公积”等科目，贷记“递延所得税资产”科目。

第二节　企业所得税纳税申报代理

一、企业所得税纳税申报代理操作规范

（一）预缴申报和年度申报

企业所得税按年计算，分月或分季预缴，年终汇算清缴，因此其代理申报业务有代理预缴申报和代理年度申报两个部分。

预缴又有两种方式：一种是按照月度或者季度的实际利润额预缴；另一种是如果按照月度或者季度的实际利润额预缴有困难的，可按照上一纳税年度应纳税所得额的月度或者季度平均额预缴，或者按照经税务机关认可的其他方法预缴。

（二）申报时限

注册税务师应替纳税人在月份或季度终了后15日内报送申报表和月份或季度财务报表，履行月份或季度纳税申报手续。年度终了后5个月内向其所在地主管税务机关报送“企业所得税年度纳税申报表”和税务机关要求报送的其他有关资料，办理结清税款手续。

（三）申报流程

1.审核。审核包括核查收入类账户和主要原始凭证，计算当期各项应税收入；核查成本核算账户和主要原始凭证，根据行业会计制度，确定当期产品销售成本或营业成本；核算主要的期间费用账户和原始凭证，确定当期实际支出的三大期间费用；核算税金类账户，确定税前应扣除的税金总额；核查损失核算账户，计算资产损失、投资损失和其他损失；核算营业外收支账户及主要原始凭证，计算营业外收支净额。根据上述工作，可计算出企业的应纳税所得额。

2.计算应纳税所得额。

3.填制报表。

4.报送报表和相关资料。

5.办理税款缴纳。

（四）报送资料

企业在纳税年度内，无论是盈利还是亏损，都应当按照税法规定的期限，向税务机关报送“预缴企业所得税纳税申报表”和“企业所得税年度纳税申报表”，并同时报送财务会计报表和税务机关规定应当报送的其他有关资料。

1.预缴申报。企业所得税预缴申报表分为A、B两类（见本章末附录6-1）。A类表适用于实行查账征收的居民纳税人及在中国境内设立机构的非居民纳税人在月（季）度预缴企业所得税时使用。B类表适用于实行核定征收（包括定率征收和定额征收）缴纳企业所得税的纳税人在月（季）度预缴企业所得税时使用。

2.扣缴申报。企业所得税扣缴分为法定扣缴和指定扣缴。法定扣缴是指非居民企业在中国境内未设立机构、场所的，或虽设立机构、场所但取得的与其所设机构、场所没有实际联系的所得应缴纳的企业所得税，实行源泉扣缴，以支付人为扣缴义务人。税款由扣缴义务人在每次支付或者到期应支付时，从支付或者到期应支付的款项中扣缴。非居民企业在中国境内取得工程作业和劳务所得应缴纳的所得税，税务机关可以指定工程价款或者劳务费的支付人为扣缴义务人，具体包括3种情形：一是预计工程作业或者提供劳务期限不足一个纳税年度，且有证据表明不履行纳税义务的；二是没有办理税务登记或者临时税务登记，且未委托中国境内的代理人履行纳税义务的；三是未按照规定期限办理企业所得税纳税申报或者预缴申报的。

扣缴义务人应向主管税务机关填报“中华人民共和国企业所得税扣缴报告”（见本章末附录6-3）。

3.年度申报。实行查账征收的居民纳税人，年度申报时须填报“中华人民共和国企业所得税年度纳税申报表（A类）”。该申报表由1个主表和11个附表组成。纳税人行业性质不同，使用附表略有差异，但主要体现在附表一和附表二上（具体表样和填报方法见本章末附录6-4）。

主表为“中华人民共和国企业所得税年度纳税申报表（A类）”，总括反映填报计算纳税人利润总额、应纳税所得额、应纳税额和附列资料等有关项目。

附表一为“收入明细表”，填报反映纳税人在纳税期间取得的各类收入。按工商企业、金融企业以及事业单位、社会团体、民办非企业单位主体不同，分别适用“收入明细表”、“金融企业收入明细表”和“事业单位、社会团体、民办非企业单位收入明细表”。“收入明细表”适用于执行企业会计制度、小企业会计制度、企业会计准则，以及分行业会计制度规的企业；“金融企业收入明细表”适用于执行金融企业会计制度、企业会计准则的商业银行、政策银行、保险公司、证券公司、信托投资公司、租赁公司、担保公司、财务公司、典当公司等金融企业。“事业单位、社会团体、民办非企业单位收入明细表”适用于执行事业单位会计制度、民间非营利组织会计制度的事业单位、社会团体、民办非企业单位、非营利性组织。

附表二为“成本费用表”，填报反映纳税人在纳税期间取得的成本费用。与附表一相对应，按工商企业、金融企业以及事业单位、社会团体、民办非企业单位主体不同，分别适用“成本费用明细表”、“金融企业成本费用明细表”和“事业单位、社会团体、民办非企业单位成本费用明细表”。“金融企业成本费用明细表”适用于各类金融企业。“事业单位、社会团体、民办非企业单位成本费用明细表”适用于事业单位、社会团体、民办非企业单位、非营利性组织。上述两类纳税人之外的企业适用“成本费用明细表”。

附表三为“纳税调整项目明细表”。根据《中华人民共和国企业所得税法》及其实施条例、相关税收政策，以及国家统一会计制度的规定，填报企业财务会计处理与税收规定不一致、需进行纳税调整项目的金额。

附表四为“税前弥补亏损明细表”，填报本纳税年度及本纳税年度前5个年度发生的税前尚未弥补的亏损额。

附表五为“税收优惠明细表”，填报纳税人本纳税年度发生的免税收入、减计收入、加计扣除、减免所得、减免税额、抵扣的应纳税所得额和抵免税额。根据企业的优惠项目，还应填报研发项目可加计扣除研究开发费用情况归集表、过渡期税收优惠及其他税收优惠明细表、技术转让所得计算表、创业投资企业抵扣应纳税所得额情况表、环境保护专用设备投资抵免企业所得税计算表、节能节水专用设备投资抵免企业所得税计算表、安全生产专用设备投资抵免企业所得税计算表、其他抵免企业所得税计算表和享受企业所得税减免税项目情况表。

附表六为“境外所得税抵免计算明细表”，填报纳税人本纳税年度来源于不同国家或地区的境外所得，按照税收规定应缴纳和应抵免的企业所得税额。同时，还需填报“以前年度境外所得税抵免情况表”。

附表七为“以公允价值计量资产纳税调整表”，填报纳税人以公允价值计量且其变动计入当期损益的金融资产、金融负债、投资性房地产的期初、期末的公允价值、计税基础以及纳税调整额。

附表八为“广告费和业务宣传费跨年度纳税调整表”，填报纳税人本纳税年度发生的全部广告费和业务宣传费支出的有关情况、按税收规定可扣除额、本年结转以后年度扣除额及以前年度累计结转扣除额等。

附表九为“资产折旧、摊销纳税调整明细表”，填报固定资产、生产性生物资产、长期待摊费用、无形资产、油气勘探投资、油气开发投资会计处理与税收处理的折旧、摊销，以及纳税调整额。

附表十为“资产减值准备项目调整明细表”，填报各项资产减值准备、风险准备等准备金支出以及会计处理与税收处理差异的纳税调整额。

附表十一为“长期股权投资所得（损失）明细表”，填报会计核算的长期股权投资成本、投资收益及其税收处理，以及会计处理与税收处理差异的纳税调整额。

4.企业所得税汇总纳税分支机构分配表。由于跨省分支机构应按各分支机构的经营收入、职工工资和资产总额三个因素（三因素的权重依次为0.35、0.35、0.30）在各省间分配企业所得税收入，因此在中国境内跨省设立不具有法人资格的营业机构并实行“统一计算、分级管理、就地预缴、汇总清算、财政调节”汇总纳税办法的居民企业，还须填报“中华人民共和国企业所得税汇总纳税分支机构分配表”（见本章末附录6-2）。

该表报送的时间要求是：总机构应在季度终了之日起10日内，随同预缴申报表报送；对于分支机构，应在季度终了之日起15内，随同预缴申报表报送总机构申报后加盖有主管税务机关受理专用章的“中华人民共和国企业所得税汇总纳税分支机构分配表”（复印件）。年度终了之日起5个月内，总机构随同年度纳税申报表报送分配表。

二、纳税申报表填报说明

代理纳税申报业务，应根据身份和申报类别选择相应表格，然后才能正确申报。不同身份如一般工商企业、金融企业或事业单位、社会团体和民办非企业性组织，不同申报类别如预缴申报和年度申报，填报的表格也不同。

（一）预缴申报

预缴申报填制“中华人民共和国企业所得税月（季）度预缴纳税申报表（A类）”或“中华人民共和国企业所得税月（季）度预缴纳税申报表（B类）”。根据预缴方式不同，填写表格的不同部分和内容。填报A类表的纳税人，分为按照实际利润额预缴、按照上一纳税年度应纳税所得额平均额预缴、按照经税务机关确定的其他方法预缴三类，分别填写在表格的不同部分（见本章末附录6-1的附表6-1）。填报B类表的纳税人，分为按收入总额核定应纳税所得额、按成本费用核定应纳税所得额和按经费支出换算应纳税所得额三类，分别填写在表格的不同部分（见本章末附录6-1的附表6-2）。

（二）企业所得税汇总纳税分支机构分配表

在中国境内跨省设立不具有法人资格的营业机构并实行“统一计算、分级管理、就地预缴、汇总清算、财政调节”汇总纳税办法的居民企业还须填报“中华人民共和国企业所得税汇总纳税分支机构分配表”（见本章末附录6-2的附表6-3）。“分配比例”填写经企业总机构所在地主管税务机关审批确认的各分支机构分配比例。目前的计算公式为：

$$\text{某分支机构分摊比例} = 0.35\times \text{该分支机构营业收入} \div \text{各分支机构营业收入之和} + 0.35\times \text{该分支机构工资总额} \div \text{各分支机构工资总额之和} + 0.30\times \text{该分支机构资产总额} \div \text{各分支机构资产总额之和}$$

（三）年度申报

企业所得税纳税申报表（A类）由利润总额、应纳税所得额和应纳税额三个层次组成，可见，该表企业所得税应纳税额的计算方法为间接方法，即对企业会计利润进行永久性差异和时间性差异的调整，计算出企业的应纳税所得额，再计算企业的应纳税额。由于主附表之间存在逻辑关系，因此需要先填写附表、再填写主表。具体来说，根据企业会计核算结果和税法有关规定，先填写附表一、附表二，完成主表中利润总额计算的部分；再填写附表五、附表六、附表七、附表八、附表九、附表十和附表十一，据以填写附表三；然后填写附表四，根据附表三、附表四，完成主表应纳税所得额计算的部分；最后完成应纳税额的计算。具体填写方法见附录6-4各附表的填报说明。

三、企业所得税纳税代理申报案例

某制造企业为居民纳税人，实行查账征收，2016年经审核后的损益类有关账户数据如下：主营业务收入1 000万元；主营业务成本600万元；其他业务收入20万元；其他业务成本6万元；税金及附加2万元；销售费用40万元，其中广告费、业务宣传费38万元（上一年度尚有没有抵扣完的广告费和业务宣传费50万元）；管理费用80万元，其中业务招待费3万元，新产品研究开发费20万元；财务费用5万元，其中利息收入1万元，向非银行金融机构借款10万元，支付利息2万元，银行同期同类贷款利率8%；营业外收入6万元，为处置固定资产净收益；营业外支出10万元，其中支付行政罚款1万元，通过红十字会向地震灾区捐赠现金6万元；投资收益10万元，其中国债利息收入6万元。

计入成本的实发工资总额300万元，实际发生职工福利费50万元，职工教育经费10万元，工会经费5万元（已取得工会组织开具的工会经费拨款专用收据），折旧费用30万元（2016年以前购置固定资产按5%保留残值，并按税法规定年限计提折旧，2016年8月购入一台价值为30万元的汽车，按5%保留残值，按折旧年限为3年）。

按照上述资料，填报企业所得税2016年年度纳税申报表。

【解析】

1.该企业为居民纳税人，且为制造企业，实行查账征收，因此适用主表为“中华人民共和国企业所得税年度纳税申报表（A类）”；附表一适用用企业为居民纳税人，且为制造企业，实行查账征收。

2.根据企业所得税申报表的要求，企业应按照会计核算要求填写附表一和附表二（见表6-1和表6-2），据此填报主表的第一部分。

表6-1　　企业所得税年度纳税申报表附表一（1）：收入明细表

填报时间：　　年　月　日　　　　金额单位:元（列至角分）

行次	项目	金额
1	一、销售（营业）收入合计（2+13）	10 200 000
2	（一）营业收入合计（3+8）	10 200 000
3	1.主营业务收入（4+5+6+7）	10 000 000
⋮		
8	2.其他业务收入（9+10+11+12）	200 000
9	（1）材料销售收入	
⋮		
17	二、营业外收入（18+19+20+21+22+23+24+25+26）	60 000
18	1.固定资产盘盈	60 000
⋮		

表6-2　　　　企业所得税年度纳税申报表附表二（1）：成本费用明细表

填报时间：　　年　月　日　　　　　　　　　　　　　　　　金额单位：元（列至角分）

行次	项目	金额
1	一、销售(营业)成本合计(2+7+12)	6 060 000
2	(一)主营业务成本(3+4+5+6)	6 000 000
⋮		
7	(二)其他业务成本(8+9+10+11)	60 000
⋮		
16	二、营业外支出(17+18+⋯+24)	100 000
17	1.固定资产盘亏	
18	2.处置固定资产净损失	
19	3.出售无形资产损失	30 000
20	4.债务重组损失	
21	5.罚款支出	10 000
22	6.非常损失	
23	7.捐赠支出	60 000
24	8.其他	
25	三、期间费用(26+27+28)	1 250 000
26	1.销售(营业)费用	400 000
27	2.管理费用	800 000
28	3.财务费用	50 000

经办人（签章）：　　　　　　　　　　　　法定代表人（签章）：

3.根据税法规定，甄别和计算纳税调整，并填写附表五、附表六、附表七、附表八、附表九、附表十和附表十一，之后再填写附表三。

（1）国债利息收入6万元属于免税项目，直接填入附表五“税收优惠明细表”中。新产品研究开发费10万元属于加计扣除项目，在填写企业所得税年度纳税申报表附表五（1）“研发项目可加计扣除研究开发费用情况归集表”的基础上，填入附表五“税收优惠明细表”中（见表6-3）。

表6-3　　　　企业所得税年度纳税申报表附表五：税收优惠明细表

填报时间：　　年　月　日　　　　　　　　　　　　　　　　金额单位:元（列至角分）

行次	项目	金额
1	一、免税收入（2+3+4+5）	60 000
2	1.国债利息收入	60 000
⋮		
9	三、加计扣除额合计（10+11+12+13）	100 000
10	1.开发新技术、新产品、新工艺发生的研究开发费用	100 000
⋮		

（2）附表八“广告费和业务宣传费跨年度纳税调整表”的填写。广告费和业务宣传费支出的扣除限额为企业当年销售收入的15%以内的部分；超过部分，准予结转以后纳税年

度扣除。因此，该制造企业广告费和业务宣传费支出的扣除限额为：（1 000+20）×15%=153（万元）。当年实际发生广告费、业务宣传费38万元，加上上一年度未抵扣完的50万元，共为88万元，少于扣除限额153万元，因此当年发生额可以全部扣除外，上一年度尚未抵扣完的广告费和业务宣传费50万元也可全部扣除。填写结果见表6-4。

表6-4　**企业所得税年度纳税申报表附表八：广告费和业务宣传费跨年度纳税调整表**

填报时间：　年　月　日　　　　金额单位:元（列至角分）

行次	项目	金额
1	本年度广告费和业务宣传费支出	380 000
2	其中：不允许扣除的广告费和业务宣传费支出	0
3	本年度符合条件的广告费和业务宣传费支出（1-2）	380 000
4	本年计算广告费和业务宣传费扣除限额的销售（营业）收入	10 200 000
5	税收规定的扣除率	15%
6	本年广告费和业务宣传费扣除限额（4×5）	1 530 000
7	本年广告费和业务宣传费支出纳税调整额（3≤6，本行＝2行；3＞6，本行＝1-6）	0
8	本年结转以后年度扣除额（3＞6，本行＝3-6；3≤6，本行＝0）	0
9	加：以前年度累计结转扣除额	500 000
10	减：本年扣除的以前年度结转额	500 000
11	累计结转以后年度扣除额（8＋9-10）	0

经办人（签章）：　　　　法定代表人（签章）：

（3）附表九“资产折旧、摊销纳税调整明细表”的填写。该企业2016年8月购入一台价值为30万元的汽车，按5%保留残值，折旧年限为3年，但税法要求飞机、火车、轮船以外的运输工具，折旧年限为4年，因此须填报此表反映该企业会计处理与税收处理的折旧差异，以及纳税调整额。

显然，该差异属于暂时性差异。2016年该企业会计上计提折旧为3.166667万元（30×（1-5%）÷36×4），按税法规定计提折旧为2.3750万元（30×（1-5%）÷48×4）。因此，应纳税所得额应调整0.791667万元。填写结果见表6-5。

表6-5　**企业所得税年度纳税申报表附表九：资产折旧、摊销纳税调整明细表**

填报时间：　年　月　日　　　　金额单位:元（列至角分）

行次	资产类别	资产原值		折旧、摊销年限		本期折旧、摊销额		纳税调整额
		账载金额	计税基础	会计	税收	会计	税收	
		1	2	3	4	5	6	7
1	一、固定资产（2+3+4+5+6）			★	★			7 916.67
⋮								
5	4.飞机、火车、轮船以外的运输工具	300 000	300 000	3	4	31 666.67	23 750	7 916.67
⋮								

经办人（签章）：　　　　法定代表人（签章）：

（4）根据上述填写的3个附表和企业会计核算、税法规定，填写附表三“纳税调整项目明细表”。除上述调整外，还需调整以下项目：

①职工福利费。职工福利费账面发生额为50万元，允许税前扣除的项目金额是42万元（300×14%），因此应调整应纳税所得额8万元。

②职工教育经费。账面发生额为10万元，允许税前扣除的项目金额是7.50万元（300×2.5%），因此应调整应纳税所得额2.50万元。

③职工工会经费。账面发生额为5万元，允许税前扣除的项目金额是4.50万元（300×1.5%），因此应调整应纳税所得额0.50万元。

④业务招待费。账面发生额为3万元，发生额的60%为1.80万元，销售收入的0.5%为0.51万元（1 020×0.5%），允许税前扣除的金额为0.51万元，因此应调整应纳税所得额2.49万元。

⑤利息支出。向非银行金融机构借款利息支出的账面发生额为2万元，允许税前扣除的金额是0.80万元（10×8%），因此应调整应纳税所得额1.20万元。

⑥行政罚款支出。账面发生额为1万元，不允许税前扣除，因此应调整应纳税所得额1万元。

⑦捐赠支出。账面发生额为6万元，允许税前扣除的金额是36.16万元（293×12%），因此发生额6万元可全部扣除，无须调整。

填写结果见表6-6。

表6-6 **企业所得税年度纳税申报表附表三：纳税调整项目明细表**

填报时间：　年　月　日　　　　金额单位:元（列至角分）

行次	项目	账载金额	税收金额	调增金额	调减金额
		1	2	3	4
⋮					
15	14.免税收入(填写附表五)	★	★	★	60 000
16	15.减计收入(填写附表五)	★	★	★	
17	16.减、免税项目所得(填写附表五)	★	★	★	
18	17.抵扣应纳税所得额(填写附表五)	★	★	★	
19	18.其他				
20	二、扣除类调整项目	★	★		
21	1.视同销售成本(填写附表二)	★	★	★	
22	2.工资薪金支出				
23	3.职工福利费支出	500 000	420 000	80 000	
24	4.职工教育经费支出	100 000	75 000	25 000	
25	5.工会经费支出	50 000	45 000	5 000	
26	6.业务招待费支出	30 000	5 100	24 900	★
27	7.广告费和业务宣传费支出(填写附表八)	★	★		500 000
28	8.捐赠支出	60 000	361 600		★
29	9.利息支出	20 000	8 000	12 000	
30	10.住房公积金				★
31	11.罚金、罚款和被没收财物的损失	10 000	★	10 000	★
⋮	⋮		★		★
39	19.加计扣除(填写附表五)	★	★	★	100 000
40	20.其他				
41	三、资产类调整项目	★	★		
42	1.财产损失				
43	2.固定资产折旧(填写附表九)	★	★	7 916.67	
⋮	3.生产性生物资产折旧(填写附表九)	★	★		
55	合　计	★	★	164 816.67	660 000

注：标有★的行次，纳税人分别按照适用的国家统一会计制度填报。

4.根据附表三，完成主表应纳税所得额计算的部分，最后完成主表第四部分的填写（见表6-7）。

表6-7　**中华人民共和国企业所得税年度纳税申报表（A类）**

税款所属期间：　　年　月　日至　　年　月　日

纳税人名称：

纳税人识别号:□□□□□□□□□□□□□□□□□□□□　　金额单位：元（列至角分）

类别	行次	项目	金额
利润总额计算	1	一、营业收入（填附表一）	10 200 000
	2	减：营业成本（填附表二）	6 060 000
	3	税金及附加	20 000
	4	销售费用（填附表二）	400 000
	5	管理费用（填附表二）	800 000
	6	财务费用（填附表二）	50 000
	7	资产减值损失	
	8	加：公允价值变动收益	
	9	投资收益	100 000
	10	二、营业利润（1-2-3-4-5-6-7+8+9）	2 970 000
	11	加：营业外收入（填附表一）	60 000
	12	减：营业外支出（填附表二）	100 000
	13	三、利润总额（10＋11-12）	2 930 000
应纳税所得额计算	14	加：纳税调整增加额（填附表三）	164 816.67
	15	减：纳税调整减少额（填附表三）	660 000
	16	其中：不征税收入	
	17	免税收入	60 000
	18	减计收入	
	19	、　减、免税项目所得	
	20	加计扣除	100 000
	21	抵扣应纳税所得额	
	22	加：境外应税所得弥补境内亏损	
	23	纳税调整后所得（13＋14-15-19-21＋22）	2 434 816.67
	24	减：弥补以前年度亏损（填附表四）	
	25	应纳税所得额（23-24）	2 434 816.67

续表

类别	行次	项目	金额
应纳税额计算	26	税率(25%)	25%
	27	应纳所得税额(25×26)	608 704.17
	28	减:减免所得税额(填附表五)	
	29	减:抵免所得税额(填附表五)	
	30	应纳税额(27−28−29)	608 704.17
	31	加:境外所得应纳所得税额(填附表六)	
	32	减:境外所得抵免所得税额(填附表六)	
	33	实际应纳所得税额(30+31−32)	608 704.17
	⋮		
	40	本年应补(退)的所得税额(33−34)	608 704.17
附列资料	41	以前年度多缴的所得税额在本年抵减额	
	42	以前年度应缴未缴在本年入库所得税额	

谨声明:此纳税申报表是根据《中华人民共和国企业所得税法》及《中华人民共和国企业所得税法实施条例》和国家有关税收规定填报的,是真实的、可靠的、完整的。

法定代表人(签字):　　年　月　日

纳税人公章: 经办人: 申报日期:　　年　月　日	代理申报中介机构公章: 经办人及执业证件号码: 代理申报日期:　　年　月　日	主管税务机关受理专用章: 受理人: 受理日期:　　年　月　日

第三节　企业所得税纳税审核代理

企业所得税代理纳税审查，应对所有可能影响应纳所得税税额的影响因素进行审查。从企业计算应纳所得税税额的过程来看，主要由利润总额计算、应纳税所得额计算和应纳税额计算三大部分组成，因此，企业所得税纳税审核代理主要审查这三个部分。利润总额的审核，亦即审核企业所有与利润形成有关的会计事项是否依照会计准则或者会计制度进行确认和计量，也就是说，利润总额的审核依据的是企业采用的会计准则或者会计制度。应纳税额的计算，是在会计利润的基础上，根据税法有关规定对有关项目和金额进行纳税调整后确定的计税依据，是企业所得税代理审核的核心内容。在实务中，注册税务师在对收入和扣除项目的会计处理是否符合会计准则或者会计制度的要求进行审核的同时，对其按照税法有关规定进行纳税调整。

一、年度收入总额的审核

年度收入总额的审核包括营业收入的审核、投资收益的审核和营业外收入的审核。

（一）营业收入的审核

营业收入包括主营业务收入和其他业务收入两部分。主营业务收入包括销售货物收入、提供劳务收入、让渡资产所有权收入和建造合同收入。其他业务收入包括代购代销手续费收入、包装物出租收入及其他收入。一般情况下，企业的主营业务收入和其他业务收入都属于增值税和消费税的征税范围，因此可参照货物税（即增值税和消费税）纳税审核的有关方法进行。

（二）投资收益的审核

投资收益是企业在对外投资股票、债券或其他投资活动中取得的收益，主要包括企业对外投资分得的利润、股票和债券利息，投资到期收回或中途转让取得款项高于账面价值的差额，以及按照权益法核算的股票投资在被投资单位增加的净资产中所拥有的数额。

1.股票投资的审核。股票投资一般采用成本法和权益法核算。具体采用哪种核算方法，要按股权投资比例和对被投资公司的影响力而定。当公司拥有的股权能对被投资公司形成控制（一般为50%以上）或不对被投资公司的经营决策有重大影响时（一般低于20%），应采用成本法；当公司投资对被投资公司的经营决策有重大影响或达到共同控制时，应采用权益法。

采用成本法核算的企业，主要审核公司是否将收到的股利不作当期投资收益处理而挂在“其他应付款”账户；公司在未收回投资前，是否调整了“长期股权投资”的账面价值。采用权益法核算的企业，主要审核发售股票公司的盈利和亏损数额，注册税务师可通过发行公司所在地税务机关核查；审核企业是否按投资比例计算投资权益的增加。

【例6-1】 2016年1月1日A公司取得B公司30%的股权且具有重大影响，按权益法核算。取得长期投资时，B公司某项长期资产的账面价值为80万元，A公司确认的公允价值为120万元，2016年12月31日，该资产的可收回金额为60万元，B公司确认了20万元的减值损失。2016年B公司实现净利润300万元，A公司应确认的投资收益是90万元。

注册税务师审核后，认为A公司在确认投资收益时不准确。B公司按账面价值计量，所以计提减值准备20万元（80−60）；投资方按公允价计量，所以计提减值准备60万元（120−60），但被投资单位已提20万元计入了投资收益，还应计提减值准备40万元，因此应确认投资收益：

（300−40）×30%=78（万元）

2.债券投资收益的审核。首先，审核应计利息是否正确。其次，审核溢价或折价摊销额的计算是否正确，尤应注意以溢价购入在1年内不得变现或不准备变现的债券，是否按规定于每期结账时确认了投资收益；以折价购入的债券，是否也按规定处理。再次，审核债券转让收入与原账面金额的差额是否记入“投资收益”科目；同时，还要注意审核“投资收益”科目的期末余额是否转入“本年利润”科目，有无长期挂账而不作本年收益处理的情况。

（三）营业外收入的审核

营业外收入是指企业发生与生产经营没有直接联系的收入，包括固定资产盘盈、处置固定资产净收益、罚款收入、确定无法支付而应转为营业外收入的应付款项、教育费附加返还等。主要从以下两个方面审核：

1.根据营业外收入明细账和摘要记录，对应“固定资产盘盈”、“无形资产”、“原材料”、“库存商品”、“应付账款”、“盈余公积”和“待处理财产损溢”等科目的发生额和具体内容，审核是否及时、全面确认营业外收入，有无在“其他应付款”“应付账款”科目长期挂账、隐匿收入等情况。

2.审核有无将营业外收入直接转入企业税后利润、账外处理等情况。审核“固定资产清理”“待处理财产损溢——待处理固定资产损溢”科目，看出售固定资产净收益和固定资产盘盈是否作为营业外收入入账；从“盈余公积”科目贷方发生额检查有无将营业外收入列入税后利润的情况；从生产费用科目的贷方发生额检查企业是否将营业外收入直接冲减费用。

二、税前准予扣除项目的审核

对税前准予扣除项目的审核，既要对其是否符合会计制度的规定进行审核，对违反企业会计准则或会计制度的会计核算进行账务调整；又要对其是否符合税法的规定进行审核，对不符合税法规定的项目进行纳税调整。

（一）主营业务成本的审核

主营业务成本是企业在一定时期内已实现销售的产品销售成本，是用已销产品数量乘以单位制造成本计算出来的。单位制造成本依据库存商品成本确定，库存商品成本又与生产过程所发生的直接材料、直接人工和制造费用密切相关，因此，对主营业务成本的审核，应包括直接材料的审核、直接人工的审核、制造费用的审核、产品制造成本的审核和主营业务成本的审核。

1.直接材料的审核。直接材料是产品生产成本的主要构成部分，是指企业生产过程中实际耗用的原材料、辅助材料、备品配件、外购半成品、燃料、动力、包装物以及其他直接材料。

对直接材料审核的主要内容包括：审核材料收发、领退的各种原始凭证是否完整，内容是否真实齐全，材料计价是否准确，是否符合财务会计制度的规定；有无以领代耗，月末不办理退料或假退料手续，从而加大当月生产成本的情况；有无将回收的各种边角余料、下脚料不作价入账，长期留在账外，冲减生产成本的情况；有无将非生产部门、在建工程领用的材料计入生产成本的情况。

2.直接人工的审核。直接人工是指直接从事产品生产的工人的工资、津贴、补贴和福利费等，主要包括直接从事产品生产的工人工资和按工资总额一定比例提取的职工福利费、工会经费和职工教育费三项费用。工资和三项费用直接影响产品成本的大小和企业的经营成果，从而影响企业所得税纳税额，因此对其进行审核十分必要。

对直接人工的审核，可通过抽查记账凭证、职工名册、工资计算表、工资分配表等资料以及“应付职工薪酬”账户进行，重点审核企业发放的工资薪金是否合理；是否存在将非工资性支出列入了工资总额的情况；有无将应列入管理费用的离退休职工工资及6个月以上病假人员工资计入生产成本的情况；有无将在建工程，固定资产安装、清理等发生的工资计入生产成本的情况；有无将不属于本企业人员的工资列入本企业的工资支出的情况；有无弄虚作假、重复列支工资，进而扩大成本费用的情况。

3.制造费用的审核。制造费用是指企业各生产单位为组织和管理生产而发生的各项间接费用，包括生产车间发生的机物料消耗、生产车间管理人员的职工薪酬、生产车间计提的固定资产折旧以及支付的办公费、水电费、修理费等。由于制造费用要最终分配到不同产品的成本中，直接影响到产品制造成本的大小，进而影响到产品销售成本（或主营业务成本），因此对其进行审核非常必要。对制造费用的审核，需要结合制造费用分配表、生产工时、定额工时以及产品直接人工工资记录等资料进行审核。审核的重点是：

（1）注意归集制造费用口径的审核。审核有无把不应在制造费用里归集的支出列入制造费用的情况，如把不属于成本开支范围的资本性支出、在建工程的人工费用等计入制造费用，借以加大产品成本，减少当期或近期利润，从而少缴企业所得税；审核有无把本应计入制造费用的项目未列入制造费用的情况，如将车间的大修理支出列入在建工程，这样虚增了企业当期利润，加大了企业当期所得税税额。

（2）重点加强固定资产计提折旧的审核。如果企业缩短固定资产使用年限，或扩大提取折旧的固定资产的范围，或提高折旧率，就会使制造费用增加，进而增加产品生产成本，减少利润，从而使企业延迟缴纳企业所得税。因此审核固定资产折旧是否符合企业会计准则或会计制度规定的同时，也应加强对固定资产计提折旧是否符合税法规定的审核。

①审核企业计提折旧的方法和折旧率是否变更。企业计提折旧的方法和折旧率，一经确定就不能任意改动，因此审核人员在审阅“累计折旧”科目明细账时，如发现某月提取的折旧额有变化，应查明原因，确定这些变化是因增建或报废固定资产还是因折旧方法、折旧率变化而引起的。在审核时，可通过“固定资产登记簿”和“固定资产折旧表”，对照审核固定资产残值和折旧年限的确定是否符合规定，折旧额计算是否正确，有无擅自改变折旧方法的现象。

根据企业所得税法的规定，企业拥有并用于生产经营的主要或关键的固定资产，由于技术进步、产品更新换代较快，或常年处于强震动、高腐蚀状态，确需加速折旧的，可以缩短折旧年限或者采取加速折旧的方法。企业发生上述情况时，可按以下情况分别处理：企业在原有的固定资产未达到实施条例规定的最低折旧年限前，使用功能相近或类似的新固定资产替代旧固定资产，企业可根据旧固定资产的实际使用年限和上述规定，对新替代的固定资产采取缩短折旧年限或者加速折旧的方法；企业过去没有使用过与该项固定资产功能相同或类似的固定资产，但有充分证据证明该固定资产的预计使用年限短于实施条例规定的计算折旧最低年限的，可根据该固定资产的预计使用年限和上述规定，对该固定资产采取缩短折旧年限或者加速折旧的方法。

②审核固定资产折旧的范围。固定资产折旧的范围应严格按照税法的规定来界定，主要审核企业有无对未使用、不需用、已提足折旧、报废或经营租赁方式租入的固定资产计提折旧的情况；有无对当月购进和使用的固定资产当月计提折旧的情况。审核人员可通过“固定资产登记簿”和“固定资产卡片”来核实未使用、不需用、已提足折旧、报废的情况，从而确定企业固定资产计提折旧的范围。

③审核固定资产的计税基础。审核企业有无扩大计税基础，如将应计入资产价值的运输保险安装等费用直接计入当期损益的情况。

（3）制造费用分配的审核。首先，审核“费用分配表”的分配费用总额与该项费用分配账户的发生额是否相符，如发现错误应重新编制“费用分配表”，调整生产成本，转入相关项目。其次，审核企业对各项费用的分配标准是否适当，查清企业确定费用分配标准的根据和理由，并与以前年度生产费用分配标准对比，分析当年采用的标准是否适当，从而确定企业有无利用变换分配标准来人为调节和控制当期产品成本的情况。最后，审核企业生产费用分配率的计算是否正确。

4.产品制造成本的审核。产品制造成本是指企业生产某个种类和一定数量产品所发生的直接材料、直接人工和制造费用的总和。它是通过对生产过程中的生产费用的归集分配，并采用一定的成本计算方法计算出来的。对产品制造成本的审核主要包括产成品、在产品成本计算的审核。

（1）产成品成本计算的审核。工业企业完工产品成本的计算公式为：

完工产品成本=期初在产品成本+本期发生的生产费用-期末在产品成本

可见，期末在产品成本的计算是否正确，直接影响完工产品成本计算的正确性。

（2）在产品成本计算的审核。在产品成本计算的审核包括在产品数量的审核和在产品成本的审核。

首先，审核企业是否正确组织在产品数量的核算，进行在产品收发存数量资料的审查，是否同时具备账面核算资料和实际盘点资料。在审核时，认真核对“期末在产品盘存表”，将该表与“产品成本计算单”有关数字认真核对，同时深入车间，询问了解企业是否对在产品进行认真盘点（必要时可进行抽查盘点），有无漏项。对同一产品期初、期末结存数量可按季或按月进行对比，数量变化剧烈的应重点审核。

其次，审核在产品成本的计算是否科学、正确。在产品成本的计算，就是采用一定的方法将全部生产费用在在产品和完工产品之间进行分配，从而确定在产品成本。目前，常采用的分配方法有：不计算在产品成本法，按年初数固定计算在产品成本法，在产品按所耗原材料费用计价法，约当产量比例法，在产品按定额成本计价法和定额比例法。企业应根据在产品数量的多少、各月在产品数量变化的大小、各项费用比重的大小，以及定额管理基础的好坏等具体条件，选择合理简便的分配方法。注册税务师在审核时，应根据企业不同的成本计算方法确定审核重点。

①不计算在产品成本法。由于期末在产品数量很少，价值很低，并且各月份在产品数量比较稳定，因此为了简化成本核算工作，可以不计算在产品的成本，本期发生的全部生产费用都由完工产品承担。所以在审核时，重点核实本期发生的生产费用的归集、分配是否正确。

②按年初数固定计算在产品成本法。由于各月月末在产品结存数量较少，或者虽然在产品结存数量较多，但各月月末在产品数量稳定、起伏不大，因此采用按年初数固定计算在产品成本法，本期发生的生产费用都由完工产品承担。所以在审核时，对每年年末在产品成本核算需要根据实际盘存资料重点核实。

③在产品按所耗原材料费用计价法。由于直接材料成本在生产成本中所占比重较大，在产品只计算其所耗直接材料成本，不计算直接人工等加工成本（本月发生的直接人工等加工成本全部由完工产品承担），因此在审核时，应着重核实期初和期末在产品的原材料费用计算是否正确。

④约当产量比例法。由于在产品完工进度计算是否正确，对在产品成本计算影响很大，因此应首先审核约当系数计算是否正确。其次，审核企业是否按成本项目分别按不同的约当系数计算在产品成本，不能把原材料与工资及其他费用按同一比例折合，否则就会少计在产品的原材料成本。

⑤在产品按定额成本计价法。采用这种方法时，对各个加工阶段上的在产品，直接确定一个单位定额成本，月底在产品成本按定额成本计算，余额作为完工产品成本，因此在审核时，根据各工序“在产品盘存表”重点核实在产品数量，以及在产品成本是否按照定额成本资料计算。

⑥定额比例法。定额比例法是产品的生产费用按完工产品和月末在产品的定额消耗量或定额费用的比例，分配计算完工产品和月末在产品成本的一种方法。其中，原材料费用按原材料费用定额消耗量或原材料定额费用比例分配；工资和福利费、制造费用等各项加工费用，按定额工时或定额费用比例分配。重点审核在产品分配的生产费用计算是否正确，是否存在通过调整定额从而人为地调节在产品、产成品成本的现象。

【例6-2】注册税务师对某企业2016年度的产品生产成本进行审核，发现生产成本明显上升，但产品生产数量却基本持平。经过审核，发现一笔300万元的固定资产改造支出计入了制造费用，后转入产品生产成本。

该企业的会计处理不正确，将300万元的固定资产改造支出直接计入制造费用，加大了产品成本，减少了企业利润，进而使企业延迟缴纳了企业所得税。正确的处理方法是将固定资产300万元的改造支出计入固定资产成本，通过计提折旧计入制造费用，因此，应对该企业通过借记“固定资产”科目、贷记“以前年度损益调整”和“累计折旧”科目进行账务调整。

5.主营业务成本的审核。主营业务成本是企业已销产品的实际制造成本，由产品销售数量和单位制造成本构成。因此将“主营业务收入”科目明细账的销售数量和“主营业务成本”科目明细账的销售数量进行核对，审核有无不按销售数量结转销售成本，从而造成产品销售成本不实的情况；有无不按加权平均法（或先进先出法、移动加权平均法）计算销售成本，造成多转或少转销售成本的情况；有无将销售退回只冲减销售收入，不冲减销售数量等情况。

（二）期间费用的审核

期间费用是指企业行政管理部门为组织和管理生产经营活动、筹集资金、组织产品销售而发生的各项费用，包括企业的管理费用、财务费用以及为销售产品和提供劳务而发生的销售费用。

1.管理费用的审核。管理费用是指企业行政管理部门为组织和管理生产经营活动而发生的各项费用，包括企业经费（企业行政管理部门人员工资、职工福利费、差旅费、办公费、董事会会费、折旧费、固定资产修理、物料消耗、低值易耗品摊销）、职工教育经费、业务招待费、税金、技术开发费、无形资产摊销、咨询费、诉讼费、开办费摊销、上缴上级管理费、劳动保险费、待业保险费以及其他管理费用。

（1）职工薪酬的审核。职工薪酬是指企业为获得职工提供的服务而给予各种形式的报酬以及其他支出，是企业和职工建立在雇佣关系上的各种支付关系，包括职工工资、奖金、津贴和补贴，医疗保险费、养老保险费、失业保险费、工伤保险费、生育保险费等社会保险费，职工福利费、职工教育经费、职工工会经费，以及住房公积金。职工薪酬的会计核算是根据职工的具体岗位情况分别记入“生产成本”、“制造费用”或“管理费用”科目。

按照税法的规定，企业发生的合理的工资、薪金可以据实扣除。按照国务院有关主管部门或省级人民政府规定的范围和标准为职工缴纳的“四险一金”，即基本医疗保险费、基本养老保险费、失业保险费、工伤保险费等基本社会保险费和住房公积金，准予扣除。企业为职工缴纳的补充养老保险、补充医疗保险在国务院财政、税务主管部门规定范围以内的（职工工资总额5%以内的部分）准予扣除。职工福利费、职工教育经费、职工工会经费在不超过工资薪金总额的14%、2.5%和2%的部分准予扣除。审核的重点是其列支是否符合税法规定的准予税前扣除的条件和标准。可通过“应付职工薪酬”科目明细账、“工资计算单”、“生产成本”、“制造费用”和“管理费用”等科目对照审核。

（2）业务招待费的审核。按照税法的规定，企业发生的与生产经营活动有关的业务招待费支出，按照发生额的60%扣除，但最高不得超过当年销售（营业）收入的0.5%。在审核时，首先要注意作为计算基数的销售（营业）收入，不仅包括会计核算的“主营业务收入”和“其他业务收入”，还包括视同销售收入。其次，审核列入业务招待费的支出是否真实、合理、合法，有无将请客送礼违反财经纪律的支出列入管理费用，有无将不属于业务经营的费用或不合理的支出列入管理费用。最后，审核对超额列支的业务招待费在计算所得税时是否作调增处理。在审核时，应将“管理费用——业务招待费”科目明细账与有关会计凭证进行核对，审核其支出是否合理、合法。注意审核“管理费用——其他”科目明细账，看是否有业务招待费在此列支，同时还应查看销售费用明细账中是否有业务招待费列支。

（3）技术开发费的审核。根据国家税务总局印发的《企业研究开发费用税前扣除管理办法》（国税发〔2008〕116号）的规定，企业从事《国家重点支持的高新技术领域》和国家发改委等部门公布的《当前优先发展的高技术产业化重点领域指南（2007年度）》规定项目的研究开发活动，其在一个纳税年度中实际发生的研究开发费用，未形成无形资产计入当期损益的，在按照规定据实扣除的基础上，按照研究开发费用的50%加计扣除；形成无形资产的，按照无形资产成本的150%摊销。在审核时，首先要审核企业有无将不允许加计扣除的支出项目列入了研究开发费用；其次，企业未设立专门的研发机构或企业研发机构同时承担生产经营任务的，应当分别核算，对划分不清的，不得实行加计扣除。因此在审核时，要调阅企业开发新产品、新技术、新工艺的专项批文并证实项目的合法性。另外，还应调阅原始凭证、记账凭证，以及管理费用明细账，逐一对照核实。

（4）无形资产摊销的审核。这主要审核外购无形资产的入账价值、付款期限与合同协议是否一致，有无虚列冒报的；已作为技术转让费在费用中列支的使用非专利技术的支出，有无错按无形资产入账重复摊销的；无形资产摊销年限是否少于10年。在审核时，首先应收集无形资产相关的法规及其证书，如专利法、商标法、版权法和专利证书、商标证明书等，了解各项无形资产有无法定年限；其次，查阅企业的有关合同、协议和申请书，了解是否对无形资产的期限作出规定；再次，根据收集到的有关资料判断企业无形资产有效期限的确定是否正确、合规；最后，根据“无形资产”科目借方发生额，结合其原始凭证，审核其入账金额是否真实，根据“无形资产”科目贷方发生额审核其摊销期限和金额是否正确。

除前面有关内容外，还有一些其他管理费用项目，其审核主要是根据列支的项目对照制度规定，并结合原始凭证，审核其真实性、合理性、会计处理是否正确，是否混淆资本性支出和收益性支出，防止将固定资产、在建工程的支出作为管理费用列支；同时还要注意按照权责发生制的原则，审核企业有无把本应在本期列支的费用拖后列支，或不应在本期列支的费用提前列支的现象。

2.销售费用的审核。销售费用是指企业在销售产品、自制半成品和提供劳务等过程中发生的各项费用，包括由企业负担的包装费、运输费、广告费、装卸费、保险费、委托代销手续费、展览费、租赁费（不含融资租赁费）和销售服务费，销售部门人员工资、职工福利费、差旅费、折旧费、修理费、物料消耗、低值易耗品摊销以及其他经费等。

（1）企业支付的手续费及佣金的审核。按照现行税法规定，企业发生的与生产经营有关的手续费和佣金支出，财产保险企业不超过按当年全部保费收入扣除退保金等后余额的15%的部分，人身保险企业不超过按当年全部保费收入扣除退保金等后余额的10%的部分，其他企业不超过按与具有合法经营资格中介服务机构或个人所签订服务协议或合同确认的收入金额的5%的部分，准予税前扣除，超过部分不予扣除。尤应注意的是，除委托个人代理外，企业以现金等非转账方式支付的手续费及佣金不得在税前扣除；企业已计入固定资产、无形资产等相关资产的手续费及佣金支出，应通过折旧、摊销等方式分期扣除，不得在发生当期直接扣除。

（2）广告费、业务宣传费和赞助费的审核。按照现行税法规定，企业发生的符合条件的广告费和业务宣传费支出，除国务院财政、税务主管部门另有规定外，不超过当年销售（营业）收入15%的部分，准予扣除；超过部分，准予在以后纳税年度结转扣除。自2016年1月1日起至2020年12月31日止，对化妆品制造和销售、医药制造和饮料制造（不含酒类制造）企业发生的广告费和业务宣传费支出，不超过当年销售（营业）收入30%的部分，准予扣除；超过部分，准予在以后纳税年度结转扣除；烟草企业的烟草广告费和业务宣传费支出，一律不得在计算应纳税所得额时扣除。在审核时，根据“销售费用”科目的借方发生额，对照有关凭证，审查其开支是否真实、合理；根据其贷方发生额审核销售费用在销售产品之间的分配及分配标准是否合理，有无将免税产品应负担的费用分配给应税产品的。

3.财务费用的审核。财务费用是指企业在生产经营过程中为筹集资金而发生的筹资费用，包括企业生产经营期间发生的利息支出、汇兑损益、金融机构手续费，企业发生的现金折扣或收到的现金折扣等。

（1）利息支出的审核。非金融企业向金融企业借款的利息支出可以据实扣除；非金融企业向非金融企业借款的利息支出，不超过按照金融企业同期同类贷款利率计算的数额的部分可据实扣除，超过部分不予扣除。同时，企业为购置、建造固定资产、无形资产和经过12个月以上的建造才能达到预定可销售状态的存货发生借款的，在有关资产购置、建造期间发生的合理的借款费用，应当作为资本性支出计入有关资产的成本，有关资产交付使用后发生的借款利息，可以在发生当期扣除。

审核利息支出的重点有两个：一是审核企业是否存在将资产性利息支出即应资本化的利息支出，作为生产经营期间的利息支出列入财务费用的情况；二是审核列入财务费用的利息支出金额是否超出规定的准予列支标准，长期借款利息有无人为调节利润而不按期限均衡提取的。在审核时，应根据“财务费用”科目明细账的借方发生额，对照原始凭证逐笔进行审核，看列支的利息支出是否超出范围，对不符合规定的列支金额应剔除，并调增利润。通过审核“财务费用”科目明细账的贷方发生额，以借款合同或有关协议书为依据，看企业的利息收入是否进行了全额反映。核实生产期间贷款利息的预提是否正确。

（2）汇兑损益的审核。汇兑损益是指企业在发生外币交易、兑换业务和期末账户调整及外币报表换算时，由于采用不同货币，或同一货币不同比价的汇率核算时产生的、按记账本位币折算的差额。对汇兑损益审核的主要内容包括：①汇兑损益的计算方法是否正确，企业是否按规定时间确认汇兑损益；②核对所用汇率是否正确；③对于从筹建期间汇兑损益转入的，应查明其摊销方法在前后期是否保持一致，摊销金额是否正确。在审核时，应对“财务费用——汇兑损益”科目明细账逐笔进行核实，翻阅有关原始凭证检查其核算的正确性。

【例6-3】ABC有限公司位于北京市中关村科技园区，为增值税一般纳税人。2017年4月，诚信税务师事务所受托对该公司2016年度的纳税情况进行审核，获得下列资料①：

（1）2016年的基本情况如下：取得含税收入5 850万元（销售收入5 000万元），实现利润850万元，纳税调增项目为：业务招待费17.20万元。纳税调减项目为：研发费用加计扣除500万元。应纳税所得额为367.20万元（850+17.20−500），公司已缴纳企业所得税91.80万元。

（2）在审查有关账目时，发现每个季度末“财务费用”科目借方都有一笔红字冲转，经调查核实，该公司2016年向各地销售电子设备，部分购买方没有及时付款，ABC公司向欠款的购买方按季收取所欠货款的利息，全年合计14万元，该公司每季度的账务处理为：

借：银行存款

　贷：财务费用

（3）2016年5月，以公司自己生产制造的电子设备180万元（不含税销售价格）对外投资。该公司财务部门将该批电子设备依其生产成本116万元全部结转到“长期股权投资”科目，公司的账务处理为：

借：长期股权投资	1 160 000	
贷：库存商品		1 160 000

（4）公司在“管理费用”科目中列支了业务招待费43万元，以及符合条件的新产品研究开发费用500万元；在“销售费用”科目中列支了广告费700万元、业务宣传费50万元（2016年累计未抵扣完的广告费为120万元，业务宣传费为10万元）。

请指出公司存在的纳税问题，并分别计算2016年度应补（退）税款。

【解析】

公司存在的纳税问题如下：

1.销售货物延期付款利息未作价外费用，少缴增值税；少计收入，多计财务费用。

少缴增值税=14÷1.17%×17%=2.03（万元）

少计收入11.97万元，多计财务费用14万元，因此综合影响为应纳税调减2.03万元。

2.自产电子设备对外投资未视同销售，未缴纳增值税，未视同销售调整应纳税所得额。

少缴增值税=180×17%=30.60（万元）

应调增应纳税所得额=180−116=64（万元）

① 改编自2010年注册税务师“税务代理实务”考试试题。

3.业务招待费、广告费和业务宣传费的调整：

（1）计算业务招待费、广告费和业务招待费的收入基数应加上收入调整增加数，即调整为：

5 000+11.97+180=5 191.97（万元）

（2）业务招待费的调整。业务招待费按比例计算限额为：43×60%=25.80（万元）；按收入计算限额为：5 191.97×5‰=25.96（万元）；应纳税调整增加：43−25.80=17.20（万元）。

（3）广告费和业务宣传费本年度发生额未超过税法规定标准，但以前年度未抵扣完的广告费和业务宣传费可在本年度未超过部分中税前扣除，企业未作纳税调减，应纳税调整减少：5 191.97×15%−（700+50）=28.80（万元）。2016年度累计未抵扣完的广告费和业务宣传费为：（120+10）−28.80=101.20（万元）。

（4）研究开发费多加计扣除。根据税法规定，公司可加计扣除的研究开发费为250万元（500×50%），但企业纳税调减500万元，因此应纳税调增250万元。

4.因补缴增值税而补缴城市维护建设税、教育费附加，可以在企业所得税税前扣除。

5.申报缴纳企业所得税时未按15%的税率缴纳。

计算补（退）税额：

1.应补增值税=14÷1.17×17%+180×17%=32.63（万元）

2.应补城建税=32.63×7%=2.28（万元）

3.应补教育费附加=32.63×3%=0.98（万元）

4.应纳税所得额=850（利润）+14÷1.17（价外费用）+180（对外投资视同销售）+17.20（业务招待费）−28.80（广告费、业务宣传费）−14（多计的财务费用）−116（视同销售）−250（多加计扣除）−3.26（城建税和教育费附加）=647.11（万元）

5.应纳所得税额=647.11×15%=97.07（万元）

企业已预缴所得税91.80万元。

应补企业所得税=97.07−91.80=5.27（万元）

（三）其他扣除项目的审核

1.营业外支出的审核。营业外支出是指企业发生的与日常生产经营活动无直接关系的各项支出，包括非流动资产处置损失、非货币性资产交换损失、债务重组损失、公益性捐赠支出、非常损失、盘亏损失等。

（1）捐赠支出的审核。现行税法规定，企业发生的公益性捐赠支出，不超过年度利润总额12%的部分，准予扣除。年度利润总额是指企业依照国家统一会计制度的规定计算的年度会计利润。在审核时，首先要审核企业捐赠支出是否属于公益救济性捐赠支出，非公益救济性捐赠支出应在税后利润中列支。其次，由于计算公益救济性捐赠支出的基数是依照国家统一会计制度的规定计算的年度会计利润，因此必须对企业未按照国家统一会计制度规定的会计处理进行调整，之后计算的年度会计利润才是公益救济性捐赠支出的计算基数。在审核时，应根据“营业外支出——捐赠支出”科目明细账逐笔进行审核。

（2）其他营业外支出的审核。首先，审核企业有无将不能税前扣除的营业外支出在计税时未作剔除，如企业支付的各项罚款、滞纳金和违反财经纪律的支出，赞助支出，自然灾害或者意外事故损失的赔偿部分，与生产经营无关的其他各项支出等列入了营业外支出。其次，对一些规定先审批再扣除的营业外支出项目，审核有无报批手续，如固定资产、在建工程、流动资产非正常盘亏、毁损、报废的净损失是否减除责任人赔偿，保险赔偿后的余额是否已经主管税务机关认定；存货、固定资产、无形资产、长期投资发生永久性或实质性损失，是否已经过主管税务机关认定；处置固定资产损失、出售无形资产损失、债务重组损失，是否按照税法规定经过税务机关认定审批。

2.其他业务成本的审核。其他业务成本是指企业除主营业务活动以外的其他经营活动所发生的成本，包括销售材料成本、出租固定资产折旧额、出租无形资产摊销额、出租包装物成本或摊销额。在审核时，首先审核其他业务成本的核算内容是否正确，是否符合配比原则，有无少计、多计或不计成本费用的现象；审核其他业务成本的会计处理与税务处理的差异，并作出相应处理。

3.税金及附加的审核。准予在税前扣除的税金及附加包括消费税、增值税、城市维护建设税、资源税、土地增值税和教育费附加（房产税、车船税、城镇土地使用税、印花税一般在“管理费用”科目核算）。在审核时，应根据“税金及附加”科目明细账与其相对的“主营业务收入”“其他业务收入”“应交税费”“其他应付款”等科目进行核对，审核企业的税金计算和扣除是否正确。

三、应纳税所得额的审核

应纳税所得额的审核是在对前述收入、税前扣除项目审核、计算、调整得出会计利润总额的基础上，对按照税法的有关规定进行纳税调整，将会计利润调整为应纳税所得额而进行的审核。

（一）收入类调整项目的审核

在对营业收入、营业外收入和投资收益进行审核和调整的基础上，还应对按税法规定确认因不征、免征而须调整的收入进行审核。

1.视同销售收入的审核。视同销售是指会计上不作为销售处理，而在税法上应作为应税收入缴纳企业所得税的收入。按照税法规定，企业发生非货币性资产交换，以及将货物、财产、劳务用于捐赠、偿债、赞助、集资、广告、样品、职工福利或者利润分配等用途的，应该视同销售。对视同销售收入的审核，应根据有关资产、存货等项目的明细账及摘要栏记录的内容，对应“营业外收入”、“应付账款”、“营业外支出”、“应付职工薪酬”、“长期股权投资”和“应付股利”等科目，对照具体原始凭证，对业务内容、性质进行判断。

2.销售折扣和折让的审核。销售折扣分为商业折扣和现金折扣。商业折扣是指销货方为了促进销售，在商品价目单原定价格的基础上给予购货方的价格扣除。税法规定，如果销售额和折扣额在同一张发票上分别注明，可按折扣后的销售额征收增值税；如果将折扣额另开发票，不论其在财务上如何处理，均不得从销售额中减除折扣额。现金折扣是指销货方在采用赊销方式销售货物或提供劳务时，为了鼓励购货方及早偿还货款，按协议许诺给予购货方的一种债务扣除。现金折扣发生在销货之后，是一种融资性质的理财费用，不得从销售收入中扣减。销售折让是指销货方因售出货物的质量等原因给予购货方的一种价格减让。销售折让实质是原销售额的减少。按税法规定，销货方取得税务机关出具的“企业进货退出及索取折让证明单”，方可开具红字专用发票，据以扣减折让当期的增值税销项税额。对于收入确认之后发生的销售折让，会计上可以直接冲减发生折让当期的“主营业务收入”；也可设置“销售折让”科目单独归集后，在利润表上抵减“主营业务收入”项目的金额。不符合上述规定的其他销售折扣和折让，如果在会计核算上扣减了收入，应予调整。在审核时，应着重审查“主营业务收入”科目的核算，尤应关注红字发生额。

3.捐赠收入的审核。按照税法规定，企业接受的捐赠收入，无论是货币还是非货币形式，都按实际收到受赠资产的时间并按捐赠资产的公允价值确认收入。如果企业取得的捐赠收入金额较大，并入一个纳税年度纳税确有困难的，可以在不超过5年的期间内均匀计入各年度的应纳税所得。在审核时，着重审核企业是否按公允价值入账，是否未确认收入而直接记入“资本公积”科目。如果记入“资本公积”科目，应予以纳税调整。

4.未按权责发生制原则确认的收入的审核。这是指在会计上按照权责发生制原则确认收入，计税时按照收入实现制原则确认收入，因财务会计处理方法和税法规定不一致而产生的暂时性差异应予纳税调整的项目和金额。如以分期收款方式销售货物，税法规定按照合同约定的收款日期确认收入的实现；而会计处理时，是按照《企业会计准则第14号——收入》的5个条件确认收入：（1）企业已将商品所有权上的主要风险和报酬转移给购货方；（2）企业既没有保留通常与所有权相联系的继续管理权，又没有对已售出的商品实施有效控制；（3）收入的金额能够可靠地计量；（4）相关的经济利益很可能流入企业；（5）相关的已发生或将发生的成本能够可靠地计量。如果会计处理和税法规定产生了差异，就应予以纳税调整。

【例6-4】2016年10月，A公司向B公司发出商品1万件，每件500元（不含税），成本价300元/件。合同约定分三期付款，B公司收到商品后1个月付款250万元，2017年9月付款150万元，2018年9月付款100万元。2016年10月，A公司收到首笔价款。A公司企业所得税税率为25%，各年盈利。

在会计处理方面，发出货物时，A公司不确认收入，因为不同时满足《企业会计准则第14号——收入》所要求的5个条件；但在收到第一笔价款时，可确认收入500万元，因为此时虽然第二期和第三期收入尚未收到，但已满足全部条件。然而，在企业所得税方面，A公司按合同约定日分期确认收入，在2016年10月确认收入250万元，第二、第三期收入应在实际收到时才予以确认。因此，2016年12月31日需对会计已经确认的第二、第三期收入进行主营业务收入和主营业务成本的纳税调整。

5.公允价值变动损益的审核。公允价值变动损益是指企业各种投资性房地产、债务重组、非货币交换、交易性金融资产、交易性金融负债等公允价值变动形成的应计入当期损益的利得或损失。但是，按照税法规定，未实现的公允价值变动损益不得计入应纳税所得额，只有在企业转让或处置投资资产时，才能确认投资净收益。因此，企业在持有投资资产期间的每个资产负债表日确认的有关项目的公允价值变动损益，在年末转入“本年利润”科目的余额，应该进行纳税调整。对此项目的审核，应根据“公允价值变动损益”科目明细账的记录，对照“交易性金融资产”、“交易性金融负债”、“衍生工具”和“投资性房地产”等相关科目的具体内容，予以纳税调整。

6.减免收入的审核。

（1）不征税收入的审核。按照税法规定，财政拨款、依法取得并纳入财政管理的行政事业性收费和政府性基金、企业取得的符合条件的专项用途财政性资金为不征税收入，同时，不征税收入用于支出所形成的费用，也不得在税前扣除。除上述收入之外，企业取得的政府补助，均需计入收入总额纳税。因此，应审核“递延收益”科目，对于会计上记入“递延收益”科目但应在当期计入应纳税所得额的，予以纳税调整；审核“营业外收入”科目，有属于不征税收入而计入收入总额的，予以纳税调整。尤应注意在调减应纳税所得额的同时，不征税收入所形成的支出也应相应扣减。

（2）免税收入的审核。按照税法规定，免税收入包括国债利息收入，符合条件的居民企业之间的股息、红利等权益性投资收益，在中国境内设立机构、场所的非居民企业从居民企业取得与该机构、场所有实际联系的股息、红利等权益性投资收益，以及符合条件的非营利组织的收入，但不包括非营利组织从事营利性活动取得的收入。在审核时，主要审核“投资收益”科目明细账，对应计入当期损益类项目的有关收入，判断其内容有没有属于免税收入的，如果有，应予纳税调整。

（3）减免税项目所得。按照税法规定，从事农、林、牧、渔业项目的所得，可以免征、减征企业所得税；企业以《资源综合利用企业所得税优惠目录》规定的资源作为主要原材料，生产国家非限制和禁止并符合国家和行业相关标准的产品取得的收入，减按90%计入收入总额。对上述减计收入和减免税项目，应严格按照国务院颁布的具体操作办法和规定准确核算，并履行审批手续。在审核时，首先看项目是否符合减免条件，其次看所得的计算是否正确，有无将应税项目的收入和支出与免税项目混淆的情况；在准确核算的情况下，根据免税、减半征收等规定进行纳税调减。

（4）抵扣应纳税所得额。创业投资企业采取股权投资方式投资于未上市的中小高新技术企业2年以上的，可以按照其投资额的70%在股权持有满2年的当年抵扣该创业投资企业的应纳税所得额；当年不足抵扣的，可以在以后纳税年度结转抵扣。对于符合条件的，可按投资额70%的金额进行纳税调减。

7.亏损弥补的审核。按照税法规定，纳税义务人可在税前弥补亏损数额是指企业纳税申报表中的亏损额，经主管税务机关按照税法规定进行审核调整后的数额。在审核企业所有会计处理和进行纳税调整后，如果应纳税所得额是负数，同时企业在境外有应税所得的，在计税时，境外所得可以弥补境内营业机构的亏损，可以弥补的亏损最大不超过企业当年全部境外应税所得。因此，利润总额加减纳税调整所得后的余额，再加上境外所得弥补亏损额之后，称为纳税调整后所得。纳税调整后所得如果为负数，就是可结转以后年度弥补的亏损额；如果是正数，再减去弥补以前年度亏损金额，如果余额为正数，即为企业当年的应纳税所得额。

如果企业纳税调整后所得为正数，并且存在以前年度亏损的，需要根据企业以前年度的纳税申报表和税务机关对可弥补亏损额审核认定的资料，确认可供弥补的以前年度亏损金额。

（二）扣除类调整项目的审核

1.视同销售成本的审核。视同销售成本并未在会计核算中体现，因此应根据视同销售收入的审核，按照配比原则，确定视同销售成本，予以纳税调整。

2.超过规定标准项目的审核。在对所有扣除项目的会计核算进行审核的基础上（前已叙述），对于税法允许扣除、但却超过规定标准的，如工资薪金、职工福利费、工会经费、职工教育经费、业务招待费、广告费和业务宣传费、利息支出、社会保障性缴款和住房公积金、加计扣除等各种成本、费用和损失，应调增应纳税所得额。

3.不允许扣除项目的审核。这是指税法不允许扣除，但企业已作为扣除项目而予以扣除的各项成本、费用和损失，应调增应纳税所得额。

（1）违法经营罚金、罚款和被没收财物的损失。按照税法规定，此项支出在计算应纳税所得额时不得扣除，但会计处理时已在“营业外支出”科目核算。因此企业如果有此项支出，应予以纳税调增。

（2）税收滞纳金。按照税法规定，此项支出在计算应纳税所得额时不得扣除，但会计处理时已在“营业外支出”科目核算。因此企业如果有此项支出，应予以纳税调增。

（3）赞助支出。按照税法规定，各种非广告性质的赞助支出不得在税前扣除。应特别注意企业申报扣除的广告费支出，必须符合三个条件：广告通过工商部门批准的专门机构制作；已实际支付费用并已取得相应发票；通过一定的媒体传播。根据这三个条件判断是否属于广告性质的赞助支出。在审核时，可以调阅“营业外支出”“销售费用”等科目明细账及相关原始凭证。

值得注意的是，根据财政部、国家税务总局《关于贯彻落实〈中共中央、国务院关于加强技术创新，发展高科技，实现产业化的决定〉有关税收问题的通知》（财税发〔1999〕273号）规定，对社会力量，包括企业单位（不含外商投资企业和外国企业）、事业单位、社会团体、个人和个体工商户（下同），资助非关联的科研机构和高等学校研究开发新产品、新技术、新工艺所发生的研究开发经费，经主管税务机关审核确定，其资助支出可以全额在当年的应纳税所得额中扣除。当年应纳税所得额不足抵扣的，不得结转抵扣（取消审批，事后备案）。非关联的科研机构和高等学校是指不是资助企业所属或投资的，并且其科研成果不是唯一提供给资助企业的科研机构和高等学校。企业向所属的科研机构和高等学校提供的研究开发经费资助支出，不实行抵扣应纳税所得额的办法。企业等社会力量向科研机构和高等学校资助研究开发经费，申请抵扣应纳税所得额时，须提供科研机构和高等学校开具的研究开发项目计划、资金收款证明及其他税务机关要求提供的相关资料，不能提供相关资料的，税务机关可不予受理。

（4）资产减值准备的审核。根据《中华人民共和国企业所得税法实施条例》第五十五条的规定，除财政部和国家税务总局核准计提的准备金可以税前扣除外，其他行业、企业计提的各项资产减值准备、风险准备等准备金均不得税前扣除。2008年1月1日前按照原企业所得税法规定计提的各类准备金，2008年1月1日以后，未经财政部和国家税务总局核准的，企业以后年度实际发生的相应损失，应先冲减各项准备金余额。

目前，我国仅对7类企业某些资产的减值准备允许税前扣除。因此，对减值准备的审核，首先审核在“管理费用”等科目中是否存在计提税法中不予税前列支的准备金，如有，应在计算应纳税所得额时全部进行纳税调增处理；对于符合税法规定能够税前扣除的准备金，应注意计提标准是否超标。其次，企业在当年实际发生的损失，应该注意企业有无不冲减准备金余额而直接列支为损失的情形。

（5）与收入无关的支出的审核。企业可以扣除的费用，从性质上和根源上必须与取得的应税收入直接相关，与应税收入无关的费用支出不得扣除。如企业为其他纳税人提供与其自身应纳税收入无关的贷款担保，因被担保方不能归还贷款而由该担保纳税人承担的本息等，不得进行税前扣除。在审核时，应重点关注“营业外支出”、“其他业务成本”、“管理费用”和“财务费用”等科目，如果发现类似与收入无关的支出，应查明原因，并予以纳税调整。

四、案例分析①

（一）基本情况：

1.安居房产公司为一家新成立的房地产开发企业，2015年2月该公司在某市市区竞得1万平方米土地进行商品房开发。公司采取一次性开发功能、售价和成本相似的商品房，开发的商品房可售面积为8万平方米，建造的会所、电站、物业用房等配套设施的产权均归全体业主所有。企业分别以商品房和为电信部门建造的通信设施为成本计算对象报主管税务机关备案。

2.2015年9月该楼盘取得预售许可证并开始预售商品房；2016年12月开始销售商品房。

3.当地主管税务机关规定：该地区开发商品房的预计计税毛利率为15%；土地增值税的预征率为2%；预售商品房缴纳的土地增值税、税金及附加允许在企业所得税税前扣除。

（二）审核企业2015年度企业所得税年度汇算清缴及有关资料发现：

1.2015年度企业利润总额为-660万元，纳税调整增加额为4 185.20万元，纳税调整减少额为1 800万元，全年缴纳企业所得税431.30万元，见表6-8。

表6-8 **2015年度纳税调整项目及金额** 单位：万元

纳税调整项目	金额	
预计计税毛利额	3 600	
广告宣传费超支	500	
职工福利费超支	13.20	
职工教育经费超支	12	
行政性罚款	60	
预收款缴纳税金及附加		1 320
预收款缴纳土地增值税		480
合计	4 185.20	1 800

2.2015年度累计预售商品房4万平方米，收取预售款24 000万元，预收款缴纳的土地增值税和税金及附加合计为1 800万元，企业记入“递延税款”科目。

（三）审核企业2016年度相关财务核算资料发现：

① 根据2011年注册税务师考试真题改编。

1.2016年度利润表见表6-9。

表6-9 **2016年度利润表** 单位：万元

项目	金额
一、营业收入	32 400
减：营业成本	21 600
税金及附加	2430
销售费用	500
管理费用	400
财务费用	−70
二、营业利润	7 540
加：营业外收入	
减：营业外支出	
三、利润总额	7 540
减：所得税费用	1 885
四、净利润	5 655

2.2016年1—12月累计预售商品房1万平方米，收取预售款6 000万元，企业相关的账务处理为：

借：银行存款 60 000 000

贷：预收账款 60 000 000

3.2016年12月结转实现销售的商品房5.4万平方米，并结转预售款，实现商品房销售收入累计为32 400万元，企业相关的账务处理为：

借：银行存款 24 000 000

预收账款 300 000 000

贷：主营业务收入 324 000 000

4.2016年12月在预售款结转销售收入的同时，将原记入“递延税款”科目的预售款缴纳的税金及附加和土地增值税结转到“税金及附加”科目，企业相关的账务处理为：

借：税金及附加 24 300 000

贷：递延税款 24 300 000

5.2016年11月开发产品完工，结转完工产品成本为32 300万元，其中商品房成本为32 000万元，邮电通讯设施成本为300万元。

商品房开发成本中，因出包工程未最终办理结算和部分公共配套设施尚未完工，企业根据有关合同和预算等资料，采用预提方法计入开发成本，并结转到完工产品成本。经核实确认，出包合同总金额为20 000万元，已取得发票上注明的金额为17 000万元，未取得发票预提计入开发成本的金额为3 000万元；公共配套设施预算总造价1 000万元，未完工未取得发票预提计入开发成本的金额为300万元。12月份结转销售商品房成本为21 600万元，相关的账务处理为：

借：主营业务成本　　216 000 000

　贷：开发产品　　216 000 000

6.为通信部门建造的电信设施12月份移交给电信部门，并收款400万元，相关的账务处理为：

借：银行存款　　4 000 000

　贷：开发产品　　3 000 000

　　资本公积　　1 000 000

7.2016年度“财务费用”科目借方发生额为10万元，贷方发生额为80万元。经审核确认，借方发生额为开发产品完工后企业贷款应承担的利息及金融机构手续费；贷方发生额为企业将资金临时借给其他企业所收取的利息。

8.2016年12月未出售的部分开发商品房收取临时租金收入20万元，相关的账务处理为：

借：银行存款　　200 000

　贷：其他应付款　　200 000

9.销售费用分别为支付某广告公司广告策划费200万元和支付商品房代销机构代销手续费300万元，分别取得广告业专用发票和服务业发票。

10.管理费用中列支的内容为缴纳的城镇土地使用税15万元、印花税30万元，业务招待费180万元，其余为房租、办公费和管理人员工资及福利费、教育经费等。

11.开发成本和管理费用中合计列支的实际发生的工资薪金总额为300万元，职工福利费总额为30万元，职工教育经费总额为5万元，拨缴的工会经费总额为6万元。

问题：

1.根据审核情况，指出对2016年度相关税费缴纳有影响的项目，并进行正确处理。

2.计算2016年度该企业除企业所得税外应补缴的相关税费的金额。

3.计算2016年度该企业的纳税调整增加额、纳税调整减少额、应纳税所得额、应纳企业所得税额及应补（退）企业所得税额（假定企业2016年账务处理不再调整）。

【解析】

1.纳税影响项目。

（1）根据国家税务总局《关于印发〈房地产开发经营业务企业所得税处理办法〉的通知》（国税发〔2009〕31号）第三十二条第一款的规定：“出包工程未最终办理结算而未取得全额发票的，在证明资料充分的前提下，其发票不足金额可以预提，但最高不得超过合同总金额的10%。”在本案例中，未取得发票预提计入开发成本的金额为3 000万元，但按规定只能计入2 000万元（20 000×10%），因此该企业商品房计税总成本为31 000万元（32 000－（（20 000－17 000）－20 000×10%））。

商品房企业所得税税前可扣除成本为20 925万元（31 000÷80 000×54 000）。

因此，该企业多计成本为675万元（21 600－20 925）。

（2）为电信部门建造电信设施从电信部门取得款项，但未确认收入，会影响税金及附加、土地增值税和企业所得税。

应补缴增值税=400×11%=44（万元）

应补缴城市维护建设税=44×7%=3.08（万元）

应补缴教育费附加=44×3%=1.32（万元）

应补缴土地增值税=400×2%=8（万元）

纳税调整增加额=400−300−44−3.08−1.32−8=43.6（万元）

（3）收取的资金占用费未按规定缴纳税金及附加，同时影响企业所得税。

应补缴增值税=80×6%=4.8（万元）

应补缴城市维护建设税=4.8×7%=0.336（万元）

应补缴教育费附加=4.8×3%=0.144（万元）

纳税调整减少额=4.8+0.336+0.144=5.28（万元）

（4）收取房租记入“其他应付款”科目而未确认收入，未按规定缴纳税金及附加、房产税，同时影响企业所得税。

应补缴增值税=20×6%=1.2（万元）

应补缴城市维护建设税=1.2×7%=0.084（万元）

应补缴教育费附加=1.2×3%=0.036（万元）

应补缴房产税=20×12%=2.40（万元）

纳税调整增加额=20−1.2−0.084−0.036−2.4=16.28（万元）

（5）当年发生的广告宣传费税前可扣除的限额为4 935万元（（32 400+400+80+20）×15%），当年发生额为200万元，未超过税法规定的限额，因此能够全部扣除。

2015年度，已经纳税调整增加的广告宣传费为500万元，加上当年广告费200万元后，并未超过当年发生的广告宣传费税前可扣除限额4 935万元，因此可以在当年企业所得税税前扣除，可纳税调整减少500万元。

（6）税前可扣除业务招待费的限额为164.50万元（（32 400+400+80+20）×5‰），业务招待费实际发生额的60%为108万元（180×60%），因此只能扣除108万元，应纳税调整增加72万元。

（7）职工教育经费的扣除限额是7.50万元（300×2.5%），实际发生的职工教育经费为5万元，未超过税法规定的限额，可全部扣除。同时，2015年度职工教育经费超支12万元，当年未超过税法规定限额的余额部分可纳税调整减少2.50万元（7.50−5）。

职工福利费的扣除限额是42万元（300×14%），实际发生的职工福利费为30万元，未超过税法规定的限额，可全部扣除。

职工工会经费的扣除限额是6万元（300×2%），实际发生的职工工会经费为6万元，未超过税法规定的限额，可全部扣除。

（8）企业于2015年度预售时缴纳的税金及附加、土地增值税已在2015年度企业所得税汇算清缴时扣除，于2016年度缴纳企业所得税时不应重复扣除，因此应纳税调整增加1 800万元。

（9）企业2015年度预售款已在2015年度企业所得税汇算清缴时预计毛利额计算缴纳企业所得税，于2016年度缴纳企业所得税时，应予纳税调整减少，纳税调整减少额为3 600万元。

2.除企业所得税外应补缴的税费。

（1）应补缴增值税（有偿转让建造的电信设施应补缴）=400×11%=44（万元）

收取的资金占用费应补缴营业税=80×6%=4.8（万元）

收取的房租应补缴营业税=20×6%=1.2（万元）

合计应补缴增值税=44+4.8+1.2=50（万元）

（2）应补缴城市维护建设税=50×7%=3.5（万元）

（3）应补缴教育费附加=50×3%=1.5（万元）

（4）应补缴土地增值税（有偿转让电信设施应补缴）=400×2%=8（万元）

（5）应补缴房产税=20×12%=2.40（万元）

3.2016年度企业所得税有关情况。

（1）纳税调整增加额=675+43.6+16.28+72+1 800=2 606.88（万元）

（2）纳税调整减少额=5.28+500+2.50+3 600=4 107.78（万元）

（3）应纳税所得额=7 540+2 606.88−4 107.78=6 039.1万元）

（4）应纳企业所得税=6 039.1×25%=1 509.775（万元）

（5）应退企业所得税=1 885−1 509.775=375.225（万元）

思考与练习

1.企业所得税纳税审核包括哪些基本环节？

2.主营业务成本审核的主要内容是什么？审核时应注意哪些方面？

3.管理费用审核的主要内容是什么？审核时应注意哪些方面？

4.收入类调整项目和扣除类调整项目有哪些？怎样调整？

5.实行查账征收的纳税人的年度审报表有哪些表格？各表格之间的关系是什么？

6.华达公司2016年度相关生产经营业务如下：

（1）当年产品销售收入1 000万元（不含税），仓库出租收入100万元，国债利息收入10万元，取得对境内非上市公司的投资收益46.8万元。

（2）购买原材料300万元（不含税），取得增值税专用发票。购买办公用品5万元，取得普通发票。

（3）仓库原值为500万元，预计残值率为10%，按税法上最低折旧年限计提折旧。企业于2016年对仓库进行大修理，发生支出280万元，计入长期待摊费用，预计尚可使用年限为7年（与税务机关认定的摊销年限相同），上述大修理于2016年12月完工。

（4）财务费用50万元，其中税款滞纳金10万元。管理费用50万元，其中业务招待费支出25万元，企业研发费用20万元（符合税法规定的列支范围）。销售费用40万元，其中广告业务宣传费30万元。上年广告费超支20万元，业务招待费超支30万元。

（5）营业外支出30万元，其中符合扣除条件的对外捐赠10万元，税收罚款支出20万元。

要求：请指出该企业2016年纳税调整的问题，计算应缴纳的企业所得税，并填制企业所得税纳税申报表。

附录6-1　预缴申报企业所得税申报表

附表6-1　　　　**中华人民共和国企业所得税月（季）度预缴纳税申报表（A类）**

税款所属期间：　　年　月　日至　　年　月　日

纳税人识别号：□□□□□□□□□□□□□□□□□□□□

纳税人名称：　　　　　　　　　　　　　　　　金额单位：人民币元（列至角分）

行次	项目		本期金额	累计金额
1	**一、按照实际利润额预缴**			
2	营业收入			
3	营业成本			
4	利润总额			
5	加：特定业务计算的应纳税所得额			
6	减：不征税收入			
7	免税收入			
8	弥补以前年度亏损			
9	实际利润额（4行+5行-6行-7行-8行）			
10	税率（25%）			
11	应纳所得税额			
12	减：减免所得税额			
13	减：实际已预缴所得税额		—	
14	减：特定业务预缴（征）所得税额			
15	应补（退）所得税额（11行-12行-13行-14行）		—	
16	减：以前年度多缴在本期抵缴所得税额			
17	本期实际应补（退）所得税额		—	
18	**二、按照上一纳税年度应纳税所得额平均额预缴**			
19	上一纳税年度应纳税所得额		—	
20	本月（季）应纳税所得额（19行×1/4或1/12）			
21	税率（25%）			
22	本月（季）应纳所得税额（20行×21行）			
23	**三、按照税务机关确定的其他方法预缴**			
24	本月（季）确定预缴的所得税额			
25	**总分机构纳税人**			
26	总机构	总机构应分摊所得税额（15行或22行或24行×总机构应分摊预缴比例）		
27	总机构	财政集中分配所得税额		
28	总机构	分支机构应分摊所得税额（15行或22行或24行×分支机构应分摊预缴比例）		
29	总机构	其中：总机构独立生产经营部门应分摊所得税额		
30	总机构	总机构已撤销分支机构应分摊所得税额		
31	分支机构	分配比例		
32	分支机构	分配所得税额		

谨声明：此纳税申报表是根据《中华人民共和国企业所得税法》及《中华人民共和国企业所得税法实施条例》和国家有关税收规定填报的，是真实的、可靠的、完整的。

法定代表人（签字）：　　年　月　日

纳税人公章： 会计主管： 填表日期：　　年　月　日	代理申报中介机构公章： 经办人： 经办人执业证件号码： 代理申报日期：　　年　月　日	主管税务机关受理专用章： 受理人： 受理日期：　　年　月　日

填报说明

一、本表适用于实行查账征收企业所得税的居民纳税人在月（季）度预缴企业所得税时使用。

二、表头项目。

1.“税款所属期间”：为税款所属月（季）度第一日至所属月（季）度最后一日。年度中间开业的，“税款所属期间”为当月（季）开始经营之日至所属月（季）度的最后一日。次月（季）度起按正常情况填报。

2.“纳税人识别号”：填报税务机关核发的税务登记证号码（15位）。

3.“纳税人名称”：填报税务机关核发的税务登记证纳税人全称。

三、各列的填报。

1.第1行“按照实际利润额预缴”的纳税人，第2行至第17行的“本期金额”列，数据为所属月（季）度第一日至最后一日累计数；“累计金额”列，数据为纳税人所属年度1月1日至所属月（季）度最后一日的累计数。

2.第18行“按照上一纳税年度应纳税所得额平均额预缴”的纳税人，第19行至第22行的“本期金额”列，数据为所属月（季）度第一日至最后一日累计数；“累计金额”列，数据为纳税人所属年度1月1日至所属月（季）度最后一日的累计数。

3.第23行“按照税务机关确定的其他方法预缴”的纳税人，第24行的“本期金额”列，数据为所属月（季）度第一日至最后一日累计数；“累计金额”列，数据为纳税人所属年度1月1日至所属月（季）度最后一日的累计数。

四、各行的填报。

1.第1行至第24行，纳税人根据其预缴申报方式分别填报。实行“按照实际利润额预缴”的纳税人填报第2行至第17行；实行“按照上一纳税年度应纳税所得额平均额预缴”的纳税人填报第19行至第22行；实行“按照税务机关确定的其他方法预缴”的纳税人填报第24行。

2.第25行至第32行，由实行跨地区经营汇总计算缴纳企业所得税（以下简称汇总纳税）的纳税人填报。汇总纳税纳税人的总机构在填报第1行至第24行的基础上，填报第26行至第30行；汇总纳税纳税人的分支机构填报第28行、第31行、第32行。

五、具体项目填报说明。

1.第2行“营业收入”：填报按照企业会计制度、企业会计准则等国家会计规定核算的营业收入。

2.第3行“营业成本”：填报按照企业会计制度、企业会计准则等国家会计规定核算的营业成本。

3.第4行“利润总额”：填报按照企业会计制度、企业会计准则等国家会计规定核算的利润总额。

4.第5行“特定业务计算的应纳税所得额”：填报按照税收规定的特定业务计算的应纳税所得额。从事房地产开发业务的纳税人，本期取得销售未完工开发产品收入按照税收规定的预计计税毛利率计算的预计毛利额填入此行。

5.第6行“不征税收入”：填报计入利润总额但属于税收规定不征税的财政拨款、依法收取并纳入财政管理的行政事业性收费以及政府性基金和国务院规定的其他不征税收入。

6.第7行“免税收入”：填报计入利润总额但属于税收规定免税的收入或收益。

7.第8行“弥补以前年度亏损”：填报按照税收规定可在企业所得税前弥补的以前年度尚未弥补的亏损额。

8.第9行“实际利润额”：根据相关行次计算填报。第9行=第4行+第5行−第6行−第7行−第8行。

9.第10行“税率（25%）”：填报企业所得税法规定的25%税率。

10.第11行“应纳所得税额”：根据相关行次计算填报。第11行=第9行×第10行，且第11行≥0。当汇总纳税纳税人总机构和分支机构适用不同税率时，第11行≠第9行×第10行。

11.第12行“减免所得税额”：填报按照税收规定当期实际享受的减免所得税额。第12行≤第11行。

12.第13行“实际已预缴所得税额”：填报累计已预缴的企业所得税额，“本期金额”列不填。

13.第14行“特定业务预缴（征）所得税额”：填报按照税收规定的特定业务已预缴（征）的所得税

额，建筑企业总机构直接管理的项目部，按规定向项目所在地主管税务机关预缴的企业所得税填入此行。

14.第15行“应补（退）所得税额”：根据相关行次计算填报。第15行=第11行-第12行-第13行-第14行，且第15行≤0时，填0，“本期金额”列不填。

15.第16行“以前年度多缴在本期抵缴所得税额”：填报以前年度多缴的企业所得税税款尚未办理退税，并在本纳税年度抵缴的所得税额。

16.第17行“本期实际应补（退）所得税额”：根据相关行次计算填报。第17行=第15行-第16行，且第17行≤0时，填0，“本期金额”列不填。

17.第19行“上一纳税年度应纳税所得额”:填报上一纳税年度申报的应纳税所得额。“本期金额”列不填。

18.第20行“本月（季）应纳税所得额”：根据相关行次计算填报。

按月度预缴纳税人：第20行=第19行×1/12；按季度预缴纳税人：第20行=第19行×1/4。

19.第21行“税率（25%）”：填报企业所得税法规定的25%税率。

20.第22行“本月（季）应纳所得税额”：根据相关行次计算填报。第22行=第20行×第21行。

21.第24行“本月（季）确定预缴所得税额”：填报税务机关认定的应纳税所得额计算出的本月（季）度应缴纳所得税额。

22.第26行“总机构应分摊所得税额”：汇总纳税纳税人总机构，以本表（第1行至第24行）本月（季）度预缴所得税额为基数，按总机构应分摊的预缴比例计算出的本期预缴所得税额填报，并按预缴方式不同分别计算：

（1）“按照实际利润额预缴”的汇总纳税纳税人总机构：第15行×总机构应分摊预缴比例；

（2）“按照上一纳税年度应纳税所得额的平均额预缴”的汇总纳税纳税人总机构：第22行×总机构应分摊预缴比例；

（3）“按照税务机关确定的其他方法预缴”的汇总纳税纳税人总机构：第24行×总机构应分摊预缴比例。

第26行计算公式中的“总机构应分摊预缴比例”：跨地区经营的汇总纳税纳税人，总机构应分摊的预缴比例填报25%；省内经营的汇总纳税纳税人，总机构应分摊的预缴比例按各省规定执行填报。

23.第27行“财政集中分配所得税额”：汇总纳税纳税人的总机构，以本表（第1行至第24行）本月（季）度预缴所得税额为基数，按财政集中分配的预缴比例计算出的本期预缴所得税额填报，并按预缴方式不同分别计算：

（1）“按照实际利润额预缴”的汇总纳税纳税人总机构：第15行×财政集中分配预缴比例；

（2）“按照上一纳税年度应纳税所得额的平均额预缴”的汇总纳税纳税人总机构：第22行×财政集中分配预缴比例；

（3）“按照税务机关确定的其他方法预缴”的汇总纳税纳税人总机构：第24行×财政集中分配预缴比例。

跨地区经营的汇总纳税纳税人，中央财政集中分配的预缴比例填报25%；省内经营的汇总纳税纳税人，财政集中分配的预缴比例按各省规定执行填报。

24.第28行“分支机构应分摊所得税额”：汇总纳税纳税人总机构，以本表（第1行至第24行）本月（季）度预缴所得税额为基数，按分支机构应分摊的预缴比例计算出的本期预缴所得税额填报，并按不同预缴方式分别计算：

（1）“按照实际利润额预缴”的汇总纳税纳税人总机构：第15行×分支机构应分摊预缴比例；

（2）“按照上一纳税年度应纳税所得额平均额预缴”的汇总纳税纳税人总机构：第22行×分支机构应分摊预缴比例；

（3）“按照税务机关确定的其他方法预缴”的汇总纳税纳税人总机构：第24行×分支机构应分摊预缴比例。

第28行计算公式中"分支机构应分摊预缴比例"：跨地区经营的汇总纳税纳税人，分支机构应分摊的预缴比例填报50%；省内经营的汇总纳税纳税人，分支机构应分摊的预缴比例按各省规定执行填报。

分支机构根据"中华人民共和国企业所得税汇总纳税分支机构所得税分配表"中的"分支机构分摊所得税额"填写本行。

25.第29行"总机构独立生产经营部门应分摊所得税额"：填报汇总纳税纳税人总机构设立的具有独立生产经营职能、按规定视同分支机构的部门所应分摊的本期预缴所得税额。

26.第30行"总机构已撤销分支机构应分摊所得税额"：填报汇总纳税纳税人撤销的分支机构，当年剩余期限内应分摊的、由总机构预缴的所得税额。

27.第31行"分配比例"：填报汇总纳税纳税人分支机构依据"中华人民共和国企业所得税汇总纳税分支机构所得税分配表"中确定的分配比例。

28.第32行"分配所得税额"：填报汇总纳税纳税人分支机构按分配比例计算应预缴的所得税额。第32行=第28行×第31行。

六、表内、表间关系。

1.表内关系。

（1）第9行=第4行+第5行−第6行−第7行−第8行。

（2）第11行=第9行×第10行。当汇总纳税纳税人总机构和分支机构适用不同税率时，第11行≠第9行×第10行。

（3）第15行=第11行−第12行−第13行−第14行，且第15行≤0时，填0。

（4）第22行=第20行×第21行。

（5）第26行=第15行或22行或24行×规定比例。

（6）第27行=第15行或22行或24行×规定比例。

（7）第28行=第15行或22行或24行×规定比例。

2.表间关系。

（1）第28行="中华人民共和国企业所得税汇总纳税分支机构所得税分配表"中的"分支机构分摊所得税额"。

（2）第31、32行="中华人民共和国企业所得税汇总纳税分支机构所得税分配表"中所对应行次中的"分配比例""分配税额"列。

附表6-2　　**中华人民共和国企业所得税月（季）度预缴纳税申报表（B类）**

税款所属期间：　　年　月　日至　　年　月　日

纳税人识别号：□□□□□□□□□□□□□□□□□□□□

纳税人名称：　　　　　　　　　　金额单位：人民币元（列至角分）

项目			行次	累计金额
应纳税所得额的计算	按收入总额核定应纳税所得额	收入总额	1	
		税务机关核定的应税所得率（%）	2	
		应纳税所得额（1行×2行）	3	
	按成本费用核定应纳税所得额	成本费用总额	4	
		税务机关核定的应税所得率（%）	5	
		应纳税所得额[4行÷（1−5行）×5行]	6	
	按经费支出换算应纳税所得额	经费支出总额	7	
		税务机关核定的应税所得率（%）	8	
		换算的收入额[7行÷（1−8行）]	9	
		应纳税所得额（8行×9行）	10	

续表

<table>
<tr><td colspan="2">项目</td><td>行次</td><td>累计金额</td></tr>
<tr><td rowspan="3">应纳所得税额的计算</td><td>税率（25%）</td><td>11</td><td></td></tr>
<tr><td>应纳所得税额（3行×11行或6行×11行或10行×11行）</td><td>12</td><td></td></tr>
<tr><td>减免所得税额</td><td>13</td><td></td></tr>
<tr><td rowspan="2">应补(退)所得税额的计算</td><td>已预缴所得税额</td><td>14</td><td></td></tr>
<tr><td>应补（退）所得税额（12行−13行−14行）</td><td>15</td><td></td></tr>
<tr><td colspan="4">谨声明：此纳税申报表是根据《中华人民共和国企业所得税法》、《中华人民共和国企业所得税法实施条例》和国家有关税收规定填报的，是真实的、可靠的、完整的。
法定代表人（签字）：　　年　月　日</td></tr>
</table>

纳税人公章： 会计主管： 填表日期：　年　月　日	代理申报中介机构公章： 经办人： 经办人执业证件号码： 代理申报日期：　年　月　日	主管税务机关受理专用章： 受理人： 受理日期：　年　月　日

填报说明

一、本表为按照核定征收管理办法（包括核定应税所得率和核定税额征收方式）缴纳企业所得税的纳税人在月（季）度申报缴纳企业所得税时使用，包括依法被税务机关指定的扣缴义务人。其中：核定应税所得率的纳税人按收入总额核定.按成本费用核定.按经费支出换算分别填写。

二、表头项目同“中华人民共和国企业所得税月（季）度预缴纳税申报表（A类）”。

三、具体项目填报说明。

1.第1行“收入总额”：按照收入总额核定应税所得率的纳税人填报此行。填写本年度累计取得的各项收入金额。

2.第2行“税务机关核定的应税所得率”：填报主管税务机关核定的应税所得率。

3.第3行“应纳税所得额”：填报计算结果。计算公式：应纳税所得额=第1行“收入总额”×第2行“税务机关核定的应税所得率”。

4.第4行“成本费用总额”：按照成本费用核定应税所得率的纳税人填报此行。填写本年度累计发生的各项成本费用金额。

5.第5行“税务机关核定的应税所得率”：填报主管税务机关核定的应税所得率。

6.第6行“应纳税所得额”：填报计算结果。计算公式：应纳税所得额=第4行“成本费用总额”÷（1−第5行“税务机关核定的应税所得率”）×第5行“税务机关核定的应税所得率”。

7.第7行“经费支出总额”：按照经费支出换算收入方式缴纳所得税的纳税人填报此行。填报累计发生的各项经费支出金额。

8.第8行“经税务机关核定的应税所得率”：填报主管税务机关核定的应税所得率。

9.第9行“换算的收入额”：填报计算结果。计算公式：换算的收入额=第7行“经费支出总额”÷（1−第8行“税务机关核定的应税所得率”）。

10.第10行“应纳税所得额”：填报计算结果。计算公式：应纳税所得额=第8行“税务机关核定的应税所得率”×第9行“换算的收入额”。

11.第11行“税率”：填写《中华人民共和国企业所得税法》第四条规定的25%税率。

12.第12行“应纳所得税额”：

（1）核定应税所得率的纳税人填报计算结果：

按照收入总额核定应税所得率的纳税人，应纳所得税额=第3行“应纳税所得额”×第11行“税率”。

按照成本费用核定应税所得率的纳税人，应纳所得税额=第6行“应纳税所得额”×第11行“税率”。

按照经费支出换算应纳税所得额的纳税人，应纳所得税额=第10行“应纳税所得额”×第11行“税率”。

（2）实行核定税额征收的纳税人，填报税务机关核定的应纳所得税额。

13.第13行“减免所得税额”：填报当期实际享受的减免所得税额，第13行≤第12行。包括享受减免税优惠过渡期的税收优惠、小型微利企业优惠、高新技术企业优惠及经税务机关审批或备案的其他减免税优惠。

14.第14行“已预缴的所得税额”：填报当年累计已预缴的企业所得税额。

15.第15行“应补（退）所得税额”：填报计算结果。计算公式：应补（退）所得税额=第12行“应纳所得税额”-第13行“减免所得税额”-第14行“已预缴的所得税额”；当第15行≤0时，本行填0。

附录6-2 企业所得税汇总纳税分支机构分配表

附表6-3 **中华人民共和国企业所得税汇总纳税分支机构所得税分配表**

税款所属期间： 年 月 日至 年 月 日

总机构名称： 金额单位：人民币元（列至角分）

<table>
<tr><td colspan="2">纳税人识别号</td><td>应纳所得税额</td><td>总机构分摊所得税额</td><td colspan="2">总机构财政集中分配所得税额</td><td colspan="2">分支机构分摊所得税额</td></tr>
<tr><td colspan="2"></td><td></td><td></td><td colspan="2"></td><td colspan="2"></td></tr>
<tr><td rowspan="5">分支机构情况</td><td rowspan="2">纳税人识别号</td><td rowspan="2">分支机构名称</td><td colspan="3">三项因素</td><td rowspan="2">分配比例</td><td rowspan="2">分配税额</td></tr>
<tr><td>收入额</td><td>工资额</td><td>资产额</td></tr>
<tr><td></td><td></td><td></td><td></td><td></td><td></td><td></td></tr>
<tr><td></td><td></td><td></td><td></td><td></td><td></td><td></td></tr>
<tr><td>合计</td><td>—</td><td></td><td></td><td></td><td></td><td></td></tr>
<tr><td colspan="4">纳税人公章：
会计主管：
填表日期： 年 月 日</td><td colspan="4">主管税务机关受理专用章：
受理人：
受理日期： 年 月 日</td></tr>
</table>

填报说明

一、使用对象及报送要求

1.使用对象。

本表适用于在中国境内跨省、自治区、直辖市设立不具有法人资格的营业机构，并实行“统一计算、分级管理、就地预缴、汇总清算、财政调节”汇总纳税办法的居民企业填报。

2.报送要求。

季度终了之日起10日内，由实行汇总纳税的总机构随同“中华人民共和国企业所得税月（季）度纳税申报表（A类）”报送；

季度终了之日起15日内，由实行汇总纳税，具有主体生产经营职能的分支机构随同“中华人民共和国企业所得税月（季）度纳税申报表（A类）”报送总机构申报后加盖有主管税务机关受理专用章的“中华人民共和国汇总纳税分支机构企业所得税分配表”（复印件）。

年度终了之日起5个月内，由实行汇总纳税的总机构随同“中华人民共和国企业所得税年度纳税申报表（A类）”报送。

二、分配表项目填报说明

1.“税款所属期间”：季度申报填写季度起始日期至所属季度的最后一日。年度申报填写公历1月1日至12月31日。

2.“总机构名称”：填写税务登记证所载纳税人的全称。

3.“纳税人识别号”：填写税务机关统一核发的税务登记证号码。

4.“应纳所得税额”：填写分配期计算的应纳所得税额。

5.“总机构分摊所得税额”：填写总机构统一计算的企业当期应纳所得税额的25%。

6.“总机构财政集中分配所得税额”：填写总机构统一计算的企业当期应纳所得税额的25%。

7.“分支机构分摊所得税额”：填写本所属时期总机构根据税务机关确定的分摊方法计算，由各分支机构进行分摊的所得税额。

8.“收入额”：填写基期年度各分支机构的经营收入总额。

9.“工资额”：填写基期年度各分支机构的工资总额。

10.“资产额”：填写基期年度各分支机构的资产总额，不包括无形资产。

11.“分配比例”：填写经企业总机构所在地主管税务机关审批确认的各分支机构分配比例。

12.“分配税额”：填写本所属时期根据税务机关确定的分摊方法计算，分配给各分支机构缴纳的所得税额。

13.“合计”：填写基期年度各分支机构的经营收入总额、工资总额和资产总额三项因素的合计数及当期各分支机构分配比例和分配税额的合计数。

附录6-3　扣缴申报

附表6-4　**中华人民共和国扣缴企业所得税报告表**

税款所属期间：　　年　月　日至　　年　月　日　　　　金额单位：人民币元（列至角分）

<table>
<tr><td colspan="6">扣缴义务人基本信息：</td></tr>
<tr><td>纳税人识别号</td><td colspan="3"></td><td>经济类型代码及名称</td><td></td></tr>
<tr><td rowspan="2">名称</td><td colspan="3">中：</td><td>经济行业分类代码及名称</td><td></td></tr>
<tr><td colspan="3">英：</td><td>联系人</td><td></td></tr>
<tr><td rowspan="2">地址</td><td colspan="3">中：</td><td>联系电话</td><td></td></tr>
<tr><td colspan="3">英：</td><td>邮政编码</td><td></td></tr>
<tr><td colspan="6">纳税人基本信息：</td></tr>
<tr><td>在其居民国纳税识别号</td><td colspan="2"></td><td rowspan="2">在中国境内的名称</td><td colspan="2">中：</td></tr>
<tr><td>居民国(地区)名称及代码</td><td colspan="2"></td><td colspan="2">英：</td></tr>
<tr><td rowspan="2">在其居民国名称</td><td colspan="2">中：</td><td rowspan="2">在其居民国地址</td><td colspan="2">中：</td></tr>
<tr><td colspan="2">英：</td><td colspan="2">英：</td></tr>
<tr><td>申报所得类型及代码</td><td colspan="3"></td><td>本次申报所得取得日期</td><td></td></tr>
<tr><td>合同名称</td><td colspan="3"></td><td>合同编号</td><td></td></tr>
<tr><td>合同执行起始时间</td><td></td><td>合同执行终止时间</td><td></td><td>合同总金额</td><td></td></tr>
</table>

续表

以下内容适用于法定源泉扣缴情况填写：				
	项目			依法申报数据
1	本次申报收入	人民币金额		
2		外币	名称	
3			金额	
4			汇率	
5			折算人民币金额	
6		人民币金额合计　6=1+5		
7	应纳税所得额的计算	扣除额		
8		应纳税所得额　8=6−7		
9	应纳企业所得税额的计算	适用税率(10%)		
10		应缴纳的企业所得税额　10=8×9		
11		实际征收率(%)		
12		实际应缴纳的企业所得税额		
13		减免企业所得税额　13=10−12		
以下内容适用于主管税务机关指定扣缴情况填写：				
	项目			依法申报数据
14	本次申报的收入总额			
15	税务机关核定的利润率(%)			
16	应纳税所得额　16=14×15			
17	适用税率(%)			
18	应纳企业所得税额　18=16×17			

谨声明：此扣缴所得税报告是根据《中华人民共和国企业所得税法》及其实施条例和相关税收协定和国家有关税收规定填报的，是真实的、可靠的、完整的。

声明人签字：　　　　　年　月　日

扣缴义务人(纳税人)公章：	代理申报中介机构公章：	主管税务机关受理专用章：
经办人：	经办人及其执业证件号码：	受理人：
申报日期：　　年　月　日	代理申报日期：　　年　月　日	受理日期：　　年　月　日

国家税务总局监制

填报说明

一、本表适用于扣缴义务人或纳税人按照《中华人民共和国企业所得税法》及其实施条例的规定，对下列所得，按次或按期扣缴或申报企业所得税税款的报告。

1.非居民企业（以下简称“企业”）在中国境内未设立机构、场所的，应当就其来源于中国境内的所得缴纳企业所得税。

2.企业虽设立机构、场所但取得的所得与其所设机构、场所没有实际联系的，应当就其来源于中国境内的所得缴纳企业所得税。

3.企业在中国境内取得承包工程作业和提供劳务所得并实行指定扣缴的。

二、扣缴义务人应当按税法规定期限向主管税务机关报送本表，并同时报送主管税务机关要求报送的其他资料。

三、扣缴义务人确有困难不能按规定期限报送本表的,应当在规定的报送期限内向主管税务机关提出书面延期申请，经主管税务机关核准，可以适当延期。

四、扣缴义务人不依法履行扣缴义务的，将按《中华人民共和国税收征收管理法》及其实施细则的有关规定，予以处罚。

五、本表中所称国家有关税收规定除另有说明外，均指《中华人民共和国企业所得税法》及其实施条例的有关规定，以及国务院、国务院税务主管部门根据税法制定的相关规定。

六、本表要求中、英两种文字填写的栏目，应当使用中、英文同时填写。

七、本表各栏填写如下：

1.扣缴义务人名称：填写税务登记证所载扣缴义务人的全称。

2.扣缴义务人纳税人识别号：填写扣缴义务人税务登记证上注明的“纳税人识别号”。

3.扣缴义务人地址名称：填写税务登记证所载扣缴义务人的地址。

4.经济类型代码及名称：按企业的经济类型和税务机关确认的相应代码填写。

5.经济行业分类代码及名称：按企业的经济行业和国家税务总局确认的、根据《国民经济行业分类》(GB/T4754—2002）编制的《经济行业代码》（代码位数6位）填写。

6.纳税人在其居民国纳税识别号：填写企业在其居民国（地区）的纳税识别代码。

7.居民国（地区）名称及代码：填写设立常驻代表机构的外国企业或来华承包工程、提供劳务等的外国企业的总机构的居民国（地区）的名称和代码。

8.纳税人在中国境内的名称：填写纳税人在中国境内的全称。

9.纳税人在其居民国名称：填写纳税人在其居民国（地区）的全称。

10.纳税人在其居民国地址名称：填写企业在其居民国（地区）的注册地址。

11.申报所得类型及代码：请按照如后的类型及代码进行填写，股息红利所得——10，利息所得——11，特许权使用费所得——12，转让财产所得——13，不动产租金——6，承包工程、提供劳务所得、其他租金——7，其他所得——21。

12.合同名称：填写外国企业在我国境内承包工程、提供劳务或通过其他方式取得来源于我国境内的所得与我国居民企业签订的合同名称。

13.合同编号：填写外国企业在我国境内承包工程、提供劳务或通过其他方式取得来源于我国境内的所得与我国居民企业签订合同的合同编号。

14.合同执行起始时间：填写合同开始执行的年月日。

15.合同执行终止时间：填写合同执行完毕或终止执行的年、月、日。

16.合同总金额：填写外国企业在我国境内承包工程、提供劳务或通过其他方式取得来源于我国境内的所得与我国居民企业签订的合同上注明的应税总金额。

17.本次申报所得的取得日期：按照合同规定取得所得的日期填写，填写支付日期或应支付日期。

18.汇率：填写每1单位外币兑换人民币的额度，按国家公布牌价折算。

19.扣除额：填写转让财产所得类型中允许扣除的金额及其他允许扣除项目的金额。

20.适用税率：填写税法规定的申报的所得项目适用的税率。

21.实际征收率：我国与企业居民国（地区）签订的税收协定或安排中对该项申报所得的税率低于10%的，填写税收协定或安排规定适用的税率。其他按税法规定享受所得税税收优惠的企业，填写在税收优惠期内的企业所得税征收率。

22.声明人签字：由扣缴义务人或企业的法定代表人或其授权代表负责人签字。

23.申报日期：填写实际到主管税务机关进行纳税申报的当日。

八、本表一式二份，一份由扣缴义务人留存，一份由主管税务机关备查。

附录6-4　年度申报

附表6-5

中华人民共和国企业所得税年度纳税申报表（A类）

（所属年度：　　）

企业名称（盖章）：　　　　　　　　填报日期：

税款所属期间：　　　年　月　日至　　年　月　日　　　　　　　　纳税人名称：

纳税人识别号：□□□□□□□□□□□□□□□□□□□□　　　　　金额单位：元（列至角分）

类别	行次	项目	金额
利润总额计算	1	一、营业收入（填附表一）	
	2	减：营业成本（填附表二）	
	3	税金及附加	
	4	销售费用（填附表二）	
	5	管理费用（填附表二）	
	6	财务费用（填附表二）	
	7	资产减值损失	
	8	加：公允价值变动收益	
	9	投资收益	
	10	二、营业利润（1-2-3-4-5-6-7+8+9）	
	11	加：营业外收入（填附表一）	
	12	减：营业外支出（填附表二）	
	13	三、利润总额（10+11-12）	
应纳税所得额计算	14	加：纳税调整增加额（填附表三）	
	15	减：纳税调整减少额（填附表三）	
	16	其中：不征税收入	
	17	免税收入	
	18	减计收入	
	19	减、免税项目所得	
	20	加计扣除	
	21	抵扣应纳税所得额	
	22	加：境外应税所得弥补境内亏损	
	23	纳税调整后所得（13+14-15-19-21+22）	
	24	减：弥补以前年度亏损（填附表四）	
	25	应纳税所得额（23-24）	

续表

类别	行次	项目	金额
应纳税额计算	26	税率（25%）	
	27	应纳所得税额（25×26）	
	28	减：减免所得税额（填附表五）	
	29	减：抵免所得税额（填附表五）	
	30	应纳税额（27-28-29）	
	31	加：境外所得应纳所得税额（填附表六）	
	32	减：境外所得抵免所得税额（填附表六）	
	33	实际应纳所得税额（30+31-32）	
	34	减:本年累计实际已预缴的所得税额	
	35	其中:汇总纳税的总机构分摊预缴的税额	
	36	汇总纳税的总机构财政调库预缴的税额	
	37	汇总纳税的总机构所属分支机构分摊的预缴税额	
	37-1	其中：本市总机构所属本市分支机构分摊的预缴税额	
	38	合并纳税（母子体制）成员企业就地预缴比例	
	39	合并纳税企业就地预缴的所得税额	
	40	本年应补（退）的所得税额（33-34）	
附列资料	41	以前年度多缴的所得税额在本年抵减额	
	42	以前年度应缴未缴在本年入库所得税额	

谨声明：此纳税申报表是根据《中华人民共和国企业所得税法》、《中华人民共和国企业所得税法实施条例》和国家有关税收规定填报的，是真实的、可靠的、完整的。

法定代表人（签字）：　　年　月　日

纳税人公章： 经办人： 申报日期：　　年　月　日	代理申报中介机构公章： 经办人及执业证件号码： 代理申报日期：　　年　月　日	主管税务机关受理专用章： 受理人： 受理日期：　　年　月　日

填报说明

一、适用范围

本表适用于实行查账征收企业所得税的居民纳税人（以下简称纳税人）填报。

二、填报依据及内容

根据《中华人民共和国企业所得税法》及其实施条例、相关税收政策，以及国家统一会计制度（企业会计制度、企业会计准则、小企业会计制度、分行业会计制度、事业单位会计制度和民间非营利组织会计制度）的规定，填报计算纳税人利润总额、应纳税所得额、应纳税额和附列资料等有关项目。

三、有关项目填报说明

（一）表头项目相同

（二）表体项目

本表是在纳税人会计利润总额的基础上，加减纳税调整额后计算出“纳税调整后所得”（应纳税所得额）。会计与税法的差异（包括收入类、扣除类、资产类等差异）通过纳税调整项目明细表（附表三）集中体现。

本表包括利润总额计算、应纳税所得额计算、应纳税额计算和附列资料4个部分。

1.“利润总额计算”中的项目，按照国家统一会计制度口径计算填报。实行企业会计准则的纳税人，其数据直接取自损益表；实行其他国家统一会计制度的纳税人，与本表不一致的项目，按照其利润表项目进行分析填报。

利润总额部分的收入、成本、费用明细项目，一般工商企业纳税人，通过附表一（1）“收入明细表”和附表二（1）“成本费用明细表”相应栏次填报；金融企业纳税人，通过附表一（2）“金融企业收入明细表”、附表二（2）“金融企业成本费用明细表”相应栏次填报；事业单位、社会团体、民办非企业单位、非营利组织等纳税人，通过附表一（3）“事业单位、社会团体、民办非企业单位收入项目明细表”和附表二（3）“事业单位、社会团体、民办非企业单位支出项目明细表”相应栏次填报。

2.“应纳税所得额计算”和“应纳税额计算”中的项目，除根据主表逻辑关系计算的外，通过附表相应栏次填报。

3.“附列资料”填报用于税源统计分析的上一纳税年度税款在本纳税年度抵减或入库金额。

（三）行次说明

1.第1行“营业收入”：填报纳税人主要经营业务和其他经营业务取得的收入总额。本行根据“主营业务收入”和“其他业务收入”科目的数额计算填报。一般工商企业纳税人，通过附表一（1）“收入明细表”计算填报；金融企业纳税人，通过附表一（2）“金融企业收入明细表”计算填报；事业单位、社会团体、民办非企业单位、非营利组织等纳税人，通过附表一（3）“事业单位、社会团体、民办非企业单位收入明细表”计算填报。

2.第2行“营业成本”项目：填报纳税人主要经营业务和其他经营业务发生的成本总额。本行根据“主营业务成本”和“其他业务成本”科目的数额计算填报。一般工商企业纳税人，通过附表二（1）“成本费用明细表”计算填报；金融企业纳税人，通过附表二（2）“金融企业成本费用明细表”计算填报；事业单位、社会团体、民办非企业单位、非营利组织等纳税人，通过附表二（3）“事业单位、社会团体、民办非企业单位支出明细表”计算填报。

3.第3行“税金及附加”：填报纳税人经营活动发生的增值税、消费税、城市维护建设税、资源税、土地增值税和教育费附加等相关税费。本行根据“税金及附加”科目的数额计算填报。

4.第4行“销售费用”：填报纳税人在销售商品和材料、提供劳务过程中发生的各种费用。本行根据“销售费用”科目的数额计算填报。

5.第5行“管理费用”：填报纳税人为组织和管理企业生产经营发生的管理费用。本行根据“管理费用”科目的数额计算填报。

6.第6行“财务费用”：填报纳税人为筹集生产经营所需资金等发生的筹资费用。本行根据“财务费用”科目的数额计算填报。

7.第7行“资产减值损失”：填报纳税人计提各项资产准备发生的减值损失。本行根据“资产减值损失”科目的数额计算填报。

8.第8行“公允价值变动收益”：填报纳税人交易性金融资产、交易性金融负债，以及采用公允价值模式计量的投资性房地产、衍生工具、套期保值业务等公允价值变动形成的应计入当期损益的利得或损失。本行根据“公允价值变动损益”科目的数额计算填报。

9.第9行“投资收益”：填报纳税人以各种方式对外投资确认所取得的收益或发生的损失。本行根据“投资收益”科目的数额计算填报。

10.第10行“营业利润”：填报纳税人当期的营业利润。根据上述项目计算填列。

11.第11行“营业外收入”：填报纳税人发生的与其经营活动无直接关系的各项收入。本行根据“营业外收入”科目的数额计算填报。一般工商企业纳税人，通过附表一（1）“收入明细表”相关项目计算填报；金融企业纳税人，通过附表一（2）“金融企业收入明细表”相关项目计算填报；事业单位、社会团体、民办非企业单位、非营利组织等纳税人，通过附表一（3）“事业单位、社会团体、民办非企业单位收入明细表”计算填报。

12.第12行“营业外支出”：填报纳税人发生的与其经营活动无直接关系的各项支出。本行根据“营业外支出”科目的数额计算填报。一般工商企业纳税人，通过附表二（1）“成本费用明细表”相关项目计算填报；金融企业纳税人，通过附表二（2）“金融企业成本费用明细表”相关项目计算填报；事业单位、社会团体、民办非企业单位、非营利组织等纳税人，通过附表一（3）“事业单位、社会团体、民办非企业单位支出明细表”计算填报。

13. 第13行“利润总额”：填报纳税人当期的利润总额。

14. 第14行“纳税调整增加额”：填报纳税人会计处理与税收规定不一致，进行纳税调整增加的金额。本行通过附表三“纳税调整项目明细表”“调增金额”列计算填报。

15. 第15行“纳税调整减少额”：填报纳税人会计处理与税收规定不一致，进行纳税调整减少的金额。本行通过附表三“纳税调整项目明细表”“调减金额”列计算填报。

16. 第16行“不征税收入”：填报纳税人计入利润总额但属于税收规定不征税的财政拨款、依法收取并纳入财政管理的行政事业性收费、政府性基金以及国务院规定的其他不征税收入。本行通过附表一（3）“事业单位、社会团体、民办非企业单位收入明细表”计算填报。

17. 第17行“免税收入”：填报纳税人计入利润总额但属于税收规定免税的收入或收益，包括国债利息收入；符合条件的居民企业之间的股息、红利等权益性投资收益；从居民企业取得与该机构、场所有实际联系的股息、红利等权益性投资收益；符合条件的非营利组织的收入。本行通过附表五“税收优惠明细表”第1行计算填报。

18. 第18行“减计收入”：填报纳税人以《资源综合利用企业所得税优惠目录》规定的资源作为主要原材料，生产国家非限制和禁止并符合国家和行业相关标准的产品取得收入10%的数额。本行通过附表五“税收优惠明细表”第6行计算填报。

19. 第19行“减、免税项目所得”：填报纳税人按照税收规定减征、免征企业所得税的所得额。本行通过附表五“税收优惠明细表”第14行计算填报。

20. 第20行“加计扣除”：填报纳税人开发新技术、新产品、新工艺发生的研究开发费用，以及安置残疾人员及国家鼓励安置的其他就业人员所支付的工资，符合税收规定条件的准予按照支出额一定比例，在计算应纳税所得额时加计扣除的金额。本行通过附表五“税收优惠明细表”第9行计算填报。

21. 第21行“抵扣应纳税所得额”：填报创业投资企业采取股权投资方式投资于未上市的中小高新技术企业2年以上的，可以按照其投资额的70%在股权持有满2年的当年抵扣该创业投资企业的应纳税所得额。当年不足抵扣的，可以在以后纳税年度结转抵扣。本行通过附表五“税收优惠明细表”第39行计算填报。

22. 第22行“境外应税所得弥补境内亏损”：填报纳税人根据税收规定，境外所得可以弥补境内亏损的数额。

23. 第23行“纳税调整后所得”：填报纳税人经过纳税调整计算后的所得额。

当本表第23行<0时，即为可结转以后年度弥补的亏损额；如本表第23行>0时，继续计算应纳税所得额。

24. 第24行“弥补以前年度亏损”：填报纳税人按照税收规定可在税前弥补的以前年度亏损的数额。

本行通过附表四“企业所得税弥补亏损明细表”第6行第10列填报。但不得超过本表第23行“纳税调整后所得”。

25. 第25行“应纳税所得额”：金额等于本表第23行−第24行。

本行不得为负数。本表第23行或者按照上述行次顺序计算结果本行为负数，本行金额填0。

26. 第26行“税率”：填报税法规定的税率25%。

27. 第27行“应纳所得税额”：金额等于本表第25行×第26行。

28. 第28行“减免所得税额”：填报纳税人按税收规定实际减免的企业所得税额，包括小型微利企业、国家需要重点扶持的高新技术企业、享受减免税优惠过渡政策的企业，其法定税率与实际执行税率的差额，以及其他享受企业所得税减免税的数额。本行通过附表五“税收优惠明细表”第33行计算填报。

29. 第29行“抵免所得税额”：填报纳税人购置用于环境保护、节能节水、安全生产等专用设备的投资额，其设备投资额的10%可以从企业当年的应纳所得税额中抵免的金额；当年不足抵免的，可以在以后5个纳税年度结转抵免。本行通过附表五“税收优惠明细表”第40行计算填报。

30. 第30行“应纳税额”：金额等于本表第27行-第28行-第29行。

31. 第31行“境外所得应纳所得税额”：填报纳税人来源于中国境外的所得，按照企业所得税法及其实施条例以及相关税收规定计算的应纳所得税额。

32. 第32行“境外所得抵免所得税额”：填报纳税人来源于中国境外所得依照中国境外税收法律以及相关规定应缴纳并实际缴纳的企业所得税性质的税款，准予抵免的数额。

企业已在境外缴纳的所得税额，小于抵免限额的，“境外所得抵免所得税额”按其在境外实际缴纳的所得税额填报；大于抵免限额的，按抵免限额填报，超过抵免限额的部分，可以在以后5个年度内，用每年度抵免限额抵免当年应抵税额后的余额进行抵补。

33. 第33行“实际应纳所得税额”：填报纳税人当期的实际应纳所得税额。

34. 第34行“本年累计实际已预缴的所得税额”：填报纳税人按照税收规定本纳税年度已在月（季）度累计预缴的所得税款。

35. 第35行“汇总纳税的总机构分摊预缴的税额”：填报汇总纳税的总机构按照税收规定已在月（季）度在总机构所在地累计预缴的所得税款。

附报“中华人民共和国企业所得税汇总纳税分支机构企业所得税分配表”。

36. 第36行“汇总纳税的总机构财政调库预缴的税额”：填报汇总纳税的总机构按照税收规定已在月（季）度在总机构所在地累计预缴在财政调节专户的所得税款。

附报“中华人民共和国企业所得税汇总纳税分支机构企业所得税分配表”。

37. 第37行“汇总纳税的总机构所属分支机构分摊的预缴税额”：填报汇总纳税的分支机构已在月（季）度在分支机构所在地累计分摊预缴的所得税款。第37-1行“本市总机构所属本市分支机构分摊的预缴税额”：填报本市总机构设在本市的分支机构（包括本市总机构独立生产经营部门作为分支机构）所分摊的预缴税额。

附报“中华人民共和国企业所得税汇总纳税分支机构企业所得税分配表”。

38. 第38行“合并纳税（母子体制）成员企业就地预缴比例”：填报经国务院批准的实行合并纳税（母子体制）的成员企业按照税收规定就地预缴税款的比例。

39. 第39行“合并纳税企业就地预缴的所得税额”：填报合并纳税的成员企业已在月（季）度累计预缴的所得税款。

40. 第40行“本年应补（退）的所得税额”：填报纳税人当期应补（退）的所得税额。

41. 第41行“以前年度多缴的所得税在本年抵减额”：填报纳税人以前纳税年度汇算清缴多缴的税款尚未办理退税、并在本纳税年度抵缴的所得税额。

42. 第42行“以前年度应缴未缴在本年入库所得额”：填报纳税人以前纳税年度损益调整税款、上一纳税年度第四季度预缴税款和汇算清缴的税款，在本纳税年度入库所得税额。

四、表内及表间关系

1. 第1行=附表一（1）第2行或附表一（2）第1行或附表一（3）第2行至7行合计。

2. 第2行=附表二（1）第2+第7行或附表二（2）第1行或附表二（3）第2至9行合计。

3. 第10行=本表第1-第2行-第3行-第4行-第5行-第6行-第7行+第8行+第9行。

4. 第11行=附表一（1）第17行或附表一（2）第42行或附表一（3）第9行

5. 第12行=附表二（1）第16行或附表二（2）第45行或附表二（3）第10行。

6. 第13行=本表第10行+第11行-第12行。

7. 第14行=附表三第55行第3列合计。

8. 第15行=附表三第55行第4列合计。

9. 第16行=附表一（3）10行或附表三第14行第4列。

10. 第17行=附表五第1行。

11. 第18行=附表五第6行。

12.第19行=附表五第14行。

13.第20行=附表五第9行。

14.第21行=附表五第39行。

15.第22行=附表六第7列合计。(当本表第13行+第14行-第15行≥0时，本行=0)

16.第23行=本表第13行+第14行-第15行+第22行。

17.第24行=附表四第6行第10列。

18.第25行=本表第23行-第24行(当本行<0时，则先调整第21行的数据，使其本行≥0；当第21行=0时，第23行-第24行≥0)。

19.第26行填报25%。

20.第27行=本表第25行×第26行。

21.第28行=附表五第33行。

22.第29行=附表五第40行。

23.第30行=本表第27行-第28行-第29行。

24.第31行=附表六第10列合计。

25.第32行=附表六第13列合计+第15列合计或附表六第17列合计。

26.第33行=本表第30行+第31行-第32行。

27.第40行=本表第33行-第34行。

附表6-6　　企业所得税年度纳税申报表附表一(1)：收入明细表

填报时间：　　年　月　日　　　　金额单位:元(列至角分)

行次	项目	金额
1	一、销售(营业)收入合计(2+13)	
2	(一)营业收入合计(3+8)	
3	1.主营业务收入(4+5+6+7)	
4	(1)销售货物	
5	(2)提供劳务	
6	(3)让渡资产使用权	
7	(4)建造合同	
8	2.其他业务收入(9+10+11+12)	
9	(1)材料销售收入	
10	(2)代购代销手续费收入	
11	(3)包装物出租收入	
12	(4)其他	
13	(二)视同销售收入(14+15+16)	
14	1.非货币性交易视同销售收入	
15	2.货物、财产、劳务视同销售收入	
16	3.其他视同销售收入	
17	二、营业外收入(18+19+20+21+22+23+24+25+26)	
18	1.固定资产盘盈	
19	2.处置固定资产净收益	
20	3.非货币性资产交易收益	
21	4.出售无形资产收益	
22	5.罚款净收入	
23	6.债务重组收益	
24	7.政府补助收入	
25	8.捐赠收入	
26	9.其他	

经办人(签章)：　　　　法定代表人(签章)：

填报说明

一、适用范围

本表适用于执行企业会计制度、小企业会计制度、企业会计准则以及分行业会计制度的一般工商企业的居民纳税人填报。

二、填报依据和内容

根据《中华人民共和国企业所得税法》及其实施条例、相关税收政策，以及企业会计制度、小企业会计制度、企业会计准则，以及分行业会计制度规定，填报“主营业务收入”、“其他业务收入”和“营业外收入”，以及根据税收规定确认的“视同销售收入”。

三、有关项目填报说明

1. 第1行“销售（营业）收入合计”：填报纳税人根据国家统一会计制度确认的主营业务收入、其他业务收入，以及根据税收规定确认的视同销售收入。

本行数据作为计算业务招待费、广告费和业务宣传费支出扣除限额的计算基数。

2. 第2行“营业收入合计”：填报纳税人根据国家统一会计制度确认的主营业务收入和其他业务收入。

本行数额填入主表第1行。

3. 第3行“主营业务收入”：根据不同行业的业务性质分别填报纳税人按照国家统一会计制度核算的主营业务收入。

（1）第4行“销售货物”：填报从事工业制造、商品流通、农业生产以及其他商品销售企业取得的主营业务收入。

（2）第5行“提供劳务”：填报从事提供旅游饮食服务、交通运输、邮政通信、对外经济合作等劳务、开展其他服务的纳税人取得的主营业务收入。

（3）第6行“让渡资产使用权”：填报让渡无形资产使用权（如商标权、专利权、专有技术使用权、版权、专营权等）而取得的使用费收入以及以租赁业务为基本业务的出租固定资产、无形资产、投资性房地产在主营业务收入中核算取得的租金收入。

（4）第7行“建造合同”：填报纳税人建造房屋、道路、桥梁、水坝等建筑物，以及船舶、飞机、大型机械设备等取得的主营业务收入。

4. 第8行：根据不同行业的业务性质分别填报纳税人按照国家统一会计制度核算的其他业务收入。

（1）第9行“材料销售收入”：填报纳税人销售材料、下脚料、废料、废旧物资等取得的收入。

（2）第10行“代购代销手续费收入”：填报纳税人从事代购代销、受托代销商品取得的手续费收入。

（3）第11行“包装物出租收入”：填报纳税人出租、出借包装物取得的租金和逾期未退包装物没收的押金。

（4）第12行“其他”：填报纳税人按照国家统一会计制度核算、上述未列举的其他业务收入。

5. 第13行：填报纳税人会计上不作为销售核算、但按照税收规定视同销售确认的应税收入。

（1）第14行“非货币性交易视同销售收入”：填报纳税人发生非货币性交易行为，会计核算未确认或未全部确认损益，按照税收规定应视同销售确认应税收入。

纳税人按照国家统一会计制度已确认的非货币性交易损益的，直接填报非货币性交易换出资产公允价值与已确认的非货币交易收益的差额。

（2）第15行“货物、财产、劳务视同销售收入”：填报纳税人将货物、财产、劳务用于捐赠、偿债、赞助、集资、广告、样品、职工福利或者利润分配等用途的，按照税收规定应视同销售确认应税收入。

（3）第16行“其他视同销售收入”：填报除上述项目外，按照税收规定其他视同销售确认应税收入。

6. 第17行“营业外收入”：填报纳税人与生产经营无直接关系的各项收入的金额。本行数据填入主表第11行。

（1）第18行“固定资产盘盈”：填报纳税人在资产清查中发生的固定资产盘盈。

（2）第19行“处置固定资产净收益”：填报纳税人因处置固定资产而取得的净收益。

（3）第20行“非货币性资产交易收益”：填报纳税人发生的非货币性交易按照国家统一会计制度确认为损益的金额。执行企业会计准则的纳税人，发生具有商业实质且换出资产为固定资产、无形资产的非货币性交易，填报其换出资产公允价值和换出资产账面价值的差额；执行企业会计制度和小企业会计制度的纳税人，填报与收到补价相对应的收益额。

（4）第21行“出售无形资产收益”：填报纳税人处置无形资产而取得净收益的金额。

（5）第22行“罚款净收入”：填报纳税人在日常经营管理活动中取得的罚款收入。

（6）第23行“债务重组收益”：填报纳税人发生的债务重组行为确认的债务重组利得。

（7）第24行“政府补助收入”：填报纳税人从政府无偿取得的货币性资产或非货币性资产的金额，包括补贴收入。

（8）第25行“捐赠收入”：填报纳税人接受的来自其他企业、组织或者个人无偿给予的货币性资产、非货币性资产捐赠，确认的收入。

（9）第26行“其他”：填报纳税人按照国家统一会计制度核算、上述项目未列举的其他营业外收入。

四、表内、表间关系

（一）表内关系

1.第1行＝本表第2行＋第13行。

2.第2行＝本表第3行＋第8行。

3.第3行＝本表第4行＋第5行＋第6行＋第7行。

4.第8行＝本表第9行＋第10行＋第11行＋第12行。

5.第13行＝本表第14行＋第15行＋第16行。

6.第17行＝本表第18至26行合计。

（二）表间关系

1.第1行＝附表八第4行。

2.第2行＝主表第1行。

3.第13行＝附表三第2行第3列。

4.第17行＝主表第11行。

附表6-7　　　　**企业所得税年度纳税申报表附表二（1）：成本费用明细表**

填报时间：　　年　月　日　　　　　　　　　　　　　　　　金额单位：元（列至角分）

行次	项目	金额
1	一、销售（营业）成本合计（2＋7＋12）	
2	（一）主营业务成本（3＋4＋5＋6）	
3	1.销售货物成本	
4	2.提供劳务成本	
5	3.让渡资产使用权成本	
6	4.建造合同成本	
7	（二）其他业务成本（8＋9＋10＋11）	
8	1.材料销售成本	
9	2.代购代销费用	
10	3.包装物出租成本	
11	4.其他	

续表

行次	项目	金额
12	（三）视同销售成本（13+14+15）	
13	1.非货币性交易视同销售成本	
14	2.货物、财产、劳务视同销售成本	
15	3.其他视同销售成本	
16	二、营业外支出（17+18+…+24）	
17	1.固定资产盘亏	
18	2.处置固定资产净损失	
19	3.出售无形资产损失	
20	4.债务重组损失	
21	5.罚款支出	
22	6.非常损失	
23	7.捐赠支出	
24	8.其他	
25	三、期间费用（26+27+28）	
26	1.销售（营业）费用	
27	2.管理费用	
28	3.财务费用	

经办人（签章）：　　　　　　　　　　　　法定代表人（签章）：

填报说明

一、适用范围

本表适用于执行企业会计制度、小企业会计制度、企业会计准则，以及分行业会计制度的一般工商企业的居民纳税人填报。

二、填报依据和内容

根据《中华人民共和国企业所得税法》及其实施条例、相关税收政策，以及企业会计制度、小企业会计制度、企业会计准则，以及分行业会计制度的规定，填报"主营业务成本"、"其他业务成本"和"营业外支出"，以及根据税收规定确认的"视同销售成本"。

三、有关项目填报说明

1.第1行"销售（营业）成本合计"：填报纳税人根据国家统一会计制度确认的主营业务成本、其他业务成本和按税收规定视同销售确认的成本。

2.第2行"主营业务成本"：根据不同行业的业务性质分别填报纳税人按照国家统一会计制度核算的主营业务成本。

（1）第3行"销售货物成本"：填报从事工业制造、商品流通、农业生产以及其他商品销售企业发生的主营业务成本。

（2）第4行"提供劳务成本"：填报从事提供旅游饮食服务、交通运输、邮政通信、对外经济合作等劳务、开展其他服务的纳税人发生的主营业务成本。

（3）第5行"让渡资产使用权成本"：填报让渡无形资产使用权（如商标权、专利权、专有技术使用权、版权、专营权等）发生的使用费成本以及以租赁业务为基本业务的出租固定资产、无形资产、投资性房地产在主营业务收入中核算发生的租金成本。

（4）第6行“建造合同成本”：填报纳税人建造房屋、道路、桥梁、水坝等建筑物，以及船舶、飞机、大型机械设备等发生的主营业务成本。

3.第7行“其他业务成本”：根据不同行业的业务性质分别填报纳税人按照国家统一会计制度核算的其他业务成本。

（1）第8行“材料销售成本”：填报纳税人销售材料、下脚料、废料、废旧物资等发生的支出。

（2）第9行“代购代销费用”：填报纳税人从事代购代销、受托代销商品发生的支出。

（3）第10行“包装物出租成本”：填报纳税人出租、出借包装物发生的租金支出和逾期未退包装物发生的支出。

（4）第11行“其他”：填报纳税人按照国家统一会计制度核算、上述项目未列举的其他业务成本。

4.第12行“视同销售成本”：填报纳税人会计上不作为销售核算、但按照税收规定视同销售确认的应税成本。本行数据填入附表三第21行第4列。

5.第16至24行“营业外支出”：填报纳税人与生产经营无直接关系的各项支出。本行数据填入主表第12行。

（1）第17行“固定资产盘亏”：填报纳税人在资产清查中发生的固定资产盘亏。

（2）第18行“处置固定资产净损失”：填报纳税人因处置固定资产发生的净损失。

（3）第19行“出售无形资产损失”：填报纳税人因处置无形资产而发生的净损失。

（4）第20行“债务重组损失”：填报纳税人发生的债务重组行为按照国家统一会计制度确认的债务重组损失。

（5）第21行“罚款支出”：填报纳税人在日常经营管理活动中发生的罚款支出。

（6）第22行“非常损失”：填报纳税人按照国家统一会计制度规定在营业外支出中核算的各项非正常的财产损失。

（7）第23行“捐赠支出”：填报纳税人实际发生的货币性资产、非货币性资产捐赠支出。

（8）第24行“其他”：填报纳税人按照国家统一会计制度核算、上述项目未列举的其他营业外支出。

6.第25至28行“期间费用”：填报纳税人按照国家统一会计制度核算的销售（营业）费用、管理费用和财务费用的数额。

（1）第26行“销售（营业）费用”：填报纳税人在销售商品和材料、提供劳务的过程中发生的各种费用。本行根据“销售费用”科目的数额计算填报。本行数据填入主表第4行。

（2）第27行“管理费用”：填报纳税人为组织和管理企业生产经营发生的管理费用。本行根据“管理费用”科目的数额计算填报。本行数据填入主表第5行。

（3）第28行“财务费用”：填报纳税人为筹集生产经营所需资金等发生的筹资费用。本行根据“财务费用”科目的数额计算填报。本行数据填入主表第6行。

四、表内、表间关系

（一）表内关系

1.第1行=本表第2行+第7行+第12行。

2.第2行=本表第3至6行合计。

3.第7行=本表第8至11行合计。

4.第12行=本表第13行+第14行+第15行。

5.第16行=本表第17至24行合计。

6.第25行=本表第26行+第27行+第28行。

（二）表间关系

1.第2行+第7行=主表第2行。

2.第12行=附表三第21行第4列。

3.第16行=主表第12行。

4. 第 26 行 = 主表第 4 行。

5. 第 27 行 = 主表第 5 行。

6. 第 28 行 = 主表第 6 行。

附表 6-8　　　　**企业所得税年度纳税申报表附表三：纳税调整项目明细表**

填报时间：　　年　月　日　　　　　　　　　　　　　　金额单位:元（列至角分）

行次	项目	账载金额	税收金额	调增金额	调减金额
		1	2	3	4
1	一、收入类调整项目	★	★		
2	1.视同销售收入（填写附表一）	★	★		★
#3	2.接受捐赠收入	★			★
4	3.不符合税收规定的销售折扣和折让				★
★5	4.未按权责发生制原则确认的收入				
★6	5.按权益法核算长期股权投资对初始投资成本调整确认收益	★	★	★	
7	6.按权益法核算的长期股权投资持有期间的投资损益	★	★		
★8	7.特殊重组				
★9	8.一般重组				
★10	9.公允价值变动净收益（填写附表七）	★	★		
11	10.确认为递延收益的政府补助				
12	11.境外应税所得（填写附表六）	★	★		
13	12.不允许扣除的境外投资损失	★	★		★
14	13.不征税收入（填附表一（3））	★	★	★	
15	14.免税收入（填附表五）	★	★	★	
16	15.减计收入（填附表五）	★	★	★	
17	16.减、免税项目所得（填附表五）	★	★	★	
18	17.抵扣应纳税所得额（填附表五）	★	★	★	
19	18.其他				
20	二、扣除类调整项目	★	★		
21	1.视同销售成本（填写附表二）	★	★	★	
22	2.工资薪金支出				
23	3.职工福利费支出				
24	4.职工教育经费支出				
25	5.工会经费支出				
26	6.业务招待费支出				★
27	7.广告费和业务宣传费支出（填写附表八）	★	★		
28	8.捐赠支出				★

续表

行次	项目	账载金额	税收金额	调增金额	调减金额
		1	2	3	4
29	9.利息支出				
30	10.住房公积金				★
31	11.罚金、罚款和被没收财物的损失		★		★
32	12.税收滞纳金		★		★
33	13.赞助支出		★		★
34	14.各类基本社会保障性缴款				
35	15.补充养老保险、补充医疗保险				
36	16.与未实现融资收益相关在当期确认的财务费用				
37	17.与取得收入无关的支出		★		★
38	18.不征税收入用于支出所形成的费用		★		★
39	19.加计扣除（填附表五）	★	★	★	
40	20.其他				
41	三、资产类调整项目	★	★		
42	1.财产损失				
43	2.固定资产折旧（填写附表九）	★	★		
44	3.生产性生物资产折旧（填写附表九）	★	★		
45	4.长期待摊费用的摊销（填写附表九）	★	★		
46	5.无形资产摊销（填写附表九）	★	★		
47	6.投资转让、处置所得（填写附表十一）	★	★		
48	7. 油气勘探投资（填写附表九）	★	★		
49	8. 油气开发投资（填写附表九）	★	★		
50	9.其他	★	★		
51	四、准备金调整项目（填写附表十）	★	★		
52	五、房地产企业预售收入计算的预计利润	★	★		
53	六、特别纳税调整应税所得	★	★		★
54	七、其他	★	★		
55	合　　计	★	★		

注：1.标有★或#号的行次，纳税人分别按照适用的国家统一会计制度填报。

2.没有标注的行次，无论执行何种会计核算办法，有差异就填报相应行次，有★号不可填列。

3.有二级附表的项目只填调增金额、调减金额，账载金额、税收金额不再填写。

经办人（签章）：　　　　　　　　　　　　法定代表人（签章）：

填报说明

一、适用范围

本表适用于实行查账征收的企业所得税居民纳税人填报。

二、填报依据和内容

根据《中华人民共和国企业所得税法》及其实施条例、相关税收政策，以及国家统一会计制度的规定，填报企业财务会计处理与税收规定不一致、进行纳税调整项目的金额。

三、有关项目填报说明

本表纳税调整项目按照“收入类调整项目”、“扣除类调整项目”、“资产类调整调整项目”、“准备金调整项目”、“房地产企业预售收入计算的预计利润”、“特别纳税调整应税所得”和“其他”七大项分类汇总填报，并计算纳税调整项目的“调增金额”和“调减金额”的合计数。

数据栏分别设置“账载金额”、“税收金额”、“调增金额”和“调减金额”4个栏次。“账载金额”是指纳税人按照国家统一会计制度规定核算的项目金额。“税收金额”是指纳税人按照税收规定计算的项目金额。

“收入类调整项目”：“税收金额”扣减“账载金额”后的余额为正，填报在“调增金额”，余额如为负数，将其绝对值填报在“调减金额”。其中第4行“3.不符合税收规定的销售折扣和折让”，按“扣除类调整项目”处理。

“扣除类调整项目”和“资产类调整项目”：“账载金额”扣减“税收金额”后的余额为正，填报在“调增金额”，余额如为负数，将其绝对值填报在“调减金额”。

其他项目的“调增金额”和“调减金额”按上述原则计算填报。

本表打*号的栏次均不填报。

（一）收入类调整项目

1.第1行“一、收入类调整项目”：填报收入类调整项目第2行至第19行的合计数。第1列“账载金额”、第2列“税收金额”不填报。

2.第2行“1.视同销售收入”：填报纳税人会计上不作为销售核算、税收上应确认为应税收入的金额。

（1）事业单位、社会团体、民办非企业单位直接填报第3列“调增金额”。

（2）金融企业第3列“调增金额”取自附表一（2）“金融企业收入明细表”第38行。

（3）一般工商企业第3列“调增金额”取自附表一（1）“收入明细表”第13行。

（4）第1列“账载金额”、第2列“税收金额”和第4列“调减金额”不填。

3.第3行“2.接受捐赠收入”：第2列“税收金额”填报纳税人按照国家统一会计制度规定，将接受捐赠直接计入资本公积核算、进行纳税调整的金额。第3列“调增金额”等于第2列“税收金额”。第1列“账载金额”和第4列“调减金额”不填。

4.第4行“3.不符合税收规定的销售折扣和折让”：填报纳税人不符合税收规定的销售折扣和折让应进行纳税调整的金额。第1列“账载金额”填报纳税人按照国家统一会计制度规定，销售货物给购货方的销售折扣和折让金额。第2列“税收金额”填报纳税人按照税收规定可以税前扣除的销售折扣和折让的金额。第3列“调增金额”填报第1列与第2列的差额。第4列“调减金额”不填。

5.第5行“4.未按权责发生制原则确认的收入”：填报纳税人会计上按照权责发生制原则确认收入，但按照税收规定不按照权责发生制确认收入，进行纳税调整的金额。

第1列“账载金额”填报纳税人按照国家统一会计制度确认的收入；第2列“税收金额”填报纳税人按照税收规定确认的应纳税收入；第3列“调增金额”填报纳税人纳税调增的金额；第4列“调减金额”填报纳税人纳税调减的金额。

6.第6行“5.按权益法核算长期股权投资对初始投资成本调整确认收益”：填报纳税人采取权益法核算，初始投资成本小于取得投资时应享有被投资单位可辨认净资产公允价值份额的差额计入取得投资当期的营业外收入。本行“调减金额”数据通过附表十一“长期股权投资所得（损失）明细表”第5列

"合计"填报。第1列"账载金额"、第2列"税收金额"和第3列"调增金额"不填。

7.第7行"6.按权益法核算的长期股权投资持有期间的投资损益"：第3列"调增金额"填报纳税人应分担被投资单位发生的净亏损、确认为投资损失的金额；第4列"调减金额"填报纳税人应分享被投资单位发生的净利润、确认为投资收益的金额。本行根据附表十一"长期股权投资所得（损失）明细表"分析填列。

8.第8行"7.特殊重组"：填报纳税人按照税收规定作为特殊重组处理，导致财务会计处理与税收规定不一致进行纳税调整的金额。

第1列"账载金额"填报纳税人按照国家统一会计制度确认的账面金额；第2列"税收金额"填报纳税人按照税收规定确认的应税收入金额；第3列"调增金额"填报纳税人进行纳税调整增加的金额；第4列"调减金额"填报纳税人进行纳税调整减少的金额。

9.第9行"8.一般重组"：填报纳税人按照税收规定作为一般重组处理，导致财务会计处理与税收规定不一致进行纳税调整的金额。

第1列"账载金额"填报纳税人按照国家统一会计制度确认的账面金额；第2列"税收金额"填报纳税人按照税收规定确认的应税收入金额；第3列"调增金额"填报纳税人进行纳税调整增加的金额；第4列"调减金额"填报纳税人进行纳税调整减少的金额。

10.第10行"9.公允价值变动净收益"：第3列"调增金额"或第4列"调减金额"通过附表七"以公允价值计量资产纳税调整表"第10行第5列数据填报。

附表七第5列"纳税调整额"第10行"合计"数为正数时，填入附表三第10行本行第3列"调增金额"；为负数时，将其绝对值填入本行第4列"调减金额"。

11.第11行"10.确认为递延收益的政府补助"：填报纳税人取得的不属于税收规定的不征税收入、免税收入以外的其他政府补助，按照国家统一会计制度确认为递延收益，税收处理应计入应纳税所得额应进行纳税调整的数额。

第1列"账载金额"填报纳税人按照国家统一会计制度确认的账面金额；第2列"税收金额"填报纳税人按照税收规定确认的应税收入金额；第3列"调增金额"填报纳税人进行纳税调整增加的金额；第4列"调减金额"填报纳税人进行纳税调整减少的金额。

12.第12行"11.境外应税所得"：第3列"调增金额"填报纳税人并入利润总额的成本费用或确认的境外投资损失。第4列"调减金额"填报纳税人并入利润总额的境外收入、投资收益等。第1列"账载金额"、第2列"税收金额"不填。

13.第13行"12.不允许扣除的境外投资损失"：第3列"调增金额"填报纳税人境外投资除合并、撤销、依法清算外形成的损失。第1列"账载金额"、第2列"税收金额"和第4列"调减金额"不填。

14.第14行"13.不征税收入"：第4列"调减金额"通过附表一（3）"事业单位、社会团体、民办非企业单位收入项目明细表"第12行"不征税收入总额"和附表五（2）第29行、第61行"不征税收入"填报，还包括国务院规定的其他不征税收入。第1列"账载金额"、第2列"税收金额"和第3列"调增金额"不填。

15.第15行"14.免税收入"：第4列"调减金额"通过附表五"税收优惠明细表"第1行"免税收入"填报。第1列"账载金额"、第2列"税收金额"和第3列"调增金额"不填。

16.第16行"15.减计收入"：第4列"调减金额"通过取自附表五"税收优惠明细表"第6行"减计收入"填报。第1列"账载金额"、第2列"税收金额"和第3列"调增金额"不填。

17.第17行"16.减、免税项目所得"：第4列"调减金额"通过取自附表五"税收优惠明细表"第14行"减免所得额合计"填报。第1列"账载金额"、第2列"税收金额"和第3列"调增金额"不填。

18.第18行"17.抵扣应纳税所得额"：第4列"调减金额"通过取自附表五"税收优惠明细表"第39行"创业投资企业抵扣应纳税所得额"填报。第1列"账载金额"、第2列"税收金额"和第3列"调增金额"不填。

19.第19行“18.其他”：填报企业财务会计处理与税收规定不一致、进行纳税调整的其他收入类项目金额。

（二）扣除类调整项目

1.第20行“二、扣除类调整项目”：填报扣除类调整项目第21行至第40行的合计数。第1列“账载金额”、第2列“税收金额”不填报。

2.第21行“1.视同销售成本”：第2列“税收金额”填报按照税收规定视同销售应确认的成本。

（1）事业单位、社会团体、民办非企业单位直接填报第4列“调减金额”。

（2）金融企业第4列“调减金额”取自附表二（2）“金融企业成本费用明细表”第41行。

（3）一般工商企业第4列“调减金额”取自附表二（1）“成本费用明细表”第12行。

（4）第1列“账载金额”、第2列“税收金额”和第3列“调增金额”不填。

3.第22行“2.工资薪金支出”：第1列“账载金额”填报纳税人按照国家统一会计制度计入成本费用的职工工资、奖金、津贴和补贴；第2列“税收金额”填报纳税人按照税收规定允许税前扣除的工资薪金。如本行第1列≥第2列，第1列减去第2列的差额填入本行第3列“调增金额”；如本行第1列＜第2列，第2列减去第1列的差额填入本行第4列“调减金额”。

4.第23行“3.职工福利费支出”：第1列“账载金额”填报纳税人按照国家统一会计制度计入成本费用的职工福利费；第2列“税收金额”填报纳税人按照税收规定允许税前扣除的职工福利费，金额小于等于第22行“工资薪金支出”第2列“税收金额”×14%；如本行第1列≥第2列，第1列减去第2列的差额填入本行第3列“调增金额”；如本行第1列＜第2列，第2列减去第1列的差额填入本行第4列“调减金额”。

5.第24行“4.职工教育经费支出”：第1列“账载金额”填报纳税人按照国家统一会计制度计入成本费用的教育经费支出；第2列“税收金额”填报纳税人按照税收规定允许税前扣除的职工教育经费，金额小于等于第22行“工资薪金支出”第2列“税收金额”×2.5%，或国务院财政、税务主管部门另有规定的金额；如本行第1列≥第2列，第1列减去第2列的差额填入本行第3列“调增金额”；如本行第1列＜第2列，第2列减去第1列的差额填入本行第4列“调减金额”。

6.第25行“5.工会经费支出”：第1列“账载金额”填报纳税人按照国家统一会计制度计入成本费用的工会经费支出。第2列“税收金额”填报纳税人按照税收规定允许税前扣除的工会经费，金额等于第22行“工资薪金支出”第2列“税收金额”×2%减去没有工会专用凭据列支的工会经费后的余额，如本行第1列≥第2列，第1列减去第2列的差额填入本行第3列“调增金额”；如本行第1列＜第2列，第2列减去第1列的差额填入本行第4列“调减金额”。

7.第26行“6.业务招待费支出”：第1列“账载金额”填报纳税人按照国家统一会计制度计入成本费用的业务招待费支出；第2列“税收金额”填报纳税人按照税收规定允许税前扣除的业务招待费支出的金额。比较“本行第1列×60%”与“附表一（1）“收入明细表”第1行×5‰”或“附表一（2）“金融企业收入明细表”第1＋38行合计×5‰”或“本行第1列×60%”两数，孰小者填入本行第2列。如本行第1列≥第2列，本行第1列减去第2列的余额填入本行第3列“调增金额”，第4列“调减金额”不填。如本行第1列＜第2列，第3列“调增金额”，第4列“调减金额”均不填。

8.第27行“7.广告费与业务宣传费支出”：第3列“调增金额”取自附表八“广告费和业务宣传费跨年度纳税调整表”第7行“本年广告费和业务宣传费支出纳税调整额”，第4列“调减金额”取自附表八“广告费和业务宣传费跨年度纳税调整表”第10行“本年扣除的以前年度结转额”。第1列“账载金额”和第2列“税收金额”不填。

9.第28行“8.捐赠支出”：第1列“账载金额”填报纳税人按照国家统一会计制度实际发生的捐赠支出。第2列“税收金额”填报纳税人按照税收规定允许税前扣除的捐赠支出的金额。如本行第1列≥第2列，第1列减去第2列的差额填入本行第3列“调增金额”，第4列“调减金额”不填；如本行第1列＜第2列，第3列“调增金额”、第4列“调减金额”均不填。

10.第29行“9.利息支出”：第1列“账载金额”填报纳税人按照国家统一会计制度实际发生的向非金融企业借款计入财务费用的利息支出的金额；第2列“税收金额”填报纳税人按照税收规定允许税前扣除的利息支出的金额。如本行第1列≥第2列，第1列减去第2列的差额填入本行第3列“调增金额”，第4列“调减金额”不填；如本行第1列＜第2列，第3列“调增金额”、第4列“调减金额”均不填。

11.第30行“10.住房公积金”：第1列“账载金额”填报纳税人按照国家统一会计制度实际发生的住房公积金的金额；第2列“税收金额”填报纳税人按照税收规定允许税前扣除的住房公积金的金额。如本行第1列≥第2列，第1列减去第2列的差额填入本行第3列“调增金额”，第4列“调减金额”不填；如本行第1列＜第2列，第3列“调增金额”、第4列“调减金额”均不填。

12.第31行“11.罚金、罚款和被没收财物的损失”：第1列“账载金额”填报纳税人按照国家统一会计制度实际发生的罚金、罚款和被罚没财物损失的金额，不包括纳税人按照经济合同规定支付的违约金(包括银行罚息)、罚款和诉讼费。第3列“调增金额”等于第1列；第2列“税收金额”和第4列“调减金额”不填。

13.第32行“12.税收滞纳金”：第1列“账载金额”填报纳税人按照国家统一会计制度实际发生的税收滞纳金的金额。第3列“调增金额”等于第1列；第2列“税收金额”和第4列“调减金额”不填。

14.第33行“13.赞助支出”：第1列“账载金额”填报纳税人按照国家统一会计制度实际发生且不符合税收规定的公益性捐赠的赞助支出的金额。第3列“调增金额”等于第1列；第2列“税收金额”和第4列“调减金额”不填。

广告性的赞助支出按广告费和业务宣传费的规定处理，在第27行“广告费与业务宣传费支出”中填报。

15.第34行“14.各类基本社会保障性缴款”：第1列“账载金额”填报纳税人按照国家统一会计制度实际发生的各类基本社会保障性缴款的金额，包括基本医疗保险费、基本养老保险费、失业保险费、工伤保险费和生育保险费；第2列“税收金额”填报纳税人按照税收规定允许税前扣除的各类基本社会保障性缴款的金额。本行第1列≥第2列，第1列减去第2列的差额填入本行第3列“调增金额”；如本行第1列＜第2列，第3列“调增金额”、第4列“调减金额”均不填。

16.第35行“15.补充养老保险、补充医疗保险”：第1列“账载金额”填报纳税人按照国家统一会计制度实际发生的补充养老保险、补充医疗保险的金额；第2列“税收金额”填报纳税人按照税收规定允许税前扣除的补充养老保险、补充医疗保险的金额。如本行第1列≥第2列，第1列减去第2列的差额填入本行第3列“调增金额”，如本行第1列＜第2列，则第3列“调增金额”、第4列“调减金额”均不填。

17.第36行“16.与未实现融资收益相关在当期确认的财务费用”：第1列“账载金额”填报纳税人按照国家统一会计制度实际发生的、与未实现融资收益相关并在当期确认的财务费用的金额。第2列“税收金额”填报纳税人按照税收规定允许税前扣除的相关金额。

18.第37行“17.与取得收入无关的支出”：第1列“账载金额”填报纳税人按照国家统一会计制度实际发生的、与取得收入无关的支出的金额。第3列“调增金额”等于第1列；第2列“税收金额”和第4列“调减金额”不填。

19.第38行“18.不征税收入用于支出所形成的费用”：第1列“账载金额”填报纳税人按照国家统一会计制度实际发生的、不征税收入用于支出形成的费用的金额。第3列“调增金额”等于第1列；第2列“税收金额”和第4列“调减金额”不填。

20.第39行“19.加计扣除”：第4列“调减金额”取自附表五“税收优惠明细表”第9行“加计扣除额合计”金额。第1列“账载金额”、第2列“税收金额”和第3列“调增金额”不填。

21.第40行“20.其他”：填报企业财务会计处理与税收规定不一致、进行纳税调整的其他扣除类项目金额。

（三）资产类调整项目

1.第41行“三、资产类调整项目”：填报资产类调整项目第42行至第50行的合计数。第1列“账载金额”、第2列“税收金额”不填报。

2.第42行“1.财产损失”：第1列“账载金额”填报纳税人按照国家统一会计制度确认的财产损失金额；第2列“税收金额”填报纳税人按照税收规定允许税前扣除的财产损失金额。如本行第1列≥第2列，第1列减去第2列的差额填入本行第3列“调增金额”；如本行第1列＜第2列，第1列减去第2列的差额的绝对值填入第4列“调减金额”。

3.第43行“2.固定资产折旧”：通过附表九“资产折旧、摊销纳税调整明细表”填报。附表九“资产折旧、摊销纳税调整明细表”第1行“固定资产”第7列“纳税调整额”的正数填入本行第3列“调增金额”；附表九“资产折旧、摊销纳税调整明细表”第1行“固定资产”第7列“纳税调整额”负数的绝对值填入本行第4列“调减金额”。第1列“账载金额”、第2列“税收金额”不填。

4.第44行“3.生产性生物资产折旧”：通过附表九“资产折旧、摊销纳税调整明细表”填报。附表九“资产折旧、摊销纳税调整明细表”第7行“生产性生物资产”第7列“纳税调整额”的正数填入本行第3列“调增金额”；附表九“资产折旧、摊销纳税调整明细表”第7行“生产性生物资产”第7列“纳税调整额”的负数的绝对值填入本行第4列“调减金额”。第1列“账载金额”、第2列“税收金额”不填。

5.第45行“4.长期待摊费用”：通过附表九“资产折旧、摊销纳税调整明细表”填报。附表九“资产折旧、摊销纳税调整明细表”第10行“长期待摊费用”第7列“纳税调整额”的正数填入本行第3列“调增金额”；附表九“资产折旧、摊销纳税调整明细表”第10行“长期待摊费用”第7列“纳税调整额”的负数的绝对值填入本行第4列“调减金额”。第1列“账载金额”、第2列“税收金额”不填。

6.第46行“5.无形资产摊销”：通过附表九“资产折旧、摊销纳税调整明细表”填报。附表九“资产折旧、摊销纳税调整明细表”第15行“无形资产”第7列“纳税调整额”的正数填入本行第3列“调增金额”；附表九“资产折旧、摊销纳税调整明细表”第15行“无形资产”第7列“纳税调整额”的负数的绝对值填入本行第4列“调减金额”。第1列“账载金额”、第2列“税收金额”不填。

7.第47行“6.投资转让、处置所得”：第3列“调增金额”和第4列“调减金额”通过附表十一“股权投资所得（损失）明细表”分析填报。第1列“账载金额”、第2列“税收金额”不填。

8.第48行“7.油气勘探投资”：通过附表九“资产折旧、摊销纳税调整明细表”填报。附表九“资产折旧、摊销纳税调整明细表”第16行“油气勘探投资”第7列“纳税调整额”的正数填入本行第3列；附表九“资产折旧、摊销纳税调整明细表”第16行“油气勘探投资”第7列“纳税调整额”负数的绝对值填入本行第4列“调减金额”。第1列“账载金额”、第2列“税收金额”不填。

9.第49行“油气开发投资”：通过附表九“资产折旧、摊销纳税调整明细表”填报。附表九“资产折旧、摊销纳税调整明细表”第17行“油气开发投资”第7列“纳税调整额”的正数填入本行第3列；附表九“资产折旧、摊销纳税调整明细表”第17行“油气开发投资”第7列“纳税调整额”负数的绝对值填入本表第4列“调减金额”。第1列“账载金额”、第2列“税收金额”不填。

10.第50行“7.其他”：填报企业财务会计处理与税收规定不一致、进行纳税调整的其他资产类项目金额。

（四）准备金调整项目

第51行“四、准备金调整项目”：通过附表十“资产减值准备项目调整明细表”填报。附表十“资产减值准备项目调整明细表”第17行“合计”第5列“纳税调整额”的正数填入本行第3列“调增金额”；附表十“资产减值准备项目调整明细表”第17行“合计”第5列“纳税调整额”的负数的绝对值填入本行第4列“调减金额”。第1列“账载金额”、第2列“税收金额”不填。

（五）房地产企业预售收入计算的预计利润

第52行“五、房地产企业预售收入计算的预计利润”：第3列“调增金额”填报从事房地产开发业务的纳税人本期取得的预售收入，按照税收规定的预计利润率计算的预计利润的金额；第4列“调减金额”填报从事房地产开发业务的纳税人本期将预售收入转为销售收入，转回已按税收规定征税的预计利润的数额。第1列“账载金额”、第2列“税收金额”不填。

（六）特别纳税调整应税所得

第53行“六、特别纳税调整应税所得”：第3列“调增金额”填报纳税人按特别纳税调整规定，自行调增的当年应纳税所得。第1列“账载金额”、第2列“税收金额”、第4列“调减金额”不填。

（七）其他

第54行“六、其他”：填报企业财务会计处理与税收规定不一致、进行纳税调整的其他项目金额。第1列“账载金额”、第2列“税收金额”不填报。

第55行“合计”：“调增金额”等于本表第1、20、41、51、52、53、54行第3列合计；“调减金额”分别等于本表第1、20、41、51、52、53、54行第4列合计。

四、表内及表间关系

（一）表内关系

1.第1行＝本表第2行＋第3行＋…＋第19行。

2.第20行＝本表第21行＋第22行＋…＋第40行。

3.第41行＝本表第42行＋第43行＋…＋第50行。

（二）表间关系

1.一般工商企业：第2行第3列＝附表一（1）第13行。

金融企业：第2行第3列＝附表一（2）第38行。

2.第6行第4列＝附表十一第5列“合计”行的绝对值。

3.当附表七第10行第5列为正数时：第10行第3列＝附表七第10行第5列；附表七第10行第5列为负数时：第10行第4列＝附表七第10行第5列负数的绝对值。

4.第14行第4列＝附表一（3）第10行或附表五（2）第29行+第61行。

5.第15行第4列＝附表五第1行。

6.第16行第4列＝附表五第6行。

7.第17行第4列＝附表五第14行。

8.第18行第4列＝附表五第39行。

9.一般工商企业：第21行第4列＝附表二（1）第12行。

金融企业：第21行第4列＝附表二（2）第41行。

10.第27行第3列＝附表八第7行；第27行第4列＝附表八第10行。

11.第39行第4列＝附表五第9行。

12.附表九第1行第7列为正数时：第43行第3列＝附表九第1行第7列；附表九第1行第7列为负数时：第43行第4列＝附表九第1行第7列负数的绝对值。

13.附表九第7行第7列为正数时：第44行第3列＝附表九第7行第7列；附表九第7行第7列为负数时：第44行第4列＝附表九第7行第7列负数的绝对值。

14.附表九第10行第7列为正数时：第45行第3列＝附表九第10行第7列；附表九第10行第7列为负数时：第45行第4列＝附表九第10行第7列负数的绝对值。

15.附表九第15行第7列为正数时：第46行第3列＝附表九第15行第7列；附表九第15行第7列为负数时：第46行第4列＝附表九第15行第7列负数的绝对值。

16.附表九第16行第7列为正数时：第48行第3列＝附表九第16行第7列；附表九第16行第7列为负数时：第48行第4列＝附表九第16行第7列负数的绝对值。

17.附表九第17行第7列为正数时：第49行第3列＝附表九第17行第7列；附表九第17行第7列为负数时：第49行第4列＝附表九第17行第7列负数的绝对值。

18.附表十第17行第5列合计数为正数时：第51行第3列＝附表十第17行第5列；附表十第17行第5列合计数为负数时：第51行第4列＝附表十第17行第5列合计数的绝对值。

19. 第55行第3列 = 主表第14行。

20. 第55行第4列 = 主表第15行。

附表6-9　　**企业所得税年度纳税申报表附表四：企业所得税弥补亏损明细表**

填报时间：　　年　月　日　　　　　　　　　　　　　　　　金额单位:元（列至角分）

行次	项目	年度	盈利额或亏损额	合并分立企业转入可弥补亏损额	当年可弥补的所得额	以前年度亏损弥补额					本年度实际弥补的以前年度亏损额	可结转以后年度弥补的亏损额
						前四年度	前三年度	前二年度	前一年度	合计		
		1	2	3	4	5	6	7	8	9	10	11
1	第一年											★
2	第二年					★						
3	第三年					★	★					
4	第四年					★	★	★				
5	第五年					★	★	★	★			
6	本年					★	★	★	★	★		
7	可结转以后年度弥补的亏损额合计											

经办人（签章）：　　　　　　　　　　　　　　　　　法定代表人（签章）：

填表说明

一、适用范围：本表适用于实行查账征收企业所得税的居民纳税人填报。

二、填报依据和内容：根据《中华人民共和国企业所得税法》及其实施条例、相关税收政策规定，填报本纳税年度及本纳税年度前5年度发生的税前尚未弥补的亏损额。

三、有关项目填报说明

1. 第1列“年度”：填报公历年度。第1至5行依次从第6行往前倒推5年，第6行为申报年度。

2. 第2列“盈利额或亏损额”：填报主表的第23行“纳税调整后所得”的金额（亏损额以“-”表示）。

3. 第3列“合并分立企业转入可弥补亏损额”：填报按照税收规定企业合并、分立允许税前扣除的亏损额，以及按税收规定汇总纳税后分支机构在2008年以前按独立纳税人计算缴纳企业所得税尚未弥补完的亏损额（以“-”表示）。

4. 第4列“当年可弥补的所得额”：金额等于第2列 + 第3列合计。

5. 第9列“以前年度亏损弥补额”：金额等于第5列 + 第6列 + 第7列 + 第8列合计（第4列为正数的不填）。

6. 第10列第1至5行“本年度实际弥补的以前年度亏损额”：分析填报主表第23行数据，用于依次弥补前5年度的尚未弥补的亏损额，第1行-第5行累计数不得大于主表第23行。第10列小于等于第4列负数的绝对值减去第9列。

7. 第6行第10列“本年度实际弥补的以前年度亏损额”：金额等于第1至5行第10列的合计数（第6行第10列的合计数≤第6行第4列的合计数）。

8. 第11列第2至6行“可结转以后年度弥补的亏损额”：填报前5年度的亏损额被本年主表中第24行数据依次弥补后，各年度仍未弥补完的亏损额,以及本年度尚未弥补的亏损额。

第11列 = 第4列的绝对值-第9列-第10列（第4列大于0的行次不填报）。

9.第7行第11列“可结转以后年度弥补的亏损额合计”：填报第2至6行第11列的合计数。

四、表间关系

第6行第10列＝主表第24行。

附表6-10　　企业所得税年度纳税申报表附表五：税收优惠明细表

填报时间：　年　月　日　　　　金额单位:元（列至角分）

行次	项目	金额
1	一、免税收入（2＋3＋4＋5）	
2	1.国债利息收入	
3	2.符合条件的居民企业之间的股息、红利等权益性投资收益	
4	3.符合条件的非营利组织的收入	
5	4.其他	
6	二、减计收入（7＋8）	
7	1.企业综合利用资源,生产符合国家产业政策规定的产品所取得的收入	
8	2.其他	
9	三、加计扣除额合计（10＋11＋12＋13）	
10	1.开发新技术、新产品、新工艺发生的研究开发费用	
11	2.安置残疾人员所支付的工资	
12	3.国家鼓励安置的其他就业人员支付的工资	
13	4.其他	
14	四、减免所得额合计（15＋25＋29＋30＋31＋32）	
15	（一）免税所得（16＋17＋…＋24）	
16	1.蔬菜、谷物、薯类、油料、豆类、棉花、麻类、糖料、水果、坚果的种植	
17	2.农作物新品种的选育	
18	3.中药材的种植	
19	4.林木的培育和种植	
20	5.牲畜、家禽的饲养	
21	6.林产品的采集	
22	7.灌溉、农产品初加工、兽医、农技推广、农机作业和维修等农、林、牧、渔服务业项目	
23	8.远洋捕捞	
24	9.其他	
25	（二）减税所得（26＋27＋28）	
26	1.花卉、茶以及其他饮料作物和香料作物的种植	
27	2.海水养殖、内陆养殖	
28	3.其他	
29	（三）从事国家重点扶持的公共基础设施项目投资经营的所得	

续表

行次	项目	金额
30	（四）从事符合条件的环境保护、节能节水项目的所得	
31	（五）符合条件的技术转让所得	
32	（六）其他	
33	五、减免税合计（34+35+36+37+38）	
34	（一）符合条件的小型微利企业	
35	（二）国家需要重点扶持的高新技术企业	
36	（三）民族自治地方的企业应缴纳的企业所得税中属于地方分享的部分	
37	（四）过渡期税收优惠	
38	（五）其他	
39	六、创业投资企业抵扣的应纳税所得额	
40	七、抵免所得税额合计（41+42+43+44）	
41	（一）企业购置用于环境保护专用设备的投资额抵免的税额	
42	（二）企业购置用于节能节水专用设备的投资额抵免的税额	
43	（三）企业购置用于安全生产专用设备的投资额抵免的税额	
44	（四）其他	
45	企业从业人数（全年平均人数）	
46	资产总额（全年平均数）	
47	所属行业（工业企业　其他企业）	

经办人（签章）：　　　　　　　　　　　　　　　　　法定代表人（签章）：

填报说明

一、适用范围

本表适用于实行查账征收企业所得税的居民纳税人填报。

二、填报依据和内容

根据《中华人民共和国企业所得税法》及其实施条例、相关税收政策规定，填报纳税人本纳税年度发生的免税收入、减计收入、加计扣除额、减免所得额、减免税、抵扣的应纳税所得额和抵免所得税额。

三、有关项目填报说明

（一）免税收入

1.第2行“国债利息收入”：填报纳税人持有国务院财政部门发行的国债取得的利息收入。

2.第3行“符合条件的居民企业之间的股息、红利等权益性投资收益”：填报居民企业直接投资于其他居民企业所取得的投资收益，不包括连续持有居民企业公开发行并上市流通的股票不足12个月取得的投资收益。

3.第4行“符合条件的非营利组织的收入”：填报符合条件的非营利组织的收入，不包括除国务院财政、税务主管部门另有规定外的从事营利性活动所取得的收入。

4.第5行“其他”：填报国务院根据税法授权制定的其他免税收入。

（二）减计收入

1.第7行“企业综合利用资源,生产符合国家产业政策规定的产品所取得的收入”：填报纳税人以《资源综合利用企业所得税优惠目录》内的资源作为主要原材料，生产非国家限制和禁止并符合国家和行业相关标准的产品所取得的收入减计10%部分的数额。

2.第8行“其他”：填报国务院根据税法授权制定的其他减计收入的数额。

（三）加计扣除额合计

1.第10行“开发新技术、新产品、新工艺发生的研究开发费用”：填报纳税人为开发新技术、新产品、新工艺发生的研究开发费用，未形成无形资产计入当期损益的，按研究开发费用的50%加计扣除的金额。

2.第11行“安置残疾人员所支付的工资”：填报纳税人按照有关规定条件安置残疾人员，支付给残疾职工工资的100%加计扣除额。

3.第12行“国家鼓励安置的其他就业人员支付的工资”：填报国务院根据税法授权制定的其他就业人员支付工资的加计扣除额。

4.第13行“其他”：填报国务院根据税法授权制定的其他加计扣除额。

（四）减免所得额合计

1.第16行“蔬菜、谷物、薯类、油料、豆类、棉花、麻类、糖料、水果、坚果的种植”：填报纳税人种植蔬菜、谷物、薯类、油料、豆类、棉花、麻类、糖料、水果、坚果的免征的所得额。

2.第17行“农作物新品种的选育”：填报纳税人从事农作物新品种的选育免征的所得额。

3.第18行“中药材的种植”：填报纳税人从事中药材的种植免征的所得额。

4.第19行“林木的培育和种植”：填报纳税人从事林木的培育和种植免征的所得额。

5.第20行“牲畜、家禽的饲养”：填报纳税人从事牲畜、家禽的饲养免征的所得额。

6.第21行“林产品的采集”：填报纳税人从事采集林产品免征的所得额。

7.第22行“灌溉、农产品初加工、兽医、农技推广、农机作业和维修等农、林、牧、渔服务业项目”：填报纳税人从事灌溉、农产品初加工、兽医、农技推广、农机作业和维修等农、林、牧、渔服务业免征的所得额。

8.第23行“远洋捕捞”：填报纳税人从事远洋捕捞免征的所得额。

9.第24行“其他”：填报国务院根据税法授权制定的其他免税所得额。

10.第26行“花卉、茶以及其他饮料作物和香料作物的种植”：填报纳税人从事花卉、茶以及其他饮料作物和香料作物种植取得的所得减半征收的部分。

11.第27行“海水养殖、内陆养殖”：填报纳税人从事海水养殖、内陆养殖取得的所得减半征收的部分。

12.第28行“其他”：填报国务院根据税法授权制定的其他减税所得额。

13.第29行“从事国家重点扶持的公共基础设施项目投资经营的所得”：填报纳税人从事《公共基础设施项目企业所得税优惠目录》规定的港口码头、机场、铁路、公路、城市公共交通、电力、水利等项目的投资经营的所得额。不包括企业承包经营、承包建设和内部自建自用该项目的所得。

14.第30行“从事符合条件的环境保护、节能节水项目的所得”：填报纳税人从事公共污水处理、公共垃圾处理、沼气综合开发利用、节能减排技术改造、海水淡化等项目减征、免征的所得额。

15.第31行“符合条件的技术转让所得”：填报居民企业技术转让所得免征、减征的部分（技术转让所得不超过500万元的部分，免征企业所得税；超过500万元的部分，减半征收企业所得税）。

16.第32行“其他”：填报国务院根据税法授权制定的其他减免所得。

（五）减免税合计

1.第34行“符合规定条件的小型微利企业”：填报纳税人从事国家非限制和禁止行业并符合规定条件的小型微利企业享受优惠税率减征的企业所得税税额。

2.第35行“国家需要重点扶持的高新技术企业”：填报纳税人从事国家需要重点扶持拥有核心自主知识产权等条件的高新技术企业享受减征企业所得税税额。

3.第36行“民族自治地方的企业应缴纳的企业所得税中属于地方分享的部分”：填报纳税人经民族自治地方所在省、自治区、直辖市人民政府批准，减征或者免征民族自治地方的企业缴纳的企业所得税中属于地方分享的企业所得税税额。

4.第37行“过渡期税收优惠”：填报纳税人符合国务院规定以及经国务院批准给予过渡期税收优惠政策。

5.第38行“其他”：填报国务院根据税法授权制定的其他减免税额。

（六）创业投资企业抵扣的应纳税所得额

第39行填报创业投资企业采取股权投资方式投资于未上市的中小高新技术企业2年以上的，可以按照其投资额的70%在股权持有满2年的当年抵扣该创业投资企业的应纳税所得额；当年不足抵扣的，可以在以后纳税年度结转抵扣。

（七）抵免所得税额合计

1.第41至43行，填报纳税人购置并实际使用《环境保护专用设备企业所得税优惠目录》、《节能节水专用设备企业所得税优惠目录》和《安全生产专用设备企业所得税优惠目录》规定的环境保护、节能节水、安全生产等专用设备的，允许从企业当年的应纳税额中抵免的投资额10%的部分。当年不足抵免的，可以在以后5个纳税年度结转抵免。

2.第44行“其他”：填报国务院根据税法授权制定的其他抵免所得税额部分。

（八）减免税附列资料

1.第45行“企业从业人数（全年平均人数）”：填报纳税人全年平均从业人员，按照纳税人年初和年末的从业人员平均计算，用于判断是否为税收规定的小型微利企业。

2.第46行“资产总额（全年平均数）”：填报纳税人全年资产总额平均数，按照纳税人年初和年末的资产总额平均计算，用于判断是否为税收规定的小型微利企业。

3.第47行“所属行业（工业企业　其他企业）”项目，填报纳税人所属的行业，用于判断是否为税收规定的小型微利企业。

四、表内及表间关系

（一）表内关系

1.第1行＝本表第2行＋第3行＋第4行＋第5行。

2.第6行＝本表第7行＋第8行。

3.第9行＝本表第10行＋第11行＋第12行＋第13行。

4.第14行＝本表第15行＋第25行＋第29行＋第30行＋第31行＋第32行。

5.第15行＝本表第16至24行合计。

6.第25行＝本表第26行＋第27行＋第28行。

7.第33行＝本表第34行＋第35行＋第36行＋第37行＋第38行。

8.第40行＝本表第41行＋第42行＋第43行＋第44行。

（二）表间关系

1.第5行=附表五（2）第28行+第47行。

2.第15行=附表五（9）第2行第11列。

3.第16行=附表五（9）第3行第11列。

4.第17行=附表五（9）第4行第11列。

5.第18行=附表五（9）第5行第11列。

6.第19行=附表五（9）第6行第11列。

7.第20行=附表五（9）第7行第11列。

8.第21行=附表五（9）第8行第11列。

9.第22行=附表五（9）第9行第11列。

10. 第23行=附表五（9）第10行第11列。

11. 第24行=附表五（9）第11行第11列+第20行第11列。

12. 第25行=附表五（9）第21行第11列。

13. 第26行=附表五（9）第22行第11列。

14. 第27行=附表五（9）第23行第11列。

15. 第28行=附表五（9）第30行第11列。

16. 第29行=附表五（9）第31行第11列。

17. 第30行=附表五（9）第32行第11列。

18. 第31行=附表五（3）第13行第1列。

19. 第32行=附表五（9）第33行第11列+第38行第11列。

20. 第37行=附表五（2）第1行。

21. 第38行=附表五（2）第32行+第71行。

22. 第39行=附表五（4）第11行第1列。

23. 第41行=附表五（5）第6行第6列。

24. 第42行=附表五（6）第6行第6列。

25. 第43行=附表五（7）第6行第6列。

26. 第44行=附表五（2）第43行。

附表6-11　　**企业所得税年度纳税申报表附表六：境外所得税抵免计算明细表**

填报时间：　　年　　月　　日　　　　　　　　　　　　金额单位:元（列至角分）

抵免方式	国家或地区	境外所得	境外所得换算含税所得	弥补以前年度亏损	免税所得	弥补亏损前境外应税所得额	可弥补境内亏损	境外应纳税所得额	税率	境外所得应纳税额	境外所得可抵免税额	境外所得税款抵免限额	本年可抵免的境外所得税款	未超过境外所得税款抵免限额的余额	本年可抵免以前年度所得税额	前五年境外所得已缴税款未抵免余额	定率抵免
	1	2	3	4	5	6＝3−4−5	7	8＝6−7	9	10＝8×9	11	12	13	14＝12−13	15	16	17
直接抵免																	
间接抵免				⋆	⋆									⋆	⋆	⋆	
				⋆	⋆									⋆	⋆	⋆	
	合计																

经办人（签章）：　　　　　　　　　　　　　　　　法定代表人（签章）：

填报说明

一、适用范围

本表适用于实行查账征收企业所得税的居民纳税人填报。

二、填报依据和内容

根据《中华人民共和国企业所得税法》及其实施条例、相关税收政策的规定，填报纳税人本纳税年度来源于不同国家或地区的境外所得，按照税收规定应缴纳和应抵免的企业所得税额。

三、表内及表间关系

（一）表内关系

1. 第6列＝本表第3列−第4列−第5列。

2. 第8列＝本表第6列－第7列。

3. 第10列＝本表第8列×第9列。

4. 第14列＝本表第12列－第13列。

5. 第13列“本年可抵免的境外所得税款”。第12列某行≤同一行次的第11列，第13列＝第12列；当第12列某行≥同一行次的第11列，第13列＝第11列。

6. 第14列“未超过境外所得税款抵免限额的余额”各行＝同一行的第12列－第13列，当计算出的值≤0时，本列该行为0；当计算出的值≥0时，第14列＝第15列。

7. 第15列“本年可抵免以前年度所得税额”各行≤同一行次的第14列；第13列合计行＋第15列合计行＝主表第32行。

（二）表间关系

1. 第10列合计行＝主表第31行。

2. 第13列合计行＋第15列合计行＝主表第32行。

3. 第17列合计行＝主表第32行。

附表6-12　企业所得税年度纳税申报表附表六（1）：以前年度境外所得税抵免情况表

填报时间：年 月 日　　金额单位：元（列至角分）

行次	国家或地区	前五年境外所得已缴所得税未抵免余额						本年实际抵免的境外所得税额	结转以后年度抵免的境外所得已缴所得税额					
		第一年	第二年	第三年	第四年	第五年	合计		第二年	第三年	第四年	第五年	本年	合计
	1	2	3	4	5	6	7	8	9	10	11	12	13	14
1														
2														
3														
4														
5														
6														
7	合计													

经办人（签章）：　　法定代表人（签章）：

填报说明

一、适用范围

本表适用于实行查账征收企业所得税的居民纳税人填报。

二、填报依据和内容

根据《中华人民共和国企业所得税法》及其实施条例，填报纳税人本年度发生的来源于不同国家或地区的境外所得按照我国税收法律、法规的规定可以抵免的所得税额。

三、各项目填报说明

1. 第1列～第7列“前五年境外所得已缴所得税未抵免余额”：填报前五年境外所得已缴纳的企业所得税尚未抵免的余额。

2. 第8列“本年实际抵免的境外所得税额”：填报本年尚有未超过境外所得税款抵免限额的余额抵免以前年度境外所得已缴所得税额。

3. 第9列～第14列“结转以后年度抵免的境外所得已缴所得税额”：填报当年未能抵免并结转以后年度抵免的境外所得已缴所得税额。

四、表内关系

1. 第7列＝第2列至第6列之和。

2. 第14列＝第9列至第13列之和。

五、表间关系

1. 第8列合计＝附表六第15列合计。

2. 第14列合计＝附表六第16列合计。

附表6-13　**企业所得税年度纳税申报表附表七:以公允价值计量资产纳税调整表**

填报时间：　　年　月　日　　　　　　　　　　　　　　　　　　　金额单位:元（列至角分）

行次	资产种类	期初金额		期末金额		纳税调整额（纳税调减以“-”表示）
		账载金额（公允价值）	计税基础	账载金额（公允价值）	计税基础	
		1	2	3	4	5
1	一、公允价值计量且其变动计入当期损益的金融资产					
2	1.交易性金融资产					
3	2.衍生金融工具					
4	3.其他以公允价值计量的金融资产					
5	二、公允价值计量且其变动计入当期损益的金融负债					
6	1.交易性金融负债					
7	2.衍生金融工具					
8	3.其他以公允价值计量的金融负债					
9	三、投资性房地产					
10	合　计					

经办人（签章）：　　　　　　　　　　　　　　　　　　　法定代表人（签章）：

填报说明

一、适用范围

本表适用于实行查账征收企业所得税的居民纳税人填报。

二、填报依据和内容

根据《中华人民共和国企业所得税法》及其实施条例、相关税收政策，以及企业会计准则的规定，填报纳税人以公允价值计量且其变动计入当期损益的金融资产、金融负债、投资性房地产的期初、期末的公允价值、计税基础以及纳税调整额。

三、各项目填报说明

1. 第1列、第3列“账载金额（公允价值）”：填报纳税人根据会计准则规定以公允价值计量且其变动计入当期损益的金融资产、金融负债以及投资性房地产的期初、期末账面金额。

2. 第 2 列、第 4 列“计税基础”：填报纳税人以公允价值计量且其变动计入当期损益的金融资产、金融负债以及投资性房地产按照税收规定确定的计税基础的金额。

3. 第 6 行第 5 列交易性金融负债的“纳税调整额”＝本表（第 2 列－第 4 列）－（第 1 列－第 3 列）。其他行次第 5 列“纳税调整额”＝本表（第 4 列－第 2 列）－（第 3 列－第 1 列）。

四、表间关系

第 10 行第 5 列为正数时：第 10 行第 5 列＝附表三第 10 行第 3 列；

第 10 行第 5 列为负数时：第 10 行第 5 列负数的绝对值＝附表三第 10 行第 4 列。

附表 6-14　**企业所得税年度纳税申报表附表八:广告费和业务宣传费跨年度纳税调整表**

填报时间：　年　月　日　　　　　　　　　　　　　　　　金额单位:元（列至角分）

行次	项　目	金 额
1	本年度广告费和业务宣传费支出	
2	其中：不允许扣除的广告费和业务宣传费支出	
3	本年度符合条件的广告费和业务宣传费支出（1-2）	
4	本年计算广告费和业务宣传费扣除限额的销售（营业）收入	
5	税收规定的扣除率	
6	本年广告费和业务宣传费扣除限额（4×5）	
7	本年广告费和业务宣传费支出纳税调整额（3≤6，本行＝2行；3＞6，本行＝1-6）	
8	本年结转以后年度扣除额（3＞6，本行＝3-6；3≤6，本行＝0）	
9	加：以前年度累计结转扣除额	
10	减：本年扣除的以前年度结转额	
11	累计结转以后年度扣除额（8＋9-10）	

经办人（签章）：　　　　　　　　　　　　　　法定代表人（签章）：

填报说明

一、适用范围

本表适用于实行查账征收企业所得税的居民纳税人填报。

二、填报依据和内容

根据《中华人民共和国企业所得税法》及其实施条例、相关税收政策，以及国家统一企业会计制度的规定，填报纳税人本年发生的全部广告费和业务宣传费支出的有关情况、按税收规定可扣除额、本年结转以后年度扣除额及以前年度累计结转扣除额等。

三、有关项目填报说明

1. 第 1 行“本年度广告费和业务宣传费支出”：填报纳税人本期实际发生的广告费和业务宣传费支出的金额。

2. 第 2 行“其中：不允许扣除的广告费和业务宣传费支出”：填报税收规定不允许扣除的广告费和业务宣传费支出的金额。

3. 第 3 行“本年度符合条件的广告费和业务宣传费支出”：本行等于本表第 1 行－第 2 行。

4. 第 4 行“本年计算广告费和业务宣传费扣除限额的销售（营业）收入”：

一般工商企业：填报附表一（1）第 1 行的“销售（营业）收入合计”数额；

金融企业：填报附表一（2）第 1 行“营业收入”＋第 38 行“按税法规定视同销售的收入”；

事业单位、社会团体、民办非企业单位：填报主表第 1 行“营业收入”。

5. 第 5 行“税收规定的扣除率”：填报按照税收规定纳税人适用的扣除率。

6. 第 6 行“本年广告费和业务宣传费扣除限额”：本行等于本表第 4 行×第 5 行。

7.第7行“本年广告费和业务宣传费支出纳税调整额”：当第3行≤第6行时,本行＝本表第2行；当第3行 > 第6行时,本行＝本表第1行−第6行。

8.第8行“本年结转以后年度扣除额”：当第3行 > 第6行时,本行=本表第3行−第6行；当第3行≤第6行时,本行填0。

9.第9行“加：以前年度累计结转扣除额”：填报以前年度允许税前扣除但超过扣除限额未扣除、结转扣除的广告费和业务宣传费的金额。

10.第10行“减：本年扣除的以前年度结转额”：当第3行≥第6行时,本行填0；当第3行 < 第6行时,第3行−第6行的差额如果小于或者等于第9行“以前年度累计结转扣除额”，直接将差额填入本行；其差额如果大于第9行“以前年度累计结转扣除额”，本行＝第9行。

11.第11行“累计结转以后年度扣除额”：本行＝本表第8行＋第9行−第10行。

四、表间关系

1.第7行＝附表三第27行第3列。

2.第10行＝附表三第27行第4列。

附表6-15　**企业所得税年度纳税申报表附表九：资产折旧、摊销纳税调整明细表**

填报时间：　　年　月　日　　　　金额单位:元（列至角分）

行次	资产类别	资产原值		折旧、摊销年限		本期折旧、摊销额		纳税调整额	以前年度纳税调整增加额
		账载金额	计税基础	会计	税收	会计	税收		
		1	2	3	4	5	6	7	8
1	一、固定资产（2+3+4+5+6）			★	★				
2	1.房屋建筑物								
3	2.飞机、火车、轮船、机器、机械和其他生产设备								
4	3.与生产经营有关的器具、工具、家具								
5	4.飞机、火车、轮船以外的运输工具								
6	5.电子设备								
7	二、生产性生物资产（8+9）			★	★				
8	1.林木类								
9	2.畜类								
10	三、长期待摊费用（11+12+13+14）			★	★				
11	1.已足额提取折旧的固定资产的改建支出								
12	2.租入固定资产的改建支出								
13	3.固定资产大修理支出								
14	4.其他长期待摊费用								
15	四、无形资产								
15-1	其中：由研究开发活动形成的无形资产								
16	五、油气勘探投资								
17	六、油气开发投资								
18	合计(1+7+10+15+16+17)			★	★				

经办人（签章）：　　　　法定代表人（签章）：

填报说明

一、适用范围

本表适用于实行查账征收企业所得税的居民纳税人填报。

二、填报依据和内容

根据《中华人民共和国企业所得税法》及其实施条例、相关税收政策，以及国家统一会计制度的规定，填报固定资产、生产性生物资产、长期待摊费用、无形资产、油气勘探投资、油气开发投资会计处理与税收处理的折旧、摊销，以及纳税调整额。

三、各项目填报说明

1.第1列“账载金额”：填报纳税人按照国家统一会计制度计算提取折旧、摊销的资产原值（或历史成本）的金额。

2.第2列“计税基础”：填报纳税人按照税收规定计算税前扣除折旧、摊销的金额。

3.第3列：填报纳税人按照国家统一会计制计算提取折旧、摊销额的年限。

4.第4列：填报纳税人按照税收规定计算税前扣除折旧、摊销额的年限。

5.第5列：填报纳税人按照国家统一会计制度计算本纳税年度的折旧、摊销额。

6.第6列：填报纳税人按照税收规定计算税前扣除的折旧、摊销额。

7.第7列“纳税调整额”：金额=第5列-第6列。如本列为正数，进行纳税调增；如本列为负数，进行纳税调减。

8.第8列“以前年度纳税调整增加额”：填报以前年度资产折旧、摊销因会计和税收的时间性差异而纳税调整增加的金额。

填报各类资产折旧、摊销额的同时，附报详细说明。

四、表间关系

1.第1行第7列>0时：第1行第7列=附表三第43行第3列；第1行第7列<0时：第1行第7列负数的绝对值=附表三第43行第4列。

2.第7行第7列>0时：第7行第7列=附表三第44行第3列；第7行第7列<0时：第7行第7列负数的绝对值=附表三第44行第4列。

3.第10行第7列>0时：第10行第7列=附表三第45行第3列；第10行第7列<0时：第10行第7列负数的绝对值=附表三第45行第4列。

4.第15行第7列>0时：第15行第7列=附表三第46行第3列；第15行第7列为<0时：第15行第7列负数的绝对值=附表三第46行第4列。

5.第16行第7列>0时：第16行第7列=附表三第48行第3列；第16行第7列<0时：第16行第7列负数的绝对值=附表三第48行第4列。

6.第17行第7列>0时：第17行第7列=附表三第49行第3列；第17行第7列<0时：第17行第7列负数的绝对值=附表三第49行第4列。

五、关于研发活动形成的无形资产项目填报说明

第15-1行“其中：由研究开发活动形成的无形资产”：填报纳税人已被主管税务机关登记的研发项目形成的无形资产合计数，若有多个项目，应附报研发项目名称、登记号、无形资产账载金额、计税基础等明细表。

附表6-16　**企业所得税年度纳税申报表附表十：资产减值准备项目调整明细表**

填报时间：　年　月　日　　　　　　　　　　　　　　　　金额单位:元（列至角分）

行次	准备金类别	期初余额	本期转回额	本期计提额	期末余额	纳税调整额
		1	2	3	4	5
1	坏(呆)账准备					
2	存货跌价准备					
3	★其中:消耗性生物资产减值准备					
4	★持有至到期投资减值准备					
5	★可供出售金融资产减值		—			
6	#短期投资跌价准备					
7	长期股权投资减值准备					
8	★投资性房地产减值准备					
9	固定资产减值准备					
10	在建工程(工程物资)减值准备					
11	★生产性生物资产减值准备					
12	无形资产减值准备					
13	商誉减值准备					
14	贷款损失准备					
15	矿区权益减值					
16	其他					
17	合　计					

注：标有★或#的行次，纳税人分别按照适用的国家统一会计制度填报。

经办人（签章）：　　　　　　　　　　　　　　　　法定代表人（签章）：

填报说明

一、适用范围

本表适用于实行查账征收企业所得税的居民纳税人填报。

二、表间关系

第17行第5列＞0时，第17行第5列＝附表三第51行第3列；

第17行第5列＜0时，第17行第5列＝附表三第51行第4列。

附表6-17　　**企业所得税年度纳税申报表附表十一：**

长期股权投资所得（损失）明细表

填报时间：　　年　月　日　　　　　　　　　　　　　　　　　　　　金额单位:元（列至角分）

行次				投资成本		股息红利					投资转让所得(损失)					
	被投资企业	期初投资额	本年度增(减)投资额	初始投资成本	权益法核算对初始投资成本调整产生的收益	会计核算投资收益	会计投资损益	税收确认的股息红利		会计与税收的差异	投资转让净收入	投资转让的会计成本	投资转让的税收成本	会计上确认的转让所得或损失	按税收计算的投资转让所得或损失	会计与税收的差异
								免税收入	全额征税收入							
	1	2	3	4	5	6=7+14	7	8	9	10=7-8-9	11	12	13	14=11-12	15=11-13	16=14-15
1																
2																
3																
4																
5	合计															

经办人（签章）：　　　　　　　　　　　　　　　　　法定代表人（签章）：

填报说明

一、适用范围

本表适用于实行查账征收企业所得税的居民纳税人填报。

二、填报依据

根据《中华人民共和国企业所得税法》及其实施条例、相关税收政策，以及国家统一企业会计制度的规定，填报会计核算的长期股权投资成本、投资收益及其税收处理，以及会计处理与税收处理差异的纳税调整额。

三、有关项目填报说明

1.第2列“期初投资额”：填报对被投资企业的投资的期初余额。

2.第3列“本年度增（减）投资额”：填报本纳税年度内对同一企业股权投资增减变化金额。

3.第4列“初始投资成本”：填报纳税人取得长期股权投资的所有支出的金额，包括支付的货币性资产、非货币性资产的公允价值及支付的相关税费。

4.第5列“权益法核算对初始投资成本调整产生的收益”：填报纳税人采用权益法核算，初始投资成本小于取得投资时应享有被投资单位可辨认净资产公允价值份额的差额计入取得投资当期的营业外收入的金额。

5.第6列“会计核算投资收益”：填报纳税人按照国家统一会计制度核算的投资收益的金额。本行根据“投资收益”科目的数额计算填报。

6.第7列“会计投资损益”：填报纳税人按照国家统一会计制度核算的扣除投资转让损益后的金额。

7.第8、9列“税收确认的股息红利”：填报纳税人在纳税本年度取得按照税收规定确认的股息红利的金额。对于符合税收免税规定条件的股息红利，填入第8列“免税收入”，不符合的填入第9列“全额征税收入”。

8.第11列“投资转让净收入”：填报纳税人收回、转让或清算处置股权投资时，转让收入扣除相关税费后的金额。

9.第12列“投资转让的会计成本”：填报纳税人收回、转让或清算处置股权投资时，按照国家统一会计制度核算核算的投资转让成本的金额。

10.第13列“投资转让的税收成本”：填报纳税人收回、转让或清算处置股权投资时，按税收规定计算的投资转让成本的金额。

11.第14列“会计上确认的转让所得或损失”：填报纳税人按照国家统一会计制度核算的长期股权投资转让所得或损失的金额。

12.第15列“按税收计算的投资转让所得或损失”：填报纳税人收回、转让或清算处置股权投资时，按税收规定计算的投资转让所得或损失。

第七章

个人所得税税务代理实务

【本章导读】

本章共分3节，第一节简要介绍个人所得税的计算和会计处理，第二节介绍个人所得税纳税申报代理，第三节介绍个人所得税纳税审核代理。通过本章的学习，要求同学们掌握代理个人所得税纳税申报的基本步骤和操作规范，熟悉个人所得税纳税审核的基本内容和方法。

第一节　个人所得税的计算和会计处理

我国个人所得税为分类所得税模式，对不同来源、不同性质所得分别设置税率，一般由支付者代扣代缴，但对年所得超过12万元，或在两处取得工资、薪金所得，或者没有扣缴义务人的，实行自行申报。

一、个人所得税的账务处理

1.支付工资薪金单位代扣个人所得税时，其会计分录为：

借：应付职工薪酬

　贷：应交税费——代扣代缴个人所得税

2.支付给个人的劳务报酬、特许权使用费、稿费、财产租赁费、股息、红利等，由企业在支付时代扣代缴个人所得税，并随同有关支出记入相关期间费用账户。会计分录如下：

借：管理费用（或销售费用）

　贷：应交税费——代扣代缴个人所得税

　　库存现金（或银行存款）

3.非法人企业（个体工商户，个人独资、合伙企业）缴纳个人所得税时，其会计分录为：

借：本年应税所得——本年经营所得

　　贷：留存利润

借：留存利润

　　贷：应交税费——应交个人所得税

二、个人所得税的计算

个人所得税的计算公式为：

应纳税额=应纳税所得额×税率

1.应税项目。根据所得来源、性质不同，将个人所得分为工资、薪金所得，个体工商户的生产、经营所得，对企事业单位的承包经营、承租经营所得，劳务报酬所得，稿酬所得，特许权使用费所得，利息、股息、红利所得，财产租赁所得，财产转让所得，偶然所得和经国务院财政部门确定征税的其他所得。

2.税率。不同应税项目，适用的税率也不一样。工资、薪金所得，个体工商户的生产、经营所得，对企事业单位的承包经营、承租经营所得，劳务报酬所得适用超额累进税率，其他应税项目适用比例税率。

3.纳税期限。一是按年计征，包括个体工商户的生产、经营所得，对企事业单位的承包经营、承租经营所得。二是按月计征，包括工资、薪金所得。三是按次计征，包括劳务报酬所得，稿酬所得，特许权使用费所得，利息、股息、红利所得，财产租赁所得（以1个月内取得的收入为1次），财产转让所得，偶然所得和经国务院财政部门确定征税的其他所得。

4.应纳税所得额。由于个人所得税的应税项目不同，并且取得各项所得所需费用也不相同，因此计算个人应纳税所得额时，需按不同应税项目分项计算。以某项应税项目的收入减去税法规定的该项费用扣除标准后的余额，为该项应纳税所得额。

个人所得税应税项目、税率、纳税期限和应纳税所得额的计算方法见表7-1。

表7-1　　**个人所得税应税项目、税率、纳税期限和应纳税所得额计算方法一览表**

<table>
<tr><th>应税项目</th><th>税率</th><th>纳税期限</th><th>应纳税所得额</th></tr>
<tr><td>1. 工资、薪金所得</td><td>7级超额
累进税率</td><td>月</td><td>每月收入额扣除3 500元或4 800元后的余额</td></tr>
<tr><td>2. 个体工商户的生产、经营所得</td><td>5级超额
累进税率</td><td>年</td><td>全年收入总额-成本、费用以及损失</td></tr>
<tr><td>3. 对企事业单位的承包经营、承租经营所得</td><td>5级超额
累进税率</td><td>年</td><td>纳税年度收入总额-必要费用</td></tr>
<tr><td>4.劳务报酬所得</td><td>3级超额
累进税率</td><td>次</td><td rowspan="3">（1）每次收入额不超过4 000元时，定额减除费用800元；
（2）每次收入在4 000元以上时，定率扣除20%的费用</td></tr>
<tr><td>5.稿酬所得</td><td>20%
（减征30%）</td><td>次</td></tr>
<tr><td>6.特许权使用费所得</td><td>20%</td><td>次</td></tr>
</table>

续表

应税项目	税率	纳税期限	应纳税所得额
7.财产租赁所得	20%	次	（1）每次（月）收入≤4 000元时， 应纳税所得额=每次（月）收入额-准予扣除项目-修缮费用（800元为限）-800元； （2）每次（月）收入＞4 000元时， 应纳税所得额=[每次（月）收入额-准予扣除项目-修缮费用（800元为限）]×（1-20%）
8.财产转让所得	20%	次	收入总额-财产原值-合理费用
9.利息、股息、红利所得	20%	次	每次收入额
10.偶然所得	20%	次	
11.经国务院财税部门确定征税的其他所得	20%	次	

第二节 个人所得税纳税申报代理

个人所得税纳税申报，包括代扣代缴税款申报和纳税人自行申报两种情况。

一、代扣代缴税款申报

根据《个人所得税代扣代缴暂行办法》（国税发〔1995〕65号）规定，个人所得税以所得人为纳税人，以支付所得的单位或者个人为扣缴义务人。

根据《个人所得税全员全额扣缴申报管理暂行办法》（国税发〔2005〕205号）规定，扣缴义务人应当按照国家规定办理全员全额扣缴申报。全员全额扣缴申报，是指扣缴义务人向个人支付应税所得时，不论其是否属于本单位人员、支付的应税所得是否达到纳税标准，扣缴义务人应当在代扣税款的次月内，向主管税务机关报送其支付应税所得个人的基本信息、支付所得项目和数额、扣缴税款数额以及其他相关涉税信息。

1.扣缴义务人的法律责任。代扣代缴个人所得税是扣缴义务人的法定义务，必须依法履行，否则将承担相应的法律责任。《个人所得税代扣代缴暂行办法》第十一条规定："扣缴义务人应扣未扣、应收未收税款的，由扣缴义务人缴纳应扣未扣、应收未收税款以及相应的滞纳金或罚款。"第十条规定："扣缴义务人依法履行代扣代缴税款义务时，纳税人不得拒绝，纳税人拒绝的，扣缴义务人应及时报告税务机关处理，并暂时停止支付其应纳税所得。否则，纳税人应缴纳的税款由扣缴义务人负担。"第十八条规定："扣缴义务人为纳税人隐瞒应纳税所得，不扣或少扣缴税款的，按偷税处理。"第十九条规定："扣缴义务人以暴力、威胁方式拒不履行扣缴义务的，按抗税处理。"

扣缴义务人的法人代表（或单位主要负责人）、财会部门的负责人及具体办理代扣代缴税款的有关人员，共同对依法履行代扣代缴义务负法律责任。

2.扣缴义务人的义务。

（1）扣缴义务人应指定支付应纳税所得的财务会计部门或其他有关部门的人员为办税人员，由办税人员具体办理个人所得税的代扣代缴工作。代扣代缴义务人的有关领导要对代扣代缴工作提供便利，支持办税人员履行义务；确定办税人员或办税人员发生变动时，应将名单及时报告主管税务机关

（2）同一扣缴义务人的不同部门支付应纳税所得时，应报办税人员汇总。

（3）扣缴义务人在代扣税款时，必须向纳税人开具税务机关统一印制的代扣代收税款凭证，并详细注明纳税人姓名、工作单位、家庭住址和居民身份证或护照号码（无上述证件的，可用其他能有效证明身份的证件）等个人情况。对工资、薪金所得和利息、股息、红利所得等，因纳税人数众多、不便一一开具代扣代收税款凭证的，经主管税务机关同意，可不开具代扣代收税款凭证，但应通过一定形式告知纳税人已扣缴税款。纳税人为持有完税依据而向扣缴义务人索取代扣代收税款凭证的，扣缴义务人不得拒绝。

（4）扣缴义务人应主动向税务机关申领代扣代收税款凭证，据以向纳税人扣税。非正式扣税凭证，纳税人可以拒收。

3. 需报送的资料。扣缴义务人代扣代缴个人所得税后，应及时向主管税务机关报送“个人所得税基础信息表（A表）”、“扣缴个人所得税报告表”和其他相关报表。

（1）“个人所得税基础信息表（A表）”。此表适用于扣缴义务人办理全员全额扣缴明细申报时，其支付所得纳税人基础信息的填报。初次申报后，以后月份只需报送基础信息发生变化的纳税人的信息。

（2）“扣缴个人所得税报告表”。此表适用于扣缴义务人办理全员全额扣缴个人所得税申报（包括向个人支付应税所得，但低于减除费用、不需扣缴税款情形的申报），以及特定行业职工工资、薪金所得个人所得税的月份申报。

（3）“特定行业个人所得税年度申报表”。此表适用于采掘业、远洋运输业、远洋捕捞业以及国务院财政、税务主管部门确定的其他行业个人所得税的年度申报。

（4）“限售股转让所得扣缴个人所得税报告表”。此表适用于证券机构预扣预缴，或者直接代扣代缴限售股转让所得个人所得税的申报。

扣缴义务人报送的具体表格和填报方法见本章末附表7-1“个人所得税基础信息表（A表）”，附表7-3“扣缴个人所得税报告表”，附表7-4“特定行业个人所得税年度申报表”和附表7-5“限售股转让所得扣缴个人所得税报告表”。

4.扣缴的具体规定。

（1）扣缴义务人每月所扣的税款，应当在次月7日内缴入国库，并向主管税务机关报送“扣缴个人所得税报告表”和“个人所得税基础信息表（A表）”以及税务机关要求报送的其他有关资料。

（2）申报方式主要是网上电子申报，即扣缴义务人利用全员全额申报软件将纳税义务人的有关扣缴信息通过电子申报网络，向主管税务机关办理个人所得税扣缴申报。

5.代扣代缴申报的一般步骤。

（1）在代理扣缴申报业务时，对企业有对个人支付款项的情况的，包括现金支付、汇拨支付、转账支付和以有价证券、实物以及其他形式的支付，一定要查明其内容，看是否

属于个人所得税的征税范围，如果属于，就需要界定属于哪一类所得。

(2) 按照个人所得税审核方法，如发现错漏，应进行账务调整，并准确计算应扣缴税款。

(3) 完成申报表格的填报，并及时申报。

二、纳税人自行申报代理

1.自行申报的范围。有下列5种情形之一的，应当自行办理纳税申报：一是年所得12万元以上的；二是从中国境内两处或者两处以上取得工资、薪金所得的；三是从中国境外取得所得的；四是取得应税所得，没有扣缴义务人的；五是国务院规定的其他情形。

须注意的是，年所得12万元以上，是指纳税人在一个纳税年度取得各项所得的合计数额达到12万元，但对《中华人民共和国个人所得税法》及其实施条例中规定的免税所得以及允许在税前扣除的有关所得，可以不计算在年所得中。其主要包括以下三项：(1) 免税所得：①省级人民政府、国务院部委、中国人民解放军军以上单位，以及外国组织、国际组织颁发的科学、教育、技术、文化、卫生、体育、环境保护等方面的奖金；②国债和国家发行的金融债券利息；③按照国家统一规定发给的补贴、津贴，即《中华人民共和国个人所得税法实施条例》第十三条规定的按照国务院规定发放的政府特殊津贴、院士津贴、资深院士津贴以及国务院规定免纳个人所得税的其他补贴、津贴；④福利费、抚恤金、救济金；⑤保险赔款；⑥军人的转业费、复员费；⑦按照国家统一规定发给干部、职工的安家费、退职费、退休工资、离休工资、离休生活补助费；⑧依照我国有关法律规定应予免税的各国驻华使馆、领事馆的外交代表、领事官员和其他人员的所得；⑨中国政府参加的国际公约、签订的协议中规定免税的所得。(2) 可以免税的来源于中国境外的所得。(3) 国家规定单位为个人缴付和个人缴付的基本养老保险、基本医疗保险、失业保险、住房公积金。

【例7-1】F先生为外籍人员，于2006年6月1日受其境外雇主P公司派遣，来华担任P公司在中国境内投资设立的外商投资企业S公司的经理，任期至2014年6月1日，共8年。F先生仅由于工作在中国境内居住，按有关税收规定仍属于在中国境内无住所的个人。F先生在中国任职期间，在2012年因公到境外出差一次两个月，其余时间均在中国境内居住；在此期间，其取得下列所得[①]：

1.每月从中国境内的S公司取得工资收入2万元人民币（以下称第一项所得）；

2.每年年末从境外P公司取得奖金折合人民币20万元（以下称第二项所得）；

3.每年从境外取得境外房产出租收入折合人民币10万元（以下称第三项所得）；

4.每年从境内银行取得外汇存款利息收入折合人民币1万元（以下称第四项所得）。

F先生在中国任职期间如何申报缴纳个人所得税？

【解析】

（一）F先生在中国境内任职期间取得所得时的税务处理

1.F先生取得的第一项、第二项和第四项所得，均属于来源于中国境内的所得，应在取得所得时，由所得支付人按照有关规定代扣代缴个人所得税。

2.F先生取得的第三项所得属于来源于中国境外的所得，且不由中国境内公司、企业

① 改编自《个人所得税自行纳税申报办法》各类申报情形例解十。

以及其他经济组织或者个人支付，根据税法有关规定，F先生仅就其在中国境内连续居住满5年以后仍在中国境内居住满1年的纳税年度取得的该项所得在中国负有纳税义务，即F先生在中国任职期间取得的第三项所得，可仅就属于2013年的部分按中国税收规定申报缴纳个人所得税。该项应纳税款应由F先生在2013年纳税年度后30日内，向F先生在中国境内经常居住地主管地方税务机关申报缴纳。

（二）F先生在中国境内任职期间各纳税年度末的税务处理

1. 尽管F先生在2006年、2012年和2014年三个纳税年度取得的年所得已经达到12万元人民币，但由于在这三个纳税年度中，F先生在中国境内居住均不满1年，根据《个人所得税自行纳税申报办法》第四条第一款的规定，F先生在这三个纳税年度可免予按照该办法第三条第一款的规定办理年所得12万元以上的纳税申报。

2. 由于F先生在2007—2011年各纳税年度中在中国境内居住均满1年，且其取得的年所得均已达到12万元人民币，F先生应办理年所得纳税申报，即F先生应在各纳税年度终了后3个月内向其任职、受雇的S公司所在地主管地方税务机关办理年所得纳税申报，但F先生申报的年所得不含第三项所得。

3. 由于F先生在2013年纳税年度在中国境内居住满1年，且其取得的年所得已达到12万元人民币，F先生应办理年所得纳税申报，即F先生应在该纳税年度终了后3个月内向其任职、受雇的S公司所在地主管地方税务机关办理年所得纳税申报。由于F先生在2007—2011年连续5个纳税年度均在中国境内居住满1年，在2012年纳税年度在中国境内居住超过90天，F先生在申报2013年的年所得还应包含其在该年度取得的第三项所得。

2.自行申报期限。

（1）年所得12万元以上的纳税人，在纳税年度终了后3个月内申报。

（2）个体工商户和个人独资、合伙企业投资者取得的生产、经营所得应纳的税款，分月预缴的，纳税人在每月终了后7日内办理纳税申报；分季预缴的，纳税人在每个季度终了后7日内办理纳税申报。纳税年度终了后，纳税人在3个月内进行汇算清缴。

（3）纳税人年终一次性取得对企事业单位的承包经营、承租经营所得的，自取得所得之日起30日内办理纳税申报；在1个纳税年度内分次取得承包经营、承租经营所得的，在每次取得所得后的次月7日内申报预缴，纳税年度终了后3个月内汇算清缴。

（4）从中国境外取得所得的纳税人，在纳税年度终了后30日内申报。

（5）其他情形，在取得所得的次月7日内向主管税务机关办理纳税申报。

3.自行申报地点。

（1）年所得12万元以上的纳税人，纳税申报地点分别为：

①在中国境内有任职、受雇单位的，向任职、受雇单位所在地主管税务机关申报。

②在中国境内有两处或者两处以上任职、受雇单位的，选择并固定向其中一处单位所在地主管税务机关申报。

③在中国境内无任职、受雇单位，年所得项目中有个体工商户的生产、经营所得或者对企事业单位的承包经营、承租经营所得（以下统称生产、经营所得）的，向其中一处实际经营所在地主管税务机关申报。

④在中国境内无任职、受雇单位，年所得项目中无生产、经营所得的，向户籍所在地主管税务机关申报。在中国境内有户籍，但户籍所在地与中国境内经常居住地不一致的，

选择并固定向其中一地主管税务机关申报。在中国境内没有户籍的，向中国境内经常居住地主管税务机关申报。

（2）从两处或者两处以上取得工资、薪金所得的，选择并固定向其中一处单位所在地主管税务机关申报。

（3）从中国境外取得所得的，向中国境内户籍所在地主管税务机关申报。在中国境内有户籍，但户籍所在地与中国境内经常居住地不一致的，选择并固定向其中一地主管税务机关申报。在中国境内没有户籍的，向中国境内经常居住地主管税务机关申报。

（4）个体工商户向实际经营所在地主管税务机关申报。

（5）个人独资、合伙企业投资者兴办两个或两个以上企业的，区分不同情形确定纳税申报地点：

①兴办的企业全部是个人独资性质的，分别向各企业的实际经营管理所在地主管税务机关申报。

②兴办的企业中含有合伙性质的，向经常居住地主管税务机关申报。

③兴办的企业中含有合伙性质，个人投资者经常居住地与其兴办企业的经营管理所在地不一致的，选择并固定向其参与兴办的某一合伙企业的经营管理所在地主管税务机关申报。

（6）除以上情形外，纳税人应当向取得所得所在地主管税务机关申报。

4.需报送的资料。

（1）"个人所得税基础信息表（B表）"。此表适用于自然人纳税人基础信息的填报，由自然人纳税人初次向税务机关办理相关涉税事宜时填报；初次申报后，以后仅需在信息发生变化时填报。

（2）"个人所得税自行纳税申报表（A表）"。此表适用于"从中国境内两处或者两处以上取得工资、薪金所得的"、"取得应纳税所得，没有扣缴义务人的"，以及"国务院规定的其他情形"的个人所得税申报。

（3）"个人所得税纳税申报表（B表）"。此表适用于"从中国境外取得所得"的纳税人的纳税申报。纳税人在办理申报时，须同时附报"个人所得税基础信息表（B表）"。

（4）"个人所得税纳税申报表（适用于年所得12万元以上的纳税人申报）"。此表适用于年所得12万元以上纳税人的年度自行申报。

（5）"限售股转让所得个人所得税清算申报表"。此表适用于纳税人取得限售股转让所得已预扣预缴个人所得税款的清算申报，按月填写。

（6）"生产、经营所得个人所得税纳税申报表（A表）"。此表适用于查账征收"个体工商户的生产、经营所得"和"对企事业单位的承包经营、承租经营所得"个人所得税的个体工商户、企事业单位承包承租经营者、个人独资企业投资者和合伙企业合伙人的预缴纳税申报，以及实行核定征收的纳税申报。

（7）"生产、经营所得个人所得税纳税申报表（B表）"。此表适用于查账征收"个体工商户的生产、经营所得"和"对企事业单位的承包经营、承租经营所得"个人所得税的个体工商户、企事业单位承包承租经营者、个人独资企业投资者和合伙企业合伙人的个人所得税年度汇算清缴。

（8）"生产、经营所得投资者个人所得税汇总申报表"。此表适用于个体工商户、承包承租企事业单位、个人独资企业、合伙企业投资者在中国境内两处或者两处以上取得“个体工商户的生产、经营所得”和“对企事业单位的承包经营、承租经营所得”的，同项所得合并计算纳税的个人所得税年度汇总纳税申报。

纳税人报送的具体表格和填报方法见本章末附表7-2“个人所得税基础信息表（B表）”，附表7-6“个人所得税自行纳税申报表（A表）”，附表7-7“个人所得税自行纳税申报表（B表）”，附表7-8“个人所得税纳税申报表（适用于年所得12万元以上的纳税人申报）”，附表7-9“限售股转让所得个人所得税清算申报表”，附表7-10“生产、经营所得个人所得税纳税申报表（A表）”，附表7-11“生产、经营所得个人所得税纳税申报表（B表）”，附表7-12“生产、经营所得投资者个人所得税汇总申报表”。

三、企业所得税纳税申报代理案例

小赵是×市M区A公司（非上市公司）的技术骨干并拥有公司的股份。2016年，小赵的全部收入及税款缴纳情况如下[①]：

（1）全年取得工薪收入188 400元，每月收入及扣缴税款情况见表7-2。

表7-2　　小赵2016年工资所得及扣缴情况表　　单位：元

月份	基本及岗位工资	伙食补助	月奖	住房补贴	过节费	应发工资	住房公积金	基本养老保险	基本医疗保险	失业保险	三险一金合计	个人所得税	实发工资
	①	②	③	④	⑤	⑥	⑦	⑧	⑨	⑩		⑪	⑫
1月	7 000	1 000	1 200	3 000	1 000	13 200	1 200	960	240	120	2 520	881	9 799
2月	7 000	1 000	1 200	3 000	2 000	14 200	1 200	960	240	120	2 520	1081	10 599
3月	7 000	1 000	1 200	3 000	0	12 200	1 200	960	240	120	2 520	681	8 999
4月	7 000	1 000	1 200	3 000	0	12 200	1 200	960	240	120	2 520	681	8 999
5月	7 000	1 000	1 200	3 000	1 000	13 200	1 200	960	240	120	2 520	881	9 799
6月	7 000	1 000	1 200	3 000	0	12 200	1 200	960	240	120	2 520	681	8 999
7月	7 000	1 000	1 200	3 000	0	12 200	1 200	960	240	120	2 520	681	8 999
8月	7 000	1 000	1 200	3 000	0	12 200	1 200	960	240	120	2 520	681	8 999
9月	7 000	1 000	1 200	3 000	1 000	13 200	1 200	960	240	120	2 520	881	9 799
10月	7 000	1 000	1 200	3 000	1 000	13 200	1 200	960	240	120	2 520	881	9 799
11月	7 000	1 000	1 200	3 000	0	12 200	1 200	960	240	120	2 520	681	8 999
12月	7 000	1 000	1 200	3 000	0	12 200	1 200	960	240	120	2 520	681	8 999
年终奖金	—	—	—	—	—	36 000	—	—	—	—	—	3 495	32 505

（2）取得公司股权分红20 000元，扣缴个人所得税4 000元；

（3）银行储蓄存款账户孳生利息收入1 200元，扣缴个人所得税240元；

① 改编自《个人所得税自行纳税申报办法》申报情形例解三。

（4）购买国债，取得利息收入2 000元；

（5）购买企业债券，取得利息收入1 500元，没有扣缴个人所得税；

（6）出售家庭非唯一住房（原值700 000元），取得转让收入860 000元，按规定缴纳个人所得税23 400元及其他税费43 000元；

（7）出租自有商铺给某公司，每月租金3 500元，缴纳个人所得税500元，及按国家规定缴纳的其他税费200元；

（8）在上交所转让A股股票盈利60 000元；

（9）持有某上市公司A股股票，取得股息3 000元，扣缴个人所得税300元；

（10）发明一项专利，让渡给某公司使用，取得收入40 000元，扣缴个人所得税6 400元；

（11）一次购买体育彩票，中奖9 000元。

小赵取得的上述收入应如何办理纳税申报？

【解析】

小赵全年的收入来源较多，适用的应税项目也多，这些收入在小赵取得时，由支付所得的单位作为扣缴义务人扣缴税款并向税务进行申报。另外，2016年度终了，如果小赵的年所得达到12万元，他应该按照规定，向主管税务机关办理年所得12万元以上的自行纳税申报。具体分析如下：

首先，日常取得收入时，按照个人所得税法及其实施条例，扣缴义务人应履行扣缴义务：

1. 小赵每个月取得工资性收入时，单位作为扣缴义务人已扣缴了个人所得税，小赵不需办理自行纳税申报。同时，对于小赵取得的年终奖金，可用全年一次性奖金的政策计算纳税，税款由扣缴义务人在发放时代扣代缴。

2. 取得的A公司股权分红，属于“利息、股息、红利所得”项目，税款由公司发放时代扣代缴。

3. 银行存款利息免税。

4. 国债利息免征个人所得税。小赵对此无须办理任何手续。

5. 企业债券利息所得，属于“利息、股息、红利所得”项目，应由兑付机构在兑付利息时适用20%的税率代扣代缴个人所得税。

6. 转让家庭非唯一住房，小赵应在办理住房产权转让手续时向住房所在地主管税务机关办理纳税申报并缴纳个人所得税23 400元((860 000−700 000−43 000）×20%)。

7. 出租房屋所得，属于“财产租赁所得”项目，税款由承租的公司代扣代缴。

8. 转让境内上市公司A股股票取得的收入，暂免征收个人所得税。

9. 持有上市公司股票分红所得，属于“利息、股息、红利所得”项目，由公司在发放时，按照应纳税所得额的50%适用20%的税率代扣代缴个人所得税。

10. 发明专利让渡给某公司使用，属于“特许权使用费所得”项目，由公司在支付收入时适用20%的税率代扣代缴个人所得税。

11. 体育彩票中奖所得，属于“偶然所得”项目。但中奖收入不超过1万元的，暂免征收个人所得税。

其次，年度终了，应办理年所得12万元以上申报纳税。

小赵应在2017年3月底前，汇总上年度应税项目的收入额，看是否达到12万元（即年所得≥120 000元，下同），进而判断是否应该进行年所得12万元以上的自行申报。

1. 2016年度小赵年所得的计算。

根据小赵取得收入的情况，其年所得为：

$$年所得=\frac{年工资、}{薪金所得}+\frac{年利息、股息、}{红利所得}+\frac{年财产}{转让所得}+\frac{年财产}{租赁所得}+\frac{年特许权}{使用费所得}+\frac{年偶然}{所得}-\frac{《办法》第七条}{规定可剔除的所得}$$

其中：

（1）工资、薪金所得，按照未减除法定费用（每月3 500元）的收入额计算。同时，按照国家规定，单位为个人缴付和个人缴付的“三险一金”不包含在年所得之内，由于小赵缴付的“三险一金”均在税法规定允许扣除的额度内，因此，在计算年所得时，这部分收入可全额剔除。

$$年工资、薪金所得=\sum_{i=1}^{12}应发工资_i-\sum_{j=1}^{12}三险一金_j=158\ 160（元）$$

（2）利息、股息、红利所得，按照收入额全额计算。针对小赵的情况，主要有第（2）、（3）、（4）、（5）、（9）项收入。其中，第（4）项收入，根据《办法》第七条第一项的规定，国债利息属于免税收入，所以不包含在年所得范围之内。

年利息、股息、红利所得=公司股权分红+储蓄存款利息+企业债券利息+股票分红

=20 000+1 200+1 500+3 000

=25 700（元）

（3）财产转让所得，按照应纳税所得额计算，即按照以转让财产的收入额减除财产原值和转让财产过程中缴纳的税金及有关合理费用后的余额计算。针对小赵的情况，主要有第（6）、（8）项收入。

年财产转让所得=房屋出售收入+股票转让收入

=（860 000−700 000−43 000）+60 000

=177 000（元）

（4）财产租赁所得，按照未减除费用和修缮费用的收入额计算。

年财产租赁所得=3 500×12=42 000（元）

（5）特许权使用费所得，按照未减除费用的收入额计算。

年特许权使用费所得=40 000元

（6）偶然所得，按照收入额全额计算。

年偶然所得=9 000元

综上所述：

2016年小赵的年所得=158 160+25 700+177 000+42 000+40 000+9 000

=451 860（元）＞120 000元

故小赵应该进行年所得12万元以上的自行申报，见表7−4。

2.纳税申报表的填写。

在进行纳税申报时，小赵应报送“个人所得税基础信息表（B表）”。

由于申报表上需要填写小赵的年所得，以及各个所得项目的应纳税额、已缴税额、应补（退）税额等事项。因此，小赵应计算一下自己日常缴纳的税款是否正确。

（1）年工资、薪金所得应纳税额。

①各个月份发放的工资应纳税额的计算，见表7-3。

各个月份工资薪金所得应纳税所得额=工资收入-个人缴付“三险一金”-费用扣除标准

=（①+②+③+④+⑤）-（⑦+⑧+⑨+⑩）-3 500

表7-3 **各个月份发放的工资应纳税额的计算** 单位：元

月份	1月	2月	3月	4月	5月	6月	7月	8月	9月	10月	11月	12月	合计
应发工资	13 200	14 200	12 200	12 200	13 200	12 200	12 200	12 200	13 200	13 200	12 200	12 200	**152 400**
三险一金	2 520	2 520	2 520	2 520	2 520	2 520	2 520	2 520	2 520	2 520	2 520	2 520	**30 240**
所得额	7 180	8 180	6 180	6 180	7 180	6 180	6 180	6 180	7 180	7 180	6 180	6 180	**80 160**
应纳税额	881	1 081	681	681	881	681	681	681	881	881	681	681	**9 372**

②全年一次性奖金应纳税款的计算：

全年一次性奖金应纳个人所得税额=全年一次性奖金×税率-速算扣除数

=36 000×10%-105=3 495（元）

③全年工资、薪金所得和年终奖金应纳税款的计算：

工资、薪金所得和年终奖金应纳税额=9 372+3 495=12 867（元）

（2）年利息、股息、红利所得应纳税款的计算：

利息、股息、红利所得应纳税额=（20 000+1 500+1 200）×20%+3 000×50%×20%=4 840（元）

小赵取得的企业债券利息收入1 500元，没有扣缴个人所得税，所以，小赵在申报时应补缴税款300元。

（3）年财产转让所得应纳税款的计算：

财产转让所得应纳税额=股票转让应纳税额+住房转让应纳税额

=0+住房转让应纳税所得额×20%

=0+117 000×20%=23 400（元）

注：境内A股股票转让所得，暂免征收个人所得税。

（4）年财产租赁所得应纳税额的计算：

全年财产租赁所得应纳税额=每月应纳税所得额×20%×12

=（3 500-200-800）×20%×12=6 000（元）

（5）年特许权使用费所得应纳税额的计算：

特许权使用费所得应纳税额=应纳税所得额×20%

=（收入额-减除费用）×20%

=（40 000-40 000×20%）×20%=6 400（元）

（6）年偶然所得应纳税额的计算：

按照政策规定，购买体育彩票一次中奖收入不超过1万元的，暂免征收个人所得税。

偶然所得应纳税额=0

3.申报地点：A公司所在地主管地方税务机关。

因为小赵有任职、受雇单位，所以小赵应向任职、受雇单位所在地主管税务机关进行申报。

4.申报期限：2017年1月1日—3月31日。

5.申报方式：网上申报、邮寄申报，或直接到主管税务机关申报；也可委托有税务代理资质的中介机构或者他人代为办理纳税申报。

6.其他：小赵补缴税款以后，A公司所在地主管地方税务机关应向小赵开具完税凭证。

表7-4　**个人所得税纳税申报表**

（适用于年所得12万元以上的纳税人申报）

纳税人识别号：×××××××××××××××　　纳税人名称（签字或盖章）：××××

税款所属期：　　填表日期：　　金额单位：元（列至角分）

纳税人姓名		国籍		身份证照类型		身份证照号码	
抵华日期		职业		任职、受雇单位		经常居住地	
中国境内有效联系地址				邮编		联系电话	
所得项目	年所得额			应纳税额	已缴(扣)税额	抵扣税额	应补(退)税额
	境内	境外	合计				
1. 工资、薪金所得	116 160	—	116 160	12 867	12 867	0	0
2. 个体工商户的生产、经营所得	—	—	—	—	—	—	—
3.对企事业单位的承包经营、承租经营所得	—	—	—	—	—	—	—
4. 劳务报酬所得	—	—	—	—	—	—	—
5. 稿酬所得	—	—	—	—	—	—	—
6. 特许权使用费所得	40 000	—	40 000	6 400	6 400	0	0
7. 利息、股息、红利所得	25 700 股息:3 000;利息:1 200	—	25 700 股息:3 000;利息:1 200	4 840	4 540	0	300
8. 财产租赁所得	42 000	—	42 000	6 000	6 000	0	0
9. 财产转让所得	177 000 股票:60 000	—	177 000 股票:60 000	23 400	23 400	0	0
10. 偶然所得	—	—	—	—	—	—	—
11. 其他所得	—	—	—	—	—	—	—
合计	—	—	—	53 507	53 207	0	300
我声明，此纳税申报表是根据《中华人民共和国个人所得税法》的规定填报的，我确信它是真实的、可靠的、完整的。 纳税人(签字)：							
代理人名称： 代理人(公章)：		经办人(签章)： 联系电话：					

受理人：　　受理时间：　　年　月　日　　受理申报机关：

第三节　个人所得税纳税审核代理

一、工资、薪金所得的审核

1.审核代扣代缴义务人代扣的税款是否及时申报缴纳。按照税法规定，扣缴义务人每月所扣的税款，应当在次月15日内缴入国库，因此，通过审核“应交税费——代扣代缴个人所得税”科目明细账，看其贷方有无余额，是否已按规定期限解缴税款。

2.审核扣缴义务人是否依法代扣代缴个人所得税。审核扣缴义务人“应付职工薪酬”科目明细账，根据每月记账凭证所附的工资单，结合企业的代扣代缴个人所得税计算表和扣缴个人所得税申报表，审核发给职工的工资薪金有无达到应税标准却未扣缴税款的情况。核对企业人事部门的人员信息记录、名册，对照支付给个人的工资、薪金所得，看有无虚增职工人数的情况。审核“应付职工薪酬——职工福利费”科目中发放的各种非现金支出，看是否将其并入个人的工资、薪金所得，计算个人所得税。审核扣缴义务人“管理费用”“销售费用”科目明细账，以及对应科目和原始凭证，看有无以报销形式给相关人员支付津贴或奖金的情况。

3.审核扣缴义务人有无扩大减除费用标准或分次多扣费用的情况；有无虚列人数，降低工资、薪金所得水平的现象。

4.审核个人工资、薪金所得与企业的工资费用支出的比对问题，防止企业将实际发放的工资性支出在企业所得税前列支，而在计算个人所得税时人为虚减的情况发生。

5.税前扣除的审核。按照税法规定，单位为个人缴付和个人缴付的基本养老保险费、基本医疗保险费、失业保险费、住房公积金，可从纳税人的应纳税所得额中扣除。具体来说，个人按照国家或省人民政府规定的缴费比例或办法实际缴付的基本养老保险费、基本医疗保险费、失业保险费，允许在个人应纳税所得额中扣除。单位和个人分别在不超过职工本人上一年度月平均工资12%的幅度内，其实际缴存的住房公积金，允许在个人应纳税所得额中扣除。单位和职工个人缴存住房公积金的月平均工资不得超过职工工作地所在设区城市上一年度职工月平均工资的3倍，具体标准按照各地有关规定执行。因此，对扣除费用的审查，主要看扣缴义务人有无扩大减除费用标准的情况，有无超过国家规定标准扣除的现象。

二、个体工商户、个人独资企业和合伙企业生产经营所得的审核

根据税法规定，对个体工商户、个人独资企业和合伙企业生产经营所得个人所得税的征收，分为查账征收和核定征收两种方式。实行查账征收的个体工商户，以每一纳税年度的收入总额，减除成本、费用以及损失后的余额为应纳税所得额；个人独资企业的投资者以其全部生产经营所得为应纳税所得额；合伙企业的投资者按照合伙企业的全部生产经营所得和合伙协议约定的分配比例确定应纳税所得额，合伙协议没有约定分配比例的，以全部生产经营所得和合伙人数量平均计算每个投资者的应纳税所得额。

对于查账征收，其审核方法与企业所得税类似，但需注意在计算应税所得时不得扣除的几种情形：一是投资者的工资不得在税前扣除；二是投资者及其家庭发生的生活费

用不允许在税前扣除。对于核定征收，又分为定额征收和核定应纳税所得率征收两种办法。实行定额征收的，主要审核核定税额的程序、方法是否合法，核定税额的依据和税收负担是否合理；实行核定应纳税所得率征收的，主要审核收入或成本费用支出是否准确。

【例7-2】 李某在某市区注册一家个人独资的餐厅，2016年取得营业收入200万元，利润24万元。审核发现成本费用账目中包括如下项目：

1.李某的年工资为12万元；

2.管理费用30万元，其中业务招待费20万元；

3.营业外支出2万元，全部为李某赞助重点中学的支出。

4.漏记营业收入5万元。

【解析】

1.漏记营业收入应补缴增值税：50 000×6%=3 000（元），应纳税所得额调减3 000元。

2.补缴城建税及教育费附加：3 000×10%=300（元），应纳税所得额应调减300元。

3.李某个人工资不能全额扣除，只能按统一标准42 000元/年扣除，因此应调增：

120 000−42 000=78 000（元）

4.业务招待费不能全部扣除：

扣除标准=200 000×60%=120 000（元）

扣除限额=2 000 000×0.5%=10 000（元）

因此应调增110 000元。

5.李某赞助重点中学的支出20 000元不能扣除，应调增20 000元。

6.应纳税所得额=240 000+50 000−3 000−300+78 000+110 000+20 000=494 700（元）

应纳个人所得税=494 700×35%−14 750=158 395（元）

三、承包、承租经营所得的审核

按照税法规定，企业实行个人承包、承租经营后，如果工商登记仍为企业，应先缴纳企业所得税，之后，承包经营、承租经营者按照承包、承租经营合同（协议）规定取得的所得，依照个人所得税法缴纳个人所得税，具体办法是：承包、承租人对企业经营成果不拥有所有权，仅是按合同（协议）规定取得一定所得的，其所得按工资、薪金所得项目征税，适用3%～45%的7级超额累进税率；承包、承租人按合同（协议）的规定只向发包、出租方缴纳一定费用后，企业经营成果归其所有的，承包、承租人取得的所得，按对企事业单位的承包经营、承租经营所得项目，适用5%～35%的5级超额累进税率。如果工商登记改变为个体工商户，应依照个体工商户的生产、经营所得项目计征个人所得税，不再征收企业所得税。企业实行承包经营、承租经营后，不能提供完整、准确的缴税资料，正确计算应纳税所得额的，由主管税务机关核定其应纳税所得额。因此，承包、承租经营所得个人所得税的审核，首先应通过查阅协议、文件，确定承包、承租经营方式，然后再按工资薪金所得税、个体工商户个人所得税的审核方法进行审核。

四、劳务报酬所得的审核

企业向个人支付劳动报酬，一般是到税务机关代开“临时经营发票”，首先应审核企业取得的发票是否合法，是否按规定计算纳税。其次，如果企业为个人负担税款时，要注意个人所得税的计算是否正确。

【例7-3】 培训师李某为某企业提供员工技术培训，取得讲课费收入5 000元。按协议由企业代其缴纳个人所得税。企业计算代扣代缴的个人所得税为：

（5 000−3 500）×3%=45（元）

注册税务师审核后，提出调整意见，因为李某不属于该企业雇员，企业与李某不存在雇用关系，因此应按“劳务报酬所得”计算个人所得税。

换算为应纳税所得额：

5 000×（1−20%）÷84%=4 761.90（元）

应纳税额：

4 761.90×20%=952.38（元）

应补税额：

952.38−45=907.38（元）

调整会计分录为：

借：管理费用　　907.38

　贷：应交税费——代扣代缴个人所得税　　907.38

五、稿酬所得的审核

在审核时，应着重审核企业有无将应属于“一次”的稿酬所得分割为“多次”稿酬所得，以增加扣除费用，减少个人所得税。按照税法规定，同一作品先在报刊上连载，然后再出版，或先出版，再在报刊上连载的，应视为两次稿酬所得征税；同一作品在报刊上连载取得收入的，以连载完成后取得的所有收入合并为一次；同一作品出版、发表后，因添加印数而追加稿酬的，应与以前出版、发表时取得的稿酬合并为一次。

【例7-4】 作家吴某3月份出版一本小说，取得稿酬100 000元。该书6—12月份被某晚报连载，每月取得稿费2 000元。因该书畅销，9月份出版社增加印数，又取得追加稿酬30 000元。

出版社代扣代缴个人所得税的情况如下：

3月份代扣代缴的个人所得税为：

100 000×（1−20%）×20%×（1−30%）=11 200（元）

9月份添加印数追加稿酬代扣代缴的个人所得税为：

30 000×（1−20%）×20%×（1−30%）=3 360（元）

报社代扣代缴个人所得税的情况如下：

6—12月份每月代扣代缴的个人所得税为：

（2 000−800）×20%×（1−30%）=168（元）

合计代扣代缴的个人所得税为：

168×7=1 176（元）

显然，出版社和报社代扣代缴个人所得税时计算错误。对于出版社来说，因添加印数而追加稿酬的，应与以前出版、发表时取得的稿酬合并为一次，因此3月份稿酬所得个人所得税计算正确，而9月份代扣代缴的个人所得税应为：

（100 000＋30 000）×（1−20%）×20%×（1−30%）−11 200=3 360（元）

同样，报社代扣代缴的个人所得税计算错误，正确的计算应为：

2 000×7×（1−20%）×20%×（1−30%）=1 568（元）

六、利息、股息、红利所得的审核

对于企业向个人支付的利息，应根据“财务费用”科目明细账借方发生额、“其他应付款”科目明细账贷方发生额及有关凭证，了解企业是否有职工个人集资，检查企业对于支付的集资利息费用是否按规定代扣代缴税款。对于企业向个人支付的股息、红利，应审核企业“利润分配——未分配利润”科目明细账，检查企业是否按规定代扣代缴个人所得税。

【例7−5】某企业由于并购，向企业职工集资5 000万元，在财务费用账户中发现该企业年末计提个人集资利息400万元，但未履行代扣代缴个人所得税的义务。因此，企业应补缴个人所得税税款为80万元（400×20%），同时调整会计分录为：

借：其他应收款——职工	800 000	
贷：应交税费——应交个人所得税		800 000
补缴时：		
借：应交税费——应交个人所得税	800 000	
贷：银行存款		800 000

七、公益性捐赠的审核

1.审核捐赠是否属于公益性捐赠，即是否属于向农村教育事业和其他社会公益事业以及遭受严重自然灾害地区、贫困地区的捐赠，非公益性捐赠不得扣除。

2.审核是否通过了中国境内非营利性的社会团体、国家机关进行捐赠，直接对受益人的捐赠不得税前扣除。

3.审核税前扣除是否超过了规定的30%的标准。值得注意的是，纳税人向农村义务教育、非关联的科研机构和高等学校研究开发新产品、新技术、新工艺所发生的研究开发经费，可全额在下月或下次或当年计征个人所得税时，从应纳税所得额中扣除。

八、案例题①

李某受聘于一家财务咨询服务公司，每月领取税后工资3 600元，公司每月按规定代扣代缴其个人所得税。

（1）2016年2月1日，任职8年的李某与公司解除了聘用合同，取得了一次性补偿金100 000元（该公司所在地上年度职工平均工资为20 000元）。李某认为，自己取得的上述补偿金为补偿性质的收入，不应当缴纳个人所得税。

（2）2016年6月8日，李某取得财务咨询报酬50 000元，将其中的16 000元通过国家机关捐赠给受灾地区，不考虑其他相关税费，李某应缴纳的个人所得税为5 440元（(50 000−16 000）×（1−20%）×20%）。

（3）6月1日—12月31日李某将自有住房按市场价格出租给个人居住，月租金为6 000元，李某认为应缴纳的个人所得税为6 720元（6 000×（1−20%）×20%×7），不考虑其他税费。

---

① 改编自2009年注册税务师“税务代理实务”考试试题。

（4）6月20日李某购入某企业债券40 000份，每份的买入价格为4.30元，支付有关税费645元，12月20日转让其中的20 000份，每份的转让价格为5.10元，转让时支付有关税费383元，李某认为取得的转让收入为101 617元（20 000×5.10−383），支付购进价款为171 355元（40 000×4.30−645），没有收益，所以不用缴纳个人所得税。

（5）2016年8月李某与一家证券交易所签订期限为4个月的劳务合同，合同约定李某自9月起每月为该交易所的股民讲课4次，每次报酬为1 000元，李某认为每月应当缴纳的个人所得税为160元((1 000−800）×20%×4)。

如果你是李某委托的注册税务师，请根据上述情况，结合个人所得税法的规定，分项分析李某自己计算的个人所得税是否有误，并说明理由。如果李某计算的个人所得税有误，请分项计算出正确的应纳税额。

【解析】

（1）李某的理解有误。按照税法规定，个人解除劳务合同取得的一次性经济补偿金，在当地上年职工平均工资的3倍数额以内的部分，免征个人所得税；超过了3倍数额的部分，应视为一次取得数月的工资、薪金收入，允许在一定期限内平均计算。李某取得的一次性经济补偿金为100 000元，高于上年职工平均工资（20 000元）的3倍，对于超过的部分，应计算缴纳个人所得税。

应缴纳的个人所得税＝[(100 000−20 000×3）÷8−3 500]×3%×8＝360（元）

（2）李某的计算有误。按照税法规定，个人取得劳务报酬，如果应纳税所得额超过了20 000元但没有超过50 000元的，应对超过部分加征50%的税款，所以李某计算中适用的税率有误。

捐赠扣除限额为12 000元（50 000×（1−20%）×30%），实际捐赠16 000元，应按12 000元在税前扣除。

应缴纳的个人所得税＝[50 000×（1−20%）−12 000]×30%−2 000＝6 400（元）

（3）李某的计算有误。按照税法规定，个人按照市场价格出租的居住用房，应按10%的税率计算个人所得税。

应缴纳的个人所得税＝6 000×（1−20%）×10%×7＝3 360（元）

（4）李某的理解有误。按照税法规定，个人买卖债券应按照财产转让所得缴纳个人所得税，计算个人出售债券收益时，扣除的成本应为出售的债券所对应的成本，而不是全部债券的成本。

李某出售债券取得的收益＝20 000×（5.10−4.30）−645÷2−383＝15 294.50（元）

应缴纳的个人所得税＝15 294.50×20%＝3 058.90（元）

（5）李某的计算有误。个人取得的劳务报酬，如果属于同一事项连续取得的收入，应以1个月内取得的收入为1次计算应缴纳的个人所得税。

每月应缴纳的个人所得税＝1 000×4×（1−20%）×20%＝640（元）

全年应缴纳的个人所得税＝640×4＝2 560（元）

思考与练习

1．工资、薪金个人所得税的审核要点是什么？

2．代扣代缴个人所得税和自行申报应该报送哪些报表？

3.哪些纳税人应该自行申报缴纳个人所得税？

4.符合自行申报条件的12万元以上的纳税人，其年所得的统计口径是什么？

5.2016年，林女士每月都从北京市的A、B两家金融公司领取工资。这两家金融公司一家位于海淀区，一家位于西城区，两家公司每月支付给林女士的工资见表7-5。

表7-5　**两家公司每月支付给林女士的工资**

	月份	1月	2月	3月	4月	5月	6月	7月	8月	9月	10月	11月	12月	合计
A公司	应发工资	16 000	16 000	16 000	16 000	16 000	16 000	16 000	16 000	16 000	16 000	16 000	16 000	192 000
	三费一金	3 200	3 200	3 200	3 200	3 200	3 200	3 200	3 200	3 200	3 200	3 200	3 200	38 400
B公司	应发工资	5 600	5 600	5 600	5 600	5 600	5 600	5 600	5 600	5 600	5 600	5 600	5 600	67 200

除此之外，林女士还取得以下几项收入：

（1）按国务院规定发放的政府特殊津贴2 000元/月。

（2）客串B电视台某法律节目，每月取得劳务收入5 000元，电视台按规定扣缴税款800元。

（3）出版一本科技专著，取得收入50 000元，出版社已代扣税款个人所得税5 600元；同年，该专著被12家部委联合评选为某大奖赛特等奖，奖金为30 000元；又被某市（地级市）评选获奖，奖金为10 000元，已代扣税款2 000元。

（4）家中被盗，保险公司根据林女士所购买的财产保险，赔偿30 000元。

要求：

（1）计算林女士在A、B公司取得工资应缴纳的个人所得税。

（2）林女士应如何办理纳税申报？

附表 7-1

个人所得税基础信息表（A表）

扣缴义务人名称：

扣缴义务人编码：□□□□□□□□□□□□□□□□□□□□

序号	姓名	国籍(地区)	身份证件类型	身份证件号码	是否残疾烈属孤老	雇员		非雇员			股东、投资者		境内无住所个人									备注
						电话	电子邮箱	联系地址	电话	工作单位	公司股本(投资)总额	个人股本(投资)额	纳税人识别号	来华时间	任职期限	预计离境时间	预计离境地点	境内职务	境外职务	支付地	境外支付地(国别/地区)	
1																						
2																						
3																						
4																						
5																						
6																						
7																						
8																						
9																						
10																						
11																						

谨声明：此表是根据《中华人民共和国个人所得税法》及其实施条例和国家相关法律法规规定填报的，是真实的、完整的、可靠的。

法定代表人（负责人）签字：　　　　年　月　日

扣缴义务人公章： 经办人：	代理机构(人)签章： 经办人： 经办人执业证件号码：	主管税务机关受理专用章： 受理人：
填表日期：　年　月　日	代理申报日期：　年　月　日	受理日期：　年　月　日

国家税务总局监制

填表说明

一、适用范围

本表由扣缴义务人填报。适用于扣缴义务人办理全员全额扣缴明细申报时，其支付所得纳税人基础信息的填报。初次申报后，以后月份只需报送基础信息发生变化的纳税人的信息。

二、扣缴义务人填报本表时，“姓名、国籍（地区）、身份证件类型、身份证件号码、是否残疾烈属孤老”为所有纳税人的必填项；其余则根据纳税人自身情况选择后填报。

三、有关项目填报说明

1.姓名：填写纳税人姓名。中国境内无住所个人，其姓名应当用中、外文同时填写。

2.国籍（地区）：填写纳税人的国籍或者地区。

3.身份证件类型：填写纳税人有效身份证件（照）名称。中国居民，填写身份证、军官证、士兵证等证件名称；中国境内无住所个人，填写护照、中国港澳居民来往内地通行证、中国台湾居民来往大陆通行证等证照名称。

4.身份证件号码：填写身份证件上的号码。

5.是否残疾烈属孤老：有本项所列情况的，填写“是”；否则，填写“否”。

6.雇员栏：本栏填写雇员纳税人的相关信息。

（1）电话：填写雇员纳税人的联系电话。

（2）电子邮箱：填写雇员纳税人的电子邮箱。

7.非雇员栏：填写非扣缴单位雇员的纳税人（不包括股东、投资者）的相关信息。一般填写从扣缴单位取得劳务报酬所得、稿酬所得、特许权使用费所得、利息股息红利所得、财产租赁所得、财产转让所得、偶然所得、其他所得的纳税人的相关信息。

（1）联系地址：填写非雇员纳税人的联系地址。

（2）电话：填写非雇员纳税人的联系电话。

（3）工作单位：填写非雇员纳税人的任职受雇单位名称全称。没有任职受雇单位的，则不填。

8.股东、投资者栏：填写扣缴单位的自然人股东、投资者的相关信息。没有则不填。

（1）公司股本（投资）总额：填写扣缴单位的公司股本（投资）总额。

（2）个人股本（投资）额：填写自然人股东、投资者个人投资的股本（投资）额。

9.境内无住所个人栏：填写在中国境内无住所个人的相关信息。没有则不填。

（1）纳税人识别号：填写主管税务机关赋予的18位纳税人识别号。该纳税人识别号作为境内无住所个人的唯一身份识别码，由纳税人到主管税务机关办理初次涉税事项，或者扣缴义务人办理该纳税人初次扣缴申报时，由主管税务机关授予。

（2）来华时间：填写纳税人到达中国境内的年、月、日。

（3）任职期限：填写纳税人在中国境内任职受雇单位的任职期限。

（4）预计离境时间：填写纳税人预计离境的年、月、日。

（5）预计离境地点：填写纳税人预计离境的地点。

（6）境内职务：填写纳税人在境内任职受雇单位担任的职务。

（7）境外职务：填写纳税人在境外任职受雇单位担任的职务。

（8）支付地：填写纳税人取得的所得的支付地，在“境内支付”、“境外支付”和“境、内外同时支付”三种类型中选择一种填写。

（9）境外支付地国别（地区）：如果纳税人取得的所得支付地为国外的，填写境外支付地的国别或地区名称。

附表7－2

个人所得税基础信息表（B表）

<table>
<tr><td>姓名</td><td></td><td>身份证件类型</td><td></td><td>身份证件号码</td><td colspan="3"></td></tr>
<tr><td>纳税人类型</td><td colspan="7">□有任职受雇单位　□无任职受雇单位(不含股东投资者)　□投资者　□无住所个人　（可多选）</td></tr>
<tr><td rowspan="3">任职受雇单位名称及纳税人识别号</td><td colspan="5"></td><td colspan="2"></td></tr>
<tr><td colspan="5"></td><td colspan="2"></td></tr>
<tr><td colspan="5"></td><td colspan="2"></td></tr>
<tr><td>“三费一金”缴纳情况</td><td colspan="5">□基本养老保险费　□基本医疗保险费
□失业保险费　□住房公积金　□无（可多选）</td><td>电子邮箱</td><td></td></tr>
<tr><td>境内联系地址</td><td colspan="5">________省________市________区(县)________________
________________________</td><td>邮政编码</td><td></td></tr>
<tr><td>联系电话</td><td colspan="5">手机:____________________固定电话:________________</td><td>职业</td><td></td></tr>
<tr><td>职务</td><td colspan="5">○高层　○中层　○普通（只选一）</td><td>学历</td><td></td></tr>
<tr><td>是否残疾人/烈属/孤老</td><td colspan="5">□残疾　□烈属　□孤老　□否</td><td>残疾等级情况</td><td></td></tr>
<tr><td>该栏仅由有境外所得纳税人填写</td><td colspan="2">○户籍所在地
○经常居住地</td><td colspan="5">________省________市________区(县)________________　邮政编码________</td></tr>
<tr><td rowspan="8">该栏仅由投资者纳税人填写</td><td colspan="2">投资者类型</td><td colspan="5">□个体工商户　□个人独资企业投资者　□合伙企业合伙人
□承包、承租经营者　□股东　□其他投资者　（可多选）</td></tr>
<tr><td rowspan="4">被投资单位信息</td><td>名称</td><td colspan="3"></td><td>扣缴义务人编码</td><td></td></tr>
<tr><td>地址</td><td colspan="3"></td><td>邮政编码</td><td></td></tr>
<tr><td>登记注册类型</td><td colspan="3"></td><td>行业</td><td></td></tr>
<tr><td>所得税征收方式</td><td colspan="3">○查账征收 ○核定征收(只选一)</td><td>主管税务机关</td><td></td></tr>
<tr><td colspan="7">以下由股东及其他投资者填写</td></tr>
<tr><td colspan="2">公司股本(投资)总额</td><td colspan="3"></td><td>个人股本(投资)额</td><td></td></tr>
</table>

续表

该栏仅由无住所纳税人填写	纳税人识别号				
	国籍(地区)			出生地	
	性别			出生日期	年 月 日
	劳动就业证号码			是否税收协定缔约国对方居民	○是 ○否
	境内职务			境外职务	
	来华时间			任职期限	
	预计离境时间			预计离境地点	
	境内任职受雇单位	名称		扣缴义务人编码	
		地址		邮政编码	
	境内受聘签约单位	名称		扣缴义务人编码	
		地址		邮政编码	
	境外派遣单位	名称		地址	
	支付地		○境内支付 ○境外支付 ○境内、外同时支付 (只选一)	境外支付国国别(地区)	

谨声明:此表是根据《中华人民共和国个人所得税法》及其实施条例和国家相关法律法规规定填写的,是真实的、完整的、可靠的。

纳税人签字: 年 月 日

代理机构(人)签章: 经办人: 经办人执业证件号码:	主管税务机关受理专用章: 受理人:
填表(代理申报)日期: 年 月 日	受理日期: 年 月 日

国家税务总局监制

填表说明

一、适用范围：本表适用于自然人纳税人初次向税务机关办理相关涉税事项时，对本人基础信息的填报；初次申报后，以后仅需在本人相关信息发生变化时填报。

二、本表各栏填写如下：

（一）表头栏：

1.姓名：填写纳税人姓名。中国境内无住所个人，其姓名应用中、外文同时填写。

2.身份证件类型：填写能识别纳税人唯一身份的有效证照名称。中国居民，填写身份证、军官证、士兵证等证件名称；中国境内无住所个人，填写护照、港澳居民来往内地通行证、台湾居民来往大陆通行证等证照名称。

3.身份证件号码：填写能识别纳税人唯一身份的有效证照上的号码。

4.纳税人类型：纳税人根据自身情况在对应框内打“√”，可多选。

（1）有任职受雇单位：是指纳税人有固定任职受雇单位。

（2）无任职受雇单位（不含股东投资者）：是指纳税人为自由职业者，没有与任何单位签订任职受雇合同；不含企业股东、个体工商户、个人独资企业投资者、合伙企业合伙人、承包承租经营者。

（3）投资者：是指有对外投资的纳税人。

（4）无住所个人：是指在中国境内无住所的纳税人。“无住所”是相对于有住所而言的；在中国境内有住所的个人，是指因户籍、家庭、经济利益关系而在中国境内习惯性居住的个人。

5.任职受雇单位名称及纳税人识别号：前列填写纳税人签订任职受雇合同的单位名称全称，后列填写主管税务机关赋予任职受雇单位的纳税人识别号。与多家单位签订合同的，应分行列示。

6.“三费一金”缴纳情况：根据纳税人缴纳社会保险费情况在“基本养老保险费”、“基本医疗保险费”、“失业保险费”、“住房公积金”对应框内打“√”；如果都没有缴纳的，在“无”对应框内打“√”。

7.电子邮箱：填写纳税人常用有效电子邮箱。

8.境内联系地址、邮政编码：填写纳税人在中国境内有效联系地址和邮政编码。

9.联系电话：填写纳税人常用有效联系电话。

10.职业：填写纳税人所从事的职业。职业分类按劳动和社会保障部门的国标填写。

11.职务：填写纳税人在任职受雇单位所担任的职务，在“高层”、“中层”和“普通”三项前选择其一打“√”。

12.学历：填写纳税人取得的最终学历。

13.是否残疾人/烈属/孤老：符合本栏情况的，在对应框内打“√”；否则，在“否”对应框内打“√”。

（二）“有境外所得的纳税人填写”栏：从中国境外取得所得的纳税人填写本栏。

纳税人在填写此栏时，应根据《国家税务总局关于印发〈个人所得税自行纳税申报办法（试行）〉的通知》第十一条第二款“从中国境外取得所得的，向中国境内户籍所在地主管税务机关申报。在中国境内有户籍，但户籍所在地与中国境内经常居住地不一致的，选择并固定向其中一地主管税务机关申报。在中国境内没有户籍的，向中国境内经常居住地主管税务机关申报”的规定选择填写。选择后，纳税人在“户籍所在地”或“经常居住地”对应框内打“√”并填写具体地址。

（三）“投资者纳税人填写”栏：由自然人股东、投资者填写。没有对外投资的，不填。

1.投资者类型：纳税人根据自身情况在对应框内打“√”，可多选。

2.被投资单位信息：填写纳税人所投资单位（被投资单位）的有关信息。

（1）名称：填写被投资单位名称全称。投资多家单位的，需分别列示。

（2）扣缴义务人编码：填写税务机关核发的被投资单位的税务登记证件上的号码。

（3）地址、邮政编码：填写被投资单位的地址和邮政编码。

（4）登记注册类型：填写被投资单位在工商行政管理机关登记注册的类型。分内资企业（国有企业、集体企业、股份合作企业、联营企业、有限责任公司、股份有限公司、私营企业和其他企业)、港澳台商投资企业和外商投资企业三大类。(注：内资企业需填至括号内的企业类型)

(5) 行业：按照国民经济行业分类国家标准填写至大类。

(6) 所得税征收类型：填写被投资单位所得税的征收方式，如查账征收、核定征收等。

(7) 主管税务机关：填写被投资单位的主管税务机关名称。

(8)“股东及其他投资者填写”栏：由自然人股东和其他投资者填写。个体工商户主、个人独资企业投资者、合伙企业合伙人、承包承租经营者不填写此栏。

①公司股本（投资）总额：填写被投资单位的公司股本（投资）总额。

②个人股本（投资）额：填写自然人股东、投资者在被投资单位个人投资的股本（投资）额。

（四）“无住所纳税人填写”栏：由在中国境内无住所纳税人填写。其他则不填。

1.纳税人识别号：填写主管税务机关赋予的18位纳税人识别号。该纳税人识别号作为境内无住所个人的唯一身份识别码，由纳税人到主管税务机关办理初次涉税事项，或者扣缴义务人办理该纳税人初次扣缴申报时，由主管税务机关赋予。

2.国籍（地区）：填写纳税人的国籍或者地区。

3.出生地：填写纳税人出生地的国籍及地区。

4.劳动就业证号码：填写纳税人在中国境内劳动就业证上的号码。

5.境内职务：填写该纳税人在境内公司担任的职务。

6.境外职务：填写该纳税人在境外公司担任的职务。

7.是否税收协定缔约国对方居民：纳税人来自于与中国签订避免双重征税协定的国家或地区的，在“是”对应框内打“√”；否则，在“否”对应框内打“√”。

8.来华时间：填写纳税人到达中国境内的年、月、日。

9.任职期限：填写纳税人在任职受雇单位的任职期限。

10.预计离境时间：填写纳税人预计离境的年、月、日。

11.预计离境地点：填写纳税人预计离境的地点。

12.境内任职受雇单位：填写纳税人签订任职受雇合同的单位的相关信息。如果填写本栏，则“境内受聘签约单位”栏不用填写。

(1) 名称：填写纳税人任职受雇单位的名称全称。

(2) 扣缴义务人编码：填写税务机关核发的纳税人任职受雇单位的税务登记证件上的号码。

(3) 地址、邮政编码：填写纳税人任职受雇单位的地址和邮政编码。

13.境内受聘签约单位：填写纳税人受聘或签约单位的相关信息。如果填写本栏，则“境内任职受雇单位”栏不用填写。

(1) 名称：填写纳税人受聘签约单位的名称全称。

(2) 扣缴义务人编码：填写税务机关核发的纳税人受聘签约单位的税务登记证件上的号码。

(3) 地址、邮政编码：填写纳税人受聘签约单位的地址和邮政编码。

14.境外派遣单位：纳税人有境外派遣单位的，填写本栏。

(1) 名称：填写纳税人境外派遣单位的名称全称，用中、外两种文字填写。

(2) 地址：填写境外派遣单位的地址。

15.支付地：填写纳税人取得的所得的支付地，在“境内支付”、“境外支付”和“境、内外同时支付”三种类型中选择一种填写。

16.境外支付地国别（地区）：如果纳税人取得的所得支付地为境外的，填写境外支付地的国别或地区名称。

附表7-3 **扣缴个人所得税报告表**

税款所属期： 年 月 日至 年 月 日

扣缴义务人名称： 扣缴义务人所属行业：□一般行业 □特定行业月份申报

扣缴义务人编码：□□□□□□□□□□□□□□□□□□□□ 金额单位：人民币元（列至角分）

序号	姓名	身份证件类型	身份证件号码	所得项目	所得期间	收入额	免税所得	税前扣除项目								减除费用	准予扣除的捐赠额	应纳税所得额	税率%	速算扣除数	应纳税额	减免税额	应扣缴税额	已扣缴税额	应补(退)税额	备注
								基本养老保险费	基本医疗保险费	失业保险费	住房公积金	财产原值	允许扣除的税费	其他	合计											
1	2	3	4	5	6	7	8	9	10	11	12	13	14	15	16	17	18	19	20	21	22	23	24	25	26	27
合计																										

谨声明：此扣缴报告表是根据《中华人民共和国个人所得税法》及其实施条例和国家有关税收法律法规规定填写的，是真实的、完整的、可靠的。

法定代表人（负责人）签字： 年 月 日

扣缴义务人公章： 经办人：	代理机构（人）签章： 经办人： 经办人执业证件号码：	主管税务机关受理专用章： 受理人：
填表日期： 年 月 日	代理申报日期： 年 月 日	受理日期： 年 月 日

国家税务总局监制

填表说明

一、适用范围

本表适用于扣缴义务人办理全员全额扣缴个人所得税的申报（不论其是否属于本单位人员、支付的应税所得是否达到纳税标准，均应填列），以及特定行业职工个人所得税的月份申报，由扣缴义务人填报。扣缴义务人在办理扣缴申报时，应按规定同时附报“个人所得税基础信息表（A表）”。

二、申报期限

支付所得的次月15日内。扣缴义务人应于支付所得的次月15日内将所扣税款缴入国库，并向税务机关报送本表。扣缴义务人不能按规定期限报送本表时，应当按照《中华人民共和国税收征收管理法》及其实施细则有关规定办理延期申报。

三、本表各栏的填写

（一）表头项目

1.税款所属期：为税款所属月份的起、止日期。

2.扣缴义务人名称：填写实际支付个人所得的单位（个人）的法定名称全称或姓名。

3.扣缴义务人编码：填写主管税务机关核发的该扣缴单位税务登记证件上的号码；扣缴义务人为个人的，填写由税务机关赋予的其纳税人识别号码。

4.扣缴义务人所属行业：扣缴义务人按以下两种情形在对应框内打“√”：

（1）一般行业：是指除《中华人民共和国个人所得税法》（以下简称税法）及其实施条例规定的特定行业以外的其他所有行业，按照国民经济行业分类国家标准填写至大类。

（2）特定行业：是指符合税法及其实施条例规定的采掘业、远洋运输业、远洋捕捞业以及国务院财政、税务主管部门确定的其他行业。

（二）表内各栏

1.一般行业的填写。

（1）第2列“姓名”：填写纳税人姓名。中国境内无住所个人，其姓名应当用中、外文同时填写。

（2）第3列“身份证件类型”：填写能识别纳税人唯一身份的有效证照名称：

①中国居民，填写身份证、军官证、士兵证等证件名称。

②在中国境内无住所的个人，如果税务机关赋予18位纳税人识别号的，填写“税务机关赋予”；如果税务机关未赋予的，填写护照、港澳居民来往内地通行证、台湾居民来往大陆通行证等证照名称。

（3）第4列“身份证件号码”：填写能识别纳税人唯一身份的有效证照上的号码：

①中国居民，填写身份证、军官证、士兵证等证件上的号码。

②在中国境内无住所的纳税人，如果税务机关赋予18位纳税人识别号的，填写该号码；如果税务机关未赋予的，填写护照、港澳居民来往内地通行证、台湾居民来往大陆通行证等证照上的号码。

税务机关赋予境内无住所个人的18位纳税人识别号，作为其唯一身份识别码，由纳税人到主管税务机关办理初次涉税事项，或扣缴义务人办理该纳税人初次扣缴申报时，由主管税务机关赋予。

（4）第5列“所得项目”：按照税法第二条规定的项目填写。同一纳税人有多项所得（包括兼有不同项目的劳务报酬所得）的，应分行填写、分别减除费用、计算缴纳个人所得税。

（5）第6列“所得期间”：填写扣缴义务人支付所得月份的起、止日期。

（6）第7列“收入额”：填写扣缴义务人支付给纳税人的全部收入额。保险营销员、证券经纪人应填列全部佣金收入，律师从业人员应填列全部分成收入。所得项目选择“内退补偿收入”时，其补偿收入应与当月工资薪金收入合并填入该列。

（7）第8列“免税所得”：是指税法第四条及税收规范性文件规定可以免纳个人所得税的所得。

（8）第9～16列“税前扣除项目”：是指按照税法及税收规范性文件规定，可在个人所得税前扣除的项目。

①第9～12列，填写按照税法及其实施条例规定允许在税前扣除的“三费一金”，超过部分不得

填列。

②第13列“财产原值”，该栏适用于所得项目为“财产转让所得”的填写。

③第14列“允许扣除的税费”，该栏适用于所得项目为“劳务报酬所得、特许权使用费所得、财产租赁所得和财产转让所得”的填写。

其中：所得项目为“劳务报酬所得”的，填写劳务发生过程中实际缴纳的税费；

所得项目为“特许权使用费所得”的，填写提供特许权过程中发生的中介费和相关税费；

所得项目为“财产租赁所得”的，填写修缮费和出租财产过程中发生的相关税费；

所得项目为“财产转让所得”的，填写转让财产过程中发生的合理税费。

④保险营销员、证券经纪人的展业成本，律师从业人员从分成收入中扣除的案件支出费用，企业年金、全年一次性奖金可以减除的当月工资薪金收入与费用扣除标准之间的差额，填入“其他”列。

(9) 第17列“减除费用”：是指税法第六条及税收规范性文件规定可以在税前减除的费用。

(10) 第18列“准予扣除的捐赠额”：是指按照税法及其实施条例和税收规范性文件规定，可以在税前扣除的捐赠额。

(11) 第19列“应纳税所得额”：根据相关列次计算填报。

第19列＝第7列－第8列－第16列－第17列－第18列

(12) 第20列“税率”及第21列“速算扣除数”：按照税法第三条及税收规范性文件的规定填写。

(13) 第22列“应纳税额”：根据相关列次计算填报。

第22列＝第19列×第20列－第21列

(14) 第23列“减免税额”：是指按照税法和税收规范性文件规定可以减免的税额。其中，纳税人取得“稿酬所得”时，其根据税法第三条的规定可按应纳税额减征的30%，填入此栏。

(15) 第24列“应扣缴税额”：根据相关列次计算填报。

第24列＝第22列－第23列

(16) 第25列“已扣缴税额”：是指扣缴义务人当期实际扣缴的个人所得税税款。

(17) 第26列“应补（退）税额”：根据相关列次计算填报。

第26列＝第24列－第25列

(18) 第27列“备注”：填写非本单位雇员、非本期收入及其他有关说明事项。

(19) 对不是按月发放的工资薪金所得，其适用“工资、薪金所得”个人所得税的填报，则不完全按照上述逻辑关系填写。

2.特定行业月份申报的填写。

(1) 第2列～第6列的填写：同上“一般行业”的填写。

(2) 第7列～第19列、第22列～第26列的数据口径同上“一般行业”对应项目，金额按以下原则填写：

①第7列“收入额”：是指本期支付给纳税人的全部收入额。

②第8列～16列的填写：填写本期实际发生额。

③第17列“减除费用”：是指税法第六条及税收规范性文件规定可以在税前减除的费用。

④第18列“准予扣除的捐赠额”：是指按照税法及其实施条例和税收规范性文件规定，可以在税前扣除的捐赠额。计算基数以纳税人捐赠当月的应纳税所得额计算。

⑤第19列“应纳税所得额”：根据相关列次计算填报。

第19列＝第7列－第8列－第16列－第17列－第18列

⑥第20列“税率”及第21列“速算扣除数”：按照税法第三条及税收规范性文件规定填写。

⑦第22列“应纳税额”：为预缴所得税额，根据相关列次计算填报。

第22列＝第19列×第20列－第21列

附表7-4

特定行业个人所得税年度申报表

税款所属期：　　　年　月　日至　　　年　月　日

扣缴义务人名称：

扣缴义务人编码：□□□□□□□□□□□□□□□□□□□□　　金额单位：人民币元（列至角分）

序号	姓名	身份证件类型	身份证件号码	所得项目	所得期间	全年收入额	年免税所得	年税前扣除项目						年减除费用	准予扣除的捐赠额	月平均应纳税所得额	税率%	速算扣除数	月平均应纳税额	年应扣缴税额	减免税额	年预缴税额	应补（退）税额	备注
								基本养老保险费	基本医疗保险费	失业保险费	住房公积金	其他	合计											
1	2	3	4	5	6	7	8	9	10	11	12	13	14	15	16	17	18	19	20	21	22	23	24	25

谨声明：此扣缴报告表是根据《中华人民共和国个人所得税法》及其实施条例和国家有关税收法律法规规定填写的，是真实的、完整的、可靠的。

法定代表人（负责人）签字：　　　　年　月　日

扣缴义务人公章： 经办人：	代理机构（人）签章： 经办人： 经办人执业证件号码：	主管税务机关受理专用章： 受理人：
填表日期：　　年　月　日	代理申报日期：　　年　月　日	受理日期：　　年　月　日

国家税务总局监制

填表说明

一、适用范围

本表适用于特定行业工资、薪金所得个人所得税的年度申报。特定行业，是指符合《中华人民共和国个人所得税法实施条例》（以下简称条例）第四十条规定的采掘业、远洋运输业、远洋捕捞业以及国务院财政、税务主管部门确定的其他行业。

二、申报期限

年度终了之日起30日内。扣缴义务人不能按规定期限报送本表时，应当按照《中华人民共和国税收征收管理法》（以下简称《税收征管法》）及其实施细则有关规定办理延期申报。

三、本表各栏的填写

（一）表头项目

1.税款所属期：为税款所属期的公历年度。

2.扣缴义务人名称：填写实际支付个人工资、薪金所得的单位的法定名称全称。

3.扣缴义务人编码：填写办理税务登记或扣缴登记时，由主管税务机关所确定的扣缴义务人税务编码。

（二）表内各栏

1.第2列“姓名”：填写纳税人姓名。中国境内无住所个人，其姓名应当用中、外文同时填写。

2.第3列“身份证件类型”：填写能识别纳税人唯一身份的有效证照名称。

（1）在中国境内有住所的个人，填写身份证、军官证、士兵证等证件名称。

（2）在中国境内无住所的个人，如果税务机关赋予18位纳税人识别号的，填写“税务机关赋予”；如果税务机关未赋予的，填写护照、港澳居民来往内地通行证、台湾居民来往大陆通行证等证照名称。

3.第4列“身份证件号码”：填写能识别纳税人唯一身份的号码。

（1）在中国境内有住所的纳税人，填写身份证、军官证、士兵证等证件上的号码。

（2）在中国境内无住所的纳税人，如果税务机关赋予18位纳税人识别号的，填写该号码；如果税务机关未赋予的，则填写护照、港澳居民来往内地通行证、台湾居民来往大陆通行证等证照上的号码。

（3）税务机关赋予境内无住所个人的18位纳税人识别号，作为其唯一身份识别码，由纳税人到主管税务机关办理初次涉税事项，或扣缴义务人办理该纳税人初次扣缴申报时，由主管税务机关赋予。

4.第5列“所得项目”：在本表中仅指“工资、薪金所得”。

5.第6列“所得期间”：在本表中填写税款所属期的公历年度。

6.第7列“全年收入额”：填写纳税人全年实际取得的工资、薪金收入总额。

7.第8列“年免税所得”：是指税法第四条规定可以免税的所得的全年汇总额。

8.第9～14列“年税前扣除项目”：

（1）第9～12列“基本养老保险费、基本医疗保险费、失业保险费、住房公积金”4项，分别填写该纳税人缴纳该项费（金）的全年汇总额。

（2）第13列“其他”：是指法律法规规定其他可以在税前扣除的项目。

（3）第14列“合计”：为对应项目的合计数。

第14列＝第9列＋第10列＋第11列＋第12列＋第13列

9.第15列“年减除费用”：是指税法第六条规定可以在计税前减除的费用的全年合计额。

10.第16列“准予扣除的捐赠额”：是指按照税法及其实施条例和相关税收政策规定，可以在税前扣除的捐赠额。

11.第17列“月平均应纳税所得额”：按前列计算出的数额按月进行平均后的应纳税所得额。

第17列＝（第7列－第8列－第14列－第15列－第16列）÷12个月

12.第18列“税率”及第19列“速算扣除数”：按照税法第三条的规定，根据第17列计算值查找适用税率及速算扣除数。

13. 第20列“月平均应纳税额”：根据相关列次计算填报。

第20列＝第17列×第18列－第19列

14. 第21列“年应扣缴税额”：是指全年应扣缴的税额。根据相关列次计算填报。

第21列＝第20列×12个月

15. 第22列“减免税额”：是指按照税法和其他有关法律法规规定可以减免的税额。

16. 第23列“年预缴税额”：是指扣缴义务人全年已扣缴的个人所得税总额。

17. 第24列“应补（退）税额”：根据相关列次计算填报。

第24列＝第21列－第22列－第23列

附表7-5

限售股转让所得扣缴个人所得税报告表

扣缴义务人编码：

税款所属期：　　年　月　日至　　年　月　日　填表日期：　　年　月　日　　金额单位：元（列至角分）

扣缴义务人名称			地址		电话	

序号	纳税人姓名	纳税人有效身份证照		证券账户号	股票代码	股票名称	每股计税价格（元/股）	转让股数（股）	转让收入额	限售股原值及合理税费			应纳税所得额	税率	扣缴税额
		证照类型	证照号码							小计	原值	合理税费			
	(1)	(2)	(3)	(4)	(5)	(6)	(7)	(8)	(9)＝(7)×(8)	(10)＝(11)＋(12)	(11)	(12)	(13)＝(9)－(10)	(14)	(5)＝(13)×(14)
1															
2															
3															
4															
5															
6															
7															
8															
9															
10															
合计														—	

扣缴义务人声明	我声明，此扣缴申报表及所附资料是根据《中华人民共和国个人所得税法》及相关法律法规的规定填报的，我确保它是真实的、可靠的、完整的。 法定代表人（签字）： 年　月　日	扣缴义务人（盖章） 会计主管签字： 年　月　日	主管税务机关受理专用章： 受理人： 受理时间：　　年　月　日

国家税务总局监制

填表说明

一、本表根据《中华人民共和国个人所得税法》及其实施条例和相关文件制定，适用于证券机构预扣预缴，或者直接代扣代缴限售股转让所得个人所得税的申报，本表按月填写。

二、证券机构应在扣缴限售股转让所得个人所得税的次月7日内向主管税务机关报送本表。不能按照规定期限报送本表时，应当在规定的报送期限内提出申请，经当地税务机关批准，可以适当延期。

三、填写本表应当使用中文。

四、本表各栏的填写说明如下：

（一）扣缴义务人编码：填写扣缴税款的证券机构的税务登记证号码。

（二）填表日期：填写扣缴义务人办理扣缴申报的实际日期。

（三）税款所属期：填写证券机构实际扣缴税款的年度、月份和日期。

（四）扣缴义务人名称：填写扣缴税款的证券公司（营业部）等证券机构的全称。

（五）纳税人身份证照类型及号码：填写纳税人有效身份证件（居民身份证、军人身份证件等）的类型及号码。

（六）证券账户号：填写纳税人证券账户卡上的证券账户号。转让的限售股是在上海交易所上市的，填写证券账户卡（上海）上的证券账户号；转让的限售股是在深圳交易所上市的，填写证券账户卡（深圳）上的证券账户号。

（七）股票代码及名称：填写所转让的限售股股票的股票代码和证券名称。纳税人转让不同限售股的，分行填写。

（八）每股计税价格：区分以下两种情形填写。

1.在证券机构技术和制度准备完成前形成的限售股，采取预扣预缴方式征收的，股改限售股填写股改复牌日收盘价；新股限售股填写该股上市首日的收盘价。

2.在证券机构技术和制度准备完成后，采取直接代扣代缴方式征收的，填写纳税人实际转让限售股的每股成交价格。以不同价格成交的，分行填写。

（九）转让股数：填写前列每股计税价格所对应的股数。即：

1.在证券机构技术和制度准备完成前，采取预扣预缴方式的，转让股数填写本月该限售股累计转让股数。

2.在证券机构技术和制度准备完成后，采取直接代扣代缴方式的，转让股数按照不同转让价格，分别填写按该价格转让的股数。

（十）转让收入额：填写本次限售股转让取得的用于计税的收入额。

限售股转让收入额=每股计税价格×转让股数

（十一）限售股原值及合理税费：填写取得限售股股票实际付出的成本，以及限售股转让过程中发生的印花税、佣金、过户费等与交易相关的税费的合计。具体有两种不同情况：

1.在证券机构技术和制度准备完成前形成的限售股，采取预扣预缴税款的，限售股原值及合理税费=转让收入额×15%，直接填入小计栏中；

2.在证券机构技术和制度准备完成后，采取直接代扣代缴税款的，限售股原值为事先植入结算系统的限售股成本原值；合理税费为转让过程中发生的印花税、佣金、过户费、其他费等与交易相关的税费。

（十二）应纳税所得额：应纳税所得额=转让收入额−限售股原值及合理税费。

（十三）扣缴税额：扣缴税额=应纳税所得额×20%。

五、本表为A4横式。一式两份，扣缴义务人留存一份，税务机关留存一份。

附表7-6

个人所得税自行纳税申报表（A表）

税款所属期：自　　　年　月　日至　　　年　月　日　　　　金额单位：人民币元（列至角分）

姓名		国籍（地区）		身份证件类型		身份证件号码	
自行申报情形	□从中国境内两处或者两处以上取得工资、薪金所得			□没有扣缴义务人		□其他情形	

任职受雇单位名称	所得期间	所得项目	收入额	免税所得	税前扣除项目								减除费用	准予扣除的捐赠额	应纳税所得额	税率%	速算扣除数	应纳税额	减免税额	已缴税额	应补（退）税额
					基本养老保险费	基本医疗保险费	失业保险费	住房公积金	财产原值	允许扣除的税费	其他	合计									
1	2	3	4	5	6	7	8	9	10	11	12	13	14	15	16	17	18	19	20	21	22

谨声明：此表是根据《中华人民共和国个人所得税法》及其实施条例和国家相关法律法规规定填写的，是真实的、完整的、可靠的。

纳税人签字：　　　　年　月　日

代理机构（人）公章： 经办人： 经办人执业证件号码：	主管税务机关受理专用章： 受理人：
代理申报日期：　　年　月　日	受理日期：　　年　月　日

国家税务总局监制

填表说明

一、适用范围

本表适用于"从中国境内两处或者两处以上取得工资、薪金所得的"、"取得应纳税所得，没有扣缴义务人的"，以及"国务院规定的其他情形"的个人所得税申报。纳税人在办理申报时，应按规定附报"个人所得税基础信息表（B表）"。

二、申报期限

取得所得的次月15日内。自行申报纳税人应在此期限内将应纳税款缴入国库，并向税务机关报送本表。纳税人不能按规定期限报送本表时，应当按照《中华人民共和国税收征收管理法》（以下简称《税收征管法》）及其实施细则有关规定办理延期申报。

三、本表各栏的填写

（一）表头项目

1.税款所属期：为税款所属月份的起、止日期。

2.姓名：填写纳税人姓名。中国境内无住所个人，应当用中、外文填写。

3.国籍（地区）：填写纳税人的国籍或地区。

4.身份证件类型：填写能识别纳税人唯一身份的有效证照名称。

（1）中国居民，填写身份证、军官证、士兵证等证件名称。

（2）在中国境内无住所的个人，如果税务机关赋予18位纳税人识别号的，填写"税务机关赋予"；如果税务机关未赋予的，填写护照、港澳居民来往内地通行证、台湾居民来往大陆通行证等证照名称。

5.身份证件号码：填写能识别纳税人唯一身份的有效证照上的号码。

（1）中国居民，填写身份证、军官证、士兵证等证件上的号码。

（2）在中国境内无住所的纳税人，如果税务机关赋予18位纳税人识别号的，填写该号码；如果税务机关未赋予的，填写护照、港澳居民来往内地通行证、台湾居民来往大陆通行证等证照上的号码。

税务机关赋予境内无住所个人的18位纳税人识别号，作为其唯一身份识别码，由纳税人到主管税务机关办理初次涉税事项，或扣缴义务人办理该纳税人初次扣缴申报时，由主管税务机关赋予。

6.自行申报情形：纳税人根据自身情况在对应框内打"√"。

（二）表内各栏

纳税人自行申报情形为"从中国境内两处或者两处以上取得工资、薪金所得的"，第1～4列需分行列示各任职受雇单位发放的工薪，同时，另起一行在第4列"收入额"栏填写上述工薪的合计数，并在此行填写第5～22列。纳税人自行申报情形为"取得应纳税所得，没有扣缴义务人的"和"国务院规定的其他情形"的，其所得项目（包括兼有不同项目的劳务报酬所得）需分行列示。

1.第1列"任职受雇单位名称"：填写纳税人任职受雇单位的名称全称。在多家单位任职受雇的，应分行列示。

2.第2列"所得期间"：填写纳税人取得所得的起、止日期。

3.第3列"所得项目"：按照税法第二条规定的项目填写。同一纳税人有多项所得（包括兼有不同项目的劳务报酬所得）的，应分行填写、分别减除费用、计算缴纳个人所得税。

4.第4列"收入额"：填写纳税人取得的全部收入额。

5.第5列"免税所得"：是指税法第四条及税收规范性文件规定可以免纳个人所得税的所得。

6.第6～13列"税前扣除项目"：是指按照税法及税收规范性文件规定，可在个人所得税前扣除的项目。

（1）第6～9列"基本养老保险费、基本医疗保险费、失业保险费、住房公积金"4项，填写按照税法及其实施条例规定允许在税前扣除的"三费一金"；超过部分不得填列。

（2）第10列"财产原值"：该栏适用于所得项目为"财产转让所得"的填写。

（3）第11列"允许扣除的税费"：该栏适用于所得项目为"劳务报酬所得、特许权使用费所得、财产租赁所得和财产转让所得”的填写。

①所得项目为“劳务报酬所得”的，填写劳务发生过程中实际缴纳的税费；

②所得项目为“特许权使用费所得”的，填写提供特许权过程中发生的中介费和相关税费；

③所得项目为“财产租赁所得”的，填写修缮费、转租租金和出租财产过程中发生的相关税费；

④所得项目为“财产转让所得”的，填写转让财产过程中发生的合理税费。

（4）第12列“其他”：是指法律法规及税收规范性文件规定的其他可以在税前扣除的项目。

（5）第13列“合计”：为各所得项目对应税前扣除项目的合计数。

7.第14列“减除费用”：是指税法第六条及税收规范性文件规定可以在税前减除的费用。

8.第15列“准予扣除的捐赠额”：是指按照税法及其实施条例和税收规范性文件规定，可以在税前扣除的捐赠额。

9.第16列“应纳税所得额”：根据相关列次计算填报。

第16列＝第4列－第5列－第13列－第14列－第15列

10.第17列“税率”及第18列“速算扣除数”：按照税法第三条及税收规范性文件规定填写。

11.第19列“应纳税额”：根据相关列次计算填报。

第19列＝第16列×第17列－第18列

12.第20列“减免税额”：是指符合税法及税收规范性文件规定可以减免的税额。其中，纳税人取得“稿酬所得”时，其根据税法第三条规定可按应纳税额减征的30%，填入此栏。

13.第21列“已缴税额”：是指纳税人当期已实际被扣缴或缴纳的个人所得税税款。

14.第22列“应补（退）税额”：根据相关列次计算填报。

第22列＝第19列－第20列－第21列

附表7-7

个人所得税自行纳税申报表（B表）

税款所属期：自　　　年　月　日至　　　年　月　日　　　金额单位：人民币元（列至角分）

姓名		身份证件类型															
国籍（地区）		身份证件号码															
所得来源国（地区）	所得项目	收入额	税前扣除项目								减除费用	准予扣除的捐赠额	应纳税所得额	工资薪金所得项目月应纳税所得额	税率%	速算扣除数	应纳税额
			基本养老保险费	基本医疗保险费	失业保险费	住房公积金	财产原值	允许扣除的税费	其他	合计							
1	2	3	4	5	6	7	8	9	10	11	12	13	14	15	16	17	18

续表

本期应缴税额计算	国别（地区）	扣除限额	境外已纳税额	五年内超过扣除限额未补扣余额	本期应补缴税额	未扣除余额
	19	20	21	22	23	24

谨声明：此表是根据《中华人民共和国个人所得税法》及其实施条例和国家相关法律法规规定填写的，是真实的、完整的、可靠的。 纳税人签字：　　年　月　日	
代理机构（人）签章： 经办人： 经办人执业证件号码：	主管税务机关受理专用章： 受理人：
代理申报日期：　　年　月　日	受理日期：　　年　月　日

国家税务总局监制

填表说明

一、适用范围

本表适用于“从中国境外取得所得”的纳税人的纳税申报。纳税人在办理申报时，须同时附报“个人所得税基础信息表（B表）”。

二、申报期限

年度终了后30日内。取得境外所得的纳税人应在该期限内将应纳税款缴入国库，并向税务机关报送本表。纳税人不能按规定期限报送本表时，应当按照《中华人民共和国税收征收管理法》（以下简称《税收征管法》）及其实施细则的规定办理延期申报。

三、所得为外国货币的，应按照条例第四十三条的规定折合成人民币计算纳税

四、本表各栏的填写

（一）表头项目

1.税款所属期：是指纳税人取得所得应纳个人所得税款的所属期间，应填写具体的起止年、月、日。

2.姓名：填写纳税人姓名。中国境内无住所个人，其姓名应当用中、外文同时填写。

3.国籍（地区）：填写纳税人的国籍或者地区。

4.身份证件类型：填写能识别纳税人唯一身份的有效证照名称。

（1）在中国境内有住所的个人，填写身份证、军官证、士兵证等证件名称。

（2）在中国境内无住所的个人，如果税务机关赋予18位纳税人识别号的，填写“税务机关赋予”；如果税务机关未赋予的，填写护照、港澳居民来往内地通行证、台湾居民来往大陆通行证等证照名称。

5.身份证件号码：填写能识别纳税人唯一身份的号码。

（1）在中国境内有住所的纳税人，填写身份证、军官证、士兵证等证件上的号码。

（2）在中国境内无住所的纳税人，如果税务机关赋予18位纳税人识别号的，填写该号码；如果税务机关未赋予的，则填写护照、港澳居民来往内地通行证、台湾居民来往大陆通行证等证照上的号码。

税务机关赋予境内无住所个人的18位纳税人识别号，作为其唯一身份识别码，由纳税人到主管税务机关办理初次涉税事项，或扣缴义务人办理该纳税人初次扣缴申报时，由主管税务机关赋予。

（二）表内各栏

纳税人填写本表时，应区别不同国家或者地区和不同所得项目填报。其中，在填报“工资、薪金所得”“个体工商户的生产、经营所得”等项目时，按年填写。除此之外其他项目，则按月或按次填写。

1.第1列“所得来源国（地区）”：填写纳税人取得所得的国家或地区。

2.第2列“所得项目”：按照税法第二条规定的项目填写。纳税人有多项所得时，分行填写。

3.第3列“收入额”：填写纳税人取得的，未减除任何免税所得和费用的实际含税收入额。其中，“工资、薪金所得”项目的收入额，为全年收入额；纳税人的境外所得按照有关规定交付给派出单位的部分，凡能提供有效合同或有关凭证的，经主管税务机关审核后，允许从其境外所得中扣除。

4.第4～11列“税前扣除项目”：

（1）第4～7列“基本养老保险费、基本医疗保险费、失业保险费、住房公积金”4项，是指按照国家规定，可在个人应纳税所得额中扣除的部分。本表中填写该纳税人缴纳该费（金）的全年汇总额。

（2）第8列“财产原值”：该栏适用于“财产转让所得”项目的填写。

（3）第9列“允许扣除的税费”：该栏适用于“劳务报酬所得、特许权使用费所得、财产租赁所得和财产转让所得”项目的填写。

①适用“劳务报酬所得”时，填写劳务发生过程中实际缴纳的税费；

②适用“特许权使用费所得”时，填写提供特许权过程中发生的中介费和相关税费；

③适用“财产租赁所得”时，填写修缮费和出租财产过程中发生的相关税费；

④适用“财产转让所得”时，填写转让财产过程中发生的合理税费。

（4）第10列“其他”：是指法律法规规定其他可以在税前扣除的项目。

（5）第11列“合计”：为所得项目对应税前扣除项目的合计数。

5.第12列“减除费用”：是指税法第六条规定可在计税前减除的费用，没有则不填写。其中，工资、薪金所得项目的减除费用为全年合计额。

6.第13列“准予扣除的捐赠额”：是指按照税法及其实施条例和相关税收政策规定，可以在税前扣除的捐赠额。

7.第14列“应纳税所得额”：根据相关列次计算填报。

8.第15列“工资薪金所得项目月应纳税所得额”：该项仅适用于所得项目为“工资、薪金所得”时填写，其他所得项目不填。

第15列＝第14列÷12个月

9.第16列“税率”及第17列“速算扣除数”：按照税法第三条规定填写。部分所得项目没有速算扣除数的，则不填。

10.第18列“应纳税额”：是指纳税人区别不同国家或者地区和不同所得项目，依照税法规定的费用减除标准和适用税率计算的应纳税额。

（1）当所得项目为“工资、薪金所得”时：

第18列＝（第15列×第16列－第17列）×12个月

（2）当所得项目为非工资、薪金所得时：

第18列＝第14列×第16列－第17列

11.“本期应缴税额计算”栏：应区别不同国家或者地区，分行填写。

（1）第20列“扣除限额”：是指同一国家或者地区内，不同所得项目的应纳税额之和。

（2）第21列“境外已纳税额”：是指纳税人在境外实际已经缴纳的个人所得税额。

（3）第22列“五年内超过扣除限额未补扣余额”：是指纳税人以前5年内超过该国家或者地区扣除限额、未进行补扣的部分。没有则不填。

（4）第23列“本期应补缴税额”与第24列“未扣除余额”：依据前列计算结果填写。

①当第20列≥第21列，且第20列－第21列－第22列≥0时，将结果写入第23列。

第23列＝第20列－第21列－第22列

②当第20列≥第21列，且第20列－第21列－第22列＜0时，将结果写入第24列。

第24列＝第21列＋第22列－第20列

③当第20列＜第21列时，则将结果写入第24列。

第24列＝第21列＋第22列－第20列

附表7-8　**个人所得税纳税申报表（适用于年所得12万元以上的纳税人申报）**

所得年份：　年　填表日期：　年　月　日　　金额单位：人民币元（列至角分）

纳税人姓名		国籍（地区）		身份证照类型		身份证照号码			
任职、受雇单位		任职受雇单位税务代码		任职受雇单位所属行业		职务		职业	
在华天数		境内有效联系地址				境内有效联系地址邮编		联系电话	
此行由取得经营所得的纳税人填写	经营单位纳税人识别号					经营单位纳税人名称			

所得项目	年所得额			应纳税所得额	应纳税额	已缴（扣）税额	抵扣税额	减免税额	应补税额	应退税额	备注
	境内	境外	合计								
1.工资、薪金所得											
2.个体工商户的生产、经营所得											
3.对企事业单位的承包经营、承租经营所得											
4.劳务报酬所得											
5.稿酬所得											
6.特许权使用费所得											
7.利息、股息、红利所得											
8.财产租赁所得											
9.财产转让所得											
其中：股票转让所得				—	—	—	—	—	—	—	
个人房屋转让所得											
10.偶然所得											
11.其他所得											
合计											

我声明，此纳税申报表是根据《中华人民共和国个人所得税法》及有关法律、法规的规定填报的，我保证它是真实的、可靠的、完整的。

纳税人（签字）：

代理人（签章）：

联系电话：

税务机关受理人（签字）：　税务机关受理时间：　年 月 日　受理申报税务机关名称（盖章）：

填表说明

一、本表根据《中华人民共和国个人所得税法》及其实施条例和《个人所得税自行纳税申报办法（试行）》制定，适用于年所得12万元以上纳税人的年度自行申报。

二、负有纳税义务的个人，可以由本人或者委托他人于纳税年度终了后3个月以内向主管税务机关报送本表。不能按照规定期限报送本表时，应当在规定的报送期限内提出申请，经当地税务机关批准，可以适当延期。

三、填写本表应当使用中文，也可以同时使用中、外两种文字填写。

四、本表各栏的填写说明如下：

1.所得年份和填表日期：

所得年份：填写纳税人实际取得所得的年份；

填表日期：填写纳税人办理纳税申报的实际日期。

2.身份证照类型：填写纳税人的有效身份证照（居民身份证、军人身份证件、护照、回乡证等）名称。

3.身份证照号码：填写中国居民纳税人的有效身份证照上的号码。

4.任职、受雇单位：填写纳税人的任职、受雇单位名称。纳税人有多个任职、受雇单位时，填写受理申报的税务机关主管的任职、受雇单位。

5.任职受雇单位税务代码：填写受理申报的任职、受雇单位在税务机关办理税务登记或者扣缴登记的编码。

6.任职受雇单位所属行业：填写受理申报的任职、受雇单位所属的行业。其中，行业应按国民经济行业分类标准填写，一般填至大类。

7.职务：填写纳税人在受理申报的任职、受雇单位所担任的职务。

8.职业：填写纳税人的主要职业。

9.在华天数：由中国境内无住所的纳税人填写在税款所属期内在华实际停留的总天数。

10.中国境内有效联系地址：填写纳税人的住址或者有效联系地址。其中，中国有住所的纳税人应填写其经常居住地址。中国境内无住所居民住在公寓、宾馆、饭店的，应当填写公寓、宾馆、饭店名称和房间号码。

经常居住地，是指纳税人离开户籍所在地最后连续居住1年以上的地方。

11.经营单位纳税人识别号、纳税人名称：纳税人取得的年所得中含个体工商户的生产、经营所得和对企事业单位的承包经营、承租经营所得时填写本栏。

纳税人识别号：填写税务登记证号码。

纳税人名称：填写个体工商户、个人独资企业、合伙企业名称，或者承包、承租经营的企事业单位名称。

12.年所得额：填写在纳税年度内取得相应所得项目的收入总额。年所得额按《个人所得税自行纳税申报办法》的规定计算。

各项所得的计算，以人民币为单位。所得以非人民币计算的，按照税法实施条例第四十三条的规定折合成人民币。

13.应纳税所得额：填写按照个人所得税有关规定计算的应当缴纳个人所得税的所得额。

14.已缴（扣）税额：填写取得该项目所得在中国境内已经缴纳或者扣缴义务人已经扣缴的税款。

15.抵扣税额：填写个人所得税法允许抵扣的在中国境外已经缴纳的个人所得税税额。

16.减免税额：填写个人所得税法允许减征或免征的个人所得税税额。

17.本表一式两联，第一联税务机关留存，第二联纳税人留存。

附表7-9　　**限售股转让所得个人所得税清算申报表**

填表日期：　　　　年　月　日

税款所属期：　　　年　月　日至　　　年　月　日　　　　金额单位：元（列至角分）

<table>
<tr><td rowspan="5">纳税人
基本
情况</td><td>姓名</td><td></td><td>证券账户号</td><td></td></tr>
<tr><td>有效身份
证照类型</td><td></td><td>有效身份
证照号码</td><td></td></tr>
<tr><td>国籍
（地区）</td><td></td><td>有效联系电话</td><td></td></tr>
<tr><td>开户银行
名称</td><td></td><td>开户银行
账号</td><td></td></tr>
<tr><td>中国境内
有效联系
地址及邮编</td><td colspan="3"></td></tr>
<tr><td rowspan="2">开户证券公司
（营业部）</td><td>名称</td><td></td><td>扣缴义务人编码</td><td></td></tr>
<tr><td>地址</td><td></td><td>邮编</td><td></td></tr>
<tr><td rowspan="12">限售股转让收入及
纳税情况</td><td>股票代码</td><td>1</td><td colspan="2"></td></tr>
<tr><td>股票名称</td><td>2</td><td colspan="2"></td></tr>
<tr><td>转让股数（股）</td><td>3</td><td colspan="2"></td></tr>
<tr><td>实际转让收入额</td><td>4</td><td colspan="2"></td></tr>
<tr><td>限售股原值和
合理税费小计</td><td>5=6+7</td><td colspan="2"></td></tr>
<tr><td>限售股原值</td><td>6</td><td colspan="2"></td></tr>
<tr><td>合理税费</td><td>7</td><td colspan="2"></td></tr>
<tr><td>应纳税所得额</td><td>8=4−5</td><td colspan="2"></td></tr>
<tr><td>税率</td><td>9</td><td colspan="2">20%</td></tr>
<tr><td>应纳税额</td><td>10=8×9</td><td colspan="2"></td></tr>
<tr><td>已扣缴税额</td><td>11</td><td colspan="2"></td></tr>
<tr><td>应退（补）税额</td><td>12=10−11</td><td colspan="2"></td></tr>
<tr><td>声明</td><td colspan="4">我声明，此纳税申报表及所附资料是根据《中华人民共和国个人所得税法》及相关法律法规规定填写、报送的，我确保上述资料是真实的、可靠的、完整的。
纳税人（签字）：
年　月　日</td></tr>
<tr><td colspan="4">代理人（中介机构）签字或盖章：
经办人：
经办人执业证件号码：
代理申报日期：　　年　月　日</td><td>主管税务机关受理专用章：

受理人：
受理时间：　　年　月　日</td></tr>
</table>

国家税务总局监制

填表说明

一、本表根据《中华人民共和国个人所得税法》及其实施条例和相关文件制定，适用于纳税人取得限售股转让所得已预扣预缴个人所得税款的清算申报，本表按月填写。

二、向主管税务机关提出限售股转让所得个人所得税清算申请的纳税人，应在证券机构代扣并解缴税款的次月1日起3个月内，由本人或者委托他人向主管税务机关报送本表。不能按照规定期限报送本表时，应当在规定的报送期限内提出申请，经当地税务机关批准，可以适当延期。

三、向主管税务机关提出限售股转让所得清算申请的纳税人，应区别限售股股票种类，按每一股票填写本表。即，同一限售股填写一张表。

四、填写本表应当使用中文。

五、纳税人在向主管税务机关办理清算事宜时，除填报本表外，还应出示纳税人本人的有效身份证照原件，并附送以下资料：

1.加盖开户证券机构印章的限售股交易明细记录；

2.相关完整、真实的财产原值凭证；

3.缴纳税款凭证（《税务代保管资金专用收据》或《税收转账专用完税证》）；

4.税务机关要求报送的其他资料。

纳税人委托中介机构或他人代理申报的，除提供上述资料外，代理人还应出示代理人的有效身份证照，并附送纳税人委托代理申报的授权书。

六、本表各栏的填写说明如下：

（一）填表日期：填写纳税人办理清算申报的实际日期。

（二）税款所属期：填写纳税人实际取得所得的年度、月份和日期。

（三）纳税人基本情况的填写：

1.证券账户号：填写纳税人证券账户卡上的证券账户号。转让的限售股是在上海交易所上市的，填写证券账户卡（上海）上的证券账户号；转让的限售股是在深圳交易所上市的，填写证券账户卡（深圳）上的证券账户号。

2.有效身份证照类型：填写纳税人的有效身份证件（居民身份证、军人身份证件等）名称。

3.有效身份证照号码：填写纳税人有效身份证照上的号码。

4.开户银行名称及账号：填写纳税人本人开户银行的全称及账号。

注：该银行账户，用于办理纳税人多扣缴个人所得税款的退还。即，纳税人多扣缴的税款，经税务机关审核确认后，将直接退还至该银行账户中。因此，纳税人要特别注意本行填写的准确性。

5.中国境内有效联系地址及邮编：填写纳税人住址或有效联系地址及邮编。

6.开户证券公司（营业部）：填写纳税人开立证券交易账户的证券公司（营业部）的相关信息。

（1）名称：填写纳税人开立证券账户的证券公司（营业部）的全称。

（2）扣缴义务人编码：填写纳税人开立证券账户的证券公司（营业部）的税务登记证号码。

（3）地址及邮编：填写纳税人开立证券账户的证券公司（营业部）的地址及邮编。

（四）限售股转让收入及纳税情况的填写：

1.股票代码：填写限售股的股票代码。

2.股票名称：填写限售股股票的证券名称。

3.转让股数（股）：填写本月转让限售股的股数。

4.实际转让收入额：填写转让限售股取得的实际收入额。以证券机构提供的加盖印章的当月限售股交易记录汇总数为准。

5.限售股原值和合理税费：

（1）限售股原值和合理税费小计：填写纳税人转让限售股的股票原值和合理税费的合计。

纳税人未能提供完整、真实的限售股原值凭证，不能正确计算限售股原值的，一律按限售股实际转让收入的15%计算限售股原值和合理税费后，填入该栏。

（2）限售股原值：填写取得限售股股票实际付出的成本，并附相关完整、真实的原值凭证。

（3）合理税费：填写转让限售股过程中发生的印花税、佣金、过户费等与交易相关的税费。

6.应纳税所得额：填写转让限售股实际转让收入额减除限售股原值和合理税费后的余额。

7.已扣缴税额：填写证券机构已预扣预缴的税款。

8.应退（补）税额：应退（补）税额=应纳税额-已扣缴税额。负数为应退税额；正数为应补税额。

七、声明：填写纳税人本人的姓名。如纳税人不在时，可填写代理申报人的姓名。

八、代理人（中介机构）签字或盖章：加盖纳税人委托代理申报的中介机构的印章，或者代理人个人的签名或印章。

九、经办人：填写代理申报人的姓名。

十、主管税务机关受理专用章：加盖主管税务机关公章。

十一、本表为A4竖式。一式两份，纳税人留存一份，税务机关留存一份。

附表7-10　**生产、经营所得个人所得税纳税申报表（A表）**

税款所属期：　　年　月　日至　　年　月　日　　金额单位：人民币元（列至角分）

<table>
<tr><td rowspan="2">投资者信息</td><td colspan="2">姓名</td><td></td><td>身份证件类型</td><td></td><td>身份证件号码</td><td></td></tr>
<tr><td colspan="2">国籍（地区）</td><td colspan="3"></td><td>纳税人识别号</td><td></td></tr>
<tr><td rowspan="2">被投资单位信息</td><td colspan="2">名称</td><td colspan="3"></td><td>纳税人识别号</td><td></td></tr>
<tr><td colspan="2">征收方式</td><td colspan="3">□查账征收　□核定征收</td><td>类型</td><td>□个体工商户　□承包、承租经营者
□个人独资企业　□合伙企业</td></tr>
<tr><td colspan="6">项目</td><td>行次</td><td>金额</td></tr>
<tr><td colspan="6">一、本期收入总额</td><td>1</td><td></td></tr>
<tr><td colspan="6">二、本期成本费用总额</td><td>2</td><td></td></tr>
<tr><td colspan="6">三、本期利润总额</td><td>3</td><td></td></tr>
<tr><td colspan="6">四、分配比例（%）</td><td>4</td><td></td></tr>
<tr><td colspan="6">五、应纳税所得额</td><td>5</td><td></td></tr>
<tr><td rowspan="2">查账征收</td><td colspan="5">1.按本期实际计算的应纳税所得额</td><td>6</td><td></td></tr>
<tr><td colspan="5">2.上年度应纳税所得额的1/12或1/4</td><td>7</td><td></td></tr>
<tr><td rowspan="2">核定征收</td><td colspan="5">1.税务机关核定的应税所得率（%）</td><td>8</td><td></td></tr>
<tr><td colspan="5">2.税务机关认可的其他方法确定的应纳税所得额</td><td>9</td><td></td></tr>
<tr><td colspan="6">六、按上述内容换算出的全年应纳税所得额</td><td>10</td><td></td></tr>
<tr><td colspan="6">七、税率（%）</td><td>11</td><td></td></tr>
<tr><td colspan="6">八、速算扣除数</td><td>12</td><td></td></tr>
</table>

续表

<table>
<tr><td>九、本期预缴税额</td><td>13</td><td colspan="2"></td></tr>
<tr><td>十、减免税额</td><td>14</td><td colspan="2"></td></tr>
<tr><td>十一、本期实际应缴税额</td><td>15</td><td colspan="2"></td></tr>
<tr><td colspan="4">谨声明：此表是根据《中华人民共和国个人所得税法》及其实施条例和国家相关法律法规规定填写的，是真实的、完整的、可靠的。
纳税人签字：　　　　年　月　日</td></tr>
<tr><td colspan="2">代理申报机构（人）公章:
经办人：
经办人执业证件号码:</td><td colspan="2">主管税务机关受理专用章:
受理人：</td></tr>
<tr><td colspan="2">代理申报日期：　　　年　月　日</td><td colspan="2">受理日期：　　　年　月　日</td></tr>
</table>

国家税务总局监制

填表说明

一、适用范围

本表适用于查账征收“个体工商户的生产、经营所得”和“对企事业单位的承包经营、承租经营所得”个人所得税的个体工商户、企事业单位承包承租经营者、个人独资企业投资者和合伙企业合伙人的预缴纳税申报，以及实行核定征收的纳税申报。纳税人在办理申报时，须同时附报附件2“个人所得税基础信息表（B表）”。

合伙企业有两个或两个以上自然人投资者的，应分别填报本表。

二、申报期限

实行查账征收的个体工商户、个人独资企业、合伙企业，纳税人应在次月15日内办理预缴纳税申报；承包承租者如果在1年内按月或分次取得承包经营、承租经营所得的，纳税人应在每月或每次取得所得后的15日内办理预缴纳税申报。

实行核定征收的，应当在次月15日内办理纳税申报。

纳税人不能按规定期限办理纳税申报的，应当按照《中华人民共和国税收征收管理法》（以下简称《税收征管法》）及其实施细则的规定办理延期申报。

三、本表各栏的填写

（一）表头项目

税款所属期：是指纳税人取得生产经营所得的应纳个人所得税款的所属期间，应填写具体的起止年、月、日。

（二）表内信息栏

1.“投资者信息”栏：填写个体工商户业主、承包经营者、承租经营者、个人独资企业投资者、合伙企业合伙人的相关信息。

（1）姓名：填写纳税人姓名。中国境内无住所个人，其姓名应当使用中、外文同时填写。

（2）身份证件类型：填写能识别纳税人唯一身份的有效证照名称。

①在中国境内有住所的个人，填写身份证、军官证、士兵证等证件名称。

②在中国境内无住所的个人，填写护照、港澳居民来往内地通行证、台湾居民来往大陆通行证等证照名称。

（3）身份证件号码：填写纳税人身份证件上的号码。

（4）国籍（地区）：填写纳税人的国籍或者地区。

（5）纳税人识别号：在中国境内无住所的个人填写。有住所的个人则不填。该栏填写税务机关赋予的18位纳税人识别号。如果税务机关未赋予，则不填。

税务机关赋予境内无住所个人的18位纳税人识别号，作为其唯一身份识别码，由纳税人到主管税务机关办理初次涉税事项，或扣缴义务人办理该纳税人初次扣缴申报时，由主管税务机关赋予。

2.“被投资单位信息”栏：

（1）名称：填写税务机关核发的被投资单位税务登记证载明的投资单位全称。

（2）纳税人识别号：填写税务机关核发被投资单位税务登记证号码。

（3）征收方式：根据税务机关核定的征收方式，在对应框内打“√”。

（4）类型：纳税人根据自身情况，在对应框内打“√”。

（三）表内各行的填写

1.第1行“本期收入总额”：填写该投资单位在本期内取得的收入总额。

2.第2行“本期成本费用总额”：填写该投资单位在本期内发生的所有成本、费用、税金总额。

3.第3行“本期利润总额”：根据相关栏次计算。

第3行＝第1行－第2行

4.第4行“分配比例”：纳税人为合伙企业合伙人的，填写本栏；其他则不填。分配比例按照合伙企业分配方案中规定的该合伙人的比例填写；没有规定的，则按人数平均分配。

5.第5行“应纳税所得额”：根据不同的征收方式填写。

查账征收：

（1）除合伙企业合伙人外的其他纳税人：

①按本期实际计算的，第5行＝第6行＝第3行；

②按上年度应纳税所得额的1/12或1/4计算的，第5行＝第7行。

（2）合伙企业合伙人：

①按本期实际计算的，第5行＝第6行＝第3行×第4行；

②按上年度应纳税所得额的1/12或1/4计算的，第5行＝第7行。

核定征收：

（1）除合伙企业合伙人外的其他纳税人：

①税务机关采取核定应税所得率方式计算应纳税所得额的，第5行＝第1行×第8行＝第2行÷（1－第8行）×第8行；

②按税务机关认可的其他方法确定应纳税所得额的，第5行＝第9行。

（2）合伙企业合伙人：

①税务机关采取核定应税所得率方式计算应纳税所得额的，第5行＝第1行×第8行×第4行或第5行＝第2行÷（1－第8行）×第8行×第4行；

②按税务机关认可的其他方法确定应纳税所得额的，第5行＝第9行×第4行。

6.第10行“按上述内容换算出的全年应纳税所得额”：根据相关栏次计算。

第10行＝第9行×12个月（或4个季度）

7.第11行“税率”及第12行“速算扣除数”：按照税法第三条的规定，根据第10行计算得出的数额进行查找。

8.第13行“本期预缴税额”：根据相关栏次计算。

第13行＝（第10行×第11行－第12行）÷12个月（或4个季度）

9.第14行“减免税额”：是指符合税法规定可以减免的税额。

10.第15行“本期实际应缴税额”：根据相关栏次计算。

第15行＝第13行－第14行

11.如果税务机关采取核定税额方式征收个人所得税的，将核定的税额直接填入第15行“本期实际应缴税额”栏。

附表7-11

生产、经营所得个人所得税纳税申报表（B表）

税款所属期：　　年　月　日至　　年　月　日　　　　金额单位：人民币元（列至角分）

<table>
<tr><td rowspan="2">投资者信息</td><td>姓名</td><td></td><td>身份证件类型</td><td></td><td>身份证件号码</td><td></td></tr>
<tr><td>国籍（地区）</td><td colspan="3"></td><td>纳税人识别号</td><td></td></tr>
<tr><td rowspan="2">被投资单位信息</td><td>名称</td><td colspan="3"></td><td>纳税人识别号</td><td></td></tr>
<tr><td>类型</td><td colspan="5">□个体工商户　□承包、承租经营者　□个人独资企业　□合伙企业</td></tr>
</table>

项目	行次	金额	补充资料
一、收入总额	1		
减：成本	2		
销售费用	3		
管理费用	4		
财务费用	5		
税金及附加	6		
营业外支出	7		
二、利润总额	8		
三、纳税调整增加额	9		
1.超过规定标准扣除的项目	10		
（1）职工福利费	11		
（2）职工教育经费	12		
（3）工会经费	13		
（4）利息支出	14		
（5）业务招待费	15		1.年平均职工人数：________人
（6）广告费和业务宣传费	16		
（7）教育和公益事业捐赠	17		2.工资总额：__________元
（8）住房公积金	18		
（9）社会保险费	19		3.投资者人数：_________人
（10）折旧费用	20		
（11）无形资产摊销	21		
（12）资产损失	22		
（13）其他	23		
2.不允许扣除的项目	24		
（1）资本性支出	25		
（2）无形资产受让、开发支出	26		
（3）税收滞纳金、罚金、罚款	27		
（4）赞助支出、非教育和公益事业捐赠	28		
（5）灾害事故损失赔偿	29		
（6）计提的各种准备金	30		
（7）投资者工资薪金	31		
（8）与收入无关的支出	32		
其中：投资者家庭费用	33		
四、纳税调整减少额	34		
1.国债利息收入	35		

续表

项目	行次	金额	补充资料
2.其他	36		
五、以前年度损益调整	37		
六、经纳税调整后的生产经营所得	38		
减：弥补以前年度亏损	39		
乘：分配比例（%）	40		
七、允许扣除的其他费用	41		
八、投资者减除费用	42		
九、应纳税所得额	43		
十、税率（%）	44		
十一、速算扣除数	45		
十二、应纳税额	46		
减：减免税额	47		
十三、全年应缴税额	48		
加：期初未缴税额	49		
减：全年已预缴税额	50		
十四、应补（退）税额	51		
谨声明：此表是根据《中华人民共和国个人所得税法》及其实施条例和国家相关法律法规规定填写的，是真实的、完整的、可靠的。 纳税人签字：　　　　年　月　日			
代理申报机构（人）公章： 经办人： 经办人执业证件号码：		主管税务机关受理专用章： 受理人：	
代理申报日期：　　　年　月　日		受理日期：　　　年　月　日	

国家税务总局监制

填表说明

一、适用范围

本表适用于查账征收、定率征收“个体工商户的生产、经营所得”和“对企事业单位的承包经营、承租经营所得”个人所得税的个体工商户、承包承租经营者、个人独资企业投资者和合伙企业合伙人的个人所得税年度汇算清缴。纳税人在办理申报时，应按规定附报“个人所得税基础信息表（B表）”。

合伙企业有两个或两个以上自然人投资者的，应分别填报本表。

二、申报期限

1.个体工商户、个人独资企业投资者、合伙企业合伙人的生产、经营所得应纳个人所得税的年度纳税申报，应在年度终了后3个月内办理。

2.对企事业单位承包经营、承租经营者应纳个人所得税的年度纳税申报，应在年度终了后30日内办理；纳税人1年内分次取得承包、承租经营所得的，应在年度终了后3个月内办理汇算清缴。

纳税人不能按规定期限办理纳税申报的，应当按照《中华人民共和国税收征收管理法》（以下简称《税收征管法》）及其实施细则的规定办理延期申报。

三、本表各栏的填写

（一）表头项目

税款所属期：是指纳税人取得所得的应纳个人所得税款的所属公历年度的起止日期。

（二）表内信息栏

1.“投资者信息”栏：填写个体工商户业主、承包经营者、承租经营者、个人独资企业投资者、合伙企业合伙人的相关信息。

（1）姓名：填写纳税人姓名。中国境内无住所个人，应当使用中、外文同时填写。

（2）身份证件类型：填写能识别纳税人唯一身份的有效证照名称。

①中国居民，填写身份证、军官证、士兵证等证件名称。

②在中国境内无住所的个人，填写护照、港澳居民来往内地通行证、台湾居民来往大陆通行证等证照名称。

（3）身份证件号码：填写能识别纳税人唯一身份的有效证照上的号码。

（4）国籍（地区）：填写纳税人的国籍或者地区。

（5）纳税人识别号：在中国境内无住所的个人填写，中国居民不填写。该栏填写税务机关赋予的18位纳税人识别号；如果税务机关未赋予，则不填写。

税务机关赋予境内无住所个人的18位纳税人识别号，作为其唯一身份识别码，由纳税人到主管税务机关办理初次涉税事项，或扣缴义务人办理该纳税人初次扣缴申报时，由主管税务机关赋予。

2.“被投资单位信息”栏：

（1）名称：填写被投资单位名称全称。

（2）纳税人识别号：填写税务机关核发的被投资单位税务登记证件上的号码。

（3）类型：根据被投资单位实际情况在对应框内打“√”。

（三）表内各行的填写

企事业单位承包承租经营者只填写取得的承包承租经营所得的相关数据（不含上缴的承包费）。

1.第1行“收入总额”：填写被投资单位在年度内取得的收入总额。

2.第2行“成本”：填写被投资单位在年度内主要经营业务和其他经营业务发生的成本总额。

3.第3行“销售费用”：填写被投资单位在销售商品和材料、提供劳务的过程中发生的各种费用。

4.第4行“管理费用”：填写被投资单位为组织和管理企业生产经营发生的管理费用。

5.第5行“财务费用”：填写被投资单位为筹集生产经营所需资金等发生的筹资费用。

6.第6行“税金及附加”：填写被投资单位经营活动发生的营业税、消费税、城市维护建设税、资源税、土地增值税和教育费附加等相关税费。

7.第8行“利润总额”：根据相关行次计算填写。

第8行＝第1行－第2行－第3行－第4行－第5行－第6行－第7行

8.第10行“超过规定标准扣除的项目”，是指被投资单位超过税法及其实施条例和税收规范性文件规定的扣除标准，扣除的各种成本、费用和损失（应予调增应纳税所得额的部分）。

9.第24行“不允许扣除的项目”：是指按照税法及其实施条例和税收规范性文件规定不允许扣除、但被投资单位已将其扣除的各项成本、费用和损失（应予调增应纳税所得额的部分）。

10.第35行“国债利息收入”，是指已计入收入的因购买国债而取得的利息。

11.第37行“以前年度损益调整”：是指以前年度发生的多计或少计的应纳税所得额。

12.第38行“经纳税调整后的生产经营所得”：根据相关行次计算填写。

第38行＝第8行＋第9行－第34行－第37行

13.第39行“弥补以前年度亏损”：是指按照税法及其实施条例和税收规范性文件规定，以前年度亏损允许在税前弥补而相应调减的应纳税所得额。

14.第40行“分配比例”：纳税人为合伙企业合伙人的，填写本栏。分配比例按照合伙企业分配方案中规定的该合伙人的比例填写；未规定的，按合伙人数平均分配。

15.第41行“允许扣除的其他费用”：是指按照税法及其实施条例和税收规范性文件规定可以税前扣除的其他费用，如《国家税务总局关于律师事务所从业人员有关个人所得税问题的公告》（国家税务总局公告2012年第53号）第三条规定的事项。

16.第42行“投资者减除费用”：是指按照税法及其实施条例和税收规范性文件规定，在个体工商户业主、个人独资企业投资者和合伙企业合伙人的生产经营所得计征个人所得税时，可在税前扣除的投资者本人的生计减除费用。2011年9月1日起执行42 000元/年的标准；以后标准按国家政策规定执行。

17.第43行“应纳税所得额”：根据不同情况，按相关行次计算填写。

（1）纳税人为非合伙企业合伙人的：

第43行＝第38行－第39行－第41行－第42行

（2）纳税人为合伙企业合伙人的：

第43行＝（第38行－第39行）×第40行－第41行－第42行

18.第44行“税率”及第45行“速算扣除数”：按照税法第三条规定填写。

19.第46行“应纳税额”：按相关行次计算填写。

第46行＝第43行×第44行－第45行

20.第48行“全年应缴税额”：按相关行次计算填写。

第48行＝第46行－第47行

21.第51行“应补（退）税额”：按相关行次计算填写。

第51行＝第48行＋第49行－第50行

附表7-12 **生产、经营所得投资者个人所得税汇总申报表**

税款所属期：　　年　月　日至　　年　月　日　　　　金额单位：人民币元（列至角分）

<table>
<tr><td rowspan="2">投资者信息</td><td>姓名</td><td>身份证件类型</td><td>身份证件号码</td><td colspan="3"></td></tr>
<tr><td>国籍（地区）</td><td></td><td>纳税人识别号</td><td colspan="3"></td></tr>
<tr><td>项目</td><td>被投资单位编号</td><td>被投资单位名称</td><td>被投资单位纳税人识别号</td><td>分配比例</td><td>行次</td><td>金额</td></tr>
<tr><td rowspan="7">一、应汇总申报的各被投资单位的应纳税所得额</td><td>1.汇缴地</td><td></td><td></td><td></td><td>1</td><td></td></tr>
<tr><td>2.其他</td><td></td><td></td><td></td><td>2</td><td></td></tr>
<tr><td>3.其他</td><td></td><td></td><td></td><td>3</td><td></td></tr>
<tr><td>4.其他</td><td></td><td></td><td></td><td>4</td><td></td></tr>
<tr><td>5.其他</td><td></td><td></td><td></td><td>5</td><td></td></tr>
<tr><td>6.其他</td><td></td><td></td><td></td><td>6</td><td></td></tr>
<tr><td colspan="4">合计</td><td>7</td><td></td></tr>
</table>

续表

二、应调增的投资者减除费用	8	
三、调整后应纳税所得额	9	
四、税率	10	
五、速算扣除数	11	
六、应纳税额	12	
七、本企业经营所得占各企业经营所得总额的比重（%）	13	
八、本企业应纳税额	14	
九、减免税额	15	
十、全年应缴税额	16	
十一、全年已预缴税额	17	
十二、应补（退）税额	18	
谨声明：此表是根据《中华人民共和国个人所得税法》及其实施条例和国家相关法律法规规定填写的，是真实的、完整的、可靠的。 纳税人签字：　　　　年　月　日		
代理机构（人）签章: 经办人: 经办人执业证件号码:	主管税务机关受理专用章: 受理人:	
代理申报日期:　　　年　月　日	受理日期:　　　年　月　日	

国家税务总局监制

填表说明

一、适用范围

本表适用于个体工商户、承包承租企事业单位、个人独资企业、合伙企业投资者在中国境内两处或者两处以上取得"个体工商户的生产、经营所得"和"对企事业单位的承包经营、承租经营所得"的，同项所得合并计算纳税的个人所得税年度汇总纳税申报。纳税人在办理申报时，须同时附报附件2"个人所得税基础信息表（B表）"。

二、申报期限

年度终了后3个月内。纳税人不能按规定期限报送本表时，应当按照《中华人民共和国税收征收管理法》（以下简称《税收征管法》）及其实施细则的规定办理延期申报。

三、本表各栏的填写

（一）表头项目

税款所属期：填写纳税人取得所得应纳个人所得税款的所属期间，填写具体起止年、月、日。

（二）"投资者信息"栏

本栏填写个体工商户业主、承包承租经营者、个人独资企业投资者、合伙企业合伙人的相关信息。

1.姓名：填写纳税人姓名。中国境内无住所个人，其姓名应当用中、外文同时填写。

2.身份证件类型：填写能识别纳税人唯一身份的有效证照名称。

（1）在中国境内有住所的个人，填写身份证、军官证、士兵证等有效证照名称。

（2）在中国境内无住所的个人，填写护照、港澳居民来往内地通行证、台湾居民来往大陆通行证等证照名称。

3.身份证件号码：填写纳税人身份证件上的号码。

4.国籍（地区）：填写纳税人的国籍或者地区。

5.纳税人识别号：在中国境内无住所的个人填写。有住所的个人不填写。该栏填写税务机关赋予的18位纳税人识别号。税务机关未赋予的，不填写。

税务机关赋予境内无住所个人的18位纳税人识别号，作为其唯一身份识别码，由纳税人到主管税务机关办理初次涉税事项，或扣缴义务人办理该纳税人初次扣缴申报时，由主管税务机关赋予。

（三）表内各栏

1.“应汇总申报的各被投资单位的应纳税所得额”栏：填写投资者从其各投资单位取得的年度应纳税所得额，需分行填写。其中，第1行填写汇算清缴地被投资单位的相关信息及数据；第7行填写合计数。

2.第8行“应调增的投资者减除费用”：填写按照税法规定在汇总计算多个投资单位应纳税所得额时，被多扣除、需调整增加应纳税所得额的投资者生计减除费用标准。

注意：按照税法规定，投资者的生产经营所得只能扣除一次减除费用。由于各投资单位在计算应纳税所得额时均扣除了减除费用，故在填写本表时，应在本栏就第一项填写的N个被投资单位的应纳所得额，调增（N−1）个减除费用。该减除费用自2011年9月1日起执行42 000元/年的标准。即该栏填写（N−1）×42 000元/年。以后标准按国家政策规定执行。

3.第9行“调整后应纳税所得额”：按相关行次计算填写。

第9行＝第7行＋第8行

4.第10行“税率”及第11行“速算扣除数”：按照税法第三条的规定，根据第9行计算出来的数额进行查找。

5.第12行“应纳税额”：根据相关行次计算填写。

第12行＝第9行×第10行−第11行

6.第13行“本企业经营所得占各企业经营所得总额的比重”及第14行“本企业应纳税额”：投资者兴办的两个或两个以上的企业全部是个人独资性质的，填写本栏；其他情形则不填。

（1）第13行：填写申报地被投资企业经营所得占纳税人投资各应汇总纳税企业经营所得的比重。

第13行＝第1行÷第7行

（2）第14行：根据相关行次计算填写。

第14行＝第12行×第13行

7.第15行“减免税额”：是指符合税法规定可以减免的税额。

8.第16行“全年应缴税额”：根据相关行次计算填写。

（1）投资者兴办的两个或两个以上的企业全部是个人独资性质的：

第16行＝第14行−第15行

（2）其他情形：

第16行＝第12行−第15行

9.第17行“全年已预缴税额”：填写纳税人已预缴的个人所得税。

10.第18行“应补（退）税额”：按相关行次计算填写。

第18行＝第16行−第17行

第八章

其他税种纳税申报和纳税审核代理实务

【本章导读】

本章包括6节，简略介绍了印花税、土地增值税、房产税、城镇土地使用税和资源税的纳税申报代理和审核代理。通过本章的学习，学生应熟悉代理印花税、土地增值税、房产税、城镇土地使用税、资源税纳税申报与纳税审核的操作规范；掌握代理填制印花税、土地增值税、房产税、城镇土地使用税、资源税纳税申报表的方法。

第一节 印花税、土地增值税纳税申报代理

一、代理印花税纳税申报操作规范与申报表的填制方法

（一）印花税的计算方法

印花税是对经济活动和经济交往中书立、使用、领受的具有法律效力的凭证所征收的一种税。

印花税实行从价定率和从量定额两种征收形式，计算公式为：

应纳印花税额 =应税凭证计税金额×比例税率

或　　　　　=应税凭证件数×定额税率

应纳税额不足1角的不征税。应纳税额在1角以上的，其尾数按四舍五入的方法计算贴花。另外，一般情况下，企业需要预先购买印花税票，待发生应税行为时，再根据凭证的性质和规定的比例税率或者按件计算应纳税额，将已购买的印花税票粘在应税凭证上，并在每一枚税票的骑缝处盖戳注销或者划销，办理完税手续。

（二）代理印花税纳税申报操作规范

印花税的税目有13个，税率也有不同的规定，涵盖企业生产经营的各个环节。注册税务师在代理印花税纳税申报时，应详细了解委托人应税凭证的范围，做到及时贴花，不

漏不缺。

1.代理印花税纳税申报操作规范。

（1）了解企业生产经营所属的行业以及生产经营项目的特点，确定应税凭证可能发生的主要范围。

（2）核查企业当期书立的购销合同、加工承揽合同、货物运输合同、技术合同、营业账簿、权利许可证照等，按合同金额和适用的税率计算应纳税额。

（3）核查企业具有合同性质的票据、单据。如运输费用发票，购销单位相互之间开出的订单、要货单、传真函件等，均应视为应税凭证按规定贴花。

（4）核查企业可能发生应税凭证业务的核算账户，如“实收资本”“资本公积”“固定资产”“制造费用”“管理费用”等，以防止漏缴税款。

（5）对于加工承揽合同、货物运输合同等在计税时可作一定金额扣除的应税凭证，还应核查计税金额与扣除金额，确定计税依据。

（6）将本期各应税凭证印花税税额汇总计算后，如税额较小可到税务机关购买印花税票贴花完税并在每枚税票的骑缝处划销；税额较大的（税法规定为超过500元的）可用税收缴款书缴纳税款。如果企业应税凭证种类多，纳税次数发生频繁，且金额较大，可向主管税务机关申请采取汇总缴纳的方法。

2.代理填制“印花税纳税申报表”的方法及举例。

印花税纳税申报表适用于各类应税凭证印花税的纳税申报，能够将应税凭证当月申报与即时贴花完税的情况作全面综合的反映。

（1）“应税凭证名称”按合同适用的印花税税目填写。

（2）“计税金额”应填写印花税的计税依据。如果是货物运输合同，其金额要将装卸费剔除。

（3）“已纳税额”反映本月已贴花的税额，或以缴款书缴纳的印花税税额。

（4）“购花贴花情况”反映企业购买印花税票自行完税贴花后结存的税票金额。本栏可为税务机关提供税收票证管理的原始资料。

（5）各栏之间的计算关系已在表中注明，此处从略。

【例8-1】①天和贸易有限公司于2016年2月开业，领受房屋产权证、工商营业执照、商标注册证、土地使用证各1件，与其他企业订立转移专有技术使用权书据1份，所载金额为40万元；订立产品购销合同2份，所载金额为70万元；订立借款合同1份，所载金额为20万元。此外，在企业的营业账簿中，“实收资本”科目载有资金100万元，其他账簿10本。则该企业2月份应计算缴纳印花税为：

（1）权利、许可证照应纳税额=4×5=20（元）

（2）产权转移书据应纳税额=400 000×5‱=200（元）

（3）购销合同应纳税额=700 000×3‱=210（元）

（4）借款合同应纳税额=200 000×0.5‱=10（元）

（5）营业账簿中“实收资本”应纳税额=1 000 000×5‱=500（元）

（6）其他营业账簿应纳税额=10×5=50（元）

① 根据2014年全国注册税务师执业资格考试教材《税务代理实务》例题改编。

（7）应纳印花税税额合计=20+200+210+10+500+50=990（元）

根据计算结果填写“印花税纳税申报表”（见表8-1）。

表8-1　　**印花税纳税申报表**

填表日期：　年　月　日

纳税人识别号：　　　　　　　　　　　　金额单位：元（列至角分）

纳税人名称	天和贸易有限公司	税款所属时期	2014年2月

应税凭证名称	件数	计税金额	适用税率	应纳税额	已纳税额	应补（退）税额	购花贴花情况			
							上期结存	本期购进	本期贴花	本期结存
1	2	3	4	5=2×3×4	6	7=5−6	8	9	10	11=8+9−10
权利、许可证照	4	5		20		20				
产权转移书据		400 000	5‰	200		200				
借款合同		200 000	0.5‰	10		10				
购销合同		700 000	3‰	210		210				
营业账簿	1	1 000 000	5‰	500		500				
	10	5		50		50				
合计	15			990		990				

如纳税人填报，由纳税人填写以下各栏			如委托代理人填报，由代理人填写以下各栏			备注
会计主管（签章）	经办人（签章）	纳税人（签章）	代理人名称		代理人（签章）	
			代理人地址			
			经办人		电话	
以下由税务机关填写						
收到申报表日期				接收人		

二、代理土地增值税纳税申报操作规范与申报表填制方法

（一）土地增值税的计算方法

土地增值税是对有偿转让国有土地使用权及地上建筑物和其他附着物等产权的单位和

个人征收的一种税。土地增值税的计算公式为：

应纳土地增值税 = 土地增值额×适用税率−扣除项目金额×速算扣除系数

1.公式中的“土地增值额”为“纳税人转让房地产所取得的收入”减除“扣除项目金额”后的余额。

纳税人转让房地产所取得的收入，包括货币收入、实物收入和其他收入。

扣除项目包括：（1）取得土地使用权所支付的金额；（2）开发土地的成本、费用；（3）新建房及配套设施的成本、费用，或者旧房及建筑物的评估价格；（4）与转让房地产有关的税金；（5）财政部规定的其他扣除项目。

2.土地增值税实行四级超率累进税率，见表8−2。

表8−2　土地增值税税率表

级数	增值率=增值额÷扣除项目金额×100%	税率	速算扣除系数
1	增值率小于或等于50%	30%	0
2	增值率大于50%小于或等于100%	40%	5%
3	增值率大于100%小于或等于200%	50%	15%
4	增值率大于200%	60%	35%

（二）代理土地增值税纳税申报操作规范

1.代理土地增值税纳税申报操作规范。

（1）核查房地产投资立项合同、批准证书和房地转让合同，确认投资立项与转让时间及房地产开发项目的性质。

（2）核查“应收账款”“预收账款”“主营业务收入”“其他业务收入”“固定资产清理”科目及主要原始凭证，确认本期应申报的转让房地产收入。

（3）核查土地使用权转让合同及付款凭证，确认土地出让金的实际缴付金额。

（4）核查“开发成本”账户及开发建筑承包合同与付款凭证，确认土地征用及拆迁补偿费、前期工程费等开发支出。

（5）核查“财务费用”账户及相关借款合同，确认利息支出并按税法规定计算扣除。

（6）核查“税金及附加”和“管理费用”账户及缴税原始凭证，确认与转让房地产有关的税金。

（7）核查有关旧房及建筑物房地产评估机构出具的评估报告及原始资料，确认重置成本及成新度折扣率。

2.代理填制“土地增值税纳税申报表”的方法及举例。

土地增值税纳税申报应在转让房地产合同签订后7日内，到房地产所在地主管税务机关办理。纳税人在办理申报手续时应该提交的资料包括：房屋及建筑物产权证书、土地使用权证书、土地转让合同、房屋买卖合同、房地产评估报告及其他与转让房地产有关的资料。

【例8−2】[①]润丰房地产开发公司建造一栋普通标准住宅出售，取得销售收入2 000万元（假设当地的城市维护建设税税率为7%，教育费附加征收率为3%）。该公司为建造普通标准住宅而支付的地价款为200万元，建造此楼投入了600万元的房地产开发成本（其

① 根据2014年全国注册税务师执业资格考试教材《税务代理实务》例题改编。

中：土地征用及拆迁补偿费80万元，前期工程费80万元，建筑安装工程费200万元，基础设施费160万元，开发间接费用80万元），由于该房地产开发公司同时建造了别墅等住宅，对该普通标准住宅所用的银行贷款利息支出无法分摊，当地规定房地产开发费用的计提比例为10%。则润丰房地产开发公司应纳税额的计算如下：

1.确定转让房地产的收入为2 000万元。

2.确定转让房地产的扣除项目金额：

（1）取得土地使用权所支付的地价款为200万元；

（2）房地产开发成本为600万元；

（3）房地产开发费用为：

（200+600）×10%=80（万元）

（4）与转让房地产有关的税金为：

应纳增值税=2 000×6%=120（万元）

应纳城市维护建设税=120×7%=8.4（万元）

应缴教育费附加=120×3%=3.6（万元）

（5）从事房地产开发的加计扣除金额为：

（200+600）×20%=160（万元）

因此，转让房地产的扣除项目金额合计为：

200+600+80+120+8.4+3.6+160=1 172（万元）

3.转让房地产的增值额为：

2 000−1 172=828（万元）

4.增值额与扣除项目金额的比例为：

828÷1 172×100%=70.65%

应纳土地增值税=828×40%−1 172×5%=272.6（万元）

根据上述资料填写“土地增值税纳税申报表（一）（从事房地产开发的纳税人适用）”，见表8-3。

表8-3

土地增值税纳税申报表（一）

（从事房地产开发的纳税人适用）

税款所属时间：　　年　月　日至　年　月　日　　　　填表日期：　年　月　日

纳税人识别号：　　　　　　　　金额单位：　人民币元　面积单位：　平方米

<table>
<tr><td>纳税人名称</td><td>润丰房地产开发公司</td><td>项目名称</td><td colspan="3"></td><td>项目地址</td><td colspan="2"></td></tr>
<tr><td>业别</td><td></td><td>经济性质</td><td colspan="2"></td><td>纳税人地址</td><td></td><td>邮政编码</td><td></td></tr>
<tr><td>开户银行</td><td></td><td>银行账号</td><td></td><td colspan="2">主管部门</td><td></td><td>电话</td><td></td></tr>
<tr><td colspan="5">项目</td><td colspan="2">行次</td><td colspan="2">金额</td></tr>
<tr><td colspan="5">一、转让房地产收入总额 1=2+3</td><td colspan="2">1</td><td colspan="2">20 000 000</td></tr>
<tr><td rowspan="2">其中</td><td colspan="4">货币收入</td><td colspan="2">2</td><td colspan="2">20 000 000</td></tr>
<tr><td colspan="4">实物收入及其他收入</td><td colspan="2">3</td><td colspan="2"></td></tr>
<tr><td colspan="5">二、扣除项目金额合计 4=5+6+13+16+20</td><td colspan="2">4</td><td colspan="2">11 720 000</td></tr>
<tr><td colspan="5">1. 取得土地使用权所支付的金额</td><td colspan="2">5</td><td colspan="2">2 000 000</td></tr>
</table>

续表

2. 房地产开发成本 6=7+8+9+10+11+12		6	6 000 000
其中	土地征用及拆迁补偿费	7	800 000
	前期工程费	8	800 000
	建筑安装工程费	9	2 000 000
	基础设施费	10	1 600 000
	公共配套设施费	11	
	开发间接费用	12	800 000
3. 房地产开发费用 13=14+15		13	800 000
其中	利息支出	14	
	其他房地产开发费用	15	800 000
4. 与转让房地产有关的税金等 16=17+18+19		16	1 100 000
其中	增值税	17	1 200 000
	城市维护建设税	18	84 000
	教育费附加及其他	19	36 000
5. 财政部规定的其他扣除项目		20	1 600 000
三、增值额 21=1−4		21	8 280 000
四、增值额与扣除项目金额之比(%)22=21÷4×100%		22	70.65
五、适用税率(%)		23	40
六、速算扣除系数(%)		24	5
七、应缴土地增值税税额 25=21×23−4×24		25	2 726 000
八、已缴土地增值税税额		26	
九、应补(退)土地增值税税额 27=25−26		27	2 726 000

授权代理人	(如果你已委托代理申报人,请填写下列资料) 为代理一切税务事宜,现授权__________(地址)__________为本纳税人的代理申报人,任何与本报表有关的来往文件都可寄于此人。 授权人签字:__________	声明	我声明:此纳税申报表是根据《中华人民共和国土地增值税暂行条例》及其实施细则的规定填报的,我确信它是真实的、可靠的、完整的。 声明人签字:__________

纳税人签章		法定代表人签章		经办人员(代理申报人)签章		备注	

(以下部分由主管税务机关负责填写)

主管税务收到日期		接收人		审核日期		税务审核人员签章	
审核记录						主管税务机关盖章	

填表说明

一、适用范围

本表适用于凡从事房地产开发并转让的土地增值税纳税人。其转让已经完成开发的房地产并取得转让收入，或者是预售正在开发的房地产并取得预售收入的，应按照税法和本表要求，根据税务机关确定的申报时间，定期向主管税务机关填报土地增值税纳税申报表（一），进行纳税申报。

二、主要项目填写说明

（一）表头项目

1.纳税人识别号：按税务机关编排的代码填写。

2.项目名称：填写纳税人所开发并转让的房地产开发项目全称。

3.经济性质：按所有制性质或资本构成形式分为国有、集体、私营、个体、股份制、外商投资和外国企业等类型，选择其一填写。

4.业别：填写纳税人办理工商登记时所确定的主营行业类别。

5.主管部门：按纳税人隶属的管理部门或总机构填写。外商投资企业不填。

6.开户银行：填写纳税人开设银行账户的银行名称；如果纳税人在多个银行开户，填写其主要经营账户的银行名称。

7.银行账号：填写纳税人开设的银行账户的号码；如果纳税人拥有多个银行账户，填写其主要经营账户的号码。

（二）表中项目

土地增值税纳税申报表（一）中各主要项目内容，应根据土地增值税的基本计税单位作为填报对象。纳税人如果在规定的申报期内转让两个或两个以上计税单位的房地产，对每个计税单位应分别填写一份申报表。

纳税人如果既从事普通标准住宅开发，又进行其他房地产开发，应分别填写土地增值税纳税申报表（一）。

1.第1行“转让房地产收入总额”，按纳税人转让房地产开发项目所取得的全部收入额填写。

2.第2行“货币收入”，按纳税人转让房地产开发项目所取得的货币形态的收入额填写。

3.第3行“实物收入及其他收入”，按纳税人转让房地产开发项目所取得的实物形态的收入和无形资产等其他形式的收入额填写。

4.第5行“取得土地使用权所支付的金额”，按纳税人为取得该房地产开发项目所需要的土地使用权而实际支付（补交）的土地出让金（地价款）及按国家统一规定交纳的有关费用的数额填写。

5.第7行至第12行，应根据《中华人民共和国土地增值税暂行条例实施细则》（以下简称《细则》）规定的从事房地产开发所实际发生的各项开发成本的具体数额填写。应该注意的是，如果有些房地产开发成本是属于整个房地产项目的，而该项目同时包含了两个或两个以上的计税单位，那么要对该成本在各计税项目之间按一定比例进行分摊。

6.第14行“利息支出”，按纳税人进行房地产开发实际发生的利息支出中符合《细则》第七条（三）规定的数额填写。如果不单独计算利息支出，则本行填写“0”。

7.第15行“其他房地产开发费用”，应根据《细则》第七条（三）的规定填写。

8.第17行至第19行，按纳税人转让房地产时所实际缴纳的税金数额填写。“教育费附加及其他”是指教育费附加和提防费附加。

9.第20行“财政部规定的其他扣除项目”，是指根据《中华人民共和国土地增值税暂行条例》（以下简称《条例》）和《细则》等有关规定所确定的财政部规定的扣除项目的合计数。

10.第23行“适用税率”，应根据《条例》规定的四级超率累进税率，按所适用的最高一级税率填写；如果纳税人建造普通标准住宅出售，增值额未超过扣除项目金额20%的，本栏填写“0”。

11.第24行“速算扣除系数”，应根据《细则》第十条规定的速算扣除系数填写。

12.第26行“已缴土地增值税税额”，按纳税人已经缴纳的土地增值税的数额填写。

13.依据：

(1)《中华人民共和国税收征收管理法》(中华人民共和国主席令第49号)及其实施细则(国务院令第362号)。

(2)《中华人民共和国土地增值税暂行条例》及其实施细则。

【例8-3】[①]某事业单位（非从事房地产开发的纳税人）建造并出售了一栋写字楼，取得销售收入4 000万元（增值税税率为11%，城市维护建设税税率为7%，印花税税率为5‰，教育费附加征收率为3%）。该单位为建造该写字楼支付的地价款为600万元；房地产开发成本为800万元；房地产开发费用中的利息支出为400万元（能够按转让房地产项目计算分摊并提供银行证明），但其中有60万元的加罚利息。按照规定，其他房地产开发费用的计算扣除比例为5%，则该事业单位的应纳土地增值税税额为：

1.确定转让房地产的收入为4 000万元。

2.确定转让房地产的扣除项目金额：

（1）取得土地使用权所支付的金额为600万元；

（2）房地产开发成本为800万元；

（3）房地产开发费用为：

（600+800）×5%+（400−60）=410（万元）

（4）与转让房地产有关的税金为：

4 000×11%×（1+7%+3%）+4 000×5‰=484+2=486（万元）

因此，扣除项目金额合计为：

600+800+410+486=2 296（万元）

3.转让房地产的增值额为：

4 000−2 296=1 704（万元）

4.增值额与扣除项目金额的比例为：

1 704÷2 296×100%=74.25%

5.该单位应纳土地增值税税额=1 704×40%−2 296×5%=566.8（万元）

根据上述资料填写“土地增值税纳税申报表（二）（非从事房地产开发的纳税人适用）”，见表8-4。

表8-4

土地增值税纳税申报表（二）

（非从事房地产开发的纳税人适用）

税款所属时间：　　年　月　日至　　年　月　日　　　　　　　　填表日期：　　年　月　日

纳税人识别号：　　　　　　　　　　　　　　　金额单位：人民币元　　　面积单位：平方米

纳税人名称	某事业单位	项目名称			项目地址		
业别		经济性质		纳税人地址		邮政编码	
开户银行		银行账号		主管部门		电话	
项 目					行次	金额	
一、转让房地产收入总额　1=2+3					1	40 000 000	

① 根据2014年全国注册税务师执业资格考试教材《税务代理实务》例题改编。

续表

其中	货币收入	2	40 000 000
	实物收入及其他收入	3	
二、扣除项目金额合计 4＝5＋6＋9		4	22 960 000
1.取得土地使用权所支付的金额		5	6 000 000
2.旧房及建筑物的评估价格 6＝7×8		6	
其中	旧房及建筑物的重置成本价	7	
	成新度折扣率	8	
3.与转让房地产有关的税金等 9＝10＋11＋12＋13		9	4 860 000
其中	增值税	10	4 400 000
	城市维护建设税	11	308 000
	印花税	12	20 000
	教育费附加	13	132 000
三、增值额 14＝1−4		14	17 040 000
四、增值额与扣除项目金额之比（%）15＝14÷4×100%		15	74.25
五、适用税率（%）		16	40
六、速算扣除系数（%）		17	5
七、应缴土地增值税税额 18＝14×16−4×17		18	5 668 000

授权代理人	（如果你已委托代理申报人，请填写下列资料） 为代理一切税务事宜，现授权______（地址）______为本纳税人的代理申报人，任何与本报表有关的来往文件都可寄于此人。 授权人签字：__________	声明	我声明：此纳税申报表是根据《中华人民共和国土地增值税暂行条例》及其实施细则的规定填报的。我确信它是真实的、可靠的、完整的。 声明人签字：__________

纳税人签章		法人代表签章		经办人员（代理申报人）签章		备注	
（以下部分由主管税务机关负责填写）							
主管税务机关收到日期		接收人		审核日期		税务审核人员签章	
审核记录						主管税务机关盖章	

填表说明

一、适用范围

本表适用于非从事房地产开发的纳税人。该纳税人应在签订房地产转让合同后的7日内，向房地产所在地主管税务机关填报土地增值税纳税申报表（二）。

二、主要项目填写说明

（一）表头项目

1.纳税人识别号:按税务机关编排的代码填写。

2.项目名称:填写纳税人转让的房地产项目全称。

3.经济性质:按所有制性质或资本构成形式分为国有、集体、私营、个体、股份制、外商投资企业等类型，选择其一填写。

4.业别:按纳税人的行业性质分为行政单位、事业单位、企业、个人等。

5.主管部门:按纳税人隶属的管理部门或总机构填写。外商投资企业不填。

（二）表中项目

土地增值税纳税申报表（二）的各主要项目内容，应根据纳税人转让的房地产项目作为填报对象。纳税人如果同时转让两个或两个以上房地产，应分别填报。

1.第1行“转让房地产收入总额”，按纳税人转让房地产所取得的全部收入额填写。

2.第2行“货币收入”，按纳税人转让房地产所取得的货币形态的收入额填写。

3.第3行“实物收入及其他收入”，按纳税人转让房地产所取得的实物形态的收入和无形资产等其他形式的收入额填写。

4.第5行“取得土地使用权所支付的金额”，按纳税人为取得该转让房地产项目的土地使用权而实际支付（补交）的土地出让金（地价款）数额及按国家统一规定交纳的有关费用填写。

5.第6行“旧房及建筑物的评估价格”，是指根据《条例》和《细则》等有关规定，按重置成本法评估旧房及建筑物并经当地税务机关确认的评估价格的数额。本行由第7行与第8行相乘得出。如果本行数额能够直接根据评估报告填报，则本表第7、8行可以不必填报。

6.第7行“旧房及建筑物的重置成本价”，是指按照《条例》和《细则》规定，由政府批准设立的房地产评估机构评定的重置成本价。

7.第8行“成新度折扣率”，是指按照《条例》和《细则》规定，由政府批准设立的房地产评估机构评定的旧房及建筑物的新旧程度折扣率。

8.第10行至第13行，按纳税人转让房地产时实际缴纳的有关税金的数额填写。

9.第16行“适用税率”，应根据《条例》规定的四级超率累进税率，按所适用的最高一级税率填写。

10.第17行“速算扣除系数”，应根据《细则》第十条规定的速算扣除系数填写。

第二节　印花税、土地增值税纳税审核代理

一、印花税纳税审核代理实务

（一）适用税率的审核

由于印花税实行从价定率和从量定额两种计征方式，而且各税目的税率不尽相同，因此应对印花税的适用税率进行纳税审核。其方法如下：

1.纳税人有无将按比例税率和定额税率计征的凭证相互混淆。

2.有无错用税率的问题，比如建筑工程勘察设计合同的适用税率为5‱，审核是否误用为建筑安装工程承包合同的适用税率3‱。

3.技术合同、租赁合同等，在签订时因无法确定计税金额而暂时按每件5元计税贴花的，是否在结算实际金额时按其实际适用的比例税率计算并补贴了印花。

（二）应税合同的审核要点

1.审核应税合同的征税范围，明确合同内有关印花税的征免税范围。

2.审核应税合同的计税依据。

（1）购销合同。审核购销合同内记载的购、销金额，特别是以物易物方式签订的购销合同时，计税金额为合同所载的购、销金额合计数，适用税率为3‰。

（2）货物运输合同。审核货物运输合同的计税依据时，以取得的运输费金额，即运费收入为计税依据，不包括所运货物的金额、装卸费和保险费等。

（3）如果合同所载金额有多项内容，应审核是否按规定计算纳税。例如，各类技术合同，一般情况下，应按合同所载价款、报酬、使用费的合计金额计税。而对技术开发合同只就合同所载的报酬金额计税，研究开发经费不作为计税依据。

（4）审核已税合同修订后增加金额的，应注意补贴印花税票。

（5）审核的合同未列明金额的，应按合同所载购、销数量，依照国家牌价或市场价格计算应纳税额。对于签订时无法确定金额的应税凭证，在签订时先按定额5元贴花，在最终结算实际金额后，按规定补贴印花税票。

（三）其他凭证的审核要点

1.企业应税凭证所记载的金额为外币的，应按凭证书立、领受当日国家外汇管理局公布的外汇牌价折合为人民币，计算应纳税额。

2.审核营业账簿计税情况。

（1）首先审核企业是否存在错划核算形式，导致漏缴印花税的问题。一般情况下，对采用一级核算形式的单位，只需要就财会部门设置的账簿贴花；采用分级核算形式的单位，除财会部门的账簿需要贴花之外，财会部门设置在其他部门和车间的明细分类账，亦需要按规定贴花。

另外，企业单位内的工会组织、职工食堂以及自办的学校、幼儿园、托儿所等设置的经费收支账簿，不属于“营业账簿”税目的适用范围；门市部、车间、仓库设置的不属于会计核算范围，或虽属会计核算范围、但不记载金额的登记簿、统计簿、台账等，不贴印花税票。

（2）审核资金账簿计税情况是否正确。例如，企业“实收资本”和“资本公积”两项合计金额大于已贴印花金额的，应按规定就增加部分补贴印花税票。

（3）审核其他账簿是否按规定计税贴花，除总分类账簿以外的账簿，包括日记账和各明细分类账，是否按件贴花。

（四）应纳税额的审核要点

1.减免税审核要点。

免纳印花税的项目包括：①已缴纳印花税的凭证副本或抄本；②财产所有人将财产赠给政府、社会福利单位、学校所立的书据；③国家指定由收购部门与村民委员会、农民个人书立的农业产品收购合同；④无息、贴息贷款合同；⑤外国政府或国际金融组织向我国政府及国家金融机构提供优惠贷款所书立的合同；⑥房地产管理部门与个人订立的住房租赁合同，凡房屋属于用于生活居住用房的，暂免贴花；⑦军事物资运输、抢险救灾物资运输，以及新建铁路临管线运输等的特殊货运凭证；⑧对廉租住房、经济适用住房经营管理单位与廉租住房、经济适用住房相关的印花税以及廉租住房承租人、经济适用住房购买人涉及的印花税予以免征。

2.履行完税手续审核要点。审核平时“以表代账”的纳税人，在按月、按季或按年装订成册后，有无未按规定贴花完税的情况。

二、土地增值税纳税审核代理实务

土地增值税的征税范围包括：转让国有土地使用权；地上建筑物及其附着物连同国有土地使用权一并转让。对土地增值税进行纳税审核，关键是核实转让房地产所取得的收入和法定的扣除项目金额。在此基础上，审核适用税率，进而核实应纳税额的计算、缴纳情况。

（一）转让房地产收入审核要点

纳税人转让房地产取得的收入，包括转让房地产的全部价款及有关的经济收益。从收入形势来看，包括货币收入、实物收入和其他收入。在检查时，应着重从以下方面进行：

1.核实房地产投资立项合同与批准证书及房地产转让合同，确认投资项目与转让时间及房地产开发项目的性质。如属于免税项目，应向主管税务机关申请办理免征土地增值税申报手续。

2.审核收入明细账，如房地产开发企业“主营业务收入”科目明细账，工商企业“其他业务收入——转让土地使用权”“固定资产清理——转让房地产”等科目明细账，并与房地产转让合同、记账凭证、原始凭证相核对，看企业有无分解房地产收入或隐瞒房地产收入的情况，以确定房地产收入。

3.审核往来账户，如“应付账款”“预付账款”“分期收款开发产品”“其他应付款”等科目明细账，并与有关转让房地产合同、会计凭证相核对，看有无将房地产收入长期挂账而不及时申报纳税的情况。

4.审核房地产的成交价格，看其是否正常合理。对于转让房地产的成交价格明显低于评估价格而又无正当理由的，应由评估部门进行评估，按房地产评估价格计算应纳的土地增值税。

5.将核实后的房地产转让收入与“土地增值税纳税申报表”有关栏目的数据相核对，看其申报数额是否正确。

（二）扣除项目金额审核要点

1.审核取得土地使用权所支付的金额。按照《房地产开发企业会计制度》规定，实行国有土地使用权有偿使用后，企业为建办公室等而获得的土地使用权所支付的土地出让金，通过“无形资产”科目核算；企业为房地产开发而获得的土地使用权所支付的土地出让金，通过“开发成本”科目核算。审核“无形资产”或“开发成本”科目，与土地转让合同和有关会计凭证等相核对，看开发成本的分配与结转是否正确。如分期、分批开发、分块转让，其取得土地使用权时所支付的金额就需要在已开发转让、未开发转让的项目中进行分配，但仅就对外转让部分计入扣除，在审核时应根据“开发产品”“分期收款开发产品”“经营成本”等科目明细账进行核实。

2.审核房地产开发成本。房地产开发成本通过“开发成本”科目核算，开发成本的种类应按“土地开发”、“房屋开发”、“配套设施开发”和“代理工程开发”等设置明细账，按成本项目进行核算。房地产开发企业发生的开发间接费用，先通过“开发间接费用”科目核算，期末按企业成本核算办法的规定，分摊记入“开发成本”各明细账户之中。审核房地产开发成本应着重审核以下几个方面：

（1）核实“开发成本”科目明细账、开发建筑承包合同与付款凭证，确认土地征用及拆迁补偿费、前期工程费等开发支出。

（2）审核“开发成本”科目明细账，并与有关会计凭证相核对，看企业成本核算是否真实、准确，有无将不属于开发房地产的成本、费用记入“开发成本”科目的情况；有关成本费用在各成本核算对象之间的分配和结转有无差错，有无多结转“开发产品”成本的情况。

（3）审核“开发间接费用”科目明细账，并与有关会计凭证相核对，看有无不属于开发产品的费用记入“开发间接费用”科目的情况；已发生的开发间接费用在各成本核算对象之间的分配与结转是否合理、正确；有无多计应税项目费用而少计非应税项目费用的情况。

（4）审核“开发产品”、“分期收款开发产品”和“经营成本”各有关科目明细账，并与房地产转让合同、会计凭证相核对，看成本结转办法是否正确，有无虚列、多转房地产销售成本的情况。

3.审核房地产开发费用。房地产开发费用是指与房地产开项目有关的销售费用、管理费用和财务费用。根据现行财务会计制度规定，这三项费用作为期间费用，直接计入当期损益，不按成本核算对象进行分摊。

在审核时，首先审核企业的借款及其使用情况，看其借款利息支出能否按转让房地产项目计算分摊，确认利息支出并按税法规定计算扣除。税务代理人应注意审核两点：一是利息的上浮幅度要按国家有关规定执行，超过上浮幅度的部分不允许扣除；二是超过贷款期限的利息部分和加罚的利息不允许扣除。对于其他房地产开发费用，应根据利息计算分摊情况，以土地出让金和成本为基数按照规定比例计算。

4.审核与转让房地产有关的税金。按照房地产开发企业会计制度规定，企业转让房地产时缴纳的增值税、城市维护建设税、教育费附加，通过“税金及附加”“应交税费”等科目核算；缴纳的印花税通过“管理费用”科目核算。因此，应核查经营税金和管理费用账户及缴税原始凭证，确认与转让房地产有关的税金，同时，应注意与土地增值税纳税申报表相核对，看其申报抵扣的税金是否正确。已缴纳的印花税因在房地产开发费用中计算扣除，因此不允许重复扣除。

5.审核其他扣除项目。对从事房地产开发的纳税人，可按取得土地使用权所支付的金额与房地产开发成本的金额之和，加计20%扣除。在审核时，应在核实纳税人取得土地使用权所支付的金额和房地产开发成本的基础上，按规定的扣除比例重新计算核实，看企业申报扣除的金额是否有差错。

6.审核转让旧房建筑物扣除项目金额。纳税人转让已使用的房屋及建筑物时，应由政府批准设立的房地产评估机构评定其重置成本和成新度折扣率，确定评估价格计入扣除。在审核时，应根据房地产评估机构出具的评估报告进行核实，看其申报情况是否真实、准确。

（三）应纳税额的审核

1.审核税款计算缴纳情况。根据上述审核结果，对照“土地增值税纳税申报表”和

“应交税费——应交土地增值税”科目明细账及相关会计凭证，审核税款计算缴纳情况。其审核程序是：第一，核实房地产转让收入。第二，核实扣除项目金额。第三，核实增值额。第四，核实增值额占扣除项目金额的比例。第五，核实适用税率和速算扣除系数。第六，运用速算扣除法计算土地增值税应纳税额。第七，将核实后的各项数据与“土地增值税纳税申报表”相关栏目数据相核对。

2.审核税款缴纳时间是否符合规定要求。审核纳税人是否在转让房地产合同签订后7日内，到房地产所在地主管税务机关办理纳税申报手续，并提交房屋和建筑物产权、土地使用权证书，土地转让、房屋买卖合同，房地产评估报告及其他与转让房地产有关的资料。对于因经常发生房地产转让而难以在每次转让后申报的，审核其是否经税务机关同意并按税务机关规定的申请期限申报纳税。

3.审核减免税项目是否符合规定。

（1）审核纳税人建造普通标准住宅的销售情况。根据条例规定，纳税人建造普通标准住宅出售，增值额超过扣除项目金额20%的，免征土地增值税。在审核时，首先，应对纳税人转让的房地产进行实地查验，并根据房产设计文件，对照省级人民政府规定的普通标准住宅与其他住宅的具体划分标准，看其是否属于普通标准住宅，有无将高级公寓、别墅、度假村等错列为普通标准住宅的情况。其次，核算普通标准住宅的销售收入和法定扣除项目金额，确定增值额。最后，核实增值额占扣除项目金额的比例，看其是否超过20%，以确定其征免税问题。

（2）审核国家征用、收回房地产的情况。根据条例规定，因国家建设需要征用、收回的房地产，免征土地增值税；因城市实施规划、国家建设需要而搬迁，由纳税人自行转让房地产的，比照有关规定免征土地增值税。在审核时，应查阅政府部门下达的有关文件或批文，对照房地产转让项目判定是否符合免税规定。对于既有免税项目又有征税项目的纳税人，还要进一步核实其转让收入、成本费用等是否真实，有无将征税项目的转让收入隐匿在免税项目收入中，而把免税项目的成本费用计入征税项目的扣除金额中的情况。

【例8-4】 金润房地产公司购买一块土地进行开发。取得土地使用权所支付的金额为18 000 000元；拆迁安置补偿费1 000 000元；勘察设计及前期工程费1 000 000元；住宅建筑安装工程费8 800 000元；管理费用100 000元；贷款利息1 000 000元。该房地产公司于3年后出售此项房地产，售价40 000 000元。

要求：（1）计算金润房地产公司应纳的土地增值税税额。

（2）进行相关账务处理。

【解析】

土地增值税的计税依据是纳税人转让房地产所取得的增值额，即纳税人转让房地产所取得的收入减除法定扣除项目金额后的余额。此例中所发生的各项支出均属法定扣除项目。土地增值税实行四级超率累进税率。增值额未超过扣除项目金额50%的部分，税率为30%。

（1）计算其应纳的土地增值税税额。

①出售房地产取得的收入为40 000 000元。

②法定扣除项目金额=18 000 000+1 000 000+1 000 000+8 800 000+100 000+1 000 000=29 900 000（元）

③土地增值额=40 000 000−29 900 000=10 100 000（元）

④土地增值额占扣除项目金额的比例=10 100 000÷29 900 000×100%=34%

对土地增值额占扣除项目金额的比例没有超过50%的部分，适用税率为30%。

⑤应纳税额=10 100 000×30%=3 030 000（元）

（2）账务处理。

①计算土地增值税时编制会计分录如下：

借：税金及附加　　3 030 000

　贷：应交税费——应交土地增值税　　3 030 000

②实际缴纳税金时编制会计分录如下：

借：应交税费——应交土地增值税　　3 030 000

　贷：银行存款　　3 030 000

第三节　房产税、城镇土地使用税纳税申报代理

一、代理房产税纳税申报操作规范与申报表填制方法

（一）房产税的计算方法

房产税是以房屋为征税对象，以房屋的计税余值或租金收入为计税依据，向产权所有人征收的一种财产税。

根据税法规定，房产税的计算方法有以下两种：

一是以房产余值为计税依据计算，其计算公式为：

应纳税额=房产余值×适用税率（1.2%）

二是以租金收入为计税依据计算，其计算公式为：

应纳税额=租金收入×适用税率（12%）

以上方法是按年计征的，如果采用分期缴纳的方式，比如按半年缴纳，则以年应纳税额除以2；按季缴纳，则以年应纳税额除以4；按月缴纳，则以年应纳税额除以12。

（二）代理房产税纳税申报操作规范

房产税征税对象单一，但是，有关纳税义务人的确认、计税依据的计算、减税免税的规定却较为复杂。为了能够准确把握应纳税额的计算，应按下述规范要领操作：

1.核查应税房屋及与房屋不可分割的各种附属设施，或一般不单独计算价值的配套设施，确认产权所属关系，以此判定纳税义务人。

2.核查应税房产投入使用或竣工、验收的时间，确认纳税义务发生的时间。

3.核查“固定资产”“待摊费用”“在建工程”“其他业务收入”等核算账户，确认应税房产的净值或租金收入，以确定房产税的计税依据。

4.核查在征税范围内按现行政策应予以减税免税的房产。例如，危房、险房、停止使用、企业停产闲置不用的房产，因大修理停用在半年以上的房产等，报请税务机关审核同意可暂免征收房产税。

【例8-5】某企业的办公楼、厂房等房产2016年账面原值为4 000 000元，按照规定房产原值扣除比率为20%，每年4月、10月分两次缴纳，则该企业应纳房产税税额为：

应纳税额=［4 000 000×（1−20%）×1.2%］÷2=19 200（元）

根据上例填写“房产税纳税申报表”，见表8–5。

表8–5

房产税纳税申报表

填表日期：2016年4月5日

纳税人识别号：　　　　　　　　　　　　　　　　　　　　　　　　　　金额单位：元（列至角分）

<table>
<tr><td colspan="3">纳税人名称</td><td colspan="8"></td><td colspan="3">税款所属时间</td><td colspan="4"></td></tr>
<tr><td colspan="3">坐落地点</td><td colspan="4"></td><td colspan="4">建筑面积（m²）</td><td colspan="3"></td><td colspan="2">房屋结构</td><td colspan="2"></td></tr>
<tr><td rowspan="2">上期申报房产原值</td><td rowspan="2">本期增减</td><td rowspan="2">本期实际房产原值</td><td colspan="3">其中</td><td rowspan="2">扣除率%</td><td colspan="3">以房产余值计征房产税</td><td colspan="3">以租金收入计征房产税</td><td rowspan="2">全年应纳税额</td><td rowspan="2">缴纳次数</td><td colspan="3">本期</td></tr>
<tr><td>从价计税的房产原值</td><td>从租计税的房产原值</td><td>免税房产原值</td><td>房产余值</td><td>适用税率1.2%</td><td>应纳税额</td><td>租金收入</td><td>适用税率12%</td><td>应纳税额</td><td>应纳税额</td><td>已纳税额</td><td>应补（退）税额</td></tr>
<tr><td>1</td><td>2</td><td>3=1+2</td><td>4=3–5–6</td><td>5=3–4–6</td><td>6</td><td>7</td><td>8=4–4×7</td><td>9</td><td>10=8×9</td><td>11</td><td>12</td><td>13=11×12</td><td>14=10+13</td><td>15</td><td>16=14÷15</td><td>17</td><td>18=16–17</td></tr>
<tr><td>4000000</td><td></td><td>4000000</td><td>4000000</td><td></td><td></td><td>20</td><td>3200000</td><td>1.2</td><td>38400</td><td></td><td></td><td></td><td>38400</td><td>2</td><td>19200</td><td></td><td>19200</td></tr>
<tr><td></td><td></td><td></td><td></td><td></td><td></td><td></td><td></td><td></td><td></td><td></td><td></td><td></td><td></td><td></td><td></td><td></td><td></td></tr>
<tr><td></td><td></td><td></td><td></td><td></td><td></td><td></td><td></td><td></td><td></td><td></td><td></td><td></td><td></td><td></td><td></td><td></td><td></td></tr>
<tr><td colspan="7">如纳税人填报，由纳税人填写以下各栏</td><td colspan="10">如委托代理人填报，由代理人填写以下各栏</td><td>备注</td></tr>
<tr><td rowspan="3">会计主管（签章）</td><td rowspan="3" colspan="3">纳税人（公章）</td><td rowspan="3" colspan="3"></td><td colspan="3">代理人名称</td><td colspan="5"></td><td rowspan="2" colspan="2">代理人（签章）</td><td rowspan="3"></td></tr>
<tr><td colspan="3">代理人地址</td><td colspan="5"></td></tr>
<tr><td colspan="3">经办人姓名</td><td colspan="5"></td><td colspan="2">电话</td></tr>
<tr><td colspan="18">以下由税务机关填写</td></tr>
<tr><td colspan="4">收到申报表日期</td><td colspan="10"></td><td colspan="2">接收人</td><td colspan="2"></td></tr>
</table>

二、代理城镇土地使用税纳税申报操作规范与申报表填制方法

（一）城镇土地使用税的计算方法

城镇土地使用税是指在城市、县城、建制镇、工矿区范围内使用土地的单位和个人，以实际占用的土地面积为计税依据，依照规定由土地所在地主管税务机关征收的一种税。

城镇土地使用税根据实际使用土地的面积，按税法规定的单位税额计算缴纳。其计算公式如下：

应纳税额=应税土地的实际占用面积×适用单位税额

（二）代理城镇土地使用税纳税申报操作规范

1.确定征税土地面积。应注意的是，新征用的耕地缴纳耕地占用税1年以后征收土地使用税，新征用的非耕地自批准征用的次月起征收土地使用税。

2.确定纳税义务人。应注意的是，纳税单位无偿使用免税单位的土地，照章征税。

3.确认免税土地面积。企业外绿地、自办学校、医院的占地免税。

【例8-6】 某企业实际占地面积为60 000平方米，该企业所在地的城镇土地使用税税率为4元/平方米。该企业应纳城镇土地使用税税额为：

应纳税额=60 000×4=240 000（元）

根据上例填写“城镇土地使用税纳税申报表”，见表8-6。

表8-6 **城镇土地使用税纳税申报表**

税款所属期： 年 月 日至 年 月 日

纳税人识别号： 纳税人名称： 面积单位：平方米 金额单位：元（列至角分）

<table>
<tr><th rowspan="2">序号</th><th rowspan="2">土地使用证号</th><th rowspan="2">坐落地点</th><th rowspan="2">本期实际占地面积</th><th rowspan="2">法定免税面积</th><th rowspan="2">应税面积</th><th rowspan="2">土地等级</th><th rowspan="2">适用税额</th><th rowspan="2">全年应缴税额</th><th rowspan="2">缴纳次数</th><th colspan="3">本期</th></tr>
<tr><th>应纳税额</th><th>已纳税额</th><th>应补(退)税额</th></tr>
<tr><td></td><td>1</td><td>2</td><td>3</td><td>4</td><td>5=3−4</td><td>6</td><td>7</td><td>8=5×7</td><td>9</td><td>10=8×9÷12</td><td>11</td><td>12=10−11</td></tr>
<tr><td>1</td><td></td><td></td><td>60 000</td><td></td><td>60 000</td><td></td><td>4</td><td>240 000</td><td>1</td><td>240 000</td><td>0</td><td>240 000</td></tr>
<tr><td></td><td></td><td></td><td></td><td></td><td></td><td></td><td></td><td></td><td></td><td></td><td></td><td></td></tr>
<tr><td></td><td></td><td></td><td></td><td></td><td></td><td></td><td></td><td></td><td></td><td></td><td></td><td></td></tr>
<tr><td>合计</td><td>—</td><td>—</td><td>60 000</td><td></td><td>60 000</td><td>—</td><td>4</td><td>240 000</td><td>1</td><td>240 000</td><td>0</td><td>240 000</td></tr>
</table>

<table>
<tr><td colspan="2">如纳税人填报,由纳税人填写以下各栏</td><td colspan="4">如委托税务代理机构填报,由税务代理机构填写以下各栏</td></tr>
<tr><td rowspan="2">会计主管（签章）</td><td rowspan="2">经办人(签章)</td><td>税务代理机构名称</td><td></td><td colspan="2" rowspan="3">税务代理机构（公章）</td></tr>
<tr><td>税务代理机构地址</td><td></td></tr>
<tr><td rowspan="5">申报声明</td><td rowspan="5">此纳税申报表是根据国家税收法律的规定填报的,我确信它是真实的、可靠的、完整的。
申明人：
（法定代表人签字或盖章）
（公章）</td><td>代理人（签章）</td><td></td></tr>
<tr><td colspan="4">以下由税务机关填写</td></tr>
<tr><td>受理日期</td><td></td><td>受理人</td><td></td></tr>
<tr><td>审核日期</td><td></td><td>审核人</td><td></td></tr>
<tr><td>审核记录</td><td colspan="3"></td></tr>
</table>

第四节　房产税、城镇土地使用税纳税审核代理

一、房产税纳税审核代理实务

（一）自用房产审核要点

在审核时应注意，纳税人对原有房屋进行改建、扩建的，是否按规定增加其房屋原

值，有无将其改建、扩建支出列入大修理范围的情况。

（二）出租房产审核要点

审核有无出租使用房屋，或租用免税单位和私有房产的情况。

（三）应纳税额审核要点

1.审核征免界限的划分。

2.审核房产税计算纳税的期限。对于新建、改造、翻建的房屋，已办理验收手续或未办理验收手续已经使用的，是否按规定期限申报纳税，有无拖延纳税期限而少计税额的情况。

3.审核房产税纳税申报表，核实计税依据和适用税率的计算是否正确。企业缴纳的房产税应在“管理费用”账户中列支。如果企业分期缴纳的税额较大，可以通过“待摊费用”账户，分摊到“管理费用”账户中。借记“管理费用”科目，贷记“应交税费——应交房产税”科目。

二、城镇土地使用税纳税审核代理实务

城镇土地使用税的征税范围为城市、县城、建制镇和工矿区，城镇土地使用税实行从量定额的征收办法。在审核时，应重点审核纳税人实际占用的土地面积、减免税土地面积、适用单位税额以及税款计算缴纳等问题。

（一）对城镇土地使用税的征税范围的审核

《中华人民共和国城镇土地使用税暂行条例》规定，在城市、县城、建制镇、工矿区范围内使用土地的单位和个人，为城镇土地使用税的纳税人，应当依照本条例的规定缴纳城镇土地使用税。城镇土地使用税以纳税人实际占用的土地面积为计税依据，依照规定税额计算征收。

外商投资企业、外国企业应列为城镇土地使用税的纳税人。

（二）对实际占用土地面积的审核

1.由省、自治区、直辖市人民政府确定的单位组织测定土地面积的纳税人，以测定的土地面积为准。

2.尚未组织测量土地面积，但持有政府部门核发的土地使用证书的纳税人，以证书确认的土地面积为准。

3.尚未核发土地使用证书的，应由纳税人申报土地面积并据以纳税，待核发土地使用证以后再作调整。

4.财税〔2009〕128号文件规定，对在城镇土地使用税征税范围内单独建造的地下建筑用地，按规定征收城镇土地使用税。其中，已取得地下土地使用权证的，按土地使用权证确认的土地面积计算应纳税款；未取得地下土地使用权证或地下土地使用权证上未标明土地面积的，按地下建筑垂直投影面积计算应纳税款。

（三）对减免税土地面积的审核

1.国家机关、人民团体、军队自用的土地。

2.由国家财政部门拨付事业经费的单位自用的土地。

3.宗教寺庙、公园、名胜古迹自用的土地。

4.市政街道、广场、绿化地带等公共用地（对企业厂区（包括生产、办公及生活区）

以内的绿化用地，应照章征收城镇土地使用税；厂区以外的公共绿化用地和向社会开放的公园用地，暂免征收城镇土地使用税）。

5.直接用于农、林、牧、渔业的生产用地。

6.经批准开山填海整治的土地和改造的废弃土地，从使用的月份起免缴城镇土地使用税5年至10年。

7.由财政部另行规定免税的能源、交通、水利设施用地和其他用地。

8.个人所有的居住房屋及院落用地。

9.向居民供热并向居民收取采暖费的供热企业暂免征收城镇土地使用税和房产税。对既向居民供热，又向非居民供热的企业，可按向居民供热收取的收入占其总供热收入的比例划分征免税界限；对于兼营供热的企业，可按向居民供热收取的收入占其生产经营总收入的比例划分征免税界限。

在审核时，应注意划分征免界限；注意核查纳税人有无将免税土地用于出租，多报免税土地面积的情况。

（四）对应纳税额的审核

对城镇土地使用税应纳税额的审核应注意：新征用的耕地缴纳耕地占用税1年以后征收城镇土地使用税，新征用的非耕地自批准征用的次月起征收城镇土地使用税。

第五节　资源税纳税申报代理

一、资源税的计算方法

资源税是指国家对我国境内从事原油、天然气、金属和其他非金属矿产品开发的单位和个人，因资源生成和开发条件的差异而形成的级差收入征收的一种税。

资源税实行从价定率和从量定额两种征收方式，其计算公式为：

应纳税额=课税数量×单位税额

或　　=销售额×比例税率（原油、天然气）

二、代理资源税纳税申报操作规范

代理资源税纳税申报主要涉及两个方面：纳税单位的资源税纳税申报和收购应税资源单位的资源税扣缴申报。

1.资源税纳税申报。

（1）核查应税资源项目，确定课税数量，对于应税与非应税资源混同的企业，应具体加以区分。

（2）核查应税项目中按税法规定享受减免税政策的应税资源数量。

（3）根据资源税的明细税额和本地区的具体规定确定适用税率，计算填报纳税申报表。

2.资源税扣缴申报。资源税扣缴义务人主要包括：收购应税而未税矿产品的独立矿山或联合企业；其他收购未税矿产品的单位。代理扣缴申报的操作要点如下：

（1）核查收购未税矿产品原始凭证和付款凭证，确定课税数量。

（2）根据资源税明细税额计算应扣缴的税额。

（3）指导收购单位在向纳税人支付收购款项前扣缴税款，并按照主管税务机关规定的期限办理扣缴税款申报。

【例8-7】[①]大众铜矿2016年2月用原矿入选铜精矿，因特殊原因无法准确掌握入选精矿时移送使用的原矿量。入选后精矿量为6 000吨，选矿比为1∶30，该铜矿资源等级为五等，适用的单位税额为每吨1.20元，大众铜矿应纳资源税税额为：

应纳资源税=6 000×30×1.20=216 000（元）

根据上例填写“资源税纳税申报表”，见表8-7。

表8-7

资源税纳税申报表

填表日期：　　年　　月　　日

纳税人识别号：□□□□□□□□□□□□□

纳税人名称		大众铜矿			税款所属时期		2016年2月	
产品名称		课税单位	课税数量	单位税额	应纳税款	已纳税款	应补(退)税款	备注
应纳税项目	铜矿(原矿)	吨	180 000	1.20	216 000		216 000	
减免税项目								

如纳税人填报，由纳税人填写以下各栏		如委托代理人填报，由代理人填写以下各栏				备注
会计主管（签章）	纳税人（公章）	代理人名称		代理人（公章）		
		代理人地址				
		经办人		电话		

以下由税务机关填写			
收到申报表日期		接收人	

① 根据2014年全国注册税务师执业资格考试教材《税务代理实务》例题改编。

第六节　资源税纳税审核代理

一、应税产品课税数量的审核

资源税实行从量定额征收，审核首先应确定纳税人的计税依据，即对应税产品的课税数量的确认是否准确无误。

（一）销售应税产品审核要点

纳税人开采或者生产应税产品销售的，以销售数量为课税数量。审核的基本方法是：审核纳税人“税金及附加”“产成品”“应交税费——应交资源税”等账户，将其与会计凭证及销售发票存根等有关原始凭证相核对，核实应税数量和应纳税额是否正确。也可以用以下公式来核实企业应纳资源税产品销售数量的正确性：本期销售产品数量=期初在产品数量+本期完工产品数量-本期期末产品结存量。据此，只要核实本期应税产品的产量，就可以计算出本期应税产品的销量。如果在审核时不能确认销售数量，应以应税产品产量或者主管税务机关确定的折算比换算成的数量作为课税数量。

（二）自用应税产品审核要点

纳税人开采或者生产应税产品自用的，以自用数量为课税数量。自产自用包括生产自用和非生产自用两个部分。例如，生产自用包括将自产原煤连续加工成洗煤、选煤或者用于炼焦、发电、机车及生产生活等方面；非生产自用包括生活福利用煤、基本建设用煤、专项工程用煤或者将原煤用于赠送等方面。对于自产自用的应税产品，审核的基本方法是：通过审核“生产成本”、“制造费用”、“应付职工薪酬”和“应交税费——应交资源税”等账户，结合领料单等原始凭证，确认自产自用应税产品的数量是否正确。对于纳税人不能准确提供应税产品数量或移送使用数量的，以应税产品产量或主管税务机关确定的折算比换算成的数量为课税数量。如煤炭，对于连续加工前无法正确计算原煤移送使用数量的，可按加工产品综合回收率，将加工产品实际销量和自用数量折算成煤炭数量作为课税数量。对于金属和非金属矿产品原矿，无法准确掌握纳税人移送使用原矿数量的，可将其精矿按选矿比折算成原矿数量作为课税数量。

（三）收购应税产品审核要点

审核收购应税产品应重点注意以下几个方面：

1.独立矿山、联合企业收购与本单位矿种相同的未税矿产品，是否按本单位相同矿种应税产品的单位税额，依据收购数量在收购地代扣代缴资源税。

2.其他收购未税矿产品的单位，是否按税法规定的单位税额，依据收购数量在收购地代扣代缴资源税。

应审核扣缴义务人“库存商品”科目明细账的借方发生额，并结合原始凭证，如商品入库单、购货发票等，核实购进未税产品的数量。扣缴义务人属于工矿企业的，应审核其“原材料”科目明细账，结合材料入库单、发货单，查实购进未税产品的数量，再与企业申报纳税的计税数量相核对，若申报数量小于核实的数量说明企业少扣缴了税款，应及时补扣少扣的税款。

二、适用税目、税率的审核

根据《中华人民共和国资源税暂行条例》（以下简称《资源税暂行条例》）及其实施细则的规定，资源税共有原油、天然气、煤炭等7个税目及若干个子目。其适用税额分为两个层次：一是原则性的幅度税额，二是具体的明细税额。在审核时，应重点审核纳税人是否存在以下问题：

1.降低或混淆应税产品的等级，使用低等级的单位税额，少纳资源税。

2.液体盐加工成固体盐销售，但仍按液体盐的单位税额申报纳税。

3.将稀油记入稠油、高凝油之中，降低纳税额，少纳资源税。

4.《资源税暂行条例》及其实施细则未列举单位适用税额及等级的，不按省、自治区、直辖市人民政府规定的单位税额计算纳税。

5.因业务不熟导致错用单位税额。

资源税的单位税额由于按开采条件、质量等级设置，因此，不但不同产地的单位税额不同，而且同一地点、同一矿山的应税产品因等级不同，其单位税额也不尽相同。在审核时，一般根据“资源税税目税率明细表”“几个主要品种的矿山资源等级表”，对照被审核企业的“生产成本”“库存商品”“主营业务收入”“应交税费”等科目明细账，以及“资源税税金计算表”，重点审核以下方面：一是，企业有无混淆等级，故意将其高等级产品记入低等级产品明细账中，使单位税额降低的情况；二是，企业在计算税金时有无错用单位税额的情况，税金的计算是否正确，注意按核实的计税数量和单位税额计算的应纳税额，与企业“应交税费——应交资源税”科目的贷方发生额以及纳税申报表上的应纳税额是否一致，如不一致则说明企业适用税率有误或申报缴纳不实。

三、减免税项目的审核

在审核中应注意纳税人的减免税项目，是否单独核算课税数量，未单独核算或不能准确核算课税数量的，按规定不能享受减税和免税政策。目前，具体的减税、免税政策为：

1.开采原油过程中用于加热、修井的原油，免税。

2.纳税人开采或者生产应税产品过程中，因意外事故或者自然灾害等原因遭受重大损失的，由省、自治区、直辖市人民政府酌情决定减税或者免税。

3.国务院规定的其他减税、免税项目。

【例8-8】税务代理人受托对兴盛煤矿（增值税一般纳税人）2016年的纳税情况进行审核。经审核，发现某月该企业“生产成本——基本生产成本”科目明细账的借方发生额中有红字冲销额20 000元，其账务处理为：

借：应付职工薪酬　　20 000

　贷：生产成本　　20 000

经对兴盛煤矿当期的会计资料及有关统计资料进行全面审核，发现职工生活用煤1 600吨，均以实际成本进行了上述账务处理。已知兴盛煤矿煤炭的平均成本为140元/吨。

要求：（1）分析兴盛煤矿账务处理上存在的问题。

（2）进行相关的账务调整。

【解析】

（1）兴盛煤矿存在如下的账务问题：

①根据《资源税暂行条例》及其实施细则的规定，纳税人自用应税产品应于移送使用时按移送使用数量计算缴纳资源税。该煤矿将职工的生活用煤直接冲减生产成本，未缴纳资源税，因此应补缴资源税1 920元（1 600×1.20）。

②根据《中华人民共和国增值税暂行条例》及其实施细则的规定，纳税人将自产货物用于职工福利的，应视同销售，照章征收增值税。该煤矿自产原煤用于职工生活未作视同销售处理，因此，少计增值税销项税额54 400元（1 600×200×17%）。

（2）根据上述资料，企业应进行如下账务调整：

①补提增值税、资源税：

借：应付职工薪酬	56 320	
贷：应交税费——应交增值税（销项税额）		54 400
——应交资源税		1 920

②结转增值税应交税费：

借：应交税费——应交增值税（转出未交增值税）	54 400	
贷：应交税费——未交增值税		54 400

③补交税金：

借：应交税费——应交资源税	1 920	
——未交增值税	54 400	
贷：银行存款		56 320

思考与练习

1. 简述房产税代理纳税申报操作规范。
2. 简述城镇土地使用税代理纳税申报操作规范。
3. 简述注册税务师对土地增值税扣除项目金额的审核要点。
4. 简述应税土地面积的审核依据及方法。

第九章

其他税务代理实务

【本章导读】

本章包括4节，介绍了发票管理代理、建账建制代理、税务咨询和税务顾问、税务行政代理的基本操作规范。通过本章的学习，使学生重点掌握代理发票领购与审核业务；掌握代理建账建制的适用范围与基本内容，熟悉代理建账建制的操作规范；熟悉税务咨询与税务顾问的基本内容和相关要求；掌握税务行政复议的主要内容，熟悉代理税务行政复议的基本前提与操作规范。

第一节 发票管理代理实务

一、发票的领购代理实务

发票是指一切单位和个人在购销商品、提供或者接受劳务服务以及从事其他经营活动时，所提供给对方的收付款书面证明。它是财务收支的法定凭证，是会计核算的原始凭据，是税务检查的重要依据。

(一) 发票的种类与使用范围

发票按行业特点和纳税人的生产经营项目分为三大类，即增值税专用发票、普通发票和专业发票。

1.增值税专用发票。增值税专用发票只限于增值税一般纳税人领购使用，增值税小规模纳税人和非增值税纳税人不得领购使用。从行业划分来讲，它是商业企业、工业企业用于结算销售货物和加工、修理修配劳务使用的发票。但是，一般纳税人如有下列情形之一者，不得领购、使用增值税专用发票：

(1) 会计核算不健全，不能向税务机关准确提供增值税销项税额、进项税额和应纳税额数据及其他有关增值税税务资料的。

（2）有《税收征收管理法》规定的税收违法行为，拒不接受税务机关处理的。

（3）有以下行为之一，经税务机关责令限期改正而仍未改正的：

①虚开增值税专用发票。

②私自印制专用发票。

③向税务机关以外的单位和个人买取专用发票。

④借用他人专用发票，为他人代开专用发票。

⑤未按本规定开具专用发票。

⑥未按规定保管专用发票和专用设备。

⑦未按本规定申请办理防伪税控系统变更发行。

⑧未按规定接受税务机关检查。

（4）销售的货物全部属于免税项目的。

（5）一般纳税人经营商业零售的烟、酒、食品、服饰、鞋帽（不包括劳保专用的部分）、化妆品等消费品不得开具专用发票；一般纳税人生产经营机器、机车、汽车、轮船、锅炉等大型机械及电子设备，凡直接销售给使用单位的，不再开具专用发票，而改用普通发票。

增值税一般纳税人必须通过防伪税控系统开具专用发票，同时全国统一废止增值税一般纳税人所用的手写版专用发票。

2.普通发票。普通发票主要是由原营业税纳税人和增值税小规模纳税人使用，增值税一般纳税人在不能开具专用发票的情况下也可使用普通发票。

（1）增值税纳税人使用的普通发票，按行业划分如下：

①工业企业包括：工业企业产品销售统一发票；工业企业材料销售统一发票；工业企业加工产品统一发票；工业企业加工修理统一发票。

②商业企业包括：商业零售统一发票；商业批发统一发票。

③其他行业包括：农林牧水产品收购统一发票；废旧物资收购发票；机动车专项修理专用发票；电业局电力销售专用发票；自来水公司水销售专用发票；公共事业联合收费处缴费专用发票；临时经营发票。

（2）"营改增"后，发票开具和使用上主要的依据是：《关于全面推开营业税改征增值税试点的通知》（财税〔2016〕36号）及其配套文件、《国家税务总局关于全面推开营业税改征增值税试点有关税收征收管理事项的公告》（国家税务总局公告2016年23号）

不得开具专用发票的情形的依据是：《国家税务总局关于全面推开营业税改征增值税试点后增值税纳税申报有关事项的公告》（国家税务总局公告2016年第13号）发布了新的《本期抵扣进项税额结构明细表》，其中列示了简易计税取得的进项税额栏次。针对简易计税项目，不管是营改增前，还是营改增后，只要财税部门没有明确禁止，都可以开具专用发票。

有关代开发票的主体和机关方面，新《营业税改征增值税试点实施办法》第五十四条规定："小规模纳税人发生应税行为，购买方索取增值税专用发票的，可以向主管税务机关申请代开。"

《纳税人跨县（市、区）提供建筑服务增值税征收管理暂行办法》（国家税务总局公告2016年第17号）第九条："小规模纳税人跨县（市、区）提供建筑服务，不能自行开具增值税发票的，可向建筑服务发生地主管国税机关按照其取得的全部价款和价外费用申请代开增值税发票。"

3.专业发票。专业发票是指国有金融、保险、邮电通信、铁路航运等部门开具使用的专用发票。专业发票也可由政府主管部门自行管理，不套印税务机关的统一发票监制章，也可根据税收征管的需要纳入统一发票管理，专业发票具体包括：

（1）国有金融、保险企业的存贷、汇兑、转账凭证及保险凭证。

（2）国有邮政、电信企业的邮票、邮单、话务、电报收据。

（3）国有铁路、民用航空企业和交通部门、国有公路、水上运输企业的客票、货票等。

（二）代理自制发票的操作要点

1.自制发票的条件。根据《中华人民共和国发票管理办法实施细则》规定，凡有固定经营场所、财务核算和发票管理制度健全、发票使用量较大的单位，可以申请印制印有本单位名称的发票。如果同一发票样式不能满足其业务需要，也可以自行设计本单位的发票样式，但须报经县（市）以上税务机关批准，到指定的印刷厂印制。自制发票仅限于普通发票。

2.代理自制发票的程序。代理人接受纳税人委托办理自制发票时，首先应熟悉自制发票的有关规定，然后按下列程序和要求办理：

（1）要求用票单位根据经营需要和业务特点，设计发票式样，预计印制数量。

（2）代理人代理填写“企业自制发票申请审批表”，申请表中应详细写明单位名称、发票种类、名称、联次、数量等内容，连同发票式样一同提交主管税务机关审批。

（3）发票主管部门对用票单位的资料进行审核。经审核准予印制的，税务机关填制“发票印制通知书”，用票单位方可到指定的印刷厂印制。

（4）领回发票后，代理人应指导用票单位建立发票领、用、存的管理制度。

（三）代理统印发票领购的操作要点

1.发票领购的适用范围。

（1）依法办理税务登记的单位和个人，在领取税务登记证后可以申请领购发票，属于法定的领购发票对象。

（2）依法不需要办理税务登记的单位和个人，发生临时经营业务需要使用发票的，可以凭购销商品、提供或者接受服务以及从事其他经营活动的书面证明、经办人身份证明，直接向经营地税务机关申领代开发票。依照税收法律、行政法规规定应当缴纳税款的，税务机关应当先征收税款，再开具发票。

（3）临时到本省、自治区、直辖市以外从事经营活动的单位和个人，凭所在地税务机关开具的“外出经营活动税收管理证明”，在办理纳税担保的前提下，可向经营地税务机关申请领购经营地的发票。

2.发票领购的方式。

（1）批量供应。对于一些财务制度健全、经营规模较大、发票管理规范的纳税人，税务机关根据其业务量对发票需要量的大小，确定一定时期内的合理领购数量，用量大的可以按月领购，用量不太大的可以按季领购。这样可以防止用票单位积存较多发票而引起管理上的问题。

（2）交旧购新。用票单位在购买发票前，将手中原领购且已使用完的发票存根上交主管税务机关后，方可领购新发票。主管税务机关在收缴旧票存根时，应当场对其票面的真实性、完整性、规范性进行审核。实行交旧购新方式领购发票的主要是个体工商户。另外，对省、自治区、直辖市从事临时经营活动的纳税人，除以担保发售方式发售发票外，同时实行交旧购新的方式。

（3）验旧购新。这种方式与交旧购新基本相同，主要区别在于税务机关审核旧发票存根后，由用票单位自行保管。

（4）担保发售。税务机关对省、自治区、直辖市来本辖区从事经营活动的用票单位申请领购发票的，实行担保发售方式，即要求其提供保证人或根据所购发票的限额及数量缴纳不超过1万元的购票保证金，并限期缴销发票。

3.发票领购的手续。

（1）初次领购发票的用票单位或个人办理发票领购手续时，应当持税务登记证、经办人身份证明、按照国务院税务主管部门规定式样制作的发票专用章的印模，向主管税务机关办理发票领购手续。主管税务机关根据领购单位或个人的经营范围和规模，确认领购发票的种类、数量以及领购方式，在5个工作日内发给“发票领购簿”。纳税人领取的“发票领购簿”是办理发票领购手续的法定凭证，只有取得“发票领购簿”，才能据以向主管税务机关领购发票。

（2）领购发票。纳税人根据“发票领购簿”上核准的领购发票的种类、数量以及购票方式，向主管税务机关领购发票，缴纳一定的工本费并索要收据。

二、发票使用及开具的要求

（一）发票使用的要求

1.发票使用的要求。任何单位和个人应当按照发票管理规定使用发票，不得有下列行为：

（1）转借、转让、介绍他人转让发票、发票监制章和发票防伪专用品。

（2）知道或者应当知道是私自印制、伪造、变造、非法取得或者废止的发票而受让、开具、存放、携带、邮寄、运输。

（3）拆本使用发票。

（4）扩大发票使用范围。

（5）以其他凭证代替发票使用。

2.发票开具的时限要求。

（1）采用预收货款、托收承付、委托银行收款结算方式的，其增值税专用发票开具的时间应为货物发出的当天。

（2）采用交款提货结算方式的，为收到货款的当天。

（3）采用赊销、分期付款结算方式的，为合同约定的收款日期的当天。

（4）将货物交付他人代销，为收到受托人送交的代销清单的当天。

（5）设有两个以上机构并实行统一核算的纳税人，将货物从一个机构移送其他机构用于销售，按规定应当征收增值税的，为货物移送的当天。

（6）将货物作为投资提供给其他单位或个体经营者，将货物分配给股东或投资者的，均为货物移送的当天。一般纳税人必须按照上述规定的时限开具增值税专用发票，不得提前或滞后。

3.发票开具地点的要求。发票限于领购单位和个人在本省（直辖市、自治区）范围内开具，省（直辖市、自治区）级税务机关可以规定跨县、市开具发票的办法。任何单位和个人未经批准，不得跨规定的使用区域携带、邮寄或者运输空白发票，更不得携带、邮寄或者运输空白发票出入境。

4.电子计算机开具发票的要求。用票单位使用电子计算机开具发票，必须报经主管税务机关批准，并使用税务机关统一监制的机外发票，即税务机关批准的在定点印制发票企业印制的供电子计算机开具的发票。同时，开具后的存根联应当按照顺序号装订成册，以备税务机关查验。

（二）发票填开的操作要点

1.发票的开具。任何单位和个人销售商品、提供服务以及从事经营活动时，对外发生经营业务收取款项，收款方应当向付款方开具发票。在特殊情况下，由付款方向收款方开具发票。这里所说的特殊情况是指：①收购单位收购货物或者农副产品付款时，应当向收款人开具发票；②扣缴义务人支付个人款项时，应当向收款人开具发票。

增值税一般纳税人有下列情形的，不得开具专用发票：①向消费者销售应税项目；②销售免税项目；③销售报关出口的货物、在境外销售应税劳务；④将货物用于非应税项目；⑤将货物用于集体福利或个人消费；⑥将货物无偿赠送他人；⑦提供非增值税应税劳务；⑧转让无形资产或销售不动产。向小规模纳税人销售应税项目，可以不开具专用发票。

2.发票的填写。开具发票应当按照规定的时限、顺序，逐栏、全部联次一次性如实填开，必须做到按号码顺序填开，填写项目齐全，内容真实，字迹清楚，全部联次一次性复写或打印，内容完全一致，并加盖发票专用章。填写专用发票还要求：

（1）字迹不得涂改；

（2）票面品名与货物相符，票面金额与实际收取的金额相符；

（3）填写发票应当使用中文，民族自治地方可以同时使用当地通用的一种民族文字，外商投资企业和外国企业可以同时使用一种外国文字。

开具的专用发票有不符合上述要求的，不得作为扣税凭证，购买方有权拒收。使用电子计算机开局专用发票时，必须经主管税务机关批准，并使用由税务机关监制的机外发票。

3.发票的取得。任何单位和从事生产经营活动的个人在购买商品、接受服务以及从事其他经营活动中支付款项，应当向收款方索取发票。在取得发票时，不得要求变更品名和金额。对不符合规定的发票，不得作为报销凭证，任何单位和个人有权拒收。

4.发票的作废。

（1）开具发票时发生错误、误填等情况需要重新开具发票的，可以在原发票上注明“作废”字样后，重新开具。需要注意的是，开具增值税专用发票填写有误的，应当另行开具，并在误填的专用发票上注明“误填作废”字样。

（2）如果发生销货退回需开具红字发票的，必须收回原发票并注明“作废”字样或者取得对方的有效凭证。发生销售折让的，在收回原发票并注明“作废”字样后，重新开具销售发票。

（3）如果专用发票开具后因购货方不索取而成为废票的，应该按填写有误办理。

三、发票审核代理实务

发票检查是税收检查的重要内容和发票管理的重要环节。税务代理人开展发票审核业务属于用票单位自查，可以有效地指导用票单位的发票管理，减少纳税风险。

（一）普通发票代理审核操作要点

1.审核发票基础管理情况。发票基础管理工作的状况，直接影响到发票使用、保管等各个环节的管理成效。发票基础管理工作包括用票单位发票管理人员的配备、发票存放的安全性、发票取得与开具管理环节的严密性等。

2.审核发票领购、发放、保管情况。对发票领购环节主要审核发票的领购手续是否合法，有无私印、印售发票的问题；对发票发放环节主要审核发票的发放是否符合规定的范围，是否按序时登记并有领取人的签收手续；对发票保管环节主要审核发票存根、库存未用的发票是否保存完整，账面数字与实际库存数是否相等，有无发生丢失、霉烂等情况；已用的发票存根及作废发票是否保存完整，是否按规定造册登记并报税务机关销毁。

3.审核发票的使用情况。

（1）审核发票的开具内容是否真实，即票面各项内容所反映的业务是否为用票单位的真实情况。

（2）审核发票有无超经济范围填开的问题，填开的方法是否符合规定要求，如发票各栏目的填写是否真实无误、各联次是否一次开具、是否加盖了发票专用章、大小写金额是否封顶等。

（3）审核发票取得是否符合发票管理制度的规定，有无转借、代开或虚开发票的问题。对从中国境外取得的发票如有疑问，可要求纳税人提供境外公证部门或注册会计师的确认证明。

（二）增值税专用发票代理审核操作要点

增值税专用发票的审核除上述审核普通发票的操作以外，还应侧重以下几个方面：

1.增值税专用发票开具的范围。审核发生销售免税项目、在境外销售应税劳务、向消费者销售应税项目时，用票单位是否存在开具增值税专用发票的问题。

2.增值税专用发票抵扣联的取得。对用票单位取得增值税专用发票的时间、内容、税额计算等方面进行详细核查，凡属于未按规定取得增值税专用发票的，应提示纳税人不得计算抵扣进项税额。

3.增值税专用发票的缴销。为了保证增值税专用发票的安全使用，纳税人要按规定的期限缴销，从开具第一张专用发票起60天内办理缴销手续。对填开有误的专用发票要加盖“误填作废”的条形专用章后予以缴销。

第二节　建账建制代理实务

一、代理建账建制的适用范围与基本要求

代理建账建制、代理记账是税务中介、会计中介机构的一项业务，其主要服务对象是

财务核算制度不够健全、缺少合格会计人员的集体、私营中小企业，以及数量庞大的个体工商户。

（一）代理建账建制的适用范围

根据国务院批准的国家税务总局《关于加强个体私营经济税收征管强化查账征收工作的意见》，个体、私营业户可自行建账，也可以聘请社会中介机构代理建账。具体范围如下：

1.有固定经营场所的个体、私营经济业户。

2.名为国有或集体实为个体、私营经济业户。

3.个人租赁、承包经营企业。

对于经营规模小、确无建账能力的业户，经县以上税务机关批准，可暂不建账或不设置账簿。

（二）代理建账建制的基本要求

在代理建账建制的过程中，应区别不同的业户实施分类建账。对于达到一定经营规模的个体工商户及按定期定额方式征收税款的私营企业、个人租赁承包经营企业，以及各类名为国有或集体实为个体、私营的企业，要建立复式账，其他业户可建立简易账。

1.建立复式账的基本要求。

（1）注册资金在20万元以上的。

（2）销售增值税应税劳务的纳税人或原营业税纳税人月销售（营业）额在40 000元以上的；从事货物生产的增值税纳税人月销售额在60 000元以上的；从事货物批发或零售的增值税纳税人月销售额在80 000元以上的。

（3）省级税务机关确定应设置复式账的其他情形。

2.建立简易账的基本要求。具备下列条件之一的个体工商户，应设置简易账，并积极创造条件设置复式账：

（1）注册资金在10万元以上20万元以下的。

（2）销售增值税应税劳务的纳税人或原营业税纳税人月销售（营业）额在15 000元~40 000元的；从事货物生产的增值税纳税人月销售额在30 000元~60 000元的；从事货物批发或零售的增值税纳税人月销售额在40 000元~80 000元的。

（3）省级税务机关确定应当设置简易账的其他情形。

简易账簿均采用订本式，设置简易账簿核算的个体户其会计制度和财务制度与设置复式账的个体业户相同。

二、代理建账建制的基本内容与操作规范

（一）代理建账建制的基本内容

1.代建个体工商户会计制度。

（1）代理个体工商户复式账会计制度。税务代理人为个体工商户建立复式账簿，应按个体工商户会计制度的规定，根据委托方的业务量、收支规模等实际情况设置和使用会计账户，按月编制资产负债表、应税所得表和留存利润表，报送主管财税机关。

（2）代建个体工商户简易账会计制度。建立简易账的个体工商户，其生产经营特点是规模小、收入少，因而核算内容简单。其会计核算的目的主要是控制收支两方面的核算和

反映盈亏。代理人除了代为设置简易会计账户记账外，还要按月编制应税所得表，在办理当期纳税申报时向主管财政及税务机关报送。

2.代建个体工商户财务制度。

（1）按权责发生制原则确认所取得的从事生产、经营以及与生产、经营有关的活动所取得的各项收入。

（2）成本列支范围是个体工商户从事生产、经营所发生的各项直接支出和应计入成本的间接费用。

（3）费用列支范围是个体工商户从事生产、经营过程中所发生的销售费用、管理费用和财务费用。

（4）损失列支范围包括个体工商户从事生产、经营过程中所发生的营业外支出。

（5）个体工商户按规定缴纳的消费税、增值税、城市维护建设税、城镇土地使用税、土地增值税、房产税、车船税、印花税、耕地占用税以及教育费附加，准予从应纳税所得额中扣除。

下列各项支出税前不允许扣除：

（1）资本性支出，包括为购置和建造固定资产、无形资产及其他资产的支出，以及对外投资支出；

（2）被没收的财物支付和罚款；

（3）缴纳的个人所得税，以及各种税收的滞纳金、罚金；

（4）各种赞助支出；

（5）自然灾害和意外事故损失有赔偿的部分；

（6）分配给投资者的股利；

（7）用于个人和家庭的支出；

（8）与生产经营无关的其他支出；

（9）国家税务总局规定不准扣除的其他支出。

（二）代理记账的操作规范

税务代理人代理记账，应领购统一格式的账簿、凭证，启用账簿时送主管税务机关审验盖章；账簿和凭证要按业务发生的时间先后顺序填写、装订和粘贴，凭证和账簿不得涂改、销毁、挖补；对各种账簿、凭证、表格必须保存10年以上，销毁时须经主管税务机关审验和批准。

1.代制会计凭证。会计凭证是记载经济业务、明确经济责任的书面证明，是登记账簿的依据，会计凭证按其填制程序和用途不同可分为原始凭证和记账凭证两种。通常，税务代理人接受纳税人委托为其代制记账凭证。税务代理人代制记账凭证时，应首先审核原始凭证。

（1）审核原始凭证。原始凭证式是进行会计核算的原始资料，它分为自制原始凭证和外来原始凭证两种。代理人为客户代理记账但不代客户制作原始凭证，仅是指导纳税人依法取得和正确填制有效的原始凭证。为了保证记账凭证的真实性、合法性，税务代理人应注意从以下几个方面审核原始凭证：

①原始凭证内容的真实性与完整性。原始凭证所记录的经济业务应与实际情况相符，而且凭证中的各项内容应填写齐全。

②原始凭证取得的时效性和合法性。原始凭证入账的时间有一定的时限要求，即凭证上注明的时间应与会计核算期间相符，凭证的取得应符合现行财务和税收征管法规的要求。

（2）代制记账凭证。记账凭证是根据合法的原始凭证与原始凭证汇总表编制的，它是登记账簿的依据。代理人应根据纳税单位原始凭证的多少和繁简情况，按月或旬到户代制记账凭证。记账凭证可以根据每一张原始凭证单独填制，也可以按反映同类经济业务的若干张原始凭证汇总填制。税务代理人代制记账凭证时，应注意做到以下几点：

①根据原始凭证简要概括业务内容，填入“摘要”栏内，可以有助于登记账簿和日后查阅凭证。

②根据会计账户的内容正确编制会计分录，做到账户对应关系正确、清晰。

③将记账凭证连续编号并附列原始凭证，按月装订成册。

会计凭证是重要的经济资料和会计档案，税务代理人完成记账凭证的编制后，应帮助纳税单位建立立卷归档制度，并指导专人保管。

2.代为登记会计账簿。税务代理人应根据记账凭证所确定的会计账户，依次分别在日记账和分类账的有关账户中进行登记。代理简易账的记账工作是收支方式记录、反映生产情况并进行简易会计核算，在编制记账凭证后根据业务内容按时间顺序记入相关账户，而代记复式账的操作就应根据会计账户的特点来进行。

（1）库存现金日记账和银行存款日记账应由纳税单位的出纳人员登记，税务代理人员审核有关凭证的登记账簿内容，使其能逐日反映库存现金和银行存款收入的来源、支出与结存情况，保证账实相符。

（2）总分类账一般应采用借、贷、余额三栏式的订本账，直接根据各种记账凭证逐笔进行登记，也可以先编制汇总记账凭证和账户汇总表，然后据以登记账簿。每月应将当月已完成的经济业务全部登记入账，并于月末结出总账、各分类账户的本期发生额和期末余额，作为编制会计报表的主要依据。

（3）明细分类账是按照明细账户开设的用来登记某一类经济业务，提供明细核算资料的分类账户，可分类连续地记录和反映个体工商户的资产、负债、所有者权益、成本、费用、收入等明细情况。税务代理人应根据个体、私营业户的经营特点和经营项目，设置明细分类账。例如，从事饮食服务的业户，可设置存货、固定资产、应收款项、应付款项、营业收入、营业成本、销售费用、本年应税所得、留存利润等明细分类账。

明细分类账一般采用活页式账簿，其格式可选择三栏式、数量金额式或多栏式。明细分类账可根据原始凭证逐日定期汇总登记，也可逐笔登记。

税务代理人员将上述账簿登记完毕后，还要进行对账工作，即进行账证核对、账账核对、账实核对，并在会计期末的月份、季度或年度终了时进行结账，以确定本期收入、成本、费用和应税所得，同时也为编制会计报表准备数据。

3.代为编制会计报表。会计报表是提供会计资料的重要手段，个体工商户的会计报表比企业的要简单得多。税务代理人员应为设置复式账的个体工商户编制资产负债表、应税所得表和留存利润表。对于设置简易账的个体工商户，税务代理人员应为其编报应税所得表，它除了可以总括反映业户的资产负债情况外，最重要的是能为个人所得税的计算提供真实可靠的依据。税务代理人员在代为编制会计报表时，应做到以下两点：一是数字真实、内容完整；二是计算准确、报送及时。

4.代理纳税申报。税务代理人员在代理建账、记账的过程中，对客户的生产、经营情况有较为全面、深入的了解，在按月结账编制报表的同时，可代理纳税申报事宜。在纳税期间，税务代理人员应根据准确无误的会计账簿资料，按照税法规定，计算委托方应缴纳的各项税额，编制纳税申报表，代理纳税申报事宜。

关于增值税、房产税、印花税、城镇土地使用税等税种的纳税申报操作规范及纳税申报表的填报方法在前面各章已详细介绍，本章不再重复。关于个体工商户所得税的纳税申报，应单独填报“个体工商户所得税年度申报表”，该表要依据应税所得表按月填报并附送有关财务报表。个体工商户的所得税在年度终了后3个月内汇算清缴，实行多退少补，如果分月、分次取得所得并已预缴税款，可在年度汇算清缴时计算应补（退）税额。

5.代理纳税审核。通过代理纳税审核，能够帮助个体工商户正确、完整地履行纳税义务，避免其因不通晓税法和财务会计制度的规定而漏缴税款。代理纳税审核工作的重点就是审核应税所得表所列各项收入是否符合个体工商户财务会计制度的规定。

第三节　税务咨询与税务顾问

一、税务咨询

（一）税务咨询的概念

税务咨询是咨询服务的一种。它通过电话、信函、晤谈等方式解答纳税人、扣缴义务人等咨询人有关税收方面的问题，是最具普遍性的涉税服务业务。

税务咨询的结论具有一定的权威性，但是税务咨询报告对委托人的纳税只起指导和参考作用，其目的是影响委托人的纳税行为。税务咨询报告一般不对外产生作用，不直接涉及第三方即税务机关，税务咨询的结果对税务机关也不直接产生影响。

（二）税务咨询的形式

1.口头咨询。口头咨询包括电话咨询、中介机构场所咨询、委托方现场咨询、专场咨询会咨询等。口头咨询主要用于简单明了的税务问题的咨询服务。通过电话交谈、晤谈就能给予纳税人、扣缴义务人一个简要的答复。咨询的内容一般涉及税收法律、法规条文的查询，税收政策主要规定的查询，办税程序的查询，以及由咨询双方经共同研讨最后由专业咨询人员作出结论的问题。口头咨询的特点是简便快捷，但是，对于涉及税收征免、应纳税额计算等复杂问题要慎重对待，最好在口头答复之后再发出一份书面备忘函，以便分清责任。在不能够确定解答问题的内容时，税务咨询人员必须在进行案头书面准备之后，再予以答复。

2.书面咨询。书面咨询是税务咨询最常用的一种咨询方法，它是以书面的方式释疑解难。咨询时，专业人员要根据纳税人、扣缴义务人提出的有关问题制作文书，予以解答。制作的文书要求题目明确、解答清楚、证据充分，引用的法律、法规准确。书面文书的形式如“税务咨询备忘函”“关于××问题的解答”等，其格式可以固定化，以方便纳税人、扣缴义务人了解问题的要点所在。在计算机网络化的情况下，书面咨询也可以电子信件的形式传输。书面咨询的优点是有助于税务咨询服务的规范化，有利于明确责任。

3.网络咨询。网络咨询是新兴的也是发展最快、影响最大、前景看好的咨询方式。网络咨询以专业咨询网站为载体，人员由专家、学者、具有实际工作经验或特长的人员等组成，服务内容比任何个人的知识和经验、技能更丰富，咨询方式采取在线咨询、预约咨询、留言解答等。网络咨询与其他咨询的最大区别在于，网络咨询不仅仅是咨询的手段、方式，更是咨询业务建立、开展、跟踪的集中场所，是税务中介服务的最大平台，虽然是虚拟的，但比现场咨询更便捷，不受时间和场所的限制。

4.常年税务顾问。常年税务顾问是指税务咨询人员依照与委托人约定的时期，为委托人提供专门的税务咨询服务或其他相关服务。常年税务顾问是一种综合性的税务咨询服务形式，主要通过上门服务的方式为纳税人、扣缴义务人提供税收方面的咨询服务。与一般税务咨询相比，税务顾问权威性更强、咨询内容更广泛，服务对象专一，服务的时间比较连续。税务咨询人员执行税务顾问业务应该在签订协议前与委托方沟通税务顾问服务范围。常年税务顾问服务的内容主要包括政策指导、办税指导、提供信息等方面。

（三）税务咨询的内容

税务咨询的内容较为广泛，其特点是以税收方面的疑难问题为主导，并涉及财务、会计、投资、金融、海关、外汇管理等诸多方面的专业知识和操作实务。其内容主要有：税收征纳咨询、办税程序咨询、涉税会计咨询、税务案件咨询、综合筹划咨询。结合咨询内容和现实业务范围，税务咨询的内容主要包括以下几个方面：

1.税收法律法规和政策规定方面的咨询。纳税人、扣缴义务人在日常投资、生产经营过程中，为了实现正确纳税、准确决策或者维护权益、避免涉税风险等，向中介机构查询有关的税收法律、法规、政策等具体规定。咨询的内容包括有关纳税义务人、征税对象、计税依据、适用税率、税目、纳税环节、减税免税等税收实体法的规定和有关税务登记、发票管理、纳税申报、建账建制等税收程序法的规定。注册税务师在进行这方面的服务时，主要提供税收法律、法规、实施细则、行政规章等规范性文件的政策规定，以及其他法规关于税收问题的政策规定。

2.税收法律法规和政策运用方面的咨询。这是关于税收疑难问题的咨询，也是税务咨询最主要的内容。就我国的税法来看，涉及的内容繁、条款多、层次多，变化快，要让纳税人全部掌握和理解难度太大，因此纳税人会就税收法律法规、政策性的条款，国务院财政部、国家税务总局以及地方政府所颁布和规定的税收政策在适用范围及具体执行等方面的问题进行咨询，特别是减免税政策和征免界限的划分问题，纳税责任的承担与回避问题，以及税务机关、司法机关的权利与义务等方面的问题。税收法律、法规、政策运用方面的咨询所涉及的税种多，政策面宽，问题具体，这就要求专业从事咨询工作的人员能够通晓各种税收法律、法规、政策，并能够正确理解和综合运用，准确地向咨询人提供适用的政策依据。

3.纳税操作规程方面的咨询。这主要是纳税人、扣缴义务人查询具体办税过程中的有关操作规程，是有关税收程序法的政策操作、运用的咨询。纳税人、扣缴义务人在依法履行纳税义务过程中，为了能够准确、顺利、快捷地办理有关涉税事宜，会对税收征管规程，办税实务操作环节、操作程序，需报送的资料，需办理的相关手续以及技术处理等具体办税事项进行咨询。这就要求专业从事税务咨询的人员既要具备办税方面的专业知识，对税收征管法律、法规和税务机关日常管理的具体要求进行深入细致的研究，又应具备实务操作技能，具有丰富的办税经验，掌握办税技巧，以此来满足纳税人、扣缴义务人的咨询需求，使其能够顺利完成办税操作事宜。

4.涉税会计处理的咨询。这主要是纳税人、扣缴义务人对涉税会计处理的相关问题进行咨询。咨询内容包括现行各税种的计算、列支、缴纳的会计处理，减税、免税相关的会计处理，纳税审查及税务机关查补税款后所涉及会计账务的调整等。受理咨询人员提供会计处理方面的咨询，要以财务、会计、税收法律、法规等专业知识和操作实务为基础，在符合财务、会计处理一般原则的前提下，做到准确无误地运用会计科目。

（四）税务咨询的业务流程

1.由委托人提出书面或口头的委托咨询意向后，税务咨询机构派人与委托人初步接触，了解委托人的咨询要求和其他相关情况。

2.税务咨询机构对委托人的咨询项目进行初步评价，认为所委托项目具有合作意向的，用电子邮件或电话等方式约见委托人，确定所咨询问题，初步提交项目建议书。

3.双方达成一致意见后，签订税务咨询协议书。咨询协议书应当载明咨询人名称、受理人名称、咨询事项、权限、完成期限以及其他应明确的内容，并由相关人员签名盖章。

4.税务咨询机构委派专人或成立项目组，对委托方进行仔细考察，对委托事项进行详细了解，对委托咨询项目所需相关资料进行搜集。通过调查研究，根据有关法律法规文件，拟订方案。

5.在征求委托方的意见后，出具税务咨询报告书。

6.完成委托事项，结清费用，移交委托咨询的相关文件资料。

7.跟踪服务，指导实施，并对实施效果进行评价。

8.及时听取反馈信息，并从中改进服务，提出补充建议。

（五）税务咨询的技术要点和操作规范

1.税务咨询人员的素质要求。进行税务咨询特别是综合性的涉税咨询，咨询人员必须具有较高的税法、会计、管理的理论知识和良好的职业道德及丰富的实践经验，熟悉企业运作、市场行情，善于使用相关咨询技术方法，能够综合运用各科知识与技能，借助成熟的咨询经验与各方进行沟通，全面收集、调查相关资料、数据，并对调查收集的情况或资料进行整理、归纳、分析，进行缜密的推理、证明，得出科学、合理、合法的结论。

2.税务咨询的技术规则。税务咨询的技术规则是咨询人员进行税务咨询所应遵守的专业活动技术准则，可以概括为科学、合理、实用、效率、整体、超前。

（1）科学。尊重客观事实、客观规律，采用科学手段，主动全面地调查核实咨询活动涉及的事实依据、法律依据，积极运用税务咨询专业技术和经验，依照税务咨询执业规范，综合分析、全面研究，得出科学的咨询结论。

（2）合理。遵循客观规律、科学原理和社会公理，以及成熟的税务咨询经验，税务咨询活动所依据的事实或证据要取而有据，用而有理。

（3）实用。提供给委托方的税务咨询结论中包含的建议或方案要实用，要具有现实的、切实可行的使用价值，切忌理论上可行而实际上不可用。

（4）效率。一是要考虑委托方付出咨询费用以后在经济方面有所收获；二是要考虑委托方执行咨询的便捷性；三是要考虑委托方执行咨询建议的投入产出或成本效益比率。

（5）整体。从整体利益出发，综合运用各种知识、技能和经验，综合分析咨询事项所涉及的各种因素，将税务、会计、法律和企业经营、市场营销有机结合，使委托方获得最大的整体利益。

（6）超前。对于税务咨询所涉及的各种因素，要充分认识其特性和变化规律，以及各种因素之间的相互关系、相互影响，掌握一个因素变化对其他因素变化的必然影响。

3.税务咨询的操作规范。

（1）制订咨询计划。咨询双方达成协议后，受托方组建项目组，指派项目负责人，制订咨询计划，落实工作任务，作出工时预算、费用预算、工作程序、进度等安排。如需要外聘专家、或者需要其他单位协助、或者需要多个中介机构联合咨询的，应该提前安排。

（2）收集信息资料。受理方对委托方进行全面考察，对委托事项进行细致的了解，全面收集与咨询项目相关的委托方生产经营资料、财务核算资料、税务资料、政策资料，收集与咨询项目相关的市场信息资料、社会反映资料，战略性咨询还应收集国内外相关的政治、经济形势、环境变化、社会反映等各种资料。

（3）论证咨询结论。项目组内部对调查结果做进一步系统分析，全面分析所掌握的信息与委托咨询事项的关系，与委托方要求的咨询目标之间的关系，与现行税收政策、制度的关系，形成咨询建议，必要时邀请业内专业人士、税务官员等专家召开论证座谈会，保证向委托方提交一份高质量的税务咨询报告。

（4）后续跟踪服务。受托方必须委派咨询人员，对委托方实施咨询报告的过程提供全程的指导服务，在委托方接受税务机关检查时，咨询人员要做好咨询事项的沟通和解释工作。

二、税务顾问

税务顾问是综合性的涉税服务业务。它是接受纳税人、扣缴义务人等委托人聘用出任常年税务顾问，指派专门的注册税务师通过网络、电话、资料和培训等多种方式，对委托人及相关人员提供日常的、全面的咨询服务。与税务咨询相比，税务顾问具有权威性、咨询内容广泛、服务对象专一的特点。其主要的咨询形式是书面咨询和晤谈。

（一）政策指导

担任纳税人、扣缴义务人税务顾问的人员，应是在财税方面学有专长并有一定造诣的注册税务师，对于税收法律、法规、税收政策、财务处理方面的问题，能够给予专业性的指导，包括税收政策疑难问题的解答，纳税人、扣缴义务人运用税收政策的策略与方法，纳税人、扣缴义务人如何享有税收权益等。有关税收政策方面的咨询，注册税务师不仅要为企业释疑解难，更主要的是指导其具体操作并最终解决问题，这是税务顾问不同于税务咨询的一个重要方面。或者说，税务顾问所从事的税政指导工作比税务咨询更深入一步，具有服务层次高、操作性强的特点。税务顾问在为纳税人、扣缴义务人解决税政疑难问题的过程中应当参与实际运作。

（二）办税指导

注册税务师为纳税人、扣缴义务人提供日常办税咨询服务与操作指导，包括纳税框架的设计，适用税种、税目、税率的认定，办税程序指南，以及为避免纳税风险提示关注的涉税事项等。对于担当税务顾问的企业，注册税务师在签订合同之后，要全面了解企业的基本情况、历年纳税档案、企业办税人员的业务素质等，并以书面形式为企业提供一份办税指南。在日常办税的过程中，注册税务师还要随时随地给予指导。

（三）提供信息

税务顾问可向客户提供税收方面的信息，也可向客户提供财务、会计、法律方面的信息，以及其他相关的国家政策、经济动态，可以通过举办讲座、发函寄送、登门传递等形式向客户提供信息，供客户参阅。

三、现代税务咨询——税务筹划

（一）税务筹划的特点

1.合法性。合法性是指税务筹划只能在税收法律许可的范围内进行。这里有两层含义：一是遵守税法；二是不违反税法。合法是税务筹划的前提，当存在多种可选择的纳税方案时，纳税人可以利用对税法的熟识、对实践技术的掌握，作出纳税最优化选择，从而降低税负。对于违反税收法律规定、逃避纳税责任以降低税收负担的行为，属于偷逃税行为，要坚决加以反对和制止。

2.筹划性。筹划性是指在纳税行为发生之前，对经济事项进行规划、设计、安排，以达到减轻税收负担的目的。在经济活动中，纳税义务通常具有滞后性。企业交易行为发生后才缴纳流转税；收益实现或分配之后，才缴纳所得税；财产取得之后，才缴纳财产税。这在客观上提供了对纳税事先进行筹划的可能性。另外，经营、投资和理财活动是多方面的，税收规定也是有针对性的。纳税人和征税对象的性质不同，税收待遇也往往不同，这在另一个方面为纳税人提供了可选择较低税负决策的机会。如果经营活动已经发生，应纳税额已经确定而去偷逃税或欠税，都不能认为是税务筹划。

3.目的性。税务筹划的直接目的就是降低税负，减轻纳税负担。这里有两层含义：一是选择低税负。低税负意味着较低的税收成本，较低的税收成本意味着较高的资本回收率。二是滞延纳税时间（不是指不按税法规定期限缴纳税款的欠税行为），获取货币的时间价值。通过一定的技巧，在资金运用方面做到提前收款、延缓支付。这将意味着企业可以得到一笔“无息贷款”，避免高边际税率或减少利息支出。

4.风险性。税务筹划的目的是为了获得税收收益，但是在实际操作中，往往不能达到预期效果，这与税务筹划的成本和税务筹划的风险有关。税务筹划的成本是指由于采用税务筹划方案而增加的成本，包括显性成本和隐含成本，比如聘请专业人员支出的费用，采用一种税务筹划方案而放弃另一种税务筹划方案所导致的机会成本。此外，对税收政策理解不准确或操作不当，而在不知不觉的情况下采用了导致企业税负不减反增的方案，或者触犯法律而受到税务机关的处罚，这都可能使得税务筹划的结果背离预期效果。

5.专业性。专业性不仅是指税务筹划需要由财务、会计专业人员进行，而且是指在社会化大生产、全球经济一体化、国际贸易业务日益频繁、经济规模越来越大、各国税制越来越复杂的情况下，仅靠纳税人自身进行税务筹划显得力不从心，因此税务代理、税务咨询作为第三产业便应运而生，并向专业化的方向发展。

（二）税务筹划的基本步骤

1.熟练掌握有关法律规定。

（1）理解法律规定的精神。税务筹划的一项重要前期工作，就是熟练掌握有关法律法规，理解法律精神，掌握政策尺度。无论是为企业服务的外部税务筹划人员，还是企业自身内部的税务筹划人员，在着手进行税务筹划之前，首先都应当学习和掌握国家税法精神，争取税务机关的帮助与合作，尤其是对实施跨国税务筹划业务的筹划人来说，还必须熟悉有关国家的法律环境。对于每一个具体的筹划委托，纳税人都应有针对性地了解所涉及的法律规定细节。

（2）了解税务机关对纳税活动“合法和合理”的界定。税务筹划的另一项重要前期工作是了解税务机关对“合法和合理”纳税的法律解释和执法实践。但是不同的国家对于“合法和合理”的法律解释是不同的。就中国的税法执法环境而言，由于欠缺可行的税法总原则，法律规定在操作性上也存在某些缺陷，税务机关存在相当大的“自由裁量权”。所以在中国，熟悉税法的执法环境非常重要，要了解税务机关对合法尺度的界定。

2.了解纳税人的情况和要求。税务筹划真正开始的第一步，是了解纳税人的情况和纳税人的要求。纳税人有企业纳税人和个人纳税人之分，而不同企业和不同个人的情况及要求又有所不同。

（1）对企业纳税人进行税务筹划，需要了解以下几个方面的情况：企业组织形式、财务情况、投资意向、对风险的态度、纳税历史情况。

（2）对个人纳税人进行税务筹划，需要了解以下几个方面的情况：出生年月、婚姻状况、子女及其他赡养人员、财务情况、投资意向、对风险的态度、纳税历史情况。

（3）此外，还需要了解纳税人的要求，比如纳税人是要求增加短期税收所得还是长期资本增值，还是既要求增加短期税收所得，又要求长期资本增值。

3.签订委托合同。税务筹划的一般步骤是，受托方在收到委托单位的申请之后进行前期洽谈，然后明确税务筹划的目标，并进行现场调查、搜集资料，再综合考虑自身的业务能力，决定是否接受委托，如果接受，则需要签订委托合同。

税务筹划合同没有固定的格式，一般包括以下几项内容：

（1）委托人和代理人的一般信息。

（2）总则。

（3）委托事项。

（4）业务内容。

（5）酬金及计算方法。

（6）税务筹划成果的形式和归属。

（7）保护委托人权益的规定。

（8）保护筹划人权益的规定。

（9）签名盖章。

（10）合同签订日期和地点。

4.制订税务筹划计划并实施。税务筹划的主要任务是根据纳税人的要求及其情况来制订税务计划。筹划人需要制订尽可能详细的、考虑各种因素的税务筹划草案，包括：税务筹划的具体步骤、方法、注意事项；税务筹划所依据的税收法律、法规；在税务筹划过程中可能面临的风险等。筹划草案的制订过程实际上就是一个操作的过程，包括以下内容：

（1）分析纳税人业务背景，选择节税方法。

（2）进行法律可行性分析。

（3）应纳税额的计算。

（4）各因素变动分析。

（5）敏感性分析。

5.控制税务筹划计划的运行。税务筹划的时间可能比较长，在计划实施以后，筹划人需要经常、定期地通过一定的信息反馈渠道来了解纳税方案的执行情况，对偏离计划的情况予以纠正，以及根据新的情况修订税务筹划计划，以最大限度地实现筹划的预期收益。

第四节　税务行政复议代理实务

税务行政复议是指税务行政相对人不服税务机关作出的具体行政行为，向法定税务行政复议机关提出申请，税务行政复议机关依法对原具体税务行政行为的合法性与适当性进行审查后，作出裁决的一种行政司法活动。因此，引发税务行政复议的前提，是征纳双方产生的税收争议。注册税务师受托代理税务行政复议，应根据税务行政复议审理的法定规程进行操作，通过行政裁决使纳税人、扣缴义务人的异议申请获得行政救济。

一、代理税务行政复议的基本前提

税务行政复议是保护纳税人、扣缴义务人的有效途径，也是维护税务机关依法行政的重要渠道，注册税务师作为征纳双方的中介，在决定受托代理税务行政复议之前，必须明确下述前提：

1.解决税收争议的途径。在税收征管的每个环节，税务机关所作出的具体行政行为都有可能引发税收争议，但是，更为普遍的情况是针对税务稽查结论所产生的税款滞补罚争议。解决这类争议的前一个环节，是在主管税务机关送达“税务行政处罚事项告知书”后3日内，由纳税人、扣缴义务人或者委托注册税务师向税务机关书面提出听证，由作出具体行政行为的税务机关自行审查解决纳税争议。对于注册税务师而言，可视征纳双方争执的具体情况确定是否经过听证程序。

在“税务处理决定书”送达之后，针对税务机关作出的征税行为，可根据复议前置原则，通过必经复议程序解决税收争议；对于税务机关作出的处罚，采取税收保全措施和强制执行措施的行为，既可通过必经复议程序，也可直接通过司法程序进行税务行政诉讼。注册税务师的职责是在税务处罚听证程序中和通过税务行政复议程序，解决税收争议，依法保护纳税人、扣缴义务人的合法权益。如果需要承接税务行政诉讼程序，应由纳税人、扣缴义务人委托律师代理诉讼。

2.引起税收争议的焦点。引起税收争议的原因是多方面的，所涉及征免范围划分的纳税事项的调整也因事而异。注册税务师在决定受托代理税务行政复议之前，必须以独立、客观的立场来调查了解产生税收争议的过程，征纳双方各自的主张和论据，税收法律、法规有关争议问题的解释，税务机关对以往类似问题的判例等。分析引起税收争议的焦点可使注册税务师了解产生争议的事实，判定征纳双方争议的是非曲直，研究解决税收争议的策略与方式。

3.代理税务行政复议的风险。由于税收争议多属于较为疑难复杂的问题，征纳双方都很敏感，直接涉及纳税人、扣缴义务人的税收权益，处于中介地位的注册税务师即使以完全独立、客观的立场来分析判断税收争议，仍要承担较高的代理风险，主要来自三个方面：

第一，纳税人、扣缴义务人提供有关税收争议资料的合法性与可信程度。如果纳税人、扣缴义务人单从自己的税收权益角度考虑，不能正视国家的税收法律、法规和主管税务机关的有关规定，就会过分偏执自我判断，不能提供客观全面的资料，会使注册税务师陷入被动。

第二，税务机关作出的具体行政行为如果有明显的缺陷和不足，而主管税务机关的领导和具体执行人员，不能客观分析其执行过程中存在的问题并加以纠正，不能正确处理维护税务机关的执法权威与保护纳税人、扣缴义务人合法权益的关系，也会人为地增加困难，甚至功亏一篑。

第三，注册税务师在决定受托代理之前，对产生税收争议的前因后果未进行详细的调查分析而盲目代理，或者由于代理解决税收争议的方式及策略方面的失误也会导致无功而返。

分析代理税务行政复议的风险，实质上是从独立、客观的立场判断税收争议双方谁是谁非，代理争议获得诉愿实现的把握程度，它是确定税务行政复议代理的重要前提之一。

【例 9-1】 王某自2015年1月起，承包某国有企业。该企业实行独立核算，自负盈亏，主要从事对外加工业务。

2016年9月，该企业会计向天和税务所反映王某2016年1月至8月隐瞒加工收入100 000元，偷逃税款6 000元。天和税务所针对该会计反映的情况，向王某发出催缴税款通知书。针对这笔税款，王某一方面采取抽空、转移银行存款的办法，致使税务机关无法强行扣缴其应纳税款；另一方面对天和税务所发出的催缴税款通知书，置之不理，抗拒缴纳。

2016年10月10日，天和税务所一名检查人员根据所长指示，从王某家中扣押了其从事加工的机器设备，并开具了所内使用的收据，限王某于10月20日前缴纳税款。由于王某仍然拒不缴纳税款，天和税务所将其机器设备于10月19日拍卖，以拍卖所得抵缴税款。王某不服，决定委托税务师事务所代理税务行政复议。

根据本案例分析，税务师事务所应这样代理此项税务行政复议委托。

若王某要求税务师事务所就其隐瞒加工收入、未申报纳税这一事项申请复议，税务师事务所应向其解释有关税收法律、法规规定，使其认识到偷逃税的严重后果。此项代理税务行政复议的委托没有意义，必然会被驳回。

若王某要求对天和税务所扣押其加工设备、开具收据、拍卖其加工设备一事申请税务行政复议，税务师事务所可接受此项委托。原因包括：

第一，天和税务所未经上级（县以上税务局）局长批准，自己仅凭所长决定就执行扣押加工设备，这属于税收保全措施执法程序不当。

第二，根据《税收征管法》的规定，实施扣押、查封等税收保全措施时，必须有两名以上税务人员执行，并通知被执行人。该税务所在执行扣押时仅有一名税务人员在场，属于未按法定程序行使税收执法权力。

第三，天和税务所查封时使用的是所内使用的收据。未按规定开具“扣押、查封财产清单”，属于未按法定程序行使税收执法权力。

第四，天和税务所在规定期限以前，拍卖了王某的加工设备，而不是到期再执行税收强制执行措施，属于未按法定程序行使税收执法权力。

鉴于以上问题，税务师事务所可以接受王某就天和税务所扣押其加工设备、开具收据、拍卖其加工设备事项的税务行政复议委托代理事项。

二、代理税务行政复议的操作规范

1.确定代理复议操作要点。代理税务行政复议的操作是从签订“税务代理协议书”开始的。但是，在正式决定受托代理之前，注册税务师应履行如下程序：

（1）了解分析税收争议双方的基本情况，产生税收争议的原因、过程与结果，税务机关最后的决定，纳税人、扣缴义务人请求复议的理由与要求。

（2）审核纳税人、扣缴义务人申请复议的条件是否具备，如申请复议的内容是否为受案和管辖范围；申请的时限是否符合法定的复议期限，如因纳税问题提请复议是否按照税务机关的要求缴纳了税款和滞纳金等。

（3）磋商代理事项、价格和收费方法，签订“税务代理协议书”。一般而言，代理事项的技术难度、风险程度，纳税人、扣缴义务人通过代理所获得的税收权益与代理费用成正比。由于代理税务行政复议属于技术系数较高的业务项目，代理事项的结果有许多不可预见性，在签订合同时，应按商定代理价格的30%~40%预交费用，以预防代理中可能发生的过高成本与风险损失。

2.代理复议申请操作要点。

（1）根据《税务行政复议规则》第三十七条的规定，申请人表达诉愿的基本方式是向税务行政复议机关提交复议申请书，以便于明确表述复议请求。注册税务师制作复议申请书，应认真填写各个栏目的内容，简单清晰地表达申请复议的要求和理由，针对税务机关的具体行政行为，提出持有异议的论据并进行充分的论证。

（2）在向税务行政复议机关提交复议申请书之后的10日内，注册税务师可视下列情况分别处理：第一，复议机关决定受理复议申请，应做好参加审理的准备；第二，复议机关要求限期补正，应按限定的时间提供有关资料；第三，复议机关通知不予受理，如果申请人对此裁决不服可以自收到不予受理裁决书之日起15日内，就复议机关不予受理的裁决向人民法院起诉。

（3）在法定的申请期限内，如因不可抗力因素而延误申请，注册税务师应在障碍消除后的10日内，向复议机关申请延长复议申请期限。

3.代理复议审理。审理是复议机关对决定受理的复议申请，审查其具体行政行为合法性和适当性的过程。它是复议机关最终作出复议决定的基础。注册税务师应根据审理过程中案情的发展而加以运作，力争复议请求的圆满解决。

（1）在采取书面审理的方式下，被申请人自收到复议申请书之日起10日内，向复议机关提交答辩书和有关证据材料，为支持原具体行政行为提供事实和法律方面的辩护。复议机关对争议双方所提出的论点和证据进行分析研究，责成专人调查取证，经复议委员会集体审议后作出复议决定。注册税务师应密切关注案情的发展，针对原具体税务行政行为在合法性与适当性方面存在的问题，补充和完善复议申请书的证据材料，指导申请人在复议机关调查取证时提供更详尽有力的证据。

（2）在采取公开审理的方式下，注册税务师要与被申请人就税收争议进行辩论，公开陈述申请人的复议请求，论证税务机关作出的具体行政行为在事实认定、适用法律及执法程序中存在的问题。因此，公开审理实际上是通过税收争议双方的公开论辩，使税务行政复议机关查明事实真相，解决疑难复杂的税收争议问题。注册税务师参加公开审理，除要进行充分的书面准备外，还要有雄辩的口才，在公开辩论中充分表述，为维护纳税人、扣缴义务人的合法权益进行不懈的努力。

4.复议决定后的代理策略。税务行政复议机关作出复议决定，并向复议参加人送达复议决定书，标志着税务行政复议这一行政裁决税收争议程序的结束。复议决定的结论不同，注册税务师的代理策略也要有所区别。

（1）在复议机关作出维持原具体行政行为的决定时，意味着对代理复议的请求给予否认，该项税务代理未能达到预定的目标，注册税务师应进行客观冷静的分析：第一，如果是由于上级税务机关未在复议中履行审查职责，或者有意偏袒下级税务机关作出的原具体行政行为，对其认定事实、适用法律、法规和执法程序方面存在的问题未加纠正，注册税务师应引导申请人请求司法救济，向人民法院提起诉讼，以求得税收争议的司法裁决。第二，如果是由于申请人隐瞒了某些重要的事实及过程并提供了不真实的资料，或者是注册税务师在分析税收争议适用税收法律、法规方面的某些错误而导致复议请求的否定，注册税务师应以书面形式向申请人作出说明，并提示其今后应吸取的教训。

（2）在复议机关作出变更、撤销原具体行政行为的决定时，表明对代理复议的请求给予部分或全部肯定，可以认为该项税务代理的结果比较理想。注册税务师应总结经验。并以书面的形式告知申请人如何执行税务复议决定，原已执行的税务行政行为如何纠正，涉及已纳税款、滞纳金、罚款的退还应如何办理等。

（3）在复议机关认为原具体行政行为有程序上的不足，决定被申请人补正时，注册税务师可根据申请人的复议请求决定是否服从复议机关的裁决。如果原具体行政行为除有执法程序上的不足外，还存在着所依据的事实、根据不足或相互矛盾，以及超越和滥用职权的问题，已经侵害了纳税人的合法权益，而复议决定未加以纠正，注册税务师仍可与申请人研究通过进一步的申诉得到解决。

（4）在复议机关对税务机关的不作为行为裁决应在一定期限内履行时，注册税务师应尽快与税务机关沟通，将所请求的办税事项予以完成，并以书面形式告知申请人。

【例9-2】[①]远洋地板加工厂是街道办企业，2016年4月开业，被区国税局认定为增值税小规模企业。2016年10月该厂向兴旺建材公司销售地板价值82 000元，购货方要求开具增值税专用发票。于是，该厂办税人员到白云税务所办理代开增值税专用发票事宜，提供了购货方进货合同、增值税一般纳税人税务登记证、开户银行及账号等资料，但是遭到开票人员的拒绝。理由是该厂未办理代开增值税专用发票的审批手续。于是，该厂办税人员到区国税局补办了审批代开增值税专用发票的批文，而税务所又以该厂会计核算不健全为由拒绝代开发票，影响了购销双方的经营活动。为此，该厂委托安达税务师事务所代理税务行政复议，向区国税局税务行政复议委员会提出复议申请，要求税务所为该厂向增值

① 根据2014年全国注册税务师执业资格考试教材《税务代理实务》例题改编。

税一般纳税人销售货物代开专用发票。

税务行政复议机关经过审理后认为：根据国家税务总局《关于由税务所为小规模企业代开增值税专用发票的通知》的规定，凡能够认真履行纳税义务并提供销售货物或应税劳务的证明，购货方为增值税一般纳税人的证件，可由税务所代开增值税专用发票。该厂基本符合条件，尽管会计核算不够健全，但不能作为拒绝代开专用发票的理由。为此，某区国税局税务行政复议机关于2016年10月14日作出复议决定：税务所应在2日内纠正不作为行为，为远洋地板加工厂代开增值税专用发票。注册税务师收到复议决定书后，协助该厂办税人员办理了代开发票事宜并以书面报告提示如下：

关于代理税务行政复议有关事项的说明

远洋地板加工厂：

贵厂因白云税务所拒绝代开增值税专用发票一事，委托我所代理税务行政复议。经区国税局税务行政复议委员会审查，决定受理贵厂的复议申请，并认为复议提出的请求事实清楚，理由充分，复议决定白云税务所为贵厂向兴旺建材公司销售地板的业务代开增值税专用发票。至此，我所代理的税务行政复议程序便告结束。如下事项提请贵厂予以关注，以利于今后做好办税工作。

第一，办税人员到税务所办理代开增值税专用发票，应先到区国税局征管科办理代开增值税专用发票审批手续，提供购货方税务登记证副本、开户银行及账号证明、购货合同，取得审批表后再到税务所办理代开发票事宜。

第二，贵厂为小规模企业，增值税“应交税费”科目明细账的核算与普通发票开具的不含税金额要做到账证相符，对于消费者个人购买地板未开具发票的销售行为，其收入也要在同期一并申报纳税。

第三，根据贵厂2016年4月至10月的销售情况，年应税销售额预计能达到200万元以上。按政策规定可在2017年1月31日前向区国税局申请认定增值税一般纳税人。因此，贵厂应加强财务会计核算和原始计税资料的管理，为被认定为增值税一般纳税人积极创造条件。

安达税务师事务所（签章）

注册税务师：张晓（签章）

2016年10月15日

思考与练习

1. 简述发票填开的工作要点。
2. 代理发票审核有哪些基本方法？
3. 简述代理记账操作规范要点。
4. 简述代理税务行政复议的操作规范要点。
5. 简述税务咨询的操作要点。

参考文献

［1］丁芸. 税务代理［M］. 北京：北京大学出版社，2015.

［2］崔艳辉. 税务代理实务［M］. 北京：中国金融出版社，2013.

［3］奚卫华. 税务代理实务［M］. 北京：中国人民大学出版社，2013.

［4］姜雅净，李艳. 税务代理理论与实务［M］. 上海：上海财经大学出版社，2012.

［5］吴静. 税务代理实务［M］. 大连:东北财经大学出版社，2011.

［6］李素平. 税务代理方法与实务［M］. 北京：机械工业出版社，2009.

［7］《国家税务总局全面推开营业税改征增值税试点后增值税纳税申报有关事项的公告》（国家税务总局公告2016年第13号）.

［8］《财政部 国家税务总局关于全面推开营业税改征增值税试点的通知》（财税〔2016〕36号）.

［9］《国家税务总局关于调整增值税纳税申报有关事项的公告》（国家税务总局公告2016年第27号）.